普通高等教育新能源汽车工程专业创新教材

新能源汽车动力电池系统

刘 帅　董 非　李晓杰　编著

机械工业出版社

《新能源汽车动力电池系统》是一本全面介绍新能源汽车动力电池技术的专业教材。本书从电动汽车与动力电池的概述入手，详细阐述了电动汽车的发展历史、类型特点，以及动力电池的类型、特点与基本原理。接着，深入探讨了动力电池的化学原理，包括三元电池、铁锂电池的材料结构特性、电池化学机理和材料改性方法，以及新型电池（如钠离子电池、固态电池、金属-空气电池）的化学原理。

在动力电池结构方面，本书详细讲解了电池电芯、电池模组、电池箱体以及电池电气系统的构造、性能与制造技术。同时，对动力电池管理系统（BMS）的功能、硬件、软件及测试验证方法进行了全面介绍。此外，还深入探讨了动力电池系统的热管理设计，包括冷却系统、加热系统、保温系统的设计以及热管的应用。

针对动力电池的热失控问题，本书从电池材料的热安全性、电池热失控机制、电池火灾危险性以及电池安全对策等方面进行了详细分析。最后，本书还介绍了动力电池流体传热仿真分析的基本原理和技术，为动力电池系统的设计与优化提供了有力的工具。

本书内容全面、结构清晰、语言简练，既适合作为高等院校新能源汽车工程、车辆工程等专业的教材，也适合作为新能源汽车行业技术人员、科研人员以及管理人员的参考用书。

图书在版编目（CIP）数据

新能源汽车动力电池系统/刘帅，董非，李晓杰编著. -- 北京：机械工业出版社，2025.6. --（普通高等教育新能源汽车工程专业创新教材）. -- ISBN 978-7-111-78816-4

Ⅰ. U469.720.3

中国国家版本馆 CIP 数据核字第 2025YX6510 号

机械工业出版社（北京市百万庄大街22号　邮政编码100037）
策划编辑：李　军　　　　　　　　责任编辑：李　军　丁　锋
责任校对：孙明慧　张慧敏　景　飞　封面设计：马精明
责任印制：单爱军
保定市中画美凯印刷有限公司印刷
2025年9月第1版第1次印刷
184mm×260mm・18.75 印张・463 千字
标准书号：ISBN 978-7-111-78816-4
定价：69.90 元

电话服务　　　　　　　　　　网络服务
客服电话：010-88361066　　　机　工　官　网：www.cmpbook.com
　　　　　010-88379833　　　机　工　官　博：weibo.com/cmp1952
　　　　　010-68326294　　　金　书　网：www.golden-book.com
封底无防伪标均为盗版　　　机工教育服务网：www.cmpedu.com

前言

随着全球能源危机和环境污染问题的日益严重，新能源汽车作为绿色、环保的交通工具，正受到越来越多的关注和重视。而动力电池作为新能源汽车的核心部件，其性能和技术水平直接关系到新能源汽车的续驶里程、安全性以及市场竞争力。因此，深入研究和掌握动力电池技术，对于推动新能源汽车产业的发展具有重要意义。

为了满足高等院校新能源汽车工程、车辆工程等专业的教学需求，以及新能源汽车行业技术人员、科研人员和管理人员的学习需求，我们编写了这本《新能源汽车动力电池系统》。本书旨在全面、系统地介绍新能源汽车动力电池系统的基本原理、结构特点、管理技术、热管理设计以及仿真分析方法等方面的知识。

在编写过程中，我们注重理论与实践相结合，既介绍了动力电池系统的基本理论，又详细讲解了动力电池系统的设计与优化方法。同时，还结合国内外新能源汽车动力电池技术的最新研究成果和发展趋势，对新型电池技术、热管理技术以及仿真分析技术进行了深入探讨。

本书由多位具有丰富教学和科研经验的高校教师和行业专家共同编写，内容经过反复推敲和修改，力求做到准确、全面、实用，但难免存在疏漏或不当之处，恳请读者不吝批评指正。希望本书能够为读者提供一份有价值的学习资料，为推动新能源汽车产业的发展贡献一份力量。

前言
第1章　电动汽车与动力电池概述 ……… 1
1.1　电动汽车的发展历史 ……………… 1
1.2　发展电动汽车的意义 ……………… 3
1.3　电动汽车的发展概述 ……………… 4
1.3.1　国外电动汽车发展状况 ………… 4
1.3.2　国内电动汽车发展状况 ………… 6
1.3.3　全球电动汽车发展现状 ………… 7
1.3.4　电动汽车发展前景 ……………… 7
1.4　电动汽车的类型与特点 …………… 9
1.4.1　纯电动汽车的类型 ……………… 9
1.4.2　纯电动汽车的特点 …………… 11
1.5　动力电池的类型与特点 ………… 12
1.5.1　动力电池的发展历史 ………… 12
1.5.2　动力电池的类型 ……………… 13
1.5.3　动力电池的性能比较 ………… 14
1.5.4　对动力电池的要求 …………… 14
1.6　动力电池基本原理 ………………… 16

第2章　动力电池化学原理 ……………… 18
2.1　动力电池工作原理 ………………… 18
2.1.1　动力电池术语 ………………… 18
2.1.2　电池化学原理 ………………… 27
2.1.3　动力电池特性 ………………… 28
2.2　三元电池 …………………………… 29
2.2.1　材料结构特性 ………………… 29
2.2.2　电池化学机理 ………………… 30
2.2.3　材料改性方法 ………………… 31
2.3　铁锂电池 …………………………… 32
2.3.1　材料结构特性 ………………… 33
2.3.2　电池化学机理 ………………… 35
2.3.3　材料改性方法 ………………… 39
2.4　新型电池化学原理 ………………… 40
2.4.1　钠离子电池 …………………… 40
2.4.2　固态电池 ……………………… 41
2.4.3　金属-空气电池 ……………… 43

第3章　动力电池结构 …………………… 45
3.1　电池电芯 …………………………… 45
3.1.1　电芯构造 ……………………… 46
3.1.2　电芯构型 ……………………… 48
3.1.3　电芯性能 ……………………… 50
3.1.4　电芯制造技术 ………………… 53
3.2　电池模组 …………………………… 63
3.2.1　电池模组构型 ………………… 63
3.2.2　电池模组连接 ………………… 64
3.2.3　电池模组制造技术 …………… 70
3.3　电池箱体 …………………………… 73
3.3.1　电池箱体结构设计 …………… 73
3.3.2　电池箱体结构分析 …………… 74
3.3.3　电池箱体制造技术 …………… 76
3.4　电池电气系统 ……………………… 77
3.4.1　电池系统电气构造 …………… 77
3.4.2　电池系统电气原理 …………… 80

第4章　动力电池管理系统（BMS）…… 81
4.1　BMS的功能及其重要性 …………… 81
4.1.1　BMS的角色定位 ……………… 81
4.1.2　BMS的主要功能 ……………… 82
4.2　BMS的硬件 ………………………… 85
4.2.1　拓扑结构的选择 ……………… 85
4.2.2　电压、温度、电流采集 ……… 87
4.2.3　BMS中两个关键硬件模块 …… 92
4.2.4　BMS的抗干扰 ………………… 94
4.3　BMS的软件 ………………………… 97
4.3.1　电池状态估计 ………………… 97
4.3.2　电池荷电状态（SOC）估算 … 98

4.3.3 电池健康状态（SOH）估算 …… 100
4.3.4 电池功率状态（SOP）估算 …… 103
4.3.5 通信功能与故障诊断 …… 105
4.4 BMS 的测试与验证 …… 109
4.4.1 物理参数采样精度测试 …… 109
4.4.2 EMC 性能测试 …… 111
4.4.3 SOC 估算功能测试 …… 112
4.4.4 电池均衡功能测试 …… 115
4.4.5 BMS 的可靠性测试 …… 116

第5章 动力电池系统热管理 …… 118
5.1 热管理系统设计概述 …… 118
5.1.1 热管理系统的"V"模型开发模式 …… 118
5.1.2 仿真分析的应用 …… 120
5.1.3 实验验证 …… 125
5.2 冷却系统设计 …… 126
5.2.1 冷却方式的选择 …… 127
5.2.2 自然冷却系统 …… 127
5.2.3 强制风冷系统 …… 129
5.2.4 液冷系统 …… 135
5.2.5 直冷系统 …… 148
5.3 加热系统设计 …… 150
5.3.1 设计需求 …… 151
5.3.2 电加热膜设计 …… 152
5.3.3 PTC 加热设计 …… 154
5.3.4 液热设计 …… 155
5.4 保温系统设计 …… 157
5.4.1 保温设计概述 …… 157
5.4.2 模组保温设计 …… 158
5.4.3 箱体保温设计 …… 158
5.5 热管的应用 …… 159
5.5.1 热管简介 …… 159

5.5.2 热管在热管理系统中的应用 …… 160
5.5.3 热管应用注意事项 …… 160

第6章 动力电池热失控 …… 162
6.1 电池材料的热安全性 …… 162
6.1.1 锂盐及其电解液热安全性 …… 162
6.1.2 溶剂及其电解液热安全性 …… 165
6.1.3 正极材料的热安全性 …… 169
6.1.4 负极材料的热安全性 …… 174
6.1.5 辅助材料的热安全性 …… 178
6.2 电池热失控机制 …… 180
6.2.1 电池热失控过程 …… 181
6.2.2 电池热失控诱因 …… 183
6.2.3 电池热失控预测 …… 184
6.3 电池火灾危险性 …… 186
6.3.1 电池火灾的事故树分析 …… 186
6.3.2 电池火灾行为 …… 190
6.4 电池安全对策 …… 205
6.4.1 电池本质安全对策 …… 205
6.4.2 电池消防安全对策 …… 214

第7章 动力电池流体传热仿真分析 …… 218
7.1 动力电池系统仿真分析原理 …… 218
7.1.1 有限元分析方法 …… 218
7.1.2 计算流体力学 …… 218
7.2 流体传热仿真分析技术 …… 224
7.2.1 流体传热仿真方案概述 …… 224
7.2.2 电池共轭传热仿真 …… 225
7.2.3 电池等效电路模型（ECM）仿真 …… 255
7.2.4 电池 NTGK 模型仿真 …… 275
7.2.5 电池热失控仿真 …… 284

第1章 电动汽车与动力电池概述

汽车工业的发展是现代工业技术的重大成就之一，它为现代社会的发展做出了重要贡献。然而，全世界大量汽车的应用，已经引发了严重的环境与人类生存问题。大气污染、全球变暖以及地球石油资源的日渐枯竭，已成为当前人们首要关注的问题。以电动汽车为代表的新能源汽车成为交通领域实现节能减排的重要途径之一。

1.1 电动汽车的发展历史

随着环保意识的提高和汽车技术的进步，电动汽车作为一种新兴的绿色交通工具，正在逐步改变着人们的出行方式。电动汽车主要经历了早期的探索、电动汽车的复兴、电动汽车的崛起等阶段，并在政策的推动下加速了发展。

1. 早期的探索

电动汽车的诞生早于燃油汽车。早在19世纪末，人们就开始了电动汽车的研究和开发。1881年，第一辆电动汽车由法国人古斯塔夫制造问世，它是采用铅酸蓄电池供电，由0.1马力（1马力=0.735kW）、直流电动机驱动的三轮电动汽车，整车及其驾驶员的质量约为160kg（图1.1）。1883年两位英国教授制成了相似的电动汽车。因技术尚未成熟到足以与马车竞争，故这些早期构造并没有引起公众的注意。1899年，卡来尔·杰那茨（Camille Jenatzy）在巴黎附近驾驶着自己设计的电动汽车，创下了当时的速度纪录（图1.2）。由于该车的速度远胜于马车，公众才开始对电动汽车感兴趣。

图1.1 第一辆电动汽车

图1.2 Camille Jenatzy 驾驶电动汽车

随后的 20 年，是一个电动汽车与燃油车竞争的年代。在美国有些城市外围并没有许多铺砌过的道路，这对有限行程的电动汽车不算问题。然而，在欧洲，迅速增加的铺砌过的道路使人们对车辆的续驶里程有了更高的要求，这就促进了燃油车的发展。由于当时电池技术的限制，电动汽车无法长时间行驶，且充电时间过长，因此被内燃机汽车所替代。

第一辆商品化的电动汽车是在纽约由发明者所创建的公司以出租车方式运营。电动车被证明是比出租马车更有应用价值的运载工具。对该年代最具影响的技术进展是再生制动的发明，这一发明于 1897 年由法国人 M. A. Darceq 在小轿车上实现。再生制动技术在制动时回收车辆的动能并向蓄电池组充电，从而大大增加续驶里程，这是对电动汽车和混合动力电动汽车应用技术最有价值的贡献之一。然而，随着燃油汽车的功率变得更大、补能更灵活、续驶里程更长，电动汽车开始消失。电动汽车的高成本无助于其与燃油汽车的竞争，并且其有限的续驶里程和性能也削弱了它对燃油汽车的竞争力。最后交付使用的、商业上有影响力的电动汽车约在 1905 年终止。在之后的近 60 年里，市场上销售的电动汽车多为高尔夫球车和低速送货车。直到 20 世纪 70 年代，关于环境的忧虑又触发了电动汽车某些方面的研究，电动汽车才得以重获生机。

2. 电动汽车的复兴

20 世纪 80 年代末至 90 年代中期，随着环保意识的不断提高和石油价格的不断攀升，电动汽车再次引起了人们的关注。1996 年，通用汽车公司推出了 EV1 电动汽车，这是一辆纯电动汽车，可以行驶 144km 左右的距离。然而，由于 EV1 成本高昂且销量不佳，该车于 2003 年停产。

3. 电动汽车的崛起

21 世纪初，随着科技的不断发展和环保意识的不断提高，电动汽车再次开始崛起。2008 年，特斯拉公司推出的 Roadster 电动跑车，拥有超过 200mile（1mile = 1.61km）的续驶里程和强大的加速能力，成为市场上的一匹黑马。此后，各大汽车厂商相继推出了自己的电动汽车产品，如通用雪佛兰的沃蓝达、日产的聆风、比亚迪的秦和宝马的 i3 等。

4. 政策的推动

为了促进电动汽车的发展，许多国家和地区相继出台了相关政策，推动全世界各大汽车公司对电动汽车技术开展了积极的研究。电动汽车的开发在中国、日本、美国、德国等国家得到了进一步的重视。同时，现代高新技术的发展、新材料的诞生以及电子、电机、计算机、通信技术的广泛推广和应用，都极大地促进了电动汽车的发展。例如，欧盟于 2014 年推出了 Clean Power for Transport Package，以促进清洁能源在交通领域的应用。中国政府也于 2020 年发布了《新能源汽车产业发展规划（2021—2035 年）》，提出到 2025 年新能源汽车新车销售量达到汽车新车销售总量的 20% 左右，纯电动汽车成为新销售车辆主流的目标；实际上 2022 年中国新能源汽车市场占比就超过了 25%，2023 年市场占有率更是超过了 31%。

5. 电动汽车的未来

总的来说，电动汽车的发展历程经历了曲折和起伏。随着电动汽车技术的不断进步和政策的不断推动，电动汽车将有更广阔的发展前景。未来的电动汽车将会更加智能化和自动化，配备更先进的电池和充电技术，从而具备更长的续驶里程和更短的充电时间。此外，未来的电动汽车还将会更加多样化，包括轿车、SUV、货车、特种车等不同类型的车辆。电动

第1章 电动汽车与动力电池概述

汽车的普及也将推动新能源基础设施的建设,如充电站和换电站等,从而提高电动汽车的使用便利性。电动汽车作为重要的能源载体,还将参与到整个电网的有机调度中,大大提高电网潮流的稳定性和运行效率,并为可再生能源的消纳带来积极影响。随着电动汽车技术的不断革新和政策的推动,我们相信电动汽车将会在未来成为主流的交通工具之一,也将成为人类追求绿色生活方式的重要象征。

1.2 发展电动汽车的意义

汽车给人们的生活带来了很多便利,但同时也带来了"能源消耗"和"环境污染"两大问题。目前,世界上有50%以上的石油被汽车消耗,而石油本应是一种重要的化工原料,已经探明的石油资源大约只够人们充分使用到2050年。而城市污染有50%以上来源于汽车。据2021年中国移动源环境管理年报显示,汽车是污染物排放总量的主要贡献者,其排放的CO、HC、NO_x和PM超过90%。柴油车NO_x排放量超过汽车排放总量的80%,PM超过90%;汽油车CO排放量超过汽车排放总量的80%,HC则超过70%。

随着社会经济的飞速发展,世界汽车工业也在迅速发展,汽车保有量不断增加,消耗了大量的石油资源,同时也造成了人类生存环境的污染。因此,改变能源结构,充分利用电能、天然气及水能等资源,开发研究适合我国道路和交通环境的清洁汽车是一项十分紧迫且有重大战略意义的课题。

2007年11月1日,国家发展和改革委员会制定的《新能源汽车生产准入管理规则》(以下简称《规则》)正式施行。《规则》明确给出了新能源汽车的定义和分类。根据《规则》,新能源汽车是指采用非常规的车用燃料作为动力来源,结合车辆的动力控制和驱动方面的先进技术,形成的技术原理先进、具有新技术新结构的汽车。电动汽车以动力电池为能量源,全部或部分由电动机驱动,集中了机、电、化等各个领域的高新技术,是汽车、电子、化学、计算机、新能源、新材料等工程技术最新成果的集成产物,能够实现低排放和零排放。电动汽车作为新能源汽车的领军者,尤其受到人们的关注,电动汽车的推广和应用,已成为我国各地实施新能源战略的热点。同时,新能源汽车的性能不断提高,带动了整个汽车行业的快速发展,有专家预测,电动汽车在未来将占据大半汽车市场。

按照目前技术状态和车辆驱动理论,电动汽车分为纯电动汽车、混合动力汽车和燃料电池电动汽车三大类。

纯电动汽车(Battery Electric Vehicle,BEV)是一种仅采用蓄电池作为储能动力源的汽车。蓄电池通过功率变换装置向电动机提供电能并驱动其运转,电动机经传动装置带动车轮旋转从而推动汽车运动。纯电动汽车主要由蓄电池、电池管理系统、驱动电机和传动系统、车身、底盘以及安全保护系统等构成。蓄电池主要包括铅酸蓄电池、镍氢电池、镍镉电池、钠硫电池、锂离子电池及锌空气电池等。特斯拉纯电动汽车Model S如图1.3所示。

图1.3 特斯拉Model S

混合动力汽车（Hybrid Vehicle，HV）从广义上来说，是指车辆驱动系统由两个或多个能同时运转的单个驱动系统联合组成的车辆，车辆的行驶功率依据实际的车辆行驶状态由单个驱动系统单独或共同提供。通常所说的混合动力电动汽车（Hybrid Electric Vehicle，HEV），一般是指油电混合动力汽车，即采用传统的内燃机（柴油机或汽油机）和电动机作为动力源，也有的发动机经过改造使用其他替代燃料，如压缩天然气、丙烷和乙醇燃料等。随着世界各国环境保护措施越来越严格，混合动力车辆由于其节能、低排放等特点成为替代纯燃油汽车的一个趋势，并已经遍布全球。混合动力汽车使用的电驱动系统中包括高效强化的电动机、发电机和蓄电池。蓄电池有铅酸蓄电池、镍锰氢电池和锂离子电池，将来发动机还可能被氢燃料电池所替代。图1.4所示为比亚迪汉DM-i混合动力电动汽车。

燃料电池电动汽车（Fuel Cell Electric Vehicle，FCEV）是利用氢气和空气中的氧在催化剂的作用下在燃料电池中经电化学反应产生的电能作为主要动力源驱动的汽车。燃料电池通过电化学反应将化学能转化为电能，电化学反应所需的还原剂一般采用氢气，氧化剂则采用氧气，因此最早开发的燃料电池电动汽车多是直接采用氢燃料，氢气的储存可采用液化氢、压缩氢气或金属氢化物储氢等形式。燃料电池的能量转换效率可达60%～80%，为内燃机的2～3倍，所以燃料电池电动汽车的能量转换效率高；燃料电池的燃料是氢和氧，生成物是清洁的水，因而燃料电池电动汽车不污染环境，可实现零排放；燃料电池电动汽车的氢燃料来源广泛，可以从可再生能源获得，不依赖石油燃料。因此，从环保的角度来看，燃料电池电动汽车是一种最为理想的车辆。丰田汽车公司研发的MIRAI氢燃料电池电动汽车如图1.5所示。

图1.4　比亚迪汉DM-i混合动力电动汽车

图1.5　丰田氢燃料电池电动汽车

1.3　电动汽车的发展概述

1.3.1　国外电动汽车发展状况

早期美国在新能源车的技术和研发上一直处于世界的前沿。美国政府也出台了许多政策鼓励和扶持绿色新能源汽车产业的发展，1988年提出的《替代机动车燃料法》规定替代燃料车型可以享受优惠政策；1990年，《清洁空气修正法案》引入重整汽油，实施清洁车队计划；1992年，《能源政策法案》实施替代燃料示范项目，这个法案把含有85%以上比例乙

第1章　电动汽车与动力电池概述

醇的调和燃料确定为交通运输替代燃料，同时要求政府公务用车要购买一定比例的代用燃料车辆；1993年，当时的美国总统克林顿批准了《总体技术措施计划》，计划降低中级轿车三分之二的油耗；2008年，通过了《能源独立与安全法》，其中的30D条款专门针对新能源汽车出台了专项税收抵扣，该条款经2009年的《美国复兴和再投资法》和2013年的《美国纳税人救助法案》修订后执行至今。

美国的通用和福特等车企都曾在燃料电池汽车研发方面投入巨资，但随着燃料电池电动汽车产业化的推迟和混合动力汽车市场份额的不断扩大，关注重心向插电式混合动力电动汽车方面倾斜。在2014年，美国已有22种电动汽车热销车型，包含13种纯电动汽车和9种混合动力电动汽车，由福特、通用、特斯拉等多个生产商生产销售。2023年，美国新能源汽车的年销量超过140万辆。截至2023年12月底，美国已累计销售约470万辆插电式电动汽车。

日本由于国内资源匮乏，如何趋利避害，在确保资源安全、环境保护的同时实现经济可持续发展，成为一个重要的问题。随着日本能源问题日益严峻和持续增加的减排压力，日本的汽车制造企业也正面临着一场技术革命，即如何以节能环保的绿色能源汽车代替传统的燃油汽车。有关人士认为日本未来的新能源汽车发展趋势有三种：用于短距离的家庭用车；一般的混合动力家用汽车；可用于长途运输的燃料电池汽车。

从日本汽车产销数据来看，日本正在积极发展新能源汽车产业，只是日本车企选取的技术路线并非纯电动汽车。由于日本国情和日本政府对新能源汽车产业的布局与中国不同，所以日本并没有把纯电动汽车放在新能源汽车产业发展的核心位置。

日本长期以来一直致力于混合动力汽车的研发，其技术水平领先于世界。丰田汽车公司一直是日本生产和研发混合动力汽车的先驱。丰田油电混合技术引入全球各大汽车市场，截至2020年7月底，以HEV为主的丰田混动车型在全球销量已经突破了1600万辆。在全球范围内，丰田油电混合动力技术已经成功搭载在小型车、紧凑型车、中型车和中大型车上，目前有1.5L混动、1.8L混动、2.5L混动三种主流产品。

日本在纯电动汽车方面落后于其他主要市场，远不及其在燃油车时代取得的光辉，但政府正在以奖励和补贴的形式提供支持，该国对纯电动汽车的需求正在增加。

欧洲的新能源汽车相对发展较晚，但是由于环境和能源问题在全球的影响，欧洲也开始大力发展新能源汽车。目前欧洲的混合动力等新能源汽车逐步得到了市场的认可，并随之确立了新的发展方向。2013年底，在巴黎气候大会召开前夕，欧盟委员会和欧洲议会达成协议，自2020年起将实施新的乘用车和轻型商用车强制性CO_2排放目标。2018年12月17日，欧盟执委会、欧洲议会和欧盟理事会达成新的协议，为乘用车和轻型商用车设定了具有约束力的2025年和2030年CO_2排放目标。欧洲五大汽车市场中的英国、法国和西班牙都已经决定从2040年开始禁售燃油车，挪威更是将燃油车禁售提前到了2025年。部分城市和地方政府也出台了更为严苛的燃油汽车禁行限制，如巴黎、伦敦、米兰、巴塞罗那、斯德哥尔摩等欧洲城市将在2030年禁行燃油汽车。

新能源汽车市场的情况与传统汽车市场大不一样，主要原因是相对美国、中国和日本，欧洲车企总体上在新能源汽车领域起步较晚。之所以起步晚，与欧洲车企在传统汽车领域的优势密切相关。一方面，欧盟和欧洲各国政府受环保组织的压力，通过制定严苛的碳排放法规来推动新能源汽车的发展；但另一方面，欧洲车企，特别是德系车企，由于自身在燃油汽车减排技术方面占有优势，迟迟不愿选择电动化的发展道路。直到2015年大众"柴油门"事件爆发，才迫使大众集团改变战略，抛弃传统的柴油汽车路线，彻底走上电动化道路，并制定了全面的电动化发展目标。与大众集团的电动化布局迟到相似，德国戴姆勒集团、法国标致雪铁龙集团也是从2016年才开始把发展重点转移到电动化路线上。

随着时代发展和政府的大力扶持，近年来新能源汽车在欧洲已取得了不错的发展，雷诺集团于2008年公布了发展战略，明确把发展重点放在纯电动汽车上，并于2012年开始量产四款纯电动汽车，其中小型乘用车Zoe采用纯电动专属平台，是欧洲第一款现代版的纯电动乘用车。2013年，宝马推出第一辆纯电动汽车i3。2019—2020年，欧洲所有的大型车企都推出了各自的纯电动和插电式混合动力新车型。在2020年欧洲新能源汽车排名中，前10名车型里有6款是欧洲品牌，其中有3款来自德国的大众集团，两款分别来自法国的雷诺和标致公司。

1.3.2 国内电动汽车发展状况

随着中国经济的快速发展，一些社会问题相继出现，如环境污染、能源短缺、单位GDP碳排放偏高、能源安全等。中国作为一个新兴经济体和汽车大国，需要迫切处理以上问题，因此发展电动汽车已是势在必行。

中国电动汽车的研发始于1996年，经过两个五年计划的科技攻关以及奥运会、世博会和"十城千辆"示范平台的应用拉动，中国电动汽车从无到有，处于持续进步状态，逐渐建立并完善了具有自主知识产权的电动汽车全产业链技术体系。到2010年，全国共有25个城市加入"十城千辆"节能与新能源汽车示范推广工程，多家企业的多个车型进入《节能与新能源汽车示范推广应用工程推荐车型目录》，各地示范运行各类电动汽车超过1万辆，示范运行里程超过2亿km，累计载客90亿人次以上。电动汽车关键技术总体水平和应用规模位于世界前列，部分领域实现突破性进展。同时，中国的电动汽车在产品研发及示范推广方面已经取得了举世瞩目的成绩。

2008年12月，比亚迪推出首款新能源车型F3DM（图1.6），这是中国品牌首款新能源汽车，并且也是全球首款插电式混合动力车型，比亚迪由此开启了全新的新能源汽车路线。

比亚迪秦在2013年12月17日正式进入新能源汽车市场（图1.7）。其销量稳步提升，逐步增大市场占有率。比亚迪秦是一款混合动力电动汽车，在混合动力模式下的加速性能是这款汽车的一大亮点，其缺点之一就是纯电动模式下续驶里程只有70km，不是很理想。

图1.6　比亚迪F3DM

图1.7　比亚迪秦

第1章　电动汽车与动力电池概述

蔚来是国内纯电动车型领域的代表之一，蔚来ES6（图1.8）于2018年12月正式上市销售。这款车型在中国市场上受到了广泛关注，并且在推出后获得了一定的市场份额和认可，2022年终端销量达到了4.2万辆，销售量在40万元以上车型中排行第一。

我国汽车产销总量连续15年稳居全球第一。2009年，中国汽车产销量首次突破1000万辆大关，成为世界汽车产销第一大国。2013年突破2000万辆，2017年产销量达到阶段峰值，随后市场连续三年下降，进入转型调整期，2021年结束"三连降"开始回升。

图1.8　蔚来ES6

2023年产销量突破3000万辆，汽车产销分别完成3016.1万辆和3009.4万辆，同比分别增长11.6%和12%。与上年相比，产量增速提升8.2个百分点，销量增速提升9.9个百分点。在新能源汽车主要品种中，与上一年度相比，三大类新能源汽车品种产销均呈明显增长。另外，中国品牌乘用车中新能源产品市占率达到49.9%，即中国品牌每卖出两辆乘用车，其中一辆就是新能源车型。

1.3.3　全球电动汽车发展现状

在世界电动汽车销量的市场排名中，中国、欧洲、美国排在前三位。2022年，全球电动汽车销量首次突破1000万辆，其中乘用车达到1031万辆，电动汽车保有量达到2600万辆。IEA数据显示，2022年全球电动汽车新车渗透率达到14%，远高于2020年的5%和2021年的9%。中国再次位居第一，约占全球电动汽车销量的60%（全球新能源汽车中一半以上出现在中国），中国已经超过了2025年新能源车销售目标。欧洲是第二大市场，2022年销量增长超过15%。美国作为第三大市场，2022年电动汽车销量增长了55%，渗透率约为8%。

电动车发展不仅限于常规的乘用汽车，电动公交车、电动两轮车（自行车和摩托车）、电动三轮车、电动货车等也在快速发展。截至2022年年底，全球电动轻型商用车（LCV）销量同比增长将近一倍，超过31万辆。2022年，全球电动两轮车销量约为920万辆，同比下降近18%。这主要是由于中国的电动踏板车和摩托车销量下滑导致，2022年中国电动两轮车总销量缩减近50%。尽管销量下降，中国电动两轮车在规模上仍在全球市场占主导地位，在全球销量中的贡献将近85%。2022年，全球销售了近6.6万辆电动公交车和6万辆中型、重型电动货车，分别占全球公交车和货车销量的4.5%和1.2%。中国依旧在电动货车和电动公交车产销方面占据全球的主导地位。

1.3.4　电动汽车发展前景

能源安全、碳排放与环境污染已成为当前全球最为关注的问题，能源是经济的基础，而环境是制约经济发展的重要因素。如何解决经济发展与能源供给、环境污染之间的矛盾是关系到一个国家能否和谐、持续发展的关键。我国作为能源消费大国，近年来能源需求快速增长，国家能源供给受到了严重威胁，形势十分严峻。同时这种状况也对环境构成了严重影响，制约了经济发展。节能降耗，减少对石油资源的依赖，已成为我国经济持续发展迫切需要解决的问题。电动汽车的推广使用将大大缓解能源危机和环境污染。

电动汽车作为绿色交通工具，能够给人类社会带来巨大的变化。顺应当前国际科技发展的大趋势，将电动汽车作为我国发展汽车工业的新切入点，不仅是实现中国汽车工业技术跨越式发展的战略抉择，同时也是实现中国汽车工业可持续发展的重要选择。从技术层面看，混合动力电动汽车技术逐步成熟，已进入产品市场竞争期，率先实现产业化，正成为汽车市场销售新的增长点。

经多年探索实践，国际汽车产业界达成了电动汽车产业化战略共识：2020年以后，各种纯电驱动技术逐步占据主导地位，通过进一步发展纯电动汽车和燃料电池电动汽车，实现大幅度降低石油消耗和CO_2排放。经过北京奥运会、上海世博会、"十城千辆"等示范工程的实施，我国电动汽车从无到有，在关键零部件、整车集成技术以及技术标准、测试技术、示范运行等方面都取得了重大进展，现在电动汽车技术体系趋于完善。由于政策的支持和市场需求的增长，我国成为全球最大的新能源汽车市场，并处于快速增长的阶段，已经成为全球新能源汽车产业的领导者。因此，发展电动汽车已成为我国重大的科技战略需求与战略重点，以确保我国汽车产业的可持续发展。

电动汽车目前在我国的主要发展趋势可概括为驱动电气化、技术系统化、智能网联化、市场国际化等。

传统车辆的动力来源主要为发动机，通过控制燃料的喷射量以及燃烧过程来控制发动机的动力输出。随着电动汽车的发展，汽车动力系统的电气化趋势越来越明显。驱动电气化可以从两个方面理解，一是驱动能源体的电气化，如采用高能量密度的电池、高功率密度的超级电容器，或是长续驶里程的燃料电池作为动力的能源供应；二是驱动执行部件的电气化，如当前电动汽车中广泛采用的驱动电机。

电动汽车动力系统的集成设计，不是简单地将各个部件进行叠加组合，而是需要新的系统耦合创新设计理念以及包括诸多复杂问题在内的集成问题分析、控制系统设计。比亚迪的三合一电驱总成的电机和电控采用了集成化技术，电机电控不需要通过外部接口进行连接，省去了电机和电控相连接的交流三相线和用于冷却的水管，以及安装支架，因而振动及噪声得以改善；电驱总成体积也更小，整车空间利用率更好；电驱总成质量更轻，电驱总成的功率和转矩密度更高。此外，在电动汽车新型底盘设计过程中更应注重模块化，即较为容易地进行安装、调试以及后续的监测、维护等，具有良好的可拓展性，这样能够较好地应用于多个车型。

通过大力发展智能网联汽车，促进跨行业合作。发展智能网联汽车，要以电动汽车作为主要载体，加强智能网联汽车技术攻关，完善跨产业协同创新机制，建立健全法律法规体系，推进智能网联汽车市场应用，建立智能网联汽车与其他泛载网络的信息交流和协同机制，探索多领域联动的创新发展模式。

支持汽车产业对外合作，提升汽车企业海外服务能力，引导和鼓励企业抓住"一带一路"建设和国际产能合作的机遇，明确目标，加强品牌培育，推动电动汽车与国际工程项目协同"出海"，选择重点发展地区，加快"走出去"的步伐。

发展电动汽车，是促进汽车产业转型升级、抢占国际竞争制高点的紧迫任务，也是推动产业绿色发展、培育发展新动能的重要举措。推动电动汽车产业的健康发展，需要全行业共

第1章　电动汽车与动力电池概述

同努力。通过控总量、优环境、提品质、创品牌、促转型、增效益，推动电动汽车产业发展，实现中国由汽车大国向汽车强国的转变。

1.4 电动汽车的类型与特点

纯电动汽车是电动汽车的主要种类之一。纯电动汽车（Battery Electric Vehicle，BEV）是一种仅采用蓄电池作为储能动力源的汽车。蓄电池通过功率变换装置向电动机提供电能并驱动其运转，电动机经传动装置带动车轮旋转从而推动汽车运动。

从外形看，纯电动汽车与传统汽车并没有什么不同，其区别主要在于动力源及其驱动系统，即纯电动汽车的电动机相当于传统汽车的发动机，蓄电池相当于原来的油箱。

1.4.1 纯电动汽车的类型

1. 按电驱动系统结构布局分类

电驱动系统是纯电动汽车获得驱动力的核心系统，其性能的好坏直接决定了纯电动汽车的主要性能，如电动汽车的动力性等。不同的电驱动系统可以构成不同结构的动力传动系统。目前常见的电驱动系统布置形式主要有以下4种：电机中央驱动、电机-驱动桥组合驱动、双电机驱动及轮毂电机驱动，如图1.9所示。

（1）电机中央驱动　驱动的布置形式如图1.9a所示。此种结构与发动机前置前驱的传统内燃机汽车动力传动系统结构相似，是在其基础上发展而来的，主要用于大型重载车辆。电驱动系统的传动装置由差速器、变速器、离合器和电机组成。这里的离合器与内燃机汽车上用的离合器功能相同，是用来切断或接通动力传递的机械装置，以便车辆能平稳换档。变速器主要由一套具有不同速比的齿轮机构组成，其作用也同传统内燃机汽车上的变速器相同，使驾驶人可以根据需要选择不同的变速比，把电机产生的机械动力传给驱动轮。在驾驶人选择低档位时，驱动轮获得低转速大转矩；在驾驶人选择高档位时，驱动轮获得高转速小转矩。差速器的作用是在电动汽车转弯时，使内、外车轮以不同转速行驶，保证车辆的稳定运行。

（2）电机-驱动桥组合驱动　电机-驱动桥组合驱动的布置形式如图1.9b和图1.9c所示。对于此种结构，由于电机具有较大的起动转矩和较宽的调速性能，可以去掉离合器，改用固定速比减速器，从而减少机械传动装置，减小纯电动汽车的质量、增大车内空间。这种电动汽车电驱动系统由电机、固定速比减速器和差速器组成。这些部件有两种布置形式：第一种形式如图1.9b所示，各部件之间存在中间机械传动装置；第二种形式如图1.9c所示，同传统内燃机汽车发动机横向布置、前置前驱的布置方式相似，把电机、差速器和固定速比减速器这三个部件集成为一个整体，通过两根半轴直接与驱动轮相连，可以省去一些中间机械传动部件。图1.9c所示的布置形式在小型纯电动汽车上得到了普遍应用。

（3）双电机驱动　双电机驱动的布置形式如图1.9d和图1.9e所示。这种结构可以实现电子差速，因为两个驱动轮由各自的电机分别驱动，每个电机的转速可以通过各自的电机控制器独立调节控制。因此，采用该种结构的电动车辆不使用机械差速器。图1.9e所示的轮边电机布置形式与图1.9d所示的形式差别并不多，只是将电机直接装在车轮里面，进一步缩短动力从电机传到驱动轮的传递路径。另外，也可以在电机和驱动轮之间装行星齿轮变速器（固定速比）。它不但能提供大的减速比，还能将动力输入轴和输出轴布置在一条轴线上。

（4）轮毂电机驱动　轮毂电机驱动的布置形式如图1.9f所示，它是一种采用轮毂电机的电驱动系统结构。采用这种结构的纯电动汽车使用低速外转子电机，电机的外转子直接安装在车轮的轮缘上，彻底去掉了减速器、差速器等机械传动装置。电机的转速和电动汽车的车轮等速。

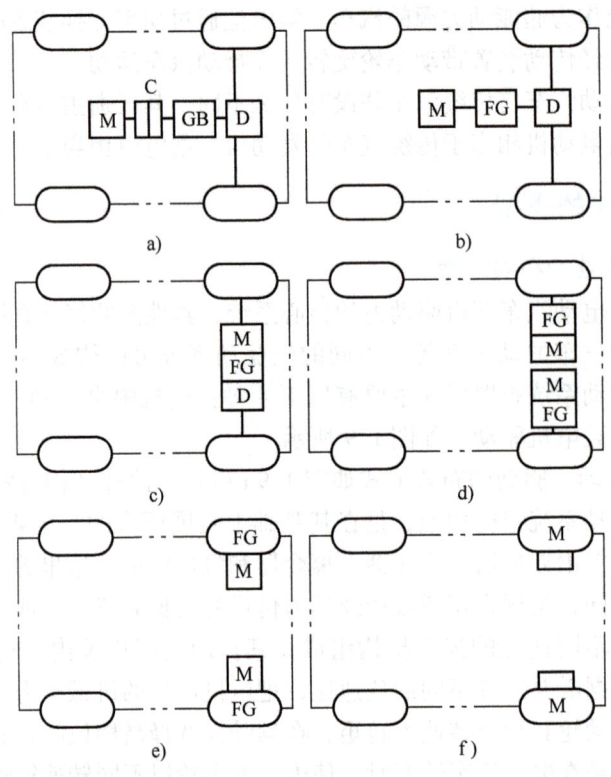

图1.9　电驱动系统的布置形式

C—离合器　D—差速器　FG—固定速比减速器　GB—变速器　M—电机

2. 按蓄电池分类

纯电动汽车目前所采用的蓄电池主要有铅酸蓄电池、镍氢蓄电池及锂离子蓄电池等。其中，铅酸蓄电池技术较成熟，价格也较便宜，但性能和寿命都要差些，还有重金属铅污染问题。其余几类动力电池性能均比铅酸蓄电池好，但目前价格较贵，随着工艺技术的成熟及生产批量的扩大，其性价比将会有较大提高。由于纯电动汽车以蓄电池作为唯一能源，蓄电池的各项性能指标在很大程度上决定了纯电动汽车的性能。

3. 按电机分类

纯电动汽车按其驱动电机类型不同，主要分为直流电机、交流电机、感应电机、永磁电机及开关磁阻电机等类型。

直流电机是使用最早的一种电机，其技术成熟，速度控制简单且成本低；起动转矩和制动转矩大，易于快速起动和停车；调速范围广、方便，易于平滑调速。但是直流电机笨重，质量和体积较大，可靠性差，需要定期进行维护；由于结构中存在电刷、换向器等磨损使得

第1章 电动汽车与动力电池概述

效率低,高速运行时还会产生火花,容易影响车上电子器件,制约了该电机的使用推广。

交流电机是目前电动汽车上应用较多的电机。其优点是结构简单、坚固,成本低;免维护、工作性能稳定、可靠性好,使用寿命长;较直流电机效率高,体积小,重量轻;转矩脉动小,噪声小,转速极限高,响应快;设计和制造工艺成熟。交流电机的最大缺点是控制器结构复杂,容易损坏。但是,随着电子技术的发展和调速方法的改进,交流电机的调速性能有了较大改善,逐渐赶超了直流电机。

永磁电机因磁场由永磁材料产生,具有体积小、调频范围宽、功率密度和效率高、惯性低、响应快等优点,比较适用于现代电动汽车,具有较为广阔的应用前景。但是其价格昂贵、高温会退磁,大功率的永磁电机要做到体积小、重量轻比较困难。随着电子技术不断发展、进步,成本逐渐降低,永磁电机成为最具有前途的电动汽车驱动电机之一。

开关磁阻电机的优点是结构简单,使用安全可靠,低速转矩大,起动转矩高,起动电流小,转子无绕组,工作效率高,调频范围宽。但是,开关磁阻电机有严重的转矩脉动,使电机的振动和噪声较大、非线性严重,并且电机的控制器复杂,价格高。该种电机在现代电动汽车上应用很少。

4. 按用途分类

纯电动汽车按其用途划分,目前主要有纯电动客车和纯电动轿车、纯电动载货车和纯电动特种车辆四类。图 1.10 所示为中通的某款纯电动客车。图 1.11 所示为比亚迪 c6 纯电动客车。

图 1.10 中通某款纯电动客车

图 1.11 比亚迪 c6 纯电动客车

1.4.2 纯电动汽车的特点

1. 无污染、噪声小

纯电动汽车没有内燃机汽车工作时产生的废气,不产生排气污染,对环境保护和空气的洁净十分有益,几乎是"零污染"。众所周知,内燃机汽车排气中的 CO、HC 及 NO_x、微粒等污染物形成酸雨酸雾及光化学烟雾。噪声对人的听觉、神经、心血管、消化、内分泌及免疫系统也是有危害的。纯电动汽车没有内燃机产生的噪声,电动机的噪声也比内燃机小。

2. 单一电能源

相对于混合动力电动汽车和燃料电池电动汽车,纯电动汽车因为只采用电动机,所以噪声低、无污染,并且电动机及传动系所占据的空间和质量更小。另外,由于使用单一的电能源，电控系统较混合动力电动汽车大为简化，从而可以降低成本，补偿蓄电池的部分价格。

3. 结构简单、维修方便

纯电动汽车较内燃机汽车结构简单，运转、传动部件少，维修保养工作量小。当采用交流感应电动机与永磁电机时，无须保养维护，而且纯电动汽车更易操纵。

4. 能量转换效率高

纯电动汽车电动机高效工作区非常宽，并可回收制动、下坡时的能量，有利于提高能量的利用效率。

当在城区运行时，汽车走走停停，行驶速度不高，纯电动汽车相比汽油机汽车更加适宜。纯电动汽车停车时电机不消耗电能，在制动过程中，电机工作状态可由电动机自动转变为发电机，实现制动减速时能量的回收再利用。研究表明，同样的原油经过粗炼，送至电厂发电，再充入蓄电池，用以驱动电动汽车，其能量利用效率比经过精炼变为汽油，再经汽油机驱动的传统汽车要高，因此有利于节约能源和减少 CO_2 的排量。

5. 平抑电网的峰谷差

纯电动汽车的应用可有效减少对石油资源的依赖，可将有限的石油用于更重要的方向。蓄电池充电的电能可以由煤炭、天然气、水力、核能、太阳能、风力及潮汐等能源获得。除此之外，可在夜间利用电网的廉价"谷电"进行充电，起到平抑电网的峰谷差的作用；如果夜间向蓄电池充电，还可以避开用电高峰，有利于电网均衡负荷，减少浪费。

但是纯电动汽车也存在以下痛点：蓄电池技术仍有瓶颈，续驶里程较短，低温性能下降，且充电时间较长。

1.5 动力电池的类型与特点

1.5.1 动力电池的发展历史

根据动力电池的使用特点、要求、应用领域不同，国内外动力电池的研发历史大致如下。

1. 第一代动力电池

铅酸蓄电池主要是阀控式铅酸蓄电池（Valve Regulated Lead Battery）。其优点是大电流放电性能良好、价格低廉、资源丰富、电池回收率高，在电动自行车、电动摩托车上广泛应用。缺点是质量比能量低、有记忆效应、循环寿命短，其主要原材料铅有重金属污染。新开发的双极耳卷绕式 VRLA 电池已经通过混合动力汽车（Hybrid Electric Vehicle）试用，其能量密度与平板涂膏式铅酸蓄电池相比有明显提高。

2. 第二代动力电池

碱性电池主要有 Cd-Ni 电池、MH-Ni 电池。Cd-Ni 电池由于镉的毒性污染，欧盟各国已禁止用于动力电池；MH-Ni 电池的价格明显高于铅酸蓄电池，是 HEV 主要采用的动力电池之一。日本松下能源公司已为 HEV 提供了 1000 万套以上的 MH-Ni 电池。MH-Ni 电池在电动自行车上也有应用，但由于价格问题在市场上缺乏竞争力。

第1章 电动汽车与动力电池概述

3. 第三代动力电池

Li-ion 电池（Li-ion Batteries）和聚合物 Li-ion 电池（Lithium-Polymer Battery），其能量密度高于 VRLA 电池和 MH-Ni 电池，质量比能量达到 300W·h/kg，单体电池电压高（3.6V），已经是最具竞争力的动力电池。

4. 燃料电池

质子交换膜燃料电池（Proton Exchange Membrane Fuel Cell）和直接甲醇燃料电池（Direct Methanol Fuel Cell），其特点是排放出的有害气体极少，使用寿命长，放电产物为 H_2O，是真正的电化学发电装置。它以 H_2 或甲醇作为燃料，O_2 为氧化剂，直接将化学能转化为电能作为车载动力。

燃料电池是车载动力的最环保的解决方案，但是距离实现商业化还有许多问题需要解决，包括价格昂贵，采用贵金属铂、铑作为催化剂，氢的储存运输，以及运行寿命等问题。为了解决以燃油为动力的汽车排放对环境的污染，以电池为动力的电动汽车和油电混合电动汽车成为世界各国研发的热点，其中动力电池的研发更是成败的关键。

2023年中国动力电池装车量达到 758.4 万辆、359.7GW·h。从市场主体技术路线来看，主要为磷酸铁锂和三元锂电池。

在全球动力电池销量排名前十名中有六家是中国电池企业，约占全球 60% 的市场份额。无论是从电池市场占有率，还是从正极、负极、隔膜、电解液等主材来说，中国在行业内占举足轻重的地位，中国动力电池产业和技术处于全球领跑位置。

1.5.2 动力电池的类型

动力电池按工作性质和储存方式分为以下四类。

（1）一次电池 该种电池又称原电池，如果原电池中电解质不流动，则称为干电池。由于电池反应本身不可逆或可逆反应很难进行，电池放电后不能充电再用。例如：

1) 锌-锰干电池：$(-)Zn|NH_4Cl+ZnCl_2|MnO_2(c)(+)$。
2) 碱性锌-锰电池：$(-)Zn|KOH|MnO_2(c)(+)$。
3) 锌-汞电池：$(-)Zn|KOH|HgO(+)$。
4) 镉-汞电池：$(-)Cd|KOH|HgO(+)$。
5) 锌-银电池：$(-)Zn|KOH|Ag(+)$。
6) 碱性锌-空气电池：$(-)Zn|KOH|O_2(c)(+)$。
7) 锂电池。
8) 固体电解质电池（银-碘电池）。

（2）二次电池 习惯上又称蓄电池，即充放电能反复多次循环使用的一类电池。例如：

1) 铅酸电池：$(-)Pb|H_2SO_4|PbO_2(+)$。
2) 镉-镍电池：$(-)Cd|KOH|NiOOH(+)$。
3) 氢-镍电池：$(-)H_2|KOH|NiOOH(+)$。
4) 金属氢化物-镍（MH-Ni）电池。
5) 固体电解质电池（钠-硫电池）。
6) 锂离子电池。

（3）储备电池 又称"激活电池"，这类电池的正、负极活性物质在储存期不直接接触，使用前临时注入电解液或用其他方法使电池激活。例如：

1) 锌-银电池：(−) Zn｜KOH｜Ag_2O (+)。
2) 镁-银电池：(−) Mg｜$MgCl_2$｜AgCl (+)。
3) 铅-高氯酸电池：(−) Pb｜$HClO_4$｜PbO_2 (+)。

(4) 燃料电池 又称"连续电池"，即将活性物质连续注入电池，使其连续放电的电池。例如：

1) 氢-氧燃料电池：(−) H_2｜KOH｜O_2 (+)。
2) 肼-空气燃料电池：(−) N_2H_4｜KOH｜O_2 (空气) (+)。

动力电池是一种能量转换装置，放电时，化学能转变为电能；充电时，电能转换为化学能贮存起来。一次性电池的反应是不可逆的，二次性电池（蓄电池）的反应是可逆的。

1.5.3 动力电池的性能比较

目前可以作为车载动力的电源类型很多，主要有阀控式密封铅酸蓄电池（VRLAB）、Cd-Ni 电池、MH-Ni 电池、Li-ion 电池、聚合物 Li-ion 电池、Zn-Ni 电池、锌-空气电池、超级电容器、质子交换膜燃料电池（PEMFC）、直接甲醇燃料电池（DMFC）等。这些电池均有车载试验，其中有的已经商业化应用，有的离商业化应用还有比较长的距离。

各类动力电池的性能比较列于表 1.1。

表 1.1 各类动力电池的性能比较

电池类别	电压/V	质量比能量/(W·h/kg)	体积比能量/(W·h/L)	记忆效应	循环寿命*/次	价格/[美元/(kW·h)]
VRLAB	2.0	35	80	无	400	93~100
Cd-Ni	1.2	45	160	有	500~1000	1000
MH-Ni	1.2	70	240	有	500~800	1250
Li-ion	3.6	125	300	无	600~3000	2000
聚合物 Li-ion	3.6	200	300	无	600~2000	2500
Zn-Ni	1.65	75	180	无	300~500	
锌-空气		135	1000	无	可再生	

注：*表示 80% DOD 下的循环寿命。

各类动力电池的体积比能量和质量比能量比较如图 1.12 所示。

1.5.4 对动力电池的要求

电动汽车完全以蓄电池作为驱动能源，行驶时无 CO、NO_x 等排放，能量转换效率比燃油汽车高，同时电动汽车还具有结构简单、运行费用低等优点。但是，纯电动汽车对车载动力电池的要求比较高。车载动力电池与此前广泛使用的内燃机汽车的起动蓄电池不同，它是以中等电流长时间连续放电为主，间或以大电流放电，如爬坡或加速时（电车起动没有大电流），并且以深循环使用为主。目前制约电动汽车（EV）发展和大规模商业化应用的关键是动力电池的性能。目前可使用的动力电池存在价格高、低温环境下性能损失严重、电池热失控安全风险等问题。

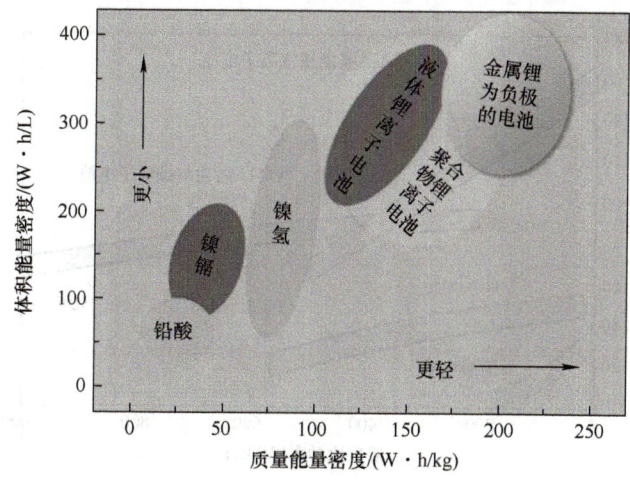

图 1.12 各类动力电池的体积比能量和质量比能量比较

混合动力电动汽车的动力装置采用串联式、并联式和串并混联式的不同方式。两套动力系统和两套管理系统使混合动力电动汽车的结构复杂、技术偏难。但是由于混合动力电动汽车可以大幅度降低燃油消耗、减少汽车排放,因此世界各国都在积极扩大混合动力电动汽车的市场。混合动力电动汽车燃油经济性能高,而且行驶性能优越,适合长途驾驶、寒冷地区或充电不便的地区。混合动力电动汽车的开发,关键是动力分配系统。混合动力电动汽车中动力电池的工作状态(图 1.13)与纯电动汽车不同,其特点是较窄荷电区间下的循环使用,电池在使用寿命期间,这种浅循环将达到数万次。

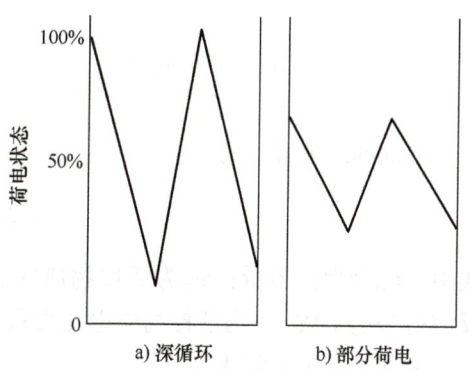

图 1.13 动力电池的两种工作状态

根据以上 EV、HEV 中动力电池的工作状态分析,要满足 EV、HEV 的工作状态,动力电池应该有以下要求:

1)高的功率密度。高功率密度的电池可以在较短的时间内提供更大的电流输出,这对于需要快速充电或快速放电的应用非常重要。

2)高的质量比功率和质量比能量,如图 1.14 所示。动力电池需要具有高能量密度,能够存储更多的能量以提供更长的续驶里程。

3)工作温度范围宽。电池能够在较宽泛的温度范围内正常工作而不被损坏。这对于电池在不同气候条件下的应用非常重要。

4)深循环使用。电池在使用过程中被放电至较低的荷电状态(SoC),然后再次充电以供下一次使用,能够最大限度地利用电池的能量储存能力。

5)使用寿命长。动力电池需要具有长寿命,能够经受长时间的充放电循环而不损坏。

6)安全可靠。动力电池需要具有高安全性,能够避免发生过热、短路、爆炸等危险情况。

7)价格比较低。

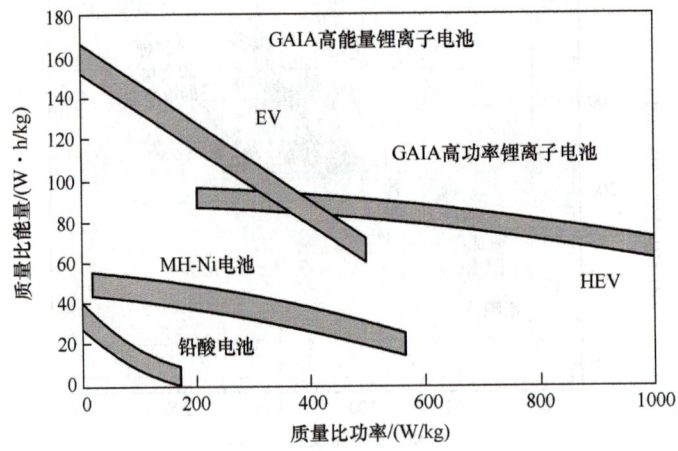

图1.14 动力电池要求的质量比能量和质量比功率

1.6 动力电池基本原理

电池的理论容量为

$$C_0 = 26.8n\frac{m_0}{M} = \frac{1}{q}m_0 \quad (1.1)$$

式中，C_0 为理论容量；m_0 为活性物质完全反应的质量；M 为活性物质摩尔质量；n 为成流反应得失电子数；q 为活性物质电化当量。

电池的理论能量为

$$W_0 = C_0 E \quad (1.2)$$

式中，W_0 为理论能量；E 为电池电动势。

从式（1.1）可知，电化当量越小的物质，产生的电量越大，而从式（1.2）可知，电量越大，电动势越高的电池，产生的能量越大。

周期表左边的元素电极电位最低，周期表右上角的元素电极电位最高。因此，以电极电位最低的电极作负极，以电极电位最高的电极作正极所构成的电池的比能量高，如钾电池、锌-空气电池、钠-硫电池等属高能电池。有些比能量大于 $100 W \cdot h \cdot kg^{-1}$ 的电池如锌-银、锌-汞、碱性锌-锰、氢-镍电池也可列为高能电池。

表1.2是周期表上方元素的电动势 $E^{\ominus}$ 及电化当量。表1.3列出了一些高理论比能量的电池。

从表1.3可知，F_2、Cl_2、O_2、S 等元素，电化当量小，电极电位正，适合于作高能电池的正极活性物质。但因 F_2、Cl_2 是气态，而且有毒，不宜直接用作正极活性物质，一般采用氟化物和氯化物。硫电极在常温下活性小，高温时易挥发，一般采用硫化物。空气和氧气既无毒，又无腐蚀，制成气体扩散电极或氧化物后用作正极活性物质。当然，采用化合物代替 F_2、Cl_2、O_2、S 作为正极活性物质，理论比能量会下降。

第1章 电动汽车与动力电池概述

表1.2 周期表上方元素的 $E^{\ominus}$ 及电化当量

周期	IA	IIA	IIIB	IVB	IIIA	IVA	VA	VIA	VIIA
1	H_2/H^+ (2.016) $E^{\ominus}$ 0.00 0.0376 $g \cdot (Ah)^{-1}$								
2	Li/Li^+ (6.94) $E^{\ominus}$ −3.03 0.259 $g \cdot (Ah)^{-1}$	Be/Be^{2+} (9.013) $E^{\ominus}$ −1.847 0.618 $g \cdot (Ah)^{-1}$			B/H_3BO_3 (10.82) $E^{\ominus}$ −0.867 0.135 $g \cdot (Ah)^{-1}$	Ca/H_2CO_3 (12.00) $E^{\ominus}$ +0.228 0.112 $g \cdot (Ah)^{-1}$	N_2/NH_4^+ (28.02) $E^{\ominus}$ +0.275 0.174 $g \cdot (Ah)^{-1}$	O_2/H_2O (32.00) $E^{\ominus}$ +1.229 0.299 $g \cdot (Ah)^{-1}$	F_2/F^- (38.00) $E^{\ominus}$ +2.866 0.709 $g \cdot (Ah)^{-1}$
3	Na/Na^+ (22.99) $E^{\ominus}$ −2.714 0.858 $g \cdot (Ah)^{-1}$	Mg/Mg^{2+} (24.32) $E^{\ominus}$ −2.363 0.454 $g \cdot (Ah)^{-1}$			Al/Al^{3+} (26.98) $E^{\ominus}$ −1.663 0.335 $g \cdot (Ah)^{-1}$	Si/H_2SiO_3 (28.09) $E^{\ominus}$ −0.780 0.262 $g \cdot (Ah)^{-1}$	P/H_3PO_4 (30.98) $E^{\ominus}$ −0.383 0.231 $g \cdot (Ah)^{-1}$	S/H_2S (32.07) $E^{\ominus}$ +0.171 0.598 $g \cdot (Ah)^{-1}$	Cl_2/Cl^- (70.91) $E^{\ominus}$ +1.359 1.323 $g \cdot (Ah)^{-1}$
4			Se/Se^{3+} (44.96) $E^{\ominus}$ −2.077 0.560 $g \cdot (Ah)^{-1}$	Ti/Ti^{3+} (47.90) $E^{\ominus}$ −1.209 0.596 $g \cdot (Ah)^{-1}$	Ca/Ca^{3+} (69.72) $E^{\ominus}$ −0.529 0.867 $g \cdot (Ah)^{-1}$		As/AsO^+ (74.91) $E^{\ominus}$ +0.254 0.932 $g \cdot (Ah)^{-1}$		
4	K/K^+ (39.10) $E^{\ominus}$ −2.924 1.459 $g \cdot (Ah)^{-1}$	Ca/Ca^{2+} (40.08) $E^{\ominus}$ −2.866 0.748 $g \cdot (Ah)^{-1}$		Ti/Ti^{2+} (47.90) $E^{\ominus}$ −1.630 0.894 $g \cdot (Ah)^{-1}$	Ca/Ca^{2+} $E^{\ominus}$ −0.45 1.301 $g \cdot (Ah)^{-1}$	Ge/Ge^{2+} (72.60) $E^{\ominus}$ 1.355 $g \cdot (Ah)^{-1}$		Se/H_2Se (78.96) $E^{\ominus}$ −0.369 1.473 $g \cdot (Ah)^{-1}$	Br_2/Br^- (159.8) $E^{\ominus}$ +1.066 2.982 $g \cdot (Ah)^{-1}$

表1.3 一些高理论比能量的电池（酸性或中性溶液）

电池体系	电池反应	$E^{\ominus}/V$	$W_0'/(W \cdot h/kg)$
$H_2 \mid H_2SO_4 \mid$ 空气	$H_2 + 1/2O_2 \rightarrow H_2O$	1.229	32700
$H_2 \mid H_2SO_4 \mid$ 空气	$H_2 + 1/2O_2 \rightarrow H_2O$	1.229	3660
Li-空气①	$2Li + 1/2O_2 + H_2O \rightarrow 2LiOH$	3.43	5770
Be-空气①	$Be + 1/2O_2 + H_2O \rightarrow Be(OH)_2$	2.248	4460
Na-空气①	$2Na + 1/2O_2 + H_2O \rightarrow 2NaOH$	3.115	2610
Zn-空气①	$Zn + 1/2O_2 \rightarrow ZnO$	1.646	1350
H_2-F_2	$H_2 + F_2 \rightarrow 2HF$	2.866	3840
Li-F_2	$2Li + F_2 \rightarrow 2LiF$	5.896	6090
Li-Cl_2	$2Li + Cl_2 \rightarrow 2LiCl$	4.189	2650
Li-Br_2	$2Li + Br_2 \rightarrow 2LiBr$	4.096	1260

① 用空气，所以 O_2 质量不计算在内；
② 采用碱性溶液电池的标准电动势。

第2章　动力电池化学原理

2.1　动力电池工作原理

锂离子电池是一种二次电池，主要依靠锂离子在正极材料和负极材料之间的嵌入与脱出，并同时通过得失电子的氧化还原反应来实现充放电。充电时，Li$^+$从正极脱出，经过电解质嵌入负极，负极处于富锂状态，放电时则相反。

2.1.1　动力电池术语

1. 电池电压

（1）电动势　电池的电动势通常又称为热力学平衡电位，是指电池正极与负极平衡电势（平衡电位）的差值，一般用 E 表示，即

$$E = \psi_+ - \psi_- \tag{2.1}$$

式中，E 为电池的电动势；ψ_+ 为正极的平衡电位；ψ_- 为负极的平衡电位。

电动势是电池在理论上输出能量大小的表征之一。如果其他条件相同，那么电动势越高，则该电池理论上能输出的能量就越大。

实际上，电池中两个电极一般并非处于热力学的可逆状态，因此电池在开路状态下的开路电压并不等于电池的电动势，尤其对于某些气体电极，如燃料电池的开路电压与其电动势就有较大偏差。

（2）开路电压　电池的开路电压是指外电路中没有电流流过时，电池正、负极之间的电位差，一般用 U_{oc} 表示。

电池开路电压的大小主要由其活性物质、电解质、电池中所进行反应的性质和条件（如浓度、温度等）决定，与电池的形状结构和尺寸大小无关。一般情况下，电池的开路电压均小于它的电动势。

（3）工作电压　电池的工作电压是指电池接通负载后，在工作电流下放电时两个端子间的电位差，也称为放电电压，一般用 U_{cc} 表示。

电池的工作电压总是低于开路电压，当然也必然低于电池的电动势，这是因为电流流过电池内部时，必须克服极化内阻和欧姆内阻所造成的阻力。

$$U_{cc} = E - IR_i = E - I(R_\Omega + R_f) \tag{2.2}$$

或

$$U_{cc} = E - \eta_+ - \eta_- - IR_\Omega = \varphi_+ - \varphi_- - IR_\Omega \quad (2.3)$$

式中，U_{cc}为电池的工作电压；E为电池的电动势；I为电池的工作电流；R_i为电池的内阻；R_Ω为电池的欧姆内阻；R_f为电池的极化内阻；η_+为正极极化过电位；φ_+为正极电位；η_-为负极极化过电位；φ_-为负极电位。

电池的工作电压受放电制度的影响，放电时间、放电电流、环境温度、放电终止电压等都会影响电池的工作电压。

图 2.1 表示式（2.3）中的关系，图中曲线 a 表示电池电压随放电电流变化的关系曲线。曲线 b，c 分别表示正、负极的极化曲线，直线 d 为欧姆内阻造成的欧姆压降随放电电流的变化。图 2.1 表明，放电电流增大，电极极化增加，欧姆压降增大，使电池工作电压下降。

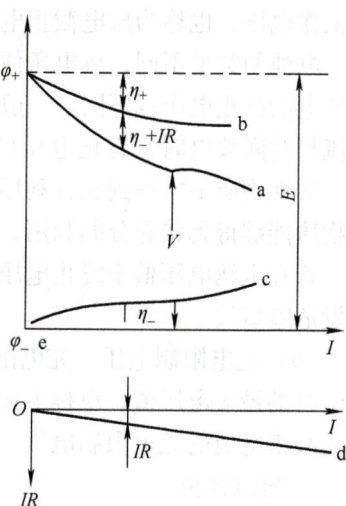

图 2.1 原电池的电压-电流特性、电极极化曲线和欧姆电压降曲线

（4）标称电压　标称电压是用以标识电池的适当的电压近似值，也称为额定电压，可以用来区分不同的电化学体系电池。

常见电池体系的单体标称电压见表 2.1。

表 2.1 常见电池体系的单体标称电压

电池体系		单体标称电压/V
原电池（一次电池）	锌-碳电池	1.5
	锌-二氧化锰电池	1.5
	锌-氧化银电池	1.6
	锌-空气电池	1.5
	锂-亚硫酰氯电池	3.6
	锂-二氧化锰电池	3.0
	锂-氟化碳电池	3.0
储备电池	镁-氯化亚铜电池	1.3
	锌-氧化银电池	1.5
	热电池	1.6~2.1
蓄电池（二次电池）	铅酸电池	2.0
	镍镉蓄电池	1.2
	镍氢蓄电池	1.2
	钠硫蓄电池	2.0
	磷酸铁锂电池	3.2
	锰酸锂电池	3.7
	钴酸锂电池	3.7
	镍钴锰酸锂电池	3.6

（5）放电终止电压　放电终止电压是指电池放电时，电压下降到不宜再继续放电的最

低工作电压,也称为放电截止电压。

电池的类型不同,放电条件不同,对电池的容量和寿命的要求也不同,因而所规定的电池放电的终止电压也不同。一般来说,在低温或大电流放电时,终止电压可规定得低些;小电流长时间放电时,终止电压可规定得高些。这是因为低温、大电流放电时,电极的极化大,活性物质不能得到充分利用,电池的电压下降较快;小电流放电时,电极的极化小,活性物质能够得到较充分的利用,电池的电压下降较慢。

若在电池电压低于终止电压后继续放电,则为过放电,这可能会破坏电池的正常功能并引发危险事故。

(6) 充电限制电压 充电限制电压是指按规定的充电制度,电池由恒流充电转入恒压充电时的最大电压值,也称为充电终止电压。不同电化学体系的电池充电限制电压也不同,如铅酸蓄电池的充电限制电压一般为2.4V,磷酸铁锂电池的充电限制电压一般为3.8V。

2. 电池容量

电池容量是指在一定的放电条件下可以从电池获得的电量,用符号C表示,单位常为安时(A·h)或毫安时(mA·h)。电池的容量又可分为理论容量、额定容量和实际容量等。

(1) 理论容量 理论容量是指假设活性物质全部参加电池的成流反应所给出的电量,常用C_0表示。它可根据活性物质的质量按照法拉第定律计算求得。

法拉第定律指出,电极上发生化学反应物质的质量与通入的电量成正比,可以表达为

$$Q = nF\frac{m}{M} \tag{2.4}$$

式中,Q为电极反应中通过的电量(A·h);n为成流反应时的得失电子数;m为发生反应的活性物质的质量(g);F为法拉第常数,约为96500C/mol或26.8A·h/mol;M为活性物质的摩尔质量(g/mol)。

式(2.4)表明,当质量为m_0的活性物质参加电池的成流反应时,完全反应后所释放出的电量为Q_0,此时Q_0即为电极活性物质的理论容量C_0。因此,电极的理论容量计算公式可以表示为

$$C_0 = 26.8n\frac{m_0}{M} = \frac{1}{K}m_0 \tag{2.5}$$

式中,K为活性物质的电化当量[g/(A·h)],是指获得1A·h电量所需活性物质的质量。

不同电池体系的理论容量只与参加电化学反应的活性物质有关,因此可以按反应的电化当量来计算。当电池活性物质的质量确定以后,电池的理论容量主要取决于活性物质的电化当量。电化当量越小,其理论容量就越大;电化当量越大,其理论容量就越小。

(2) 额定容量 额定容量是指设计和制造电池时,规定或保证电池在一定的放电条件(如温度、放电终止电压、放电倍率等)下应该放出的最低限度的容量,常用$C_额$表示。

(3) 实际容量 实际容量是指在一定的放电条件下电池实际放出的电量,常用C表示。实际容量等于放电电流与放电时间的积分,实际容量受放电倍率的影响很大,所以常在字母C的右下角以阿拉伯数字标明放电倍率,如$C_1 = 20A·h$,表明在1C倍率下放电的容量为20A·h。

实际容量的计算方法如下:

恒电流放电时：
$$C = IT \tag{2.6}$$

恒电阻放电时：
$$C = \int_0^T I\mathrm{d}t = \frac{1}{R}\int_0^T U\mathrm{d}t \tag{2.7}$$

近似计算为
$$C = \frac{1}{R}U_{av}t \tag{2.8}$$

式中，I 为放电电流；T 为放电至终止电压的时间；R 为放电电阻；U 为放电电压；U_{av} 为电池平均放电电压，即电池放电刚开始的初始工作电压与终止电压的平均值。严格来讲，U_{av} 应该是电池在整个放电过程中放电电压的平均值。

电池的实际容量取决于活性物质的数量及其利用率。由于内阻的存在以及其他各种因素，活性物质不可能完全被利用，即活性物质的利用率总是小于1，因此电池的实际容量、额定容量总是低于理论容量。活性物质的利用率为

$$\eta = \frac{m_1}{m} \times 100\% \tag{2.9}$$

式中，m 为活性物质的实际质量；m_1 为放出实际容量时所应消耗的活性物质的质量。

一般情况下，正、负极活性物质的利用率是不同的。活性物质的利用率取决于电池的放电制度和电池的结构。

高倍率大电流放电时，电极的极化增强，内阻增大，放电电压下降很快，导致实际放出的容量较低；低倍率小电流放电时，电极的极化相应地减弱，放电电压下降缓慢，因此电池实际放出的容量较高，有时会高于额定容量。

采用薄型电极和多孔电极及减小电池内阻，均可以提高活性物质的利用率，从而提高电池实际输出的容量，降低电池成本。

（4）比容量　为了对不同的电池进行比较，常常引入比容量这个概念。比容量是指单位质量或单位体积电池所给出的容量，分别被称为质量比容量或体积比容量，常用 C'_m（A·h/kg）或 C'_V（A·h/L）表示：

$$C'_m = \frac{C}{m} \tag{2.10}$$

$$C'_V = \frac{C}{V} \tag{2.11}$$

式中，C 为电池的容量；m 为电池的质量；V 为电池的体积。

应当注意的是，一个电池的容量是指其中正极（或负极）的容量，而不是正极容量与负极容量之和。因为电池在工作时，通过正极和负极的电量总是相等的。实际电池的容量取决于容量较小的那个电极。一般实际工作中，多为正极容量制约整个电池的容量，而负极容量过剩。

（5）剩余容量　剩余容量是指在规定条件下使用（如放电或贮存）后电池中余留的容量。剩余容量的估计和计算受电池前期使用的放电倍率、放电时间、贮存时间、自放电率、环境条件等多种因素的影响。

3. 电池能量

电池能量是指电池在一定放电条件下对外做功所能输出的电能，单位通常为瓦时（W·h）。

（1）理论能量　假设电池在放电过程中始终处于平衡状态，放电电压保持电动势（E）

的数值，并且活性物质的利用率为100%，即放电容量为理论容量，则在此条件下电池输出的能量为理论能量，用W_0表示：

$$W_0 = C_0 E \tag{2.12}$$

式中，C_0为电池的理论容量；E为电池的电动势。

实际上，电池的理论能量也就是可逆电池在恒温恒压下所做的最大非体积功，即为

$$W_0 = -\Delta G = nFE \tag{2.13}$$

式中，W_0为电池的理论能量；ΔG为体系的自由能变化；n为成流反应时的得失电子数；F为法拉第常数；E为电池的电动势。

(2) 实际能量　实际能量是指电池放电时实际输出的能量，用W表示。它在数值上等于电池实际放电电压、放电电流的积对放电时间的积分，即

$$W = \int U(t)I(t)\,dt \tag{2.14}$$

在实际应用中，经常用电池实际容量（C）与电池放电平均工作电压（U_{av}）的乘积来对实际能量进行估算，即

$$W = CU_{av} \tag{2.15}$$

因为活性物质不可能完全被利用，电池的工作电压总是小于电动势，所以电池的实际能量总是小于理论能量。

(3) 比能量（能量密度）　比能量是指单位质量或单位体积的电池所放出的能量，相应地称之为质量比能量或体积比能量，也称为质量能量密度或体积能量密度，常用W'表示，单位为$W \cdot h/kg$或$W \cdot h/L$，表达式为：

$$W' = \frac{W}{m} \tag{2.16}$$

或

$$W' = \frac{W}{V} \tag{2.17}$$

式中，m为电池的质量；V为电池的体积。

能量密度分为理论能量密度（W'_0）和实际能量密度（W'）。电池的理论质量能量密度可以根据正、负极两种活性物质的电化当量（如果电解质参加电池的成流反应，那么还需要加上电解质的电化当量）和电池的电动势来计算，即

$$W'_0 = \frac{1000}{K_+ + K_-} E \tag{2.18}$$

式中，K_+为正极活性物质的电化当量$[g/(A \cdot h)]$；K_-为负极活性物质的电化当量$[g/(A \cdot h)]$；E为电池的电动势（V）。

例如，铅酸蓄电池的理论质量能量密度可以依照下面的电池反应式计算：

$$Pb + PbO_2 + 2H_2SO_4 \rightarrow 2PbSO_4 + 2H_2O$$

已知，Pb的电化当量为$K(Pb) = 3.866 g/(A \cdot h)$，$PbO_2$的电化当量为$K(PbO_2) = 4.463 g/(A \cdot h)$，$H_2SO_4$的电化当量为$K(H_2SO_4) = 3.659 g/(A \cdot h)$，$E = 2.044 V$，故可知

$$W'_0 = \frac{1000}{3.866 + 4.463 + 3.659} \times 2.044 \, W \cdot h/kg \approx 170.5 \, W \cdot h/kg$$

能量密度是衡量电池质量和体积大小的标准，是设计电池时必须要考虑的重要指标之

第2章 动力电池化学原理

一。在电动汽车应用领域,单体电池和电池组的能量密度也是评价动力电池是否满足应用需要的重要指标,因为质量能量密度影响电动汽车的整车质量和续驶里程,体积能量密度影响动力电池在电动汽车上的布置空间。

由于各种因素的影响,电池的实际能量密度远小于理论能量密度。实际能量密度与理论能量密度的关系可表示为

$$W' = W'_0 K_E K_R K_m \tag{2.19}$$

式中,K_E 为电压效率;K_R 为反应效率;K_m 为质量效率。

电压效率是指电池的工作电压与电动势的比值,即

$$K_E = \frac{U}{E} \tag{2.20}$$

式中,U 为电池的工作电压;E 为电池的电动势。

电池放电时,由于存在电化学极化、浓差极化和欧姆压降,电池的工作电压总是小于电动势,因此 K_E 总是小于 1。提高电压效率的重要途径主要包括改进电极结构(包括真实表面积、孔隙率、孔径分布、活性物质粒子的大小等),添加一些导电物质、催化剂、疏水剂,以及掺杂改性等。

反应效率也就是活性物质的利用率。因为活性物质不可能完全被利用,所以反应效率也总是小于 1。活性物质之所以不能完全被利用,主要是因为存在一些阻碍正常反应继续进行的因素,如正极活性物质的溶解及脱落、负极的体积效应及枝晶的形成等。上述问题的发生同各种过电位有密切的关系,因此反应效率和电压效率也有关。

质量效率是指按照电池反应式完全反应的活性物质的质量与电池总质量的比值,即

$$K_m = \frac{m_0}{m_0 + m_s} = \frac{m_0}{m} \tag{2.21}$$

式中,m_0 为假设按照电池反应式完全反应的活性物质的质量;m_s 为不参加电池反应的物质的质量;m 为电池的总质量。

同样,电池中必然要包含一些不参加电池反应的物质,导致电池的质量效率也总是小于 1。这些物质主要包括以下几类:

1)过剩的活性物质。设计电池时,不可能使电池正、负两个电极的活性物质恰好等量,总有一个电极的活性物质过剩。过剩的活性物质和活性物质利用率中所涉及的未利用的活性物质是两个概念:后者是受利用率所限制,而有可能被利用的物质;前者是指电池中一极的活性物质添加量在理论上超过另一极,因而是不可能被利用的物质。有时,这种过剩的活性物质又是必需的。例如,在密封的镍镉蓄电池、锌-氧化银电池中,在设计电池时负极活性物质要有 25%~75% 的过剩量,以防止充电时在负极上产生氢气。

2)电解质溶液。有些电池的电解质溶液不参加电池反应,有些电池的电解质溶液虽然参加电池反应,但需要一定的过剩量。

3)电极的添加剂。例如,导电物质、膨胀剂、吸收电解质溶液的纤维素等,其中有些添加剂的质量可占电极总质量相当大的比例。

4)电池的外壳、电极的板栅、骨架等。

电池的能量密度是电池性能的一个重要的综合指标,提高电池的能量密度,始终是电池行业的努力目标。

4. 电池功率与功率密度

（1）电池功率　电池功率是指在一定放电制度下，单位时间内电池输出的能量，单位为瓦（W）或千瓦（kW）。

理论上，电池功率 P_0 可以表示为

$$P_0 = \frac{W_0}{t} = \frac{C_0 E}{t} = \frac{I_t E}{t} = IE \tag{2.22}$$

式中，t 为放电时间；C_0 为电池的理论容量；E 为电池的电动势；I 为恒定的放电电流。

电池的实际功率 P 应当为

$$P = IU = I(E - IR_i) = IE - I^2 R_i \tag{2.23}$$

式中，$I^2 R_i$ 为消耗于电池全内阻上的功率，这部分功率对负载是无用的，它转变成热能损失掉了。

假设 R_i 为常数，将式（2.23）对电流 I 进行微分，并令 $\frac{\mathrm{d}P}{\mathrm{d}I}=0$，即

$$\frac{\mathrm{d}P}{\mathrm{d}I} = E - 2IR_i = 0 \tag{2.24}$$

设电池内电阻为 R_i，外电阻为 R_o：因为 $E = I(R_o + R_i)$，所以有

$$IR_o + IR_i - 2IR_i = 0$$

即

$$R_i = R_o$$

而且 $\mathrm{d}^2 P/\mathrm{d}I^2 < 0$，因此当 $R_i = R_o$ 时，电池输出的功率达到最大值。

（2）功率密度（比功率）　功率密度是指单位质量或单位体积的电池所输出的功率，相应地称之为质量功率密度或体积功率密度，常用 P' 表示，单位为 W/kg 或 W/L：

$$P' = \frac{P}{m} \tag{2.25}$$

或

$$P' = \frac{P}{V} \tag{2.26}$$

式中，m 为电池的质量；V 为电池的体积。

功率密度的大小表示电池所能承受的工作电流的大小。电池的功率密度大，表示它可以承受大电流放电。功率密度是评价电池或电池组是否满足电动汽车加速、爬坡能力和制动能量回收能力的重要指标。

5. 电池内阻

电池内阻是电池的一个极为重要的参数，是指电流通过电池时所受到的阻力，它包括欧姆内阻和电极在进行电化学反应时极化引起的电阻两部分。欧姆内阻（R_Ω）和极化内阻（R_f）之和称为电池的全内阻（R_i）。

（1）欧姆内阻　欧姆内阻（R_Ω）主要包括电极材料、电解液、隔膜的电阻及各组件的接触电阻。

电解液的欧姆内阻与电解液的组成、浓度和温度有关。一般情况下，电池用的电解液浓度值大多选在电导率最大的区间，但是有时还必须考虑电解液浓度对电池其他性能（如极化内阻、自放电、电池容量和寿命等）的影响。

需要说明的是，电池中采用的隔膜均为多孔的不具有电子导电的物质，本身应是绝缘材料。只有当隔膜浸入电解液时，它的孔隙逐渐被电解液充满，才具有导电作用。而这种导电作用，依靠的是微孔中电解质溶液的离子迁移传递。所谓隔膜电阻，实质上是指当电流流过电解液时，隔膜有效微孔中的电解液所产生的电阻（R_M），它满足以下计算式：

$$R_M = \rho_s J \tag{2.27}$$

式中，R_M 为隔膜电阻；ρ_s 为溶液比电阻；J 为表征隔膜微孔结构的因子。

由此可见，隔膜电阻受两方面因素的影响：一方面是电解质溶液的比电阻，它取决于溶液的组成和温度；另一方面是隔膜的结构因素。对于特定的隔膜，J 为一个定值。结构因素包括隔膜的厚度、孔隙率、孔径和孔的弯曲程度等。

电极材料的固相电阻包括活性物质粉粒自身的电阻、粉粒之间的接触电阻、活性物质与导电骨架之间的接触电阻，以及导电骨架、集流体、极耳等的电阻。这部分固相电阻的变化比较复杂，特别是在充放电过程中，活性物质的成分及形态均可能发生变化，导致电阻阻值发生较大的变化。

此外，电池的欧姆内阻还与电池的尺寸、结构、装配等因素有关，如果结构合理、装配紧凑，那么电极间距就小，欧姆内阻也就小。

（2）极化内阻　极化内阻（R_f）是指电池的正极和负极在进行电化学反应时由极化引起的内阻，包括电化学极化和浓差极化引起的电阻。极化内阻与活性物质的性质、电极的结构、电池的制造工艺等有关，特别是与电池的工作条件密切相关，放电电流和温度对其影响很大。放电电流不同，产生的电化学极化与浓差极化的值也不同。在大电流密度下放电时，电化学极化和浓差极化均增加，甚至可能引起电极表面的钝化，造成极化内阻增加。低温对电化学极化、离子扩散均有不利影响，在低温下电池的极化内阻也会增加。因此极化内阻并不是一个常数，而是随放电制度、放电温度等的改变而变化的。

在多数情况下，由于电池内阻较小，经常忽略不计，但电动汽车用动力电池常常处于大电流、深放电工作状态，内阻引起的电压降会较大，此时电池内阻对整个电路的影响就不能忽略。

为了比较相同系列不同型号的电池内阻，引入比电阻（R'_i），即单位容量下电池的内阻：

$$R'_i = \frac{R_i}{C} \tag{2.28}$$

式中，R_i 为电池内阻（Ω）；C 为电池容量（A·h）。

总之，内阻是决定电池性能的一个重要指标，它直接影响电池的工作电压、工作电流、输出的能量与功率等。对于实用的电池，其内阻越小越好。

6. 放电电流

放电电流是指电池放电时电流的大小。放电电流直接影响电池的各项性能指标。因此，在谈到电池的容量或能量时，必须说明放电电流的大小或指出放电的条件。放电电流一般用放电率表示，放电率常用"时率"和"倍率"两种形式表示。

（1）时率　时率也称为小时率，是以放电时间（h）表示的放电速率，或者说以一定的放电电流放完额定容量所需的小时数来表示，即 C/n，其中，C 为额定容量，n 为一定的放电电流。

例如，电池的额定容量为 60A·h，以 10A 电流放电，则时率为 60A·h/10A = 6h，称电池以 6 小时率放电。由此可见，放电时率所表示的时间越短，所用的放电电流越大；放电时率所表示的时间越长,则所用的放电电流越小。

(2) 倍率　倍率实际上是指电池在规定的时间内放出额定容量时所输出的电流值,它在数值上等于额定容量的倍数。

例如,2倍率(记为2C)放电,表示放电电流的数值是额定容量数值的2倍,若电池的额定容量为20A·h,则放电电流应为2×20A=40A。如果换算成小时率,则是20A·h/40A=1/2小时率。

一般情况下,称放电倍率在C/3以下为低倍率,C/3~3C为中倍率,3C以上为高倍率。

7. 荷电状态

荷电状态(SOC)反映电池的剩余电量状况,是电池使用过程中的重要参数。荷电状态值是一个相对值,一般用百分比的方式来表示,SOC的数值在0~100%之间。目前国内外比较统一的认识是从电量的角度来定义SOC,即电池在定放电倍率下,剩余容量与相同条件下额定容量的比值:

$$\text{SOC} = \frac{C_\mu}{C_{额}} \tag{2.29}$$

式中,C_μ为电池剩余的按额定电流放电的可用容量;$C_{额}$为电池的额定容量。

如果用电池已放出的容量Q来求得电池的荷电状态参数SOC,则可表示为

$$\text{SOC} = 1 - \frac{Q}{C_{额}} \tag{2.30}$$

SOC=100%表示电池为充满电状态,SOC=0表示电池为全放电状态。

因为电池所能放出的容量受充放电倍率、温度、自放电、老化、充放电循环次数等因素的影响,所以表示电池剩余电量的SOC也与这些因素有关。在实际应用中,经常要根据实际情况对SOC的定义进行调整或修正。

受多种因素的影响,电池SOC的估计和预测方法很复杂,准确估计比较困难。目前常用的SOC估算法主要有开路电压法、安时累积法、电化学测试法、电池模型法、神经网络法、阻抗频谱法和卡尔曼滤波法等。

8. 自放电特性

(1) 自放电　自放电是指电池开路时,在一定条件下(如一定温度、湿度下)电池内部自发的或不期望的化学反应造成可用容量自行下降的现象。自放电的产生主要是由于电极在电解液中处于热力学的不稳定状态,电池的两个电极各自发生了氧化还原反应。

克服电池自放电的措施主要有以下几种:

1) 采用纯度较高的原材料或对原材料进行处理,除去有害杂质,但成本会增加。
2) 在负极材料中加入氢过电位较高的金属或缓蚀剂。
3) 在电极或电解液中加入缓蚀剂,抑制氢的析出,减少自放电的发生。

(2) 自放电率　自放电率是指电池在贮存时间内,在没有负荷的条件下自身放电,使得电池的容量损失的速度。自放电率用单位时间内电池容量降低的百分数表示,即

$$X = \frac{C_{前} - C_{后}}{C_{前} T} \times 100\% \tag{2.31}$$

式中,$C_{前}$为贮存前电池的容量;$C_{后}$为贮存后电池的容量;T为贮存时间,常用天、月、年表示。

自放电率除了与电池体系自身特性有关外,通常还与环境温度、湿度等有关。

9. 电池寿命

(1) 循环寿命　循环寿命或使用周期是衡量蓄电池性能的一个重要参数。蓄电池经历一次充电和放电,称为一个循环或一个周期。在一定的放电制度下,电池容量降低至某一规定值之前,电池所能耐受的循环次数,称为蓄电池的循环寿命或使用周期。

影响蓄电池循环寿命的因素很多,除了正确使用和维护外,主要有以下几点:

1) 电极活性表面积在充放电循环过程中不断减小,工作电流密度上升、极化增强。
2) 电极上活性物质脱落或转移。
3) 在电池工作过程中,某些电极材料发生腐蚀。
4) 在循环过程中电极上生成枝晶,造成电池内部微短路。
5) 隔膜的老化和损坏。
6) 活性物质在充放电过程中发生不可逆晶形改变,使活性降低。

(2) 贮存寿命　贮存寿命是指电池自放电的大小经过存储后可用容量下降到某一规定容量所经过的时间,也称为搁置寿命。电池在长期搁置后容量会发生变化,这种特性称为贮存性能。电池在贮存期间虽然没有负荷放出电量,但是在电池内部一般会存在自放电现象。

即使是干态贮存,也会由于密封不严进入水分、空气等物质,使处于热力学不稳定状态的部分正极和负极活性物质产生微电池腐蚀,自行发生氧化还原反应,转变成不能利用的热能。如果是湿态贮存(电池带电解液贮存),情况则更为严重。电池在湿态贮存下一般自放电较明显,贮存寿命相对较短,因此储备电池在使用时才加入电解液激活,此前的干态贮存可以保存电池很长时间。

2.1.2 电池化学原理

以石墨和层状 $LiCoO_2$ 为例,锂离子电池工作原理示意图如图 2.2 所示。在正负极的电势差驱动下,锂离子在正负极材料之间完成脱嵌过程。充电过程中,锂离子从 $LiCoO_2$ 的晶格内脱出进入电解液中,与此同时正极材料中的过渡金属 Co 原子失去一个电子,由 +3 价变为 +4 价。锂离子和进入电解液后与碳酸酯类分子产生溶剂化作用,并在电势差的驱动下向负极迁移,穿过隔膜、到达负极并去溶剂化插入石墨层间。与此同时,电子从正极材料流出通过外电路流向负极,负极

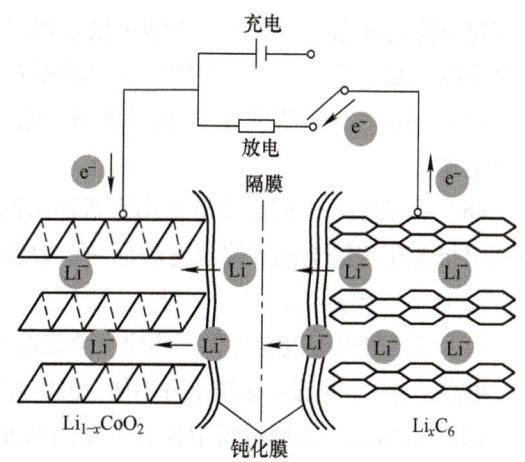

图 2.2　锂离子电池工作原理示意图

材料得到一个电子,保证了电池体系的电中性。放电时,锂离子和电子的运动情况与上述相反。锂离子电池在充放电过程中可以看作离子在正负极材料之间可逆的脱嵌过程,人们形象地将其称为"摇椅式电池"。电化学反应可以用以下电极反应过程表示:

正极反应: $$LiCoO_2 \Leftrightarrow Li_{1-x}CoO_2 + xLi^+ + xe^- \tag{2.32}$$

负极反应: $$6C + xLi^+ + xe^- \Leftrightarrow Li_xC_6 \tag{2.33}$$

总反应： $6C + LiCoO_2 \Leftrightarrow Li_{1-x}CoO_2 + Li_xC_6$ (2.34)

2.1.3 动力电池特性

1. 锂离子电池优点

（1）开路电压高　由于采用了有机体系电解液，锂离子电池的单体电压约为3.6V。而采用水体系电解液的镍镉电池与镍氢电池单体电压只有1.2V，铅酸电池单体电压约为2V。这是锂离子电池开路电压高的重要原因之一。

（2）能量密度高　锂离子电池的质量能量密度可达300W·h/kg，体积能量密度可达400W·h/L。铅酸电池、镍镉电池和镍氢电池的质量能量密度分别约为40W·h/kg、50W·h/kg、60W·h/kg。

（3）自放电率小　室温下锂离子电池的电荷保持能力很强，优质的商业化电芯月自放电率小于3%，远低于其他体系二次电池的月自放电率。

（4）循环次数多、寿命长　由于采用石墨作为负极材料，在充放电过程中，Li^+在正负极材料内部脱嵌，避免了Li^+在负极内部产生锂枝晶而引起的电池损坏。锂离子电池的循环寿命一般在1000次以上，优质的电池可达到3000次。若采用零应变材料（磷酸铁锂与钛酸锂）作为正负极材料，其寿命可超过1万次。

（5）工作温度范围广　锂离子电池的工作温度范围可达到-30~60℃。但其容量受温度影响较大，尤其是低温下，可用容量受到较大限制。

（6）无记忆效应　记忆效应指的是电池在长期不彻底充电、放电的情况下导致电池可用容量下降的现象，这是由于电池记忆了用户日常的充电、放电幅度和模式。铅酸电池与镍镉电池的记忆效应较严重，而锂离子电池不存在记忆效应。

（7）环境友好　锂离子电池不含镉、铅、汞等有害物质，通常被认为是一种"绿色"二次电池。

（8）内阻小　锂离子电池采用有机体系的电解液，电导率要比水体系的电解液低得多，内部阻抗要比镍镉电池和镍氢电池低一个数量级。

2. 锂离子电池的缺点

（1）工作电压变化范围大　相比完全放电状态，满电状态的锂离子电池电压变化达到40%甚至更高，对于用电设备来讲十分不便。但由此特性可以较容易地判断电池的剩余电量。

（2）成本高　正极材料中含有大量的钴元素，钴元素的原材料价格较高。

（3）滥用性能较差　过充电安全性较差，需要有保护电路防止过充电。随着锂离子电池能量密度的不断提高，安全性的保证也越发困难。

锂离子电池与铅酸电池、镍镉电池、镍氢电池主要性能比较见表2.2。

表2.2　锂离子电池与铅酸电池、镍镉电池、镍氢电池主要性能比较

参数	铅酸电池	镍镉电池	镍氢电池	锂离子电池
工作电压/V	2.0	1.2	1.2	3.6
质量比能/(W·h/kg)	30~50	50	60~70	≥300

(续)

参数	铅酸电池	镍镉电池	镍氢电池	锂离子电池
体积比能量/(W·h/L)	60~80	150	200	≥400
循环寿命/次	300~500	300~600	300~700	≥1000
月自放电率（%）	20~30	25~30	15~30	1~3
记忆效应	有	有	无	无
有害物质	铅	镉	无	无
电池重量	重	重	重	较轻
工作温度/℃	-20~60	20~60	20~60	-20~60

2.2 三元电池

三元聚合物锂离子电池是指使用镍钴锰酸锂或者镍钴铝酸锂三元正极材料的锂离子电池。三元复合正极材料是以镍盐、钴盐、锰盐为原料，里面镍、钴、锰的比例可以根据实际需要进行调整。

2.2.1 材料结构特性

三元正极材料，又称为层状镍钴锰复合正极材料 Li$[Ni_{1-x-y}, Co_xMn_y]O_2$，最早在 1999 年提出，合成了不同组分的三元材料：$LiNi_{0.7}Co_{0.1}Mn_{0.2}O_2$（712 型）、$LiNi_{0.6}Co_{0.2}Mn_{0.2}O_2$（622 型）和 $LiNi_{0.5}Co_{0.2}Mn_{0.3}O_2$（523 型）。

相关学者在 2001 年提出了 $LiNi_{1/3}Co_{1/3}Mn_{1/3}O_2$，即 111 型三元材料。该类材料综合了 $LiCoO_2$、$LiNiO_2$ 和 $LiMnO_2$ 三种层状材料的优点，展现出明显的三元协同效应，具有高比容量、良好的循环性能及高安全性等优点，是目前应用最广和最具发展前景的锂离子电池正极材料之一。

三元 $LiNi_{1/3}Co_{1/3}Mn_{1/3}O_2$ 晶体为层状岩盐结构（α-$NaFeO_2$ 型结构），属于六方晶系，空间群为 R-3m，结构示意图如图 2.3 所示。在结构中，锂占据 3a 位，过渡金属 Ni、Co 和 Mn 占据 3b 位，氧位于 6c 位并且呈立方密堆积排列，过渡金属和锂分别交替占据其八面体空隙，在（111）晶面呈层状分布。整个晶体可看作由 MO_6 和 LiO_6 八面体层交替堆垛而成，

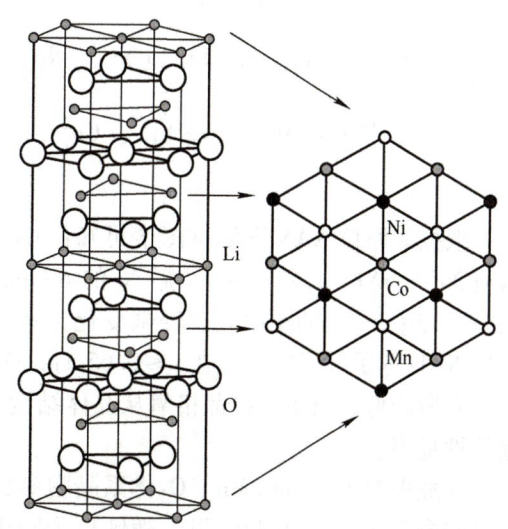

图 2.3 层状 $LiNi_{1/3}Co_{1/3}Mn_{1/3}O_2$ 材料结构示意图

这个构造对锂离子嵌脱非常有利。研究人员将 MO_6 和 LiO_6 八面体层分别称为主晶片（Slab）和间晶片（Interslab），其厚度被认为是材料的晶格参数 a 和 c。

不同组分的三元材料理论比容量有差异，但由于 Ni、Co、Mn 三元素原子质量差别很小，所以理论比容量差别不大，约为 280mA·h/g。研究三元材料 Li[$Ni_xCo_yMn_z$]O_2（x = 1/3、0.5、0.6、0.7、0.8、0.85）的结构和电化学性能，发现在相同的充放电范围内材料比容量随着 Ni 含量的增加而增加，但热稳定性和容量保持率却有所降低。此外，由于 Ni^{2+} 半径（0.069nm）与 Li^+（0.076nm）很接近，导致 Ni^{2+} 很容易占据 Li^+ 的 3a 位置，从而发生阳离子混排现象，使晶胞参数 a 增大，(003) 衍射峰强度弱化，最终影响材料的电化学性能。离子混排可用晶胞参数 c/a 和衍射峰强度 $I(003)/I(104)$ 来表征。当 $c/a > 4.9$ 和 $I(003)/I(104) > 1.2$ 时，材料的混排度小。材料层状结构的完整性可用两对衍射峰 (006)/(102) 和 (003)/(104) 的劈裂程度反映。劈裂程度越大，层状结构越完整，电化学性能也就越好。研究发现，材料中的 Co 具有抑制阳离子混排、稳定层状结构等作用，可以提高材料的电导率；Mn 则可以对材料晶体的结构起到支撑作用，提高材料的安全性和热化学稳定性。

2.2.2 电池化学机理

目前，产业化和研究的重点三元材料是 Ni 与 Mn 等量或 Ni 量高于 Mn 量型的三元材料。在理想的三元材料 Li[NiCoMn]O_2 中，Co 通常为 +3 价，Mn 则为 +4 价，Ni 大部分为 +3 价、少量为 +2 价以保持电荷平衡。以 111 型三元材料为例，通过 XANES 光谱技术得出 Ni 为 +2 价，Co 为 +3 价，Mn 为 +4 价，这与通过晶体模型理论计算的结果相一致。

材料在充放电过程中，锂离子从正极材料的层间进行脱嵌，过渡金属离子发生相应的氧化还原反应。以 $Li_{1-x}Ni_{1/3}Co_{1/3}Mn_{1/3}O_2$ 材料为例，在 3.8～4.1V 电压范围内对应的氧化还原反应是 Ni^{2+}/Ni^{3+}（$0 \leq x \leq 1/3$）和 Ni^{3+}/Ni^{4+}（$1/3 \leq x \leq 2/3$），在 4.5V 左右对应的反应是 Co^{3+}/Co^{4+}（$2/3 \leq x \leq 1$），反应式如下：

$$\begin{cases} LiNi_{\frac{1}{3}}Co_{\frac{1}{3}}Mn_{\frac{1}{3}}O_2 \Leftrightarrow Li_{1-x}(Ni^{2+}_{\frac{1}{3}-x}Ni^{3+}_x)Co_{\frac{1}{3}}Mn_{\frac{1}{3}}O_2 + xLi^+ + xe^- \\ Li_{\frac{1}{3}}Ni^{3+}_{\frac{2}{3}-x}Co_{\frac{1}{3}}Mn_{\frac{1}{3}}O_2 \Leftrightarrow Li_{1-x}(Ni^{3+}_{\frac{2}{3}-x}Ni^{4+}_{x-\frac{1}{3}})Co_{\frac{1}{3}}Mn_{\frac{1}{3}}O_2 + \left(x-\frac{1}{3}\right)Li^+ + \left(x-\frac{1}{3}\right)e^- \\ Li_{\frac{1}{3}}Ni^{4+}_{\frac{1}{3}}Co_{\frac{1}{3}}Mn_{\frac{1}{3}}O_2 \Leftrightarrow Li^{4+}_{1-x}(Co^{2+}_{1-x}Co^{3+}_{x-\frac{2}{3}})Mn_{\frac{1}{3}}O_2 + \left(x-\frac{2}{3}\right)Li^+ + \left(x-\frac{2}{3}\right)e^- \end{cases}$$

(2.35)

根据非原位 XANES 测试图谱可知：3.8V 对应 $Ni^{2+} \rightarrow Ni^{3+}$ 反应，3.9～4.1V 电压范围对应 $Ni^{3+} \rightarrow Ni^{4+}$，超过 4.1V 后 Ni 的 K-edge 图谱没有发生变化，说明 Ni 已完全反应；而在该过程中，Mn 的图谱只有轻微变化，除去环境的影响，判断 Mn^{4+} 不参与反应。利用非原位 XRD 等手段研究发现在 $x \leq 0.65$ 时，O 的价态不会改变；而当 $x > 0.65$ 时，O 的平均价态有所降低，有少量的晶格氧从晶体结构中以 O_2 形式逸出，造成材料结构的破坏和电池爆炸性危害。

充放电对 Li[NiCoMn]O_2 体系晶胞参数的影响与 Ni、Co、Mn 元素比例有关，不同体系晶胞参数 a、c 和晶胞体积 V 随锂离子脱出的变化而不同。锂离子从 $LiNi_{1/3}Co_{1/3}Mn_{1/3}O_2$ 材料中脱出时，随着电压的升高，晶胞参数 a 先减小，这是由于过渡金属 Ni 和 Co 氧化成半径小的高价态所致，当充电电压达到 4.2V 时，a 有微小的增加；晶胞参数 c 随着充电电压的升高而不断增大，这是由于锂的脱出导致相邻氧层间的斥力增大所致，当电压超过 4.4V 后，c 出现明显的减小，Ni^{4+}—O 键减小了相邻氧层间的斥力。在充放电过程中，111 型三元材料晶胞体积变化很小，有利于材料的循环稳定性，而高镍（Ni 含量≥0.5）三元材料晶胞体积变化则较大，导致材料颗粒结构断裂，进而影响材料的电化学性能。

2.2.3 材料改性方法

针对上述问题，研究学者做了大量研究以改善材料的电化学性能，主要包含以下 5 个方面。

1. 核壳结构

电极材料表面界面反应是影响三元材料的重要因素，以高容量的富镍材料为内核、高稳定结构的锰基材料为外壳，组合成核壳结构正极材料。核壳结构类型一般分为普通型、梯度型和全梯度型，其中全梯度型核壳结构没有明显的核壳界限，可以消除核壳结构界面过渡金属组分的突变和结构之间的不匹配性，使锂离子在结构中实现平缓的过渡。该结构材料拥有更高的比容量、更好的倍率、更佳的循环性能和热稳定性。

研究人员采用核壳结构设计方法制备了 $LiNi_{0.75}Co_{0.1}Mn_{0.15}O_2$ 材料，这种材料以 $LiNi_{0.86}Co_{0.1}Mn_{0.04}O_2$ 为核材料、$LiNi_{0.7}Co_{0.1}Mn_{0.2}O_2$ 为壳材料。对材料颗粒进行了电子探针（EPMA）技术分析，发现元素组分是连续变化的：Ni 由内到外连续降低，而 Mn 则相反。这种连续分布抑制了材料表面相变和氧的释放，阻止了高氧化态核材料与电解液的直接接触，从而提升了材料的循环性能、热稳定性和锂嵌入的稳定性。该材料具有优异的电化学性能和良好的热稳定性，在 2.7~4.3V 电压范围内，0.2C 首次放电比容量为 215mA·h/g，而且其在全电池中有很好的循环性能，1000 次循环后的容量保持率高达 90%。

2. 形貌控制

择优面控制生长在 Li[NiCoMn]O_2 晶体中，锂离子沿着 a 或 b 轴以平行于锂层的二维方向迁移，即沿着六方晶系的 6 个晶面（010）、（01-0）、（100）、（110）、（11-0）和（1-00）面迁移，统称为 010 晶簇，因此制备尽可能多的活性面材料可以明显提升材料的电化学性能。由于与 010 晶簇垂直的 001 晶簇的表面能低于 010 晶簇，所以材料中暴露的晶面主要为 001 晶簇面，而 001 晶簇面对于锂离子迁移是非电化学活性的，这为制备活性面占优的三元材料带来了极大的挑战。研究人员采用表面活性剂（PVP）辅助的共沉淀法制备了活性面占优（约 58.6%）的单晶纳米砖 $LiNi_{1/3}Co_{1/3}Mn_{1/3}O_2$ 三元材料，并研究了 010 晶面对材料电化学性能的影响，结果显示纳米砖厚度（即晶体 c 方向）越大，材料电化学性能越优异；在 2.5~4.6V 电压范围内，15C 首次放电比容量高达 130mA·h/g，循环 100 次后的容量保持率为 92%，说明了活性面对于三元正极材料电化学性能有着很重要的影响。

3. 离子掺杂

为了提高三元材料的电子和离子电导率、循环过程中的结构稳定性等，对三元材料进行离子（阳离子和阴离子）掺杂是有效的措施之一。这类离子的特征是其离子半径与被替代离子的半径相近，且掺杂元素的结合能力较强。通常选用的掺杂元素有 Al、Mg、Cr、F 等，很多文献对这些掺杂元素的作用以及掺杂量对材料结构和电化学性能的影响进行了广泛的研究。

Mg 对高镍三元材料 $LiNi_{0.6-y}Co_{0.25}Mn_{0.15}Mg_yO_2$（$0 \leq y \leq 0.08$）结构和电化学性能的影响显示，掺杂的 Mg^{2+} 替代了材料中的 Ni^{2+}，$r_{Ni}^{2+} = r_{Mg}^{2+} = 0.72Å$（$1Å = 10^{-10}m$），而且随着 Mg 掺杂量的增加，材料的晶胞参数 a 和 c 增大。研究表明，随着锂离子从电极材料中脱出，

Ni—O 键长明显变小,而 Co—O 和 Mn—O 键长只发生微小的变化,这是由于金属离子的氧化和结构中 a 轴的缩短造成的。

采用氢氧化物共沉淀法制备了 F 掺杂的 $LiNi_{0.6}Co_{0.2}Mn_{0.2}O_{2-z}F_z$($0 \leq z \leq 0.06$)三元材料,电化学测试表明 F 的掺杂虽然降低了首次放电比容量,但材料的循环和倍率性能得到了明显的提升,而且材料具有良好的高温性能。这是由于 F—M 化学键键能较 O—M 的高,结合更稳固,提高了材料的结晶度,同时抑制了 M 的溶解,从而增强了材料结构的稳定性。一般单独 F 掺杂的研究较少,通常采用阴阳离子复合掺杂(如 Ti/F、Mg/F 等)的形式来改善材料的电化学性能,复合较单独掺杂的效果更佳。

采用静电纺丝技术制备了 $LiNi_{1/3}Co_{1/3}Mn_{1/3-x}Al_xO_2$ 纳米纤维三元材料,AFM 测试显示材料外貌具有柱状结构且表面平整光滑,Al 的掺杂显著提升了材料的电化学性能。当掺杂量 $x=0.06$ 时,材料具有最高的首次放电比容量 187mA·h/g(电压范围 3.0~4.3V,倍率 $0.1C$);在高倍率($2.0C$)时,放电比容量高达 151mA·h/g。

4. 表面包覆

为了改善电极材料界面反应,表面包覆是提升三元材料电化学性能的有效措施之一,尤其是改善高截止电压下材料的电化学性能,同时也是目前产业化应用很成熟的技术之一。该方法可减少电极材料与电解液间界面副反应,抑制材料表面晶型的转变和过渡金属离子的溶解,有效改善材料的倍率性能、循环性能和热稳定性。

常见的包覆物有氧化物(Al_2O_3、TiO_2、MgO、ZnO 等)、氟化物(LiF、AlF_3 等)、磷酸盐(Li_3PO_4、$LiNiPO_4$ 等)和导电聚合物等。研究人员采用原子沉积方法(ALD)在 $LiNi_{0.5}Co_{0.2}Mn_{0.3}O_2$ 上沉积了超薄 Al_2O_3 涂层,涂层阻碍了材料与电解液间的副反应,阻止了高电压下晶格氧的逃逸,稳定了材料表面结构,减小了电荷传递阻抗,增强了锂离子的传导率。材料在 2~4.8V 下循环 30 次后的容量保持率为 76.8%,较未包覆材料提升了 18.4%。采用该方法制备的 Al_2O_3 包覆三元材料,Al_2O_3 可形成 Al-O-F 和 Al-F 层清除剂,清除电解液中的 HF,限制 HF 中的含量,减少电解液中痕量水带来的不良影响。

用 PEDOT-co-PEG 共聚物包覆在 $LiNi_{0.6}Co_{0.2}Mn_{0.2}O_2$ 材料表面,包覆层能够阻止阻抗层的增长,抑制过渡金属从活性材料表面的溶解,加强了锂离子传导率和电子传导率,明显提升了材料的首次库仑效率、倍率性能和循环稳定性。

5. 电解液

提高三元材料的充放电截止电压可以有效提升材料的比容量,进而提高电池的比能量。但在高电压下电解液会发生氧化分解,因此对电解液的优化和与三元材料的匹配性是亟待解决的问题。可用添加电解液添加剂的方式改善三元材料与电解液的匹配性。添加剂可有效促进电极表面形成致密表面膜,抑制电解液的氧化分解,降低活性材料与电解液的反应。

2.3 铁锂电池

磷酸铁锂是一种聚阴离子正极材料,由于具有稳定的聚阴离子框架结构,表现出优良的安全性能、过充电性能与热稳定性以及较长的循环寿命。聚阴离子框架结构也会导致电导率偏低,不利于容量的发挥与大电流放电,这也是这类材料的一个共性问题。常见的聚阴离子材料包括磷酸盐体系、硅酸盐体系以及硫酸盐体系等,其中磷酸盐体系材料由于综合性能较好受到了广泛关注。

2.3.1 材料结构特性

$LiMPO_4$ 为橄榄石结构，属正交晶系，pnma 空间群。以 $LiFePO_4$ 为例：O 原子以稍扭曲的六方密堆积排列，P 占据四面体中心位置，Li、Fe 分别占据八面体 4a 和 4c 位置，分别形成了 LiO_6 八面体、FeO_6 八面体、PO_4 四面体，3 种结构交替排列；相邻的 FeO_6 八面体在 bc 平面上共享顶点，与相邻的 LiO_6 八面体在 b 轴方向通过共棱的方式相连；一个 FeO_6 八面体与两个 LiO_6 八面体共用棱上的氧原子，一个 PO_4 四面体与一个 FeO_6 八面体共棱、与两个 LiO_6 八面体共棱。

在图 2.4 所示的结构中，锂离子完全脱出时并不会造成其结构的破坏，所以 $LiMPO_4$ 有较好的过充电性能；$LiMPO_4$ 在充放电过程中利用 M^{3+}/M^{2+} 为氧化还原电对，在全充电状态下的 +3 价阳离子的氧化能力不强，不易与电解液发生氧化反应，所以 $LiMPO_4$ 具有较好的循环性能与充放电库仑效率；聚阴离子存在较强的 P—O 共价键，在充放电过程中可以保持材料结构的稳定，极大地提高了电池的安全性能。

如图 2.4 所示，$LiFePO_4$ 晶体结构属 pmnb 空间点群（正交晶系，D2h16），晶胞参数：a = 0.6011（1）nm，b = 1.0338（1）nm，c = 0.4695（1）nm。每个晶胞含有 4 个 $LiFePO_4$ 单元。在晶体结构中，氧原子以稍微扭曲的六方紧密堆积方式排列。Fe 与 Li 分别位于氧原子的八面体中心，形成变形的八面体。P 原子位于氧原子的四面体中心位置。LiO 八面体共边形成平行 $[100]_{pmnb}$ 的 LiO_6 链。锂离子在 $[100]_{pmnb}$ 与 $[010]_{pmnb}$ 方向上性质相异，使得（001）面上产生显著的内应力，[010]（锂离子通道之间）方向的内应力远大于 [100]（锂离子通道）方向的内应力。因此，$[100]_{pmnb}$ 方向是最易于 Li^+ 扩散的通道。这种内应力会对锂离子电池电化学性能产生直接影响，即多次充放电循环后，颗粒表面可能会出现许多裂缝。

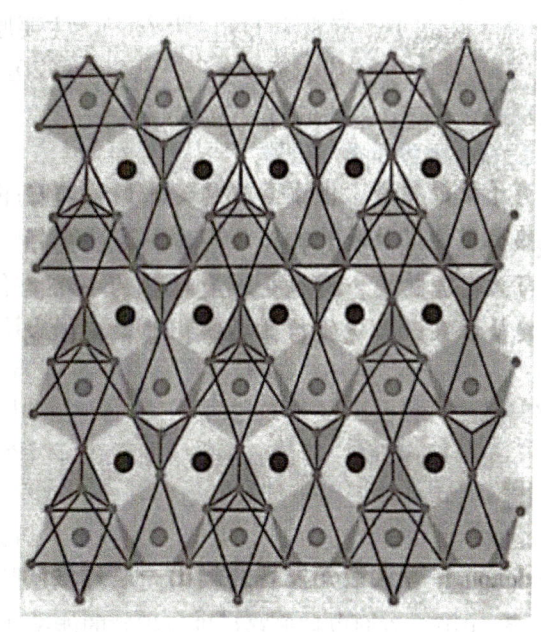

图 2.4 $LiFePO_4$ 多面体示意图：蓝色为 FeO_6 八面体，黄色为 PO_4 四面体，绿色为 Li 原子

充放电时，单相 $LiFePO_4$ 转变为双相 $LiFePO_4/FePO_4$，两相之间会出现平行于 a-c 面的尖锐界面。沿着 b 轴的高强度内应力导致裂缝的出现，裂缝使得电极极化，也使得活性材料或导电添加剂与集流体的接触变弱，从而造成电池容量损失。通过 $LiFePO_4$ 晶体结构可以看出，因为 FeO_6 八面体被 PO_4^{3-} 分离，降低了 $LiFePO_4$ 材料的导电性；氧原子三维方向的六方最紧密堆积限制了 Li^+ 的自由扩散。

1. 磷酸铁锂材料特点

最初的研究聚焦在 $LiFeO_2$ 上,结果并不让人满意。因为在 Li_xFeO_2 化合物中,$R_{Fe^{3+}}/R_{Li^+}=0.88$,不符合层状化合物 ABO_2 型半径比 $R_B/R_A<0.86$ 的条件。$LiFeO_2$ 以氧作为阴离子,为其作为正极材料带来了一个问题:Fe^{4+}/Fe^{3+} 氧化还原对的能级离 Li 极的费米能级过远,使电池工作电压过高,电解质不稳定。Fe^{3+}/Fe^{2+} 氧化还原对的能级离 Li 极的费米能级过近,电池工作电压太低,无法应用。在复合阴离子 PO_4^{3-} 的 $LiFePO_4$ 结构中,P—O 共价键通过 P—O—X 诱导效应降低了氧化还原电对的能量,Fe^{3+}/Fe^{2+} 氧化还原对的工作电压低于 Li 极的费米能级约 3.5eV,使 $LiFePO_4$ 成为较为理想的锂离子电池正极材料。

$LiMPO_4$ 材料中 M 一般为 Fe、Mn、Co 与 Ni,其中,$LiNiPO_4$ 的电压平台为 5.1V,远超出目前碳酸酯类电解液稳定的电化学窗口;$LiCoPO_4$ 的对锂电压平台为 4.8V,在其充放电过程中也存在一定的氧化电解液的风险;$LiMnPO_4$ 的对锂电压平台为 4.1V,符合目前电解液体系的充放电区间,因此也受到了较多的关注。

$LiMPO_4$ 类材料的共有优势是极高的安全特性,面临的共同问题是较低的电子、离子电导率。其室温离子扩散系数大约为 $10\sim14cm^2/s$。电子导电性以 $LiCoPO_4$ 最好,$LiFePO_4$ 次之,$LiMnPO_4$ 最差(通常小于 $10^{-10}S/cm$),主要原因是较宽的能带间隙(2eV)。因此,其倍率性能是制约其应用的瓶颈之一。由于 $LiFePO_4$ 的能带间隙为 0.3eV,且各方面性能较好,是目前最快实现产业化的磷酸盐系材料。

2. 磷酸铁锂中离子传输

从 $LiMPO_4$ 的结构上看,LiO_6 八面体沿 b 轴方向共棱展开,形成了锂离子的传输通道,链与链之间被沿着 c 轴方向的八面体间隙位置间隔开,这些间隙空位也有可能成为锂离子的传输通道。在初期,$LiMPO_4$ 一度被认为与层状材料一样有着二维锂离子迁移路径的材料。2004 年,利用第一性原理模拟计算了 Li^+ 在 Li_xMPO_4 中的传输途径,发现在 Li_xMPO_4 中存在 3 种可能的锂离子传输通道,其中锂离子沿着 b 轴方向传输的速度最快,并且不太可能从各通道之间穿过,如图 2.5 所示。在同时期,发现锂离

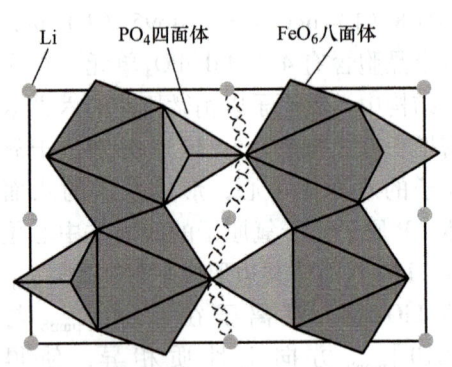

图 2.5 锂离子在 $LiMPO_4$ 中的蛇形迁移路径

子沿着 [010] 方向以蛇形路径进行扩散的能垒要比沿直线扩散的能垒更低,由此奠定了锂离子在 $LiMPO_4$ 材料中沿一维通道扩散的理论基础。2008 年,有研究人员通过中子衍射首次从实验上证实了该扩散路径;同年,测量了单晶 $LiFePO_4$ 中的阻抗谱,结果显示 [100] 与 [011] 方向上锂离子传输的阻抗分别是 [010] 方向的 1000 倍与 3000 倍,进一步验证了上述理论推测。

通常,在晶体内部普遍存在着缺陷,其类型主要为反相阳离子交换、掺杂物质以及原子空穴。这些缺陷在晶体内的浓度与分布极大地影响着该物质的光学特性、导电能力、离子扩散能力、化学特性以及体相电荷传输能力等。通过减少、控制或引入这些缺陷,可以优化材料在应用时的各种性能,激发了研究人员极大的兴趣。在 $LiMPO_4$ 材料中主要存在的缺陷为反相阳离子混排,并且通过理论计算、中子衍射与直接观测等方法得以证实。

第2章 动力电池化学原理

锂离子在 $LiMPO_4$ 内部存在着高度的各向异性,传输路径主要受晶体内部的阳离子排序影响。内部的阳离子混排不可避免地会阻碍锂离子的传输路径,进而影响电池的性能。在 $LiFePO_4$ 晶体中不同缺陷浓度与锂离子传输能力的关系方面,发现缺陷浓度越大,锂离子的无障碍传输通道长度越短。在 $1\mu m$ 的 $LiFePO_4$ 中 0.1% 的 Li-Fe 位缺陷会造成 45% 的 Li^+ 无法正常传输,当颗粒减小到 100nm 以下时,受约束的 Li^+ 浓度急剧下降到 5%,说明相比小颗粒来讲,大颗粒中的锂离子通道更容易被缺陷阻碍造成锂离子传输能力的下降。

2.3.2 电池化学机理

目前业界并没有对 $LiFePO_4$ 的电化学反应机理形成准确一致的认识。复合阴离子 $(PO_4)^{3-}$ 的应用,使铁基化合物成为一种非常理想的锂离子电池正极备选材料。$LiFePO_4$ 的晶体结构却限制了电导性与锂离子扩散性能,使材料的电化学性能下降。与层状材料不同,$LiMPO_4$ 的充放电曲线通常有一个很平的平台,这是两相反应的典型特征,也就是说在锂离子脱嵌过程中发生 $LiMPO_4$ 与 MPO_4 之间的相变过程。

1. 反应机理模型

$LiFePO_4$ 在电池中充放电时是两相反应机理,即

$$\begin{cases} 充电时:LiFePO_4 - xLi^+ - xe^- \longrightarrow xFePO_4 + (1-x)LiFePO_4 \\ 放电时:FePO_4 + xe^- + xLi^+ \longrightarrow xLiFePO_4 + (1-x)FePO_4 \end{cases} \quad (2.36)$$

充电时,Li^+ 从 FeO_6 层迁移出来,经过电解液进入负极,Fe^{2+} 被氧化成 Fe^{3+},电子则经过相互接触的导电剂和集流体从外电路到达负极,放电过程与之相反。

为了描述这种两相行为,Padhi 与 Coodenough 等率先提出了"核壳模型"(Core-shell Model),认为锂离子脱嵌过程是在 $LiFePO_4/FePO_4$ 两相界面的脱嵌过程,如图 2.6a 所示。

充电时,$LiFePO_4/FePO_4$ 两相界面不断由表面向内核推进,Li^+ 不断向外迁移,外层的 $LiFePO_4$ 不断转变为 $FePO_4$,锂离子和电子不断通过新形成的两相界面以维持有效电流,但锂离子的扩散速率在一定条件下是常数。随着两相界面的缩小,锂离子的扩散量最终将不足以维持有效电流,颗粒内核部分的 $LiFePO_4$ 不能被充分利用,从而造成容量损失。充电结束后,颗粒中心的部分会残留未被利用的 $LiFePO_4$。

考虑到锂离子可同时在多个位置发生脱嵌行为,Andersson 等提出马赛克模型,以此来解释首次不可恢复容量损失,如图 2.6b 所示。马赛克模型认为锂离子脱嵌过程虽然是在 $LiFePO_4/FePO_4$ 两相界面的脱嵌过程,但锂离子的脱嵌过程可以发生在颗粒的任一位置。充电时,$FePO_4$ 区域在颗粒的不同点增大,区域边缘交叉接触,形成很多不能反应的死角,从而造成容量损失。放电时,逆反应过程进行,锂离子嵌入 $FePO_4$ 相中,核心处没有嵌入锂离子的部分造成容量损失。

两种理论模型是同时进行的,但是更多的研究者接受核壳模型,尽管对壳层与内核的具体物质仍然有争议。基于这两种模型,可以得出这样的结论:锂离子与电荷的扩散动力学是整个电极材料实际应用的决定性因素。在磷酸铁锂正极材料制备过程中,力求制得粒径小而分布均匀的颗粒(纳米尺度或微孔状),运用碳包覆(纳米碳膜)和离子掺杂等手段以改善导电性与锂离子的扩散。

随着对 $LiMPO_4$ 材料研究的深入,发现这两种模型忽略了锂离子在 $LiMPO_4$ 材料中传输的

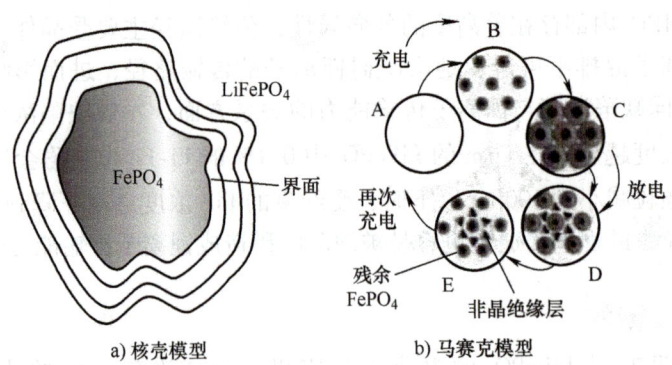

图2.6 磷酸铁锂电池锂离子脱嵌模型

高度各向异性特征。Laffont 提出了"新核壳模型"（New Core-shell Model），用以修正"核壳模型"的不足。在此基础上，Delmas 研究了不同脱离态的 Li_xFePO_4 颗粒，同时提出了"多米诺模型"（Domino-cascade Model），进而很好地解释了纳米级颗粒的快充快放性能，如图2.7所示。

尽管上述模型有着很大的差异，但其中的核心问题是对两相界面的推测与表征。由于脱嵌锂的动力学过程与相变对材料的颗粒大小、形貌、物化特性等性质有着强烈的依赖性，上述的讨论（包括模型之间的冲突）都可能是由于实验条件不足造成的。

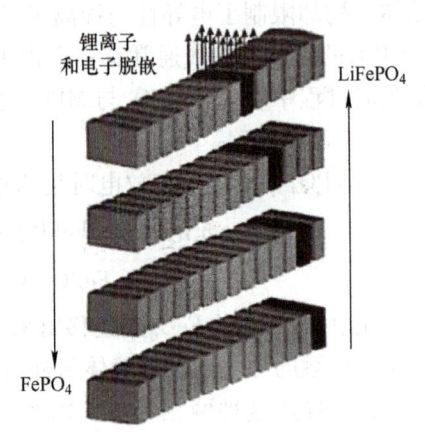

图2.7 多米诺模型

2. 相态转变机理

随着显微技术与光谱技术的发展，在 $LiMPO_4$ 材料相变的过程中观测到固溶体反应现象并探测到了中间相，这说明 $LiMPO_4$ 材料中可能存在另一种相转变机理。在典型的固溶体反应中，发生相转变时其晶胞参数与晶胞体积会呈现连续的变化特征。通过一些极端的测试条件与表征手段，如超小的颗粒（纳米级别）、高倍率充放电（$10C$ 以上）等，已经在 $LiMPO_4$ 中观察到了固溶体反应现象与中间体的存在。

在室温下充放电过程的相态转变。锂离子电池在充放电循环中具有良好的可逆性，这与锂离子脱/嵌后相态之间结构的相似性有关。在充放电过程中，电池容量的衰减与相态的转变动力学有密切的关系。根据 $LiMPO_4$ 的结构，$[100]_{pmnd}$ 方向最有利于锂离子迁移，充放电过程中的两相界面沿着 c 轴移动。

（1）$LiFePO_4/FePO_4$ $LiFePO_4/FePO_4$ 的比率随着电池充放电反应的进行不断变化（Li_xFePO_4 中 x 的数值不断变化）。随着锂离子的脱出，$LiFePO_4$ 产生的衍射峰强度逐渐减弱，当 $\delta > 0.2$ 时，$Li_{1-\delta}FePO_4$ 的衍射峰开始消失，$FePO_4$ 产生的衍射峰的强度逐渐增大。反之，随着锂离子的嵌入，$FePO_4$ 产生的衍射峰的强度逐渐减小，$Li_{1-\delta}FePO_4$ 产生的衍射峰的强度逐渐增大。

（2）$Li_xFePO_4/Li_{1-y}FePO_4$ Li_xFePO_4 在室温下是 Fe^{3+}/Fe^{2+} 混价中间相态 $Li_\alpha FePO_4/Li_{1-\beta}FePO_4$ 的混合物。α、β 分别代表充放电过程中载流子密度（Carrier Density）和跳跃概

率（Hopping Probability）。利用粉末中子衍射得知，α 和 β 的最佳值是 0.05 和 0.11。离子掺杂、温度、过渡金属、颗粒粒径大小、过电势时的非平衡态等因素都会影响 α 和 β 的值，通过增大 α 和 β 的值可以提高在室温下充放电过程中电极反应的动力学性能。

3. 温度与相态分布

在 450℃ 时，存在 Li_xFePO_4 固态溶液，而在室温下存在两个亚稳相：$Li_{0.75}FePO_4$ 和 $Li_{0.5}FePO_4$。当温度超过 500℃ 时，Li_xFePO_4 开始分解成非橄榄石型的化合物，这些磷酸盐或磷化物组成和含量取决于 x 的数值。在 400~500℃ 之间，只存在 Li_xFePO_4 固态溶液。

降温时的变化比升温时的变化复杂得多。降温时的混合物组成取决于 x 值和热过程。当降温时，Li_xFePO_4 首先分解成两种非橄榄石型的混合物，组成比例取决于温度与 x 的初始值。当温度低于 (140 ± 20)℃ 时，两相体系变为更加复杂的体系，$LiFePO_4$ 和 $FePO_4$ 与另外两种橄榄石型的化合物 $Li_{x1}FePO_4$ 和 $Li_{x2}FePO_4$ 共存于这一体系中。将这一体系的混合物置于室温下老化，四相体系将逐渐转变为 $LiFePO_4$ 和 $FePO_4$ 两相体系。

4. 磷酸铁的结构

$FePO_4$ 存在以下几种结构：

1）$LiFePO_4$ 被全部脱锂后，形成斜方晶系的 $FePO_4$。
2）三斜晶系的 $FePO_4$ 具有类似石英的结构，所有的阳离子四面体配位。
3）单斜晶体与斜方晶系的 $FePO_4$ 可以由相应的水合物制得。

所有这些晶体形态的 $FePO_4$ 与无定形的 $FePO_4$ 都可以在加热时转变为三斜晶系的 $FePO_4$。从 $LiFePO_4$ 转变为 $FePO_4$ 的过程是缓慢且不完全的，当温度超过 500℃ 时，将会完全转变。在电池的工作环境下，正极材料是动力学稳定的。在合成 $LiFePO_4$ 时，必须保证没有 $FePO_4$ 存在，如果存在，在加热时将会产生三斜晶系的 $FePO_4$，使材料表面在高温时产生一种没有电化学活性的玻璃相。

5. 离子掺杂与电导

离子掺杂可以改善材料的导电性。通过离子掺杂得到 P 型半导体的导电材料，电导率达到 10^{-2} S/cm。掺杂是一个非常复杂的过程：一方面，基于在局域密度近似（LDA）与广义梯度近似（GGA）下的密度泛函理论（DFT），对 $LiFePO_4$ 的电子结构进行计算，结果是材料应具有金属或半导体材料的特征，导带与价带的宽度大约为 0.3eV，这与实际检测到的低导电性不一致；另一方面，考虑到离子掺杂后电子轨道的交互作用与库仑相互作用，理论上得到改善的价带结构是可行的。

通过对掺 Mg 或 Cr 的 $LiFePO_4$ 的 DFT 进行计算，电子态的最大密度位于费米能级附近，这样便解释了掺杂后的材料具有金属导电性的原因。离子掺杂后所引起的电导率的变化可能与下面的因素有关：

1）载流子区域的边缘被金属化。
2）离子掺杂使价带与导带宽度变窄。
3）超过一定的临界浓度，掺杂离子的电子波函数导致掺杂离子电导带的形成。
4）掺杂离子的种类、浓度与分布情况。
5）在许多 M-O 金属氧化物中，当 M—M 键的距离小于 3×10^{-10} m 时，会出现金属导带。
6）在合成时，有机碳的加入使材料碳包覆，产生有效的电导路径。

7) Fe_2P 的出现。合成过程中，过量碳的加入使磷酸盐还原：

$$Fe_2O_3 + PO_4 + 7C \rightarrow Fe_2P + 7CO \tag{2.37}$$

8) Fe^{3+}/Fe^{2+} 氧化还原对在还原 $LiFePO_4$ 过程中起到了催化剂的作用。

6. 电解液的影响

$LiFePO_4$ 与常用的电解质都有反应活性，材料的电化学行为与电解质中的材料表面的化学有很大的关联，一般在材料的表面会生成一层钝化的薄膜，这层薄膜有利于锂离子的扩散并保持活性材料不损失，并且薄膜应承受锂离子脱/嵌时的体积与表面变化。碳包覆的 $LiFePO_4$ 形成的表面膜含有 LiF、$LiPF_6$、$Li_xF_y^-$、$Li_xPO_yF_z^-$ 等化合物。

常用电解液一般含有烷基碳酸酯与锂盐。正极材料在电解液中会发生很多可能的反应，如在 $LiPF_6$ 溶液中，$LiFePO_4$ 与痕量 HF 之间的酸碱反应是不可避免的。电解液中 HF 的存在有两个方面的不利作用：一是铁离子与质子间的置换反应；二是颗粒表面的 Li 离子与 F 离子反应生成 LiF，表层 LiF 的存在不利于 Li^+ 的扩散。

铁离子会在电解液中溶解，对 $LiFePO_4$ 在不同电解液间的铁离子溶解问题进行测试发现以下现象：

1) 在不含酸性污染物的电解液中，即使在温度升高的条件下，铁离子的溶解与活性物质的质量损失也可以忽略。

2) 溶液酸度越高，铁离子越易溶解。

3) 温度越高，铁离子越易溶解。

4) 材料内部含碳量越高，材料越稳定。

活性材料与黏结剂的接触位置最易于被侵蚀，可以通过碱性中间相或应用酸性清除添加剂来避免侵蚀。在以 $LiFePO_4$ 为正极材料的锂离子电池中，可以使用非酸性的电解液或对 $LiFePO_4$ 进行碳添加或包覆来避免质量损失。

7. 动力学特征

$LiFePO_4$ 正极材料的动力学特征到目前为止并不十分清晰。一般认为，颗粒尺度及分布情况、电导率、离子扩散、相态转变时（充放电过程）的动力学、碳包覆/掺杂等因素会影响到电池在不同充放电速率时的表现。碳的均匀掺杂意味着锂离子与电子可以在活性材料的同一位置脱嵌，可以减小电极的极化。

(1) 电导率对电容量的影响　纯 $LiFePO_4$ 的低电导率直接导致电池高倍率放电容量降低。纯 $LiFePO_4$ 的电导率约为 $10^{-9}S/cm$，放电容量由 $0.2C$ 放电速率时的 $148mA \cdot h/g$ 骤降为 $5C$ 放电速率时的 $85mA \cdot h/g$。正极材料的高倍率放电容量并不总随电导率的增大而增大。低电导率下，电导率增大，材料的电化学动力学得到改善。当材料电导率高于某一临界值时，电导率将不再是材料的速率容量决定性因素。具有低电导率的 $LiFe_{0.9}Ni_{0.1}PO_4$ ($1.0 \times 10^{-7}S/cm$) 比高电导率的 $LiFePO_4$ ($4.0 \times 10^{-4}S/cm$) 有着更好的高倍率放电容量表现，两者在 $10C$ 放电速率时的放电容量分别为 $90mA \cdot h/g$ 和 $55mA \cdot h/g$，这说明锂离子扩散可能已经取代电导率成为锂离子电池电化学性质的决定性因素。

(2) 锂离子扩散　锂离子扩散由内部因素与外部因素共同决定。外因包括颗粒尺寸、分布与形貌等。内因主要指锂离子扩散系数。锂离子扩散系数为一定值，锂离子的扩散能力随颗粒粒径的增大而减小，这是因为锂离子在颗粒内的扩散路径增长。锂离子的扩散能力与颗粒粒径的平方成反比，与锂离子扩散系数成正比。粒径大小比扩散系数更能影响锂离子的扩散能力。锂离子扩散系数的数值计算必须结合具体的测量方法与理论模型。测量方法主要有恒电流间歇滴定法（GITT）与电化学阻抗法（EIS 或 AC Impedance）。

（3）二维尺度电极　薄膜电极通过增大表面积来增强电极活性。在薄膜电极中，电子进入集流体而锂离子从相反的方向进入电解质。随着 $FePO_4$ 层的形成，电子运动阻力减小，锂离子运动阻力增大。$FePO_4$ 首先在晶体缺陷处成核，然后在各个方向上生长，锂离子的扩散受到抑制，直到锂离子在 [100] 方向也不能脱出。

2.3.3　材料改性方法

$LiMPO_4$ 类材料有着安全性高、能量密度高等优点，但本身的低电子、离子电导率制约了这种材料的进一步应用。针对这些缺点，研究人员采取了很多技术手段，归纳起来可以分为以下几个方面。

1. 碳包覆

表面碳包覆是改进 $LiMPO_4$ 材料电子导电性最直接也是最有效的方法。以蔗糖为碳源实现 $LiFePO_4$ 的碳包覆，改善了 $LiFePO_4$ 的电子导电性，获得了较好的性能。在固相合成当中，碳的原位包覆可以起到以下作用：

1）提供还原气氛，防止金属离子氧化。
2）抑制内部颗粒接触，阻止晶粒的过度长大。
3）极大地提高材料的电子电导率，改善其容量与倍率性能。

随着对碳包覆的认识不断提高，人们发现碳包覆的厚度与碳本身的石墨化程度也是极为重要的。通过控制聚合物在 $LiFePO_4$ 表面的聚合，实现了对该材料的均匀碳包覆，并可以控制碳层厚度。在起初包覆 3nm 厚的碳时，$LiFePO_4$ 性能极大提高，5nm 为最佳值，随后再增加碳层厚度反而对 $LiFePO_4$ 的性能造成了不好的影响，分析原因可能是致密的碳层阻碍了锂离子传输造成的。综上所述，碳包覆对 $LiFePO_4$ 材料的性能有着较大的影响，其中碳层的均匀程度、厚度、石墨化程度都是较为重要的影响因素。

通过包覆其他导电材料，如石墨烯、导电聚合物，也可以对 $LiFePO_4$ 材料起到较好的改进效果。

2. 形貌控制

由于 $LiFePO_4$ 晶体中锂离子的传输存在高度的各向异性，主要沿 [010] 方向传输，缩短 [010] 方向路径距离可以极大地提高锂离子的传输速度。控制制备具有较短的 [010] 方向的形貌材料，具有以下作用：

1）利用二甘醇为溶剂制备的 [010] 方向较短的 $LiFePO_4$ 薄片，各方面性能优异。
2）通过超临界方法以片状 NH_3MPO_4 为前驱体同时制备 $LiFePO_4$、$LiMnPO_4$、$LiCoPO_4$ 材料，其容量分别可以达到 164mA·h/g、157mA·h/g、153mA·h/g，并具有优秀的循环性能与倍率性能。

3. 纳米化

材料的纳米化也可以提高 $LiMPO_4$ 材料的离子传输速度。通过乙二醇做溶剂制备单分散的 $LiFePO_4$ 纳米颗粒，$0.1C$ 容量为 160mA·h/g，$10C$ 容量为 148mA·h/g，极大地提高了该材料的倍率性能。

纳米颗粒也会带来一些负面影响，如过大的反应面积增加了电解液的副反应，不利于材料的循环性能等。可以采用特殊结构来缓解，设计由纳米颗粒自组装形成的二次微米颗粒，这种结构可以兼具纳米材料容量与倍率性能优势以及微米材料的稳定性优势；设计一种分级结构的 $LiFePO_4$ 微米空心球，兼具很好的容量、倍率与循环性能；通过喷雾干燥制备石墨烯包覆的 $LiFePO_4$ 二次微米球，各方面性能表现优异。

4. 离子掺杂

由于 $LiMPO_4$ 材料的电子、离子电导率较低，电荷的传递成为其电化学反应过程的控制步骤。离子掺杂可以稳定材料结构，改变材料的导电机制，进而改善材料电子和离子电导率，是提高材料性能的另一种有效手段。通常选取的掺杂离子为 Fe、Mn、Co、Ni、Mg、Zn、Cu、Nb、Ti、Zr 等元素。尽管对掺杂改性的机理还存在一定的争论，但离子掺杂作为一种常用的改进手段已经被广泛接受。

2.4 新型电池化学原理

2.4.1 钠离子电池

1. 钠离子电池概述

钠离子电池最早于 20 世纪 80 年代前后开始研究，在锂离子电池尚未商业化之前，一些美国和日本的公司就已经研发出全电池结构的钠离子电池，尽管在 300 次循环中具有显著的可循环性，但平均放电电压低于 3.0V。相比于平均放电电压为 3.7V 的 $LiCoO_2$ 电池而言，它并没有展现出任何优势，因而未能引起研究者们的足够重视。由于早期设计研发出来的电极材料的性能不理想，加上锂离子电池的成功商业化应用，钠离子电池在很大程度上被研究者放弃。

近年来，随着科技的不断发展，研究者对钠离子电池的研究更加深入和全面。研究表明，钠离子电池的结构、部件、系统和电荷储存机制与锂离子电池基本相同，只是离子载体由锂离子变为钠离子，这使得在两个体系中运用相似的化合物作为电极材料成为可能。不同的是，钠离子的半径（0.102nm）比锂离子的（0.076nm）大，对电极材料结构的稳定性、离子传输性质以及相间的形成具有较大的影响，使得钠离子电池的电极材料在选取时需要进行更多的考虑。同时，钠的原子量（22.99g/mol）比锂的（6.94g/mol）高，且相对于标准氢电极（SHE），Na^+/Na 电对的氧化还原电位比 Li^+/Li 电对的高约 0.33V，因此，钠离子电池的能量密度要普遍低于相应的锂离子电池。但是，钠的重量只占电池组分重量的小部分，且容量主要是由电极材料的主体结构的特性决定，因此，从原理上讲，锂离子电池到钠离子电池的转换应该不受能量密度的影响。

与锂离子电池相比，钠离子电池具有以下优势：
1) 由于钠盐的电导率较高，可以选用低浓度电解液，从而降低生产成本。
2) 钠资源丰富，价格低廉，原料成本优于锂离子电池。
3) 钠离子电池无过放电特性，可以放电至 0V。
4) 锂离子与铝离子在低于 0.1V（vs. Li^+/Li）时会发生合金反应，而钠离子不会，因此铝箔可以取代铜箔用作负极的集流体,不仅能降低成本,还能减轻重量。钠离子电池具有稳定性强、安全性高、成本低廉、废品回收工艺简单以及无污染等特点,有望在大型储能系统中取代锂离子电池。

2. 钠离子电池工作原理

钠离子电池工作原理如图 2.8 所示。充电过程中,钠离子在外部电场的作用下从正极的活性材料中脱出,经过电解液和隔膜,进一步嵌入负极的活性材料中;此时正极处于贫钠状态,负极处于富钠状态,而电子则由外电路从正极流向负极进行电荷补偿,引起正极的电势升高,负极的电势降低,使得正/负极之间电压差升高而实现钠离子电池的充电。

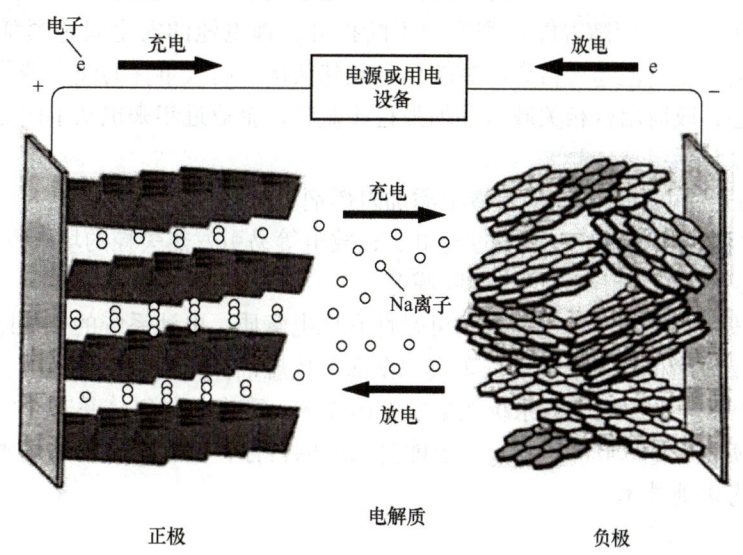

图 2.8 钠离子电池工作原理

放电过程则与之相反,钠离子从负极的活性材料中脱出,经电解液和隔膜后重新嵌入正极的活性材料中;此时正极处于富钠状态,负极处于贫钠状态,而电子则由外电路从负极流向正极进行电荷补偿,为外电路连接的用电设备提供能量做功,实现钠离子电池的放电与能量释放。

2.4.2 固态电池

传统液态锂离子电池被研究者形象地称为"摇椅式电池",摇椅的两端为电池的正负两极,中间为液态电解质,锂离子在摇椅的两端来回奔跑,在从正极到负极再到正极的过程中,电池完成充放电过程。固态电池的原理与之相同,不过电解质为固态。

目前,电动汽车采用的主要是液态电解质锂离子动力电池,但无论是在国际还是国内,电池的能量密度、安全性、寿命、成本等问题一直未能得到良好解决,这些都已成为制约电动汽车产业发展的主要技术瓶颈。与现今普遍使用的锂离子电池和锂离子聚合物电池不同的是,固态电池是一种使用固体电极和固体电解质的电池,全固体电池无疑是一个较好的突破口。由于科学界认为锂离子电池已经达到性能极限,固态电池近年来被视为一种可以继承锂离子电池地位的电池。固态锂电池技术采用锂、钠制成的玻璃化合物为传导介质,取代以往锂电池的电解液，大大提升锂电池的能量密度。随着固体电解质等新材料技术的发展，全固态动力电池研发引起世界各国的高度关注。高性能固体电解质不仅可以催生高性能新一代锂离子电池产品的升级换代，同时也可促进锂硫电池、锂空气电池等先进固态电池的发展。

1. 电池发展方向

锂电池业界普遍认为三元锂电池技术路线的能量密度上限是350W·h/kg。从全球范围内来看，在锂电产业发达的几个国家中，日本科学家判断可规模量产化的锂离子电池的能量密度上限是300W·h/kg，我国和美国则把这个上限提高到了350W·h/kg。

在三元体系内，高镍三元+硅碳负极材料是一个较好的搭配。即使做到21700圆柱电池的镍钴铝摩尔比达到0.9∶0.5∶0.5的极限，单体电池的能量密度最高也就可以达到（300±20）W·h/kg的水平。而随着能量密度的不断提升，锂电池的安全隐患紧随而来，新闻上曝出的各种电动汽车电池起火自燃的事故更是此起彼伏。起火事件的频发挫伤了公众对于新能源汽车的信心，政府出台相关政策并加强行业监管，企业近年来也从不同方面来解决安全问题，主要手段包括：

1）采用功能性电解液，在电解液中添加阻燃剂。
2）优化电池热管理系统，减少过充电、过放电等易引发热失控的场景发生。
3）采用陶瓷涂覆与耐高温的电池隔膜等。

但这些手段在技术层面并没能取代可燃性有机电解质，电池系统的安全隐患没有得到彻底根除。零自燃风险将是未来电动汽车实现全面替代燃油汽车所需要迈出的关键一步。面对市场对大于300W·h/kg的电池系统能量密度的需求，现有的材料体系难以实现。因此，业界公认未来要实现电池350W·h/kg以上能量密度的目标，就要走另一条技术路线，目前看来可能就是固态电池技术。

2. 固态电池工作原理

锂离子电池由两个金属（或复合）电极组成，一个是阴极，另一个是阳极，浸没在导电液体（电解质）中。电池使用锂盐溶液作为电解质，提供在阴极和阳极之间发生可逆化学反应所必需的离子。固态电池的工作原理与液态锂离子电池相同，主要区别在于电解质形态，前者为固体，后者为液体。图2.9a所示为固态电池，电解质采用固态物质；图2.9b所示为传统液态电池，电解质是液态物质。

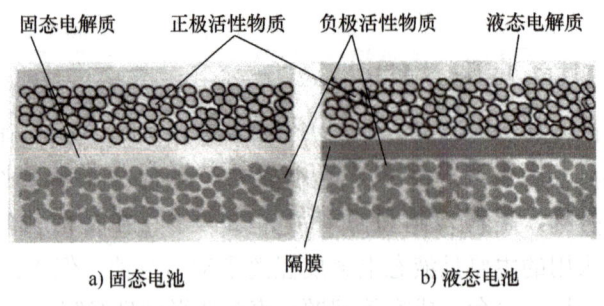

图2.9 固态电池与液态电池对比

固态电池是采用固态电解质的锂离子电池，固态锂离子电池和传统的液态锂离子电池的工作原理并无区别。传统的液态锂离子电池电解质为液态，锂离子通过在电解液中来回迁移来实现充放电过程；而固态电池的电解质为固态，相当于锂离子迁移的场所转移到了固态的

第2章 动力电池化学原理

电解质中，固态电解质是固态电池的核心。

固态电解质不可燃烧，这极大地提高了电池安全性。与传统锂离子电池相比，全固态电池最突出的优点是安全性高。固态电池具有不可燃、耐高温、无腐蚀、不挥发的特性，避免了传统锂离子电池中的电解液泄漏、电极短路等现象的发生，降低了电池组对于温度的敏感性，从而根除安全隐患。同时，固态电解质的绝缘性能很好地将电池正极与负极阻隔，充当隔膜，避免正负极接触产生短路。

固态电池技术应该说已经没有了不可逾越的技术瓶颈，但仍然存在有待解决的技术难题。固态电池的核心是达到高离子电导率的固态电解质材料技术以及实现低阻抗固-固界面的先进制造技术。在固态电解质材料方面，2011 年发明了室温下离子电导率 $> 10^{-2} S/cm$（超越了传统有机电解液）的硫化物固态电解质。

2.4.3 金属-空气电池

金属-空气电池（Metal-Air Battery，MAB）是一种高能量密度的新一代电池技术，通过将金属阳极与空气中的氧气反应来产生电能。这种电池具有很高的理论能量密度和较低的成本，因此被认为是未来替代锂离子电池的有力竞争者。

1. 金属-空气电池工作原理

金属-空气电池完美地继承了燃料电池的优点，通过金属和氧气发生的反应进行放电。金属-空气电池因利用空气中的氧气作为反应物质，决定了其结构是开孔式的，即可以从空气中源源不断地汲取阴极反应物——氧气。金属-空气电池是由金属发生氧化反应、氧气发生还原反应而提供电能的一类电池，具有比商业化锂离子电池还高的理论能量密度。同时，金属-空气电池（MAB）还具有成本低、安全性高、环境友好和原材料丰富等优点，成为最有潜力的能源转化和存储设备。传统的金属-空气电池通常由金属阳极、空气阴极以及起导电作用的电解质组成。根据其金属阳极的材料不同，金属-空气电池又被分为锂-空气、锌-空气、铁-空气、铝-空气等类型。通常，按照其电解液的不同，金属-空气电池可分为两类：一类是采用水系电解质，这种体系对湿度不敏感；另一类是一种水敏感的体系，它采用了非质子性的溶剂作电解质，这种体系在一定湿度下会降解。金属-空气电池的性能是通过其放电特性和充电特性来进行评价的，到目前为止，金属-空气电池的应用由于其较差的充放电性能而被限制。因此，研究金属-空气电池的充放电性能，对金属-空气电池的广泛应用有着十分重要的意义。

2. 金属-空气电池中的电解质

随着金属-空气电池的发展与应用，起着导电作用的电解质也成为提高电池性能的研究热点。根据所使用的电解液不同，金属-空气电池可分为两种类型，即水系和非水系金属-空气电池。水系金属-空气电池的常见问题是金属负极会发生自腐蚀，特别是对于金属负极是活泼性金属的，如 Al 基和 Mg 基。采用有机电解质能够缓解电解质中阳极的腐蚀，从而有助于延长电池寿命。然而，有机电解质的可燃性和毒性，会造成电池的安全和环境问题。此外，有机电解质的离子电导率通常低于水系电解质，导致非水系金属-空气电池的功率密度较差。水系电解质不易燃、安全环保、导电性以及电极浸润性较好，从根本上解决了用有机化合物作为电解质的相关问题，并提供了用于电网规模储能的可能性。此外，水系电解质还具有价格低廉、制造工艺简单等优点，考虑到上述特性，近十年来对水系金属-空气电池的研究方兴未艾。

但水系电解质也存在着许多潜在的风险，如挥发、泄漏和高温下的热失效问题。固体电解质即使在高温下也具有良好的热稳定性和高离子电导率，可有效避免上述问题，同时固体电解质金属-空气电池有着更高的能量密度和循环寿命。固态金属-空气电池由于其优异的化学机械稳定性，可以在高压平台上工作。此外，它可以有效避免金属阳极与水或二氧化碳之间的副反应，从而保证更长的循环寿命。

然而，固态金属-空气电池仍处于起步阶段，在实际应用中存在许多障碍。首先，由于固有电沉积特性和高活性金属阳极造成的枝晶生长和副反应可能会影响电池的使用寿命；其次，金属阳极的巨大体积波动会导致界面不稳定，这将显著影响电池的循环寿命；此外，固体电解质经常与电极接触不良，导致界面电阻增大；最后，固态系统的多步催化反应仍不清楚，存在许多不确定性，如何构建高效的催化剂还有待进一步研究。

第3章 动力电池结构

3.1 电池电芯

一个单体电池的电压只有几伏,但电动汽车驱动电机的电压往往是几百伏,因此电动汽车的动力电池系统由成百上千个单体电池构成,再加上保护电路和保护壳才能使用;将若干个电池模组与BMS、热管理系统等组成在一起形成电池包(Pack)。

单体电池是基本的电化学单位,是将化学能与电能进行相互转换的基本单元装置,通常包括电极、隔膜、电解质、外壳和端子,并被设计成可充电,单体电池也称为电芯。电芯是不能直接使用的,只有加上保护电路和保护壳,再通过组合形成电池模组,才能够直接使用。目前,电芯与电池包的生产已经实现高度自动化。

"电芯—模组—电池包"是从里到外的排序,如图3.1所示。电芯一致性好,组成的模组才安全好用,用该模组集成的电池包也才安全好用。

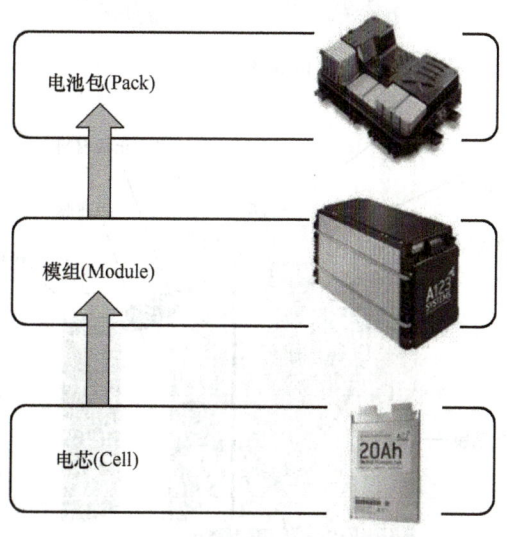

图3.1 汽车动力电池的电芯、模组和电池包

3.1.1 电芯构造

锂离子单体电池主要由正极、负极、隔膜、内部的电解液和外壳等组成,如图3.2所示。

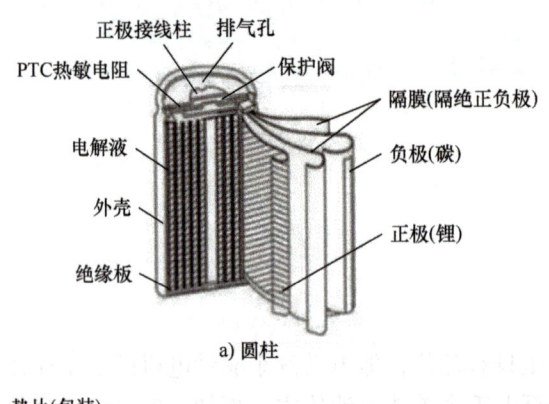

a) 圆柱

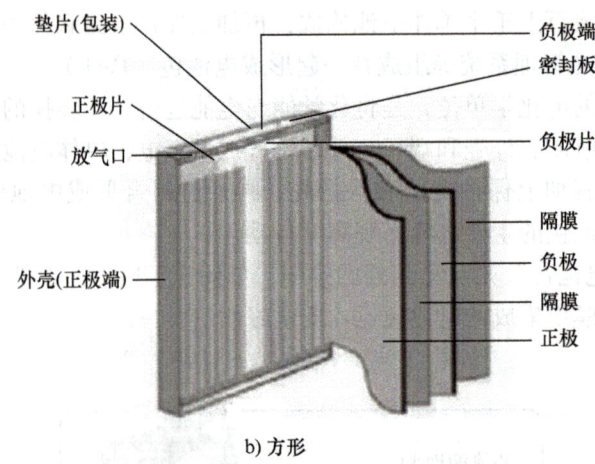

b) 方形

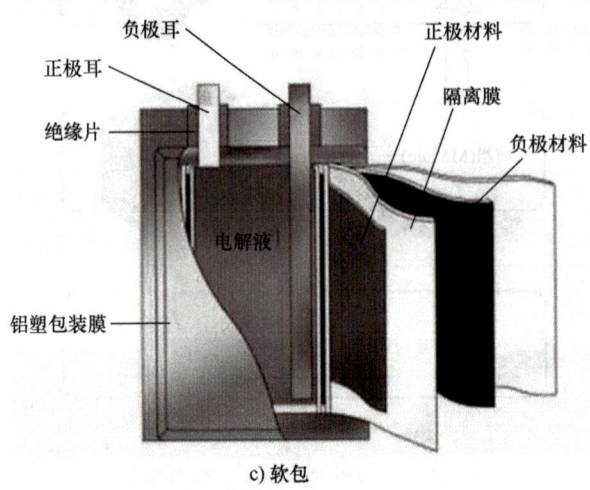

c) 软包

图3.2 锂离子单体电池的基本结构

第3章 动力电池结构

1. 正极

正极材料是锂离子电池的重要组成部分,能直接影响锂离子电池的能量密度、安全性、循环寿命等各项核心性能指标。目前,被广泛采用的正极材料主要有磷酸铁锂、锰酸锂、钴酸锂和三元材料等。特斯拉 Model 3 的动力电池使用的正极材料是镍钴铝三元材料;比亚迪 e6 的动力电池使用的正极材料是磷酸铁锂材料。

镍(Ni)可提高、增加材料的体积能量密度;钴(Co)可稳定材料的层状结构,同时提高材料的循环和倍率性能;锰(Mn)可降低材料成本、提高材料安全性和结构稳定性;铝(Al)可抑制材料在高脱锂状态下出现的结构塌陷问题。NCM 是三元锂正极材料中 Ni、Co 和 Mn 的英文缩写,NCA 是三元锂正极材料中 Ni、Co 和 Al 的英文缩写。锰酸锂的分子式为 $LiMn_2O_4$,理论比容量为 148mA·h/g,其特点是充放电的倍率性能非常好,但比容量偏低,多与 NCA/NCM 混合使用。

磷酸铁锂的分子式为 $LiFePO_4$,理论比容量为 170mA·h/g,其特点是安全性好、循环寿命长、放电电压平稳、原料丰富、价格低廉,已成为电动汽车动力电池重要的正极材料。

三元材料的分子式为 $LiNi_xCo_yMn_zO_4$,理论比容量为 148mA·h/g,调节 Ni、Co、Mn 三种元素的比例可以衍生出不同的氧化镍钴锰锂材料。

锂离子蓄电池中,理想的正极材料需要具备以下特征:

1)正极材料有较大的吉布斯自由能,从而保证蓄电池有较高的输出电压。
2)锂离子在正极材料中脱嵌的吉布斯自由能变化量要小,即电极电位对锂离子嵌入量的依赖性要小,保证蓄电池的输出电压稳定。
3)正极材料能够容纳相当数量的锂离子脱出和嵌入,保证蓄电池有较高的比容量。
4)正极材料的摩尔体积和分子量较小,保证蓄电池拥有较高的体积能量密度和质量能量密度。
5)正极材料中存在通畅的锂离子迁移通道,进而保证材料具有较高的锂离子扩散系数。此外,正极材料还要有良好的电子导电性,保证蓄电池良好的大倍率性能。
6)充放电过程中,正极材料的结构改变小,保证电化学反应的可逆进行和蓄电池的良好循环性能。
7)在充放电电压范围内,正极材料不与电解液发生化学或物理反应。
8)原料丰富,制备工艺简单,成本低,环境友好。

2. 负极

负极材料影响锂离子蓄电池的安全性,负极材料有硬碳材料、石墨材料和钛酸锂等。目前,广泛应用的碳基负极材料,将锂离子在负极表面的沉积/溶解转变为在碳材料中的嵌入/脱出,从而大幅度地减少锂枝晶的形成,提高锂离子蓄电池的寿命和安全性。特斯拉 Model 3 的动力电池使用的负极材料是石墨+硅;比亚迪 e6 的动力电池使用的负极材料是石墨。

理想的锂离子蓄电池负极材料应具备以下特征:

1)锂离子嵌入/脱出电位尽可能低,使蓄电池有较高的输出电压,以提高蓄电池的能量密度。
2)锂离子能够尽可能多地在材料中可逆脱嵌,保证蓄电池的比容量值。
3)在蓄电池的循环过程中,材料的结构没有或很少发生改变,以确保蓄电池的循环性能。

4）具有较高的电子和离子电导率，保证电子和锂离子在材料中的快速传输，以提高蓄电池的功率密度。

5）氧化还原电位变化小，可保持蓄电池较平稳地进行充电和放电。

6）材料在电解液中稳定，不溶解，且具有良好的表面结构，能够与电解质形成稳定的固体电解质界面膜。

7）价格低，资源丰富，环境友好。

3. 隔膜

隔膜是夹在蓄电池正极片和负极片之间，起电子绝缘作用并提供锂离子迁移微通道的薄膜，是影响蓄电池性能的重要组件。

隔膜起着分离正极和负极的功能，避免蓄电池正极和负极直接接触短路，又能起着锂离子传导的功能。目前，应用比较广泛的隔膜主要有聚乙烯（Poly Ethylene，PE）隔膜、聚丙烯（Poly Propylene，PP）隔膜、PP-PE-PP三层隔膜、无纺布隔膜、凝胶隔膜、表面涂覆的复合隔膜等。

没有哪种隔膜能适用于所有的蓄电池材料体系和蓄电池型号。为使动力电池发挥最佳的性能，需要根据具体的蓄电池设计及蓄电池制造的工艺和设备水平选配适合的隔膜。为保证动力电池的安全性，隔膜的孔隙率不能太高，通常以35%～60%为宜。单体容量较高的能量型蓄电池不宜使用过薄的隔膜；而功率型蓄电池可以考虑孔隙率较高、较薄的隔膜。

4. 电解质

电解质是锂离子蓄电池中锂离子传输的载体。一般由锂盐和有机溶剂组成。电解液在锂电池正、负极之间起到传导锂离子的作用。溶有电解质锂盐的有机溶剂提供锂离子，电解质锂盐有 $LiPF_6$、$LiClO_4$、$LiBF_4$ 等，有机溶剂主要由碳酸二乙酯（Diethyl Carbonate，DEC）、碳酸丙烯酯（Propylene Carbonate，PC）、碳酸乙烯酯（Ethylene Carbonate，EC）、碳酸二甲酯（Dimethyl Carbonate，DMC）等中的一种或几种混合组成。

优良的锂离子蓄电池电解液应满足以下要求：

1）液态温度范围宽，在-30～80℃范围内为液体。

2）有较高的离子电导率，室温下应大于6mS/cm。

3）对电极、隔膜的润湿性好。

4）电化学稳定性好，电化学窗口较宽。

5）与正、负极材料兼容性好，能形成稳定的固体电解质界面膜。

6）热稳定性较好。

7）安全性好，不易燃。

8）对环境友好。

5. 外壳

外壳用于蓄电池封装，主要包括铝壳、铝塑膜、盖板、极耳、绝缘片等。

在锂离子蓄电池成本构成中，正极材料约占30%～40%，负极材料约占25%～30%，隔膜约占10%～15%。

3.1.2 电芯构型

根据锂离子蓄电池的形状，可以分为圆柱形锂离子蓄电池、方形锂离子蓄电池和软包锂离子蓄电池。

1. 圆柱形锂离子蓄电池

圆柱形锂离子蓄电池是指具有圆柱形外壳的蓄电池,如图3.3所示。特斯拉电动汽车使用的就是圆柱形锂离子蓄电池。

比较典型的圆柱形锂离子蓄电池有18650、21700和4680等型号。18650蓄电池是日本索尼公司最早生产的一种标准的锂离子蓄电池型号,其中18表示直径为18mm,65表示长度为65mm,0表示为圆柱形蓄电池;18650单体蓄电池容量为1.8~3.6A·h,单体蓄电池质量为45~48g;蓄电池系统能量密度达250W·h/kg。21700蓄电池由特斯拉与松下联合研发,21表示蓄电池

图3.3 圆柱形锂离子蓄电池

直径为21mm,70表示长度为70mm,0表示圆柱形蓄电池;21700单体蓄电池容量为3.0~4.8A·h,单体蓄电池质量为60~65g。据特斯拉披露的数据显示,21700电池系统的能量密度可达300W·h/kg左右。

圆柱形锂离子蓄电池采用非常成熟的卷绕工艺,生产自动化水平高,批量化生产成本较低,同时保持较好的良品率和成组一致性。小型圆柱电池具有很强的适配性,可根据搭载车型需求进行定制开发,设计相对灵活。在应用层面,圆柱形锂离子蓄电池由于其结构特性,成组后单体蓄电池之间保留有一定的孔隙,其单体体积较小,适用于空间不规则的电池组箱体内,可以充分利用边角空间。但是实现长续驶里程目标,相应的蓄电池总能量需求更多,与其他类型的锂离子蓄电池相比,圆柱形锂离子蓄电池系统的连接及管控难度较大。另外,圆柱形锂离子蓄电池的能量密度提高空间很小。

2. 方形锂离子蓄电池

方形锂离子蓄电池是指具有长方形外壳的蓄电池,如图3.4a所示。方形锂离子蓄电池封装可靠度高、系统能量效率高、相对重量轻、能量密度较高,且结构较为简单、扩容相对方便,是当前通过提高单体容量来提高能量密度的重要选项。方形锂离子蓄电池单体的容量大,系统构成相对简单,电池系统的稳定性相对较高。

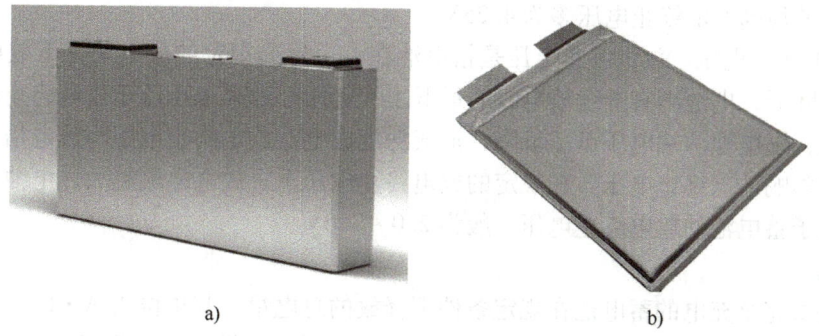

a) b)

图3.4 方形锂离子蓄电池和软包锂离子蓄电池

3. 软包锂离子蓄电池

软包锂离子蓄电池是指使用铝塑复合薄膜制成外壳的蓄电池,如图3.4b所示。

软包锂离子蓄电池采用重量轻且韧度高的铝塑膜材料，同时单体蓄电池内部装配有叠片式或卷绕式极芯，其规格尺寸目前也以定制化开发为主。

软包锂离子蓄电池具有以下优势：

1）单体安全性好。软包锂离子蓄电池鼓气严重时会裂开，可以降低因内压过大而导致爆炸的风险。

2）重量轻。与钢壳方形锂离子蓄电池和铝壳方形锂离子蓄电池相比，软包锂离子蓄电池的重量较轻。

3）单位体积电能容量大。与同等规格尺寸的钢壳锂离子蓄电池和铝壳锂离子蓄电池相比，软包锂离子蓄电池的可容纳电能较大。

4）设计灵活。可根据客户需求定制外形。

软包锂离子蓄电池也有缺点，主要包括外壳无刚性、成组固定困难；聚合物长时间会老化断链，导致密封失效漏电解液；单体厚度、极耳厚度因工艺受限，从而影响容量和过电流能力；侧面导热困难，为电池热管理带来了挑战。

3.1.3 电芯性能

动力电池作为电动汽车的储能动力源，主要采用电池的性能指标对其进行评价。电池种类不同，其性能指标也存在差异。

1. 电压

电池电压是指端电压，包括标称电压、开路电压、工作电压、充电终止电压和放电终止电压等。

1）端电压。端电压是指电池正极与负极之间的电位差。

2）标称电压。标称电压也称额定电压，是指电池在标准规定条件下工作时应达到的电压。标称电压主要由正、负极板材料的电极电位差和规定条件下的电池内阻决定。磷酸铁锂离子蓄电池的标称电压一般为3.2V，锰酸锂离子电池的标称电压一般为3.7V。

3）开路电压。电池在开路条件下（没有负载）的端电压称为开路电压。

4）工作电压。工作电压是指电池接通充电或负载后处于充放电状态下的端电压。

5）充电终止电压。充电终止电压是指动力电池正常充电时允许达到的最高电压，单节锂离子电池的最高充电终止电压多为4.25V。

6）放电终止电压。放电终止电压是指电池在一定标准规定的放电条件下放电时，电池的电压逐渐降低，电池不宜继续放电时的最低工作电压。如果电压低于放电终止电压后，电池继续放电，则电池两端电压迅速下降，形成深度放电。放电终止电压与放电倍率有关，放电电流直接影响放电终止电压。在规定的放电终止电压下，放电电流越大，电池放出的容量越小。锂离子蓄电池的放电终止电压一般为2.0~3.0V。

2. 容量

容量是指完全充电的蓄电池在规定条件下释放的总电量，其单位为 $A \cdot h$ 或 $mA \cdot h$，其值等于放电电流与放电时间的积分。$1A \cdot h$ 可简单解释为在供电电流强度为1A的电流下能持续放电1h，也可解释为在供电电流强度为0.5A的电流下能持续放电2h。单体电池内活性物质较少一侧的可脱嵌锂离子的总数量决定单体电池含有的电荷量，而活性物质的含量由电池的材料和总量（相同的体积，也会有不同的压实密度）决定。电池容量可以分为额定容

第3章　动力电池结构

量、n 小时率容量、理论容量、实际容量、荷电状态等。

1）额定容量。据 GB 38031—2020《电动汽车用动力蓄电池安全要求》显示，额定容量是指以制造商规定的条件测得的并由制造商申明的电池单体、模块、电池包或系统的容量值。

2）n 小时率容量。n 小时率容量是指完全充电的蓄电池以 n 小时率放电电流（n 小时放完电对应的电流）放电，达到规定终止电压时所释放的电量。

3）理论容量。理论容量指的是活性物质全部参加电池反应所给出的电量。为了比较不同系列的电池，常用"比容量"的概念，即单位体积或单位质量电池所能释放的理论电量，单位为 $A·h/L$ 或 $A·h/kg$。

4）实际容量。据 GB 38031—2020《电动汽车用动力蓄电池安全要求》显示，实际容量是指以制造商规定的条件，从完全充电的电池单体、模块、电池包或系统中释放的容量值。

5）荷电状态（SOC）。荷电状态是指蓄电池在一定放电倍率下，剩余电量与相同条件下额定容量的比值，反映蓄电池电量变化的特性。$SOC=1$ 表示蓄电池充满状态。随着蓄电池的放电，蓄电池的电荷逐渐减少，可以用 SOC 值百分数的相对量表示蓄电池中电荷的变化状态。对蓄电池 SOC 值的估算已成为蓄电池管理的重要环节。

3. 内阻

电池的内阻是指电流通过电池内部时受到的阻力，包括欧姆内阻和极化内阻。

1）欧姆内阻。欧姆内阻主要由电极材料、电解液、隔膜的内阻及各组件的接触电阻组成。此外，电池的欧姆内阻还与电池的尺寸、结构、装配等因素有关，如果结构合理、装配紧凑，则电极间距小，欧姆内阻也小。

2）极化内阻。电池极化是指在电池工作过程中，由于电流的流动导致电极电位偏离平衡电极电位的现象。极化内阻是指电池的正极和负极在进行电化学反应时由极化引起的内阻，包括由电化学极化和浓差极化引起的电阻。极化内阻与电极和电解液界面的电化学反应速度及反应离子的迁移速度有关。特别是与电池的工作条件密切相关，放电电流和温度的影响很大。放电电流不相等，产生的电化学极化和浓差极化均增大，使得极化内阻增大。在低温下，极化内阻也会增大，因此，极化内阻不是一个常数，而是随放电制度、放电温度等的变化而变化。

内阻是决定电池性能的一个重要指标，直接影响电池的工作电压、工作电流、输出的能量和功率等，希望电池的内阻越小越好。

4. 能量

电池的能量是指在一定放电制度下电池所输出的电能，单位为 $W·h$。它影响电动汽车的续驶里程。电池的能量分为总能量、理论能量、实际能量、比能量、充电能量、放电能量等。

1）总能量。总能量是指电池在寿命周期内输出电能的总和。

2）理论能量。理论能量是指在一定标准规定的放电条件下，电池输出的能量，其值等于电池的理论容量与额定电压的乘积。

3）实际能量。实际能量是指在一定条件下，电池所能输出的能量，其值等于电池实际容量与平均工作电压的乘积。

4）比能量。比能量是指单位质量或者单位体积的电池所给出的能量，称为质量比能量

（单位为 W·h/kg）或者体积比能量（单位为 W·h/L）。电池的比能量是综合性指标。

5）充电能量。充电能量是指通过充电机输入电池的电能。

6）放电能量。放电能量是指电池放电时输出的电能。

5. 功率

电池的功率是指在一定放电制度下，单位时间内电池所输出的能量，单位为 W 或 kW。电池的功率决定了电动汽车的加速性能和爬坡能力。比功率是指从单位质量或单位体积电池获取的输出功率，也称为功率密度，单位为 W/kg 或 W/L。

6. 输出效率

动力电池作为能量储存器，充电时把电能转换为化学能并储存起来，放电时释放电能。在这个可逆的电化学反应过程中，有一定的能量损耗，通常用电池的容量效率和能量效率表示。

1）容量效率。容量效率是指电池放电时输出的容量与充电时输入的容量之比，即

$$\eta_C = \frac{C_o}{C_i} \times 100\% \tag{3.1}$$

式中，η_C 为容量效率；C_o 为电池放电时输出的容量，单位为 A·h；C_i 为电池充电时输入的容量，单位为 A·h。

2）能量效率。能量效率也称电能效率，是指电池放电时输出的能量与充电时输入的能量之比，即

$$\eta_E = \frac{E_o}{E_i} \times 100\% \tag{3.2}$$

式中，η_E 为能量效率；E_o 为电池放电时输出的能量，单位为 W·h；E_i 为电池充电时输入的能量，单位为 W·h。

影响能量效率的主要因素是电池内阻，它使电池充电电压上升，放电电压下降。内阻的能量以电池发热的形式损耗。

7. 自放电率

自放电率是指电池自发性容量的下降率，即电池未通过负荷而自身放电使容量损失的速度，表示蓄电池搁置后容量变化的特性。自放电率用单位时间容量下降的百分数表示，其表达式为

$$\eta_{\Delta C} = \frac{C_a - C_b}{C_a T_t} \times 100\% \tag{3.3}$$

式中，$\eta_{\Delta C}$ 为自放电率；C_a 为电池存放前的容量，单位为 A·h；C_b 为电池存放后的容量，单位为 A·h；T_t 为电池存放的时间，常用天、月计算。

8. 放电倍率

电池放电电流的大小常用放电倍率表示，即电池的放电倍率用一定的放电电流放完额定容量所需的小时数表示。由此可见，放电时间越短，放电倍率越大，放电电流越大。

放电倍率等于放电电流与额定容量之比。放电倍率可分为低倍率（<0.5C）、中倍率（0.5C~3.5C）、高倍率（3.5C~7.0C）、超高倍率（>7.0C）。

例如，某电池的额定容量为 20A·h，若用 4A 电流放电，则放完 20A·h 的额定容量需用 5h，即以 1/5 倍率放电，用符号 $C/5$ 或 0.2C 表示，为低倍率。

9. 使用寿命

使用寿命是指电池在规定条件下的有效寿命期限。电池发生内部短路或损坏而不能使用以及容量达不到规范要求时，电池的使用寿命终止。

电池的使用寿命包括日历寿命和循环寿命。日历寿命是指电池可供使用的时间，包括电池的存放时间。循环寿命是指电池可供重复使用的次数。

除此之外，成本也是一个重要指标。电动汽车发展的瓶颈之一就是电池价格太高。

3.1.4 电芯制造技术

以磷酸铁锂电池为例，将电池各种原材料进行加工，并组合形成电池产品，必须建立一系列生产工艺来对其质量加以保证，同时制定合理的生产工序以保证生产过程合理。锂电池生产工艺复杂、工序繁多，而且不同的电池类型、不同的生产厂家，锂电池的生产工艺流程都有一定的差异，每一项工序都对电池性能有影响。总体来说，锂电池的基本生产工艺流程分为前、中、后三个阶段，前段工序的目的是将原材料加工成为极片，核心工序为涂布；中段工序的目的是将极片加工成为未激活电芯；后段工序是检测封装，核心工序是化成、分容，如图3.5所示。

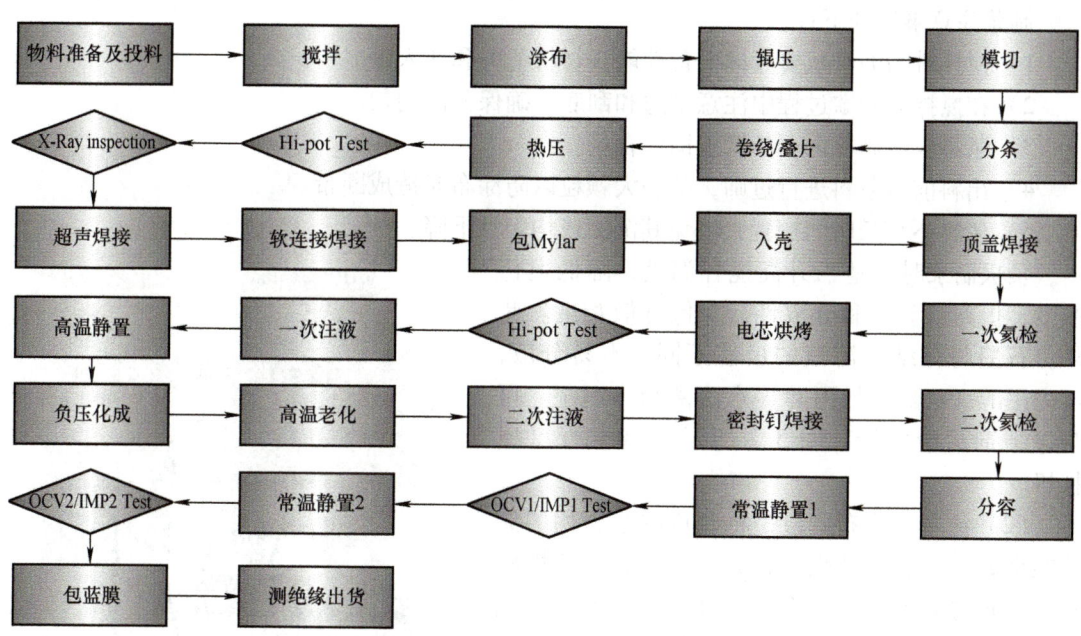

图 3.5 单体锂电池生产的基本工艺流程

1. 极片制作

（1）配料　极片的制作步骤如图3.6所示。首先对采购来的正负极活性物质、导电剂、黏结剂等原材料进行严格的检验。检查好锂电池的制作材料后，将不同比例粉末状的正负极活性物质、导电剂、黏结剂等材料按照一定顺序倒入真空搅拌罐，经过一定时间的高速搅拌后混合均匀，调制成浆状的正负极材料。搅拌过程中要尽量保证没有气泡产生，正负极活性物质颗粒间靠黏结剂黏结在一起，搅拌效果直接影响电池性能。在配料过程中，活性物质、导电剂和黏结剂的配比对电池的各项性能（如电池的比容量电压、内阻、循环寿命等）有很大的影响，正负极材料的配比也是目前国内外相关机构的研究热点。

图 3.6　电池配料的制作

制浆注意事项如下：
1）搅拌时间的长短要考虑设备性能、材料配方和加入量。
2）在搅拌的间歇过程中注意刮边和刮底，确保分散均匀。
3）浆料应从高往低逐步调整固体含量。
4）出料前对浆料进行过筛，除去大颗粒以防涂布时造成断带。
5）浆料不宜长时间搁置，以免其沉淀或均匀性下降。

负极制浆时可适当升高搅拌温度，降低搅拌浓度，提高流动性和分散性，降低分散难度。此外，石墨与黏结剂溶液的极性不同，不易分散，可先用醇（乙醇、异丙醇）水溶液初步润湿，再与黏结剂溶液混合。图 3.7 所示为真空行星搅拌机。

（2）涂布　涂布阶段是将制成的浆料均匀涂覆在金属箔的表面并烘干，分别制成正、负极极片。涂布的主要目的是将稳定性好、黏度好、流动性好的浆料，均匀地涂覆在正负极表面上。其对锂电池的重要意义主要体现在一致性、循环寿命、安全性三方面。在涂布过程中，若极片前、中、后三段位置正负极浆料涂层厚度不一致，或者极片前后参数不一致，则容易引起电池容量过

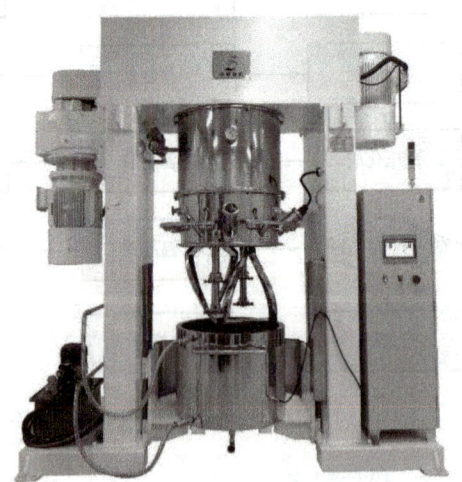

图 3.7　真空行星搅拌机

低或过高，且可能在电池循环过程中形成析锂，影响电池寿命。涂布过程要严格确保没有颗粒、杂物、粉尘等混入极片中，如果混入杂物会引起电池内部微短路，严重时导致电池起火爆炸。因此，为使中段的卷绕工艺尽可能粗细均匀、紧密，要求正负极的涂布误差尽可能小。涂布机的先进程度会直接影响电池化学性能的优劣，以及最终产品的良品率（电池厂

家通常要求在99%以上)。

辊涂工作原理如图3.8a所示,其中辊涂机由涂布辊、背辊、刮刀辊及其驱动系统组成。将浆液加入料槽中,涂辊和背辊同时转动,背辊上的浆液就会转移到有箔片的涂布辊上,从而把浆液均匀涂覆在电极板上,通过调整刮刀与背辊之间的间隙可以调节浆液转移量的多少。箔片运行速度、箔片的张力、涂布辊的制造精度、转动速度和平稳性、烘干的温度等参数将会直接影响涂布的质量,进而影响锂电池的各项性能。

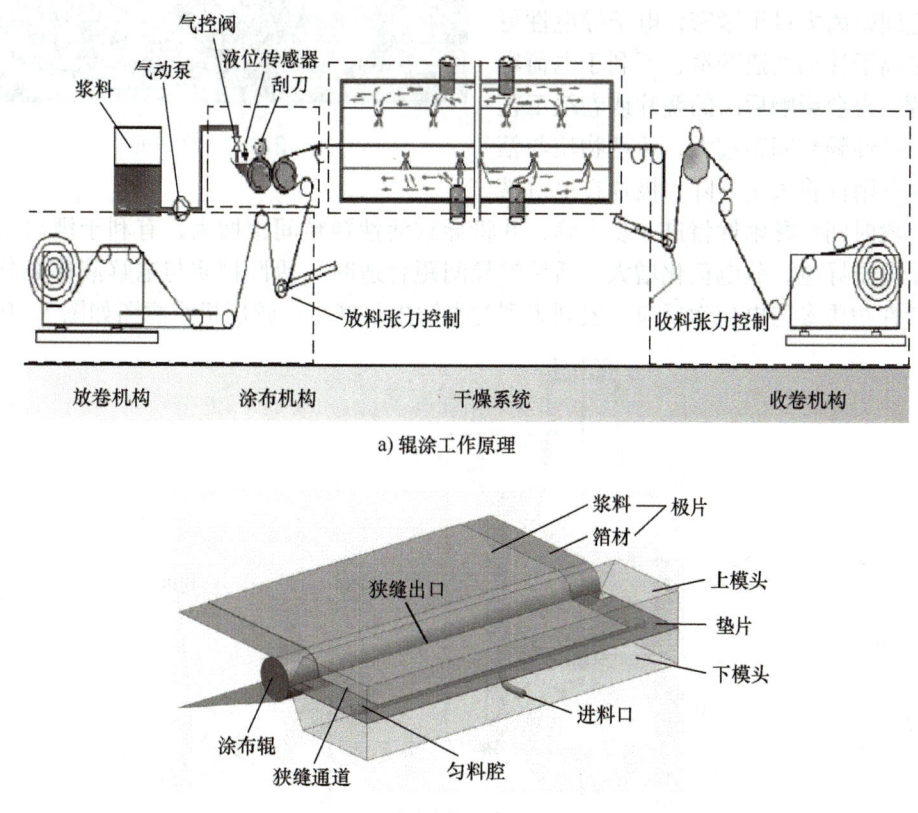

图3.8 涂布工作原理

极片制作工艺是制造锂离子动力电池的基础工艺,对设备的精度、智能化水平、生产性能的可靠性等要求非常高。目前,锂离子动力电池行业已经普遍采用狭缝式挤压涂布技术。狭缝式挤压涂布是一种先进的预计量涂布技术,送入挤压模头的流体全部在基材上形成涂层,对于给定的上料速度、涂层宽度、基材速度,可以较精确地预估涂层涂布量,而与浆料流体的流变特性无关。狭缝式挤压涂布是一种预定量涂布方法,其工作原理如图3.8b所示。通过螺杆泵将一定流量的浆料从进料口泵入模头内部流道并形成稳定的压力,最后将浆料从狭缝出口挤出,涂覆在移动的箔材(由涂布辊带动)上,形成厚度均匀的湿涂层。

图3.9为一台涂布机,对浆料的涂布厚度可以精确到3μm以下,以80m/min的速度均匀涂抹到铜箔的正反两面,而涂布前的铜箔厚度只有6μm,可以用"薄如蝉翼"来形容。较高质量极片的特征为极片表面平整、光滑、敷料均匀、附着力好、干燥,不脱料、掉料和缺料,无积尘、划痕和气泡等。

（3）辊压　涂布完成且对极片烘干后，需要通过辊压机对极片进行辊压，使极片上的活性物质与箔片变得更加致密、紧凑并将极片压实到合适的密度和厚度。在辊压过程中，辊缝间隙的调整直接影响成型后的电池活性颗粒间距。活性颗粒间距过小，活性物质粒子之间距离太过于紧密，电子导电性更强，但是离子移动通道变窄，不利于电荷容量的发挥，也会影响后续的叠片或卷绕工艺的质量。活性颗粒间距过大，活性物质与箔片之间的黏附性将大幅下降，极片在电解液

图 3.9　涂布机

中浸泡一段时间后黏附性将进一步下降，并将导致活性颗粒间距增大，有利于锂离子移动，但不利于电子导电，放电极化增大。活性颗粒间距合适时，活性物质与电解液将充分接触，有利于活性物质参与电化学反应，宏观表现为电池内阻减小。辊压机示意图如图 3.10 所示。

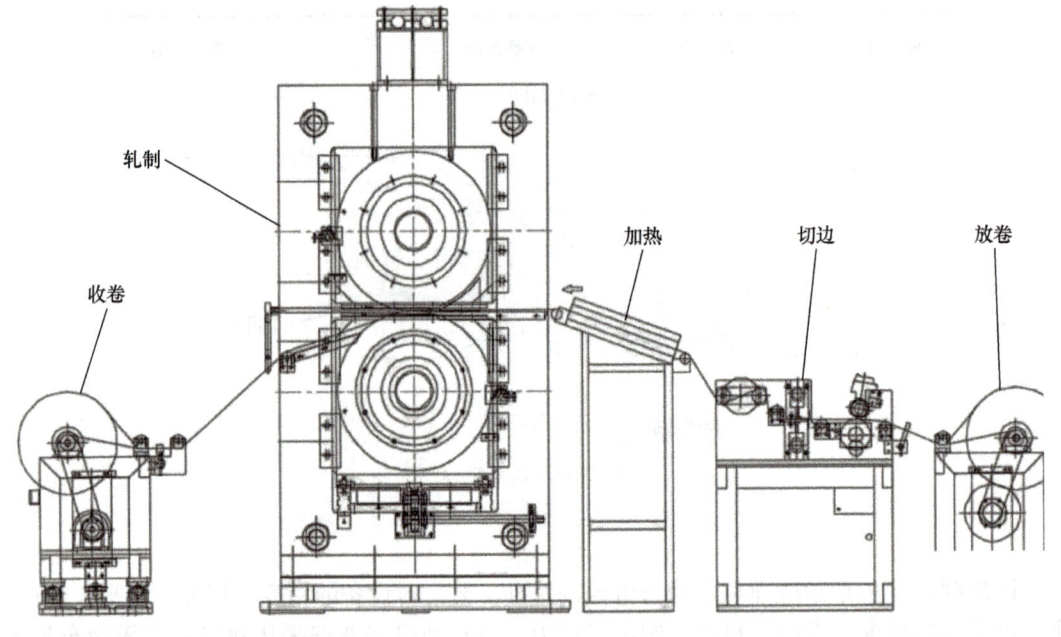

图 3.10　辊压机示意图

（4）分切　需将辊压好的电极带按照不同电池型号，切成装配电池所需的长度和宽度。电池是分正负极的，极耳就是从电芯中将正负极引出来的金属导电体，通俗地说，就是电池正负两极的耳朵，是在进行充放电时的接触点。极片分切设备如图 3.11 所示。

最后采用分切机将极片裁剪成合适的大小和形状（也称为分条），并充分管控毛刺（这里的毛刺只能在显微镜下看清楚）的产生，这样做的目的是避免毛刺扎穿隔膜，产生严重的安全隐患。

涂膜膜片经冷压分条后，极片边缘容易出现波浪边，如图 3.12 所示。

对应图 3.12 中的六种波浪边的类型和机理简述见表 3.1。

第3章 动力电池结构

图 3.11 极片分切设备

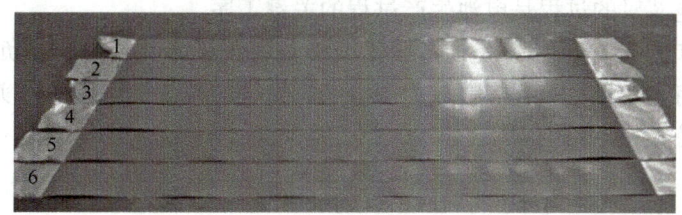

图 3.12 极片边缘的波浪边

表 3.1 波浪边的类型和机理

序号	波浪边类型	机理与改善措施
1	分条收卷波浪	冷压后的极片边缘偏薄,分条时边料两边的厚度不一致,导致收卷时一边张力大,一边张力小,张力大的一边即厚度厚的一边形成波浪边,或者极片设计压实密度过大。可通过减小分条收卷张力改善
2	冷压边缘波浪	冷压时不同品种、压力造成边缘延展大小不同,延展大形成波浪边;涂布边缘过轻或过重,或者极片设计压实密度过大。可通过实行机台定宽冷压改善
3	铝箔张力波浪	铝箔来料边缘张力不均,过辊时一边松一边紧或两边松,松的一边冷压后出现明显波浪边,过辊的间距越大,波浪边看起来就越明显
4	鼓边波浪	涂覆造成膜片边缘范围一定宽度厚度过高,冷压时此局部范围受力大,造成凹凸不平,形成波浪边。可通过标准化制作槽改善
5	分条翘边波浪	刀模分切极片时,刀片会造成极片边缘涂膜层松脱,斜刀口切出的边缘松脱更为严重,松脱后边缘比中间厚,收卷时通过一定质量的压辊将边缘松脱部分压实,如果压轮质量和位置偏移,会造成卷料边缘翻卷,形成波浪边。可通过增加压辊重量和降低分条速度改善
6	分条锯齿波浪	分条刀模海绵衬垫大小硬度不合适,刀模前后辊导致极片过刀模时张力不均匀,形成波浪边。可通过调节过辊平行改善

图 3.13 所示为两种压实密度出现的分条收卷波浪现象,图中左侧的压实密度是 $3.606\text{g/cm}^3 - 128.5\mu\text{m}$,右侧的压实密度是 $3.952\text{g/cm}^3 - 118\mu\text{m}$,可见密度越大,收卷波浪越明显。

 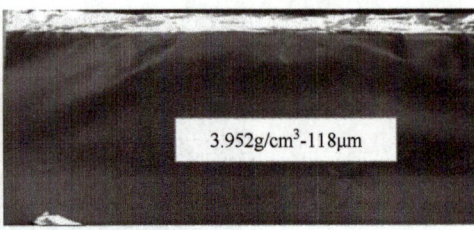

图 3.13　不同压实密度出现的收卷波浪

图 3.14 为轧制过程中受力变形情况，轧制极片越到边缘应力越大，极片边缘也变薄，导致边缘延展不均匀，出现波浪。

2. 电芯装配

（1）卷绕/叠片　电芯装配有叠片和卷绕两种不同的工艺，采用叠片机或卷绕机将正、负极和隔膜制成电芯对的过程是电池生产过程的关键工序。

叠片式电芯如图 3.15 所示，是通过手工或夹具将正极极片、隔膜、负极极片规则地层叠在一起，之后将多个极耳一起焊接成为裸电芯。先进的视觉检测设备可实现自动检测及自动纠偏，确保电芯极片不错位。

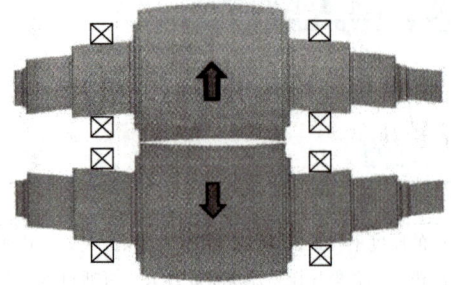 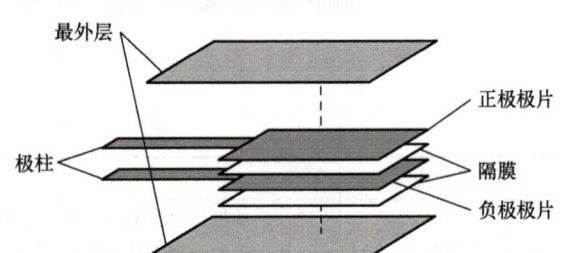

图 3.14　轧制过程中受力变形情况　　　　图 3.15　叠片式电芯示意图

卷绕是将裁剪好的正、负极片、隔膜先按顺序叠放，然后按照卷绕的方式形成卷绕体。

卷绕与叠片各有优缺点，这两种工艺支撑的电芯在电池内阻、电阻寿命、电芯内部受力情况等方面对比见表 3.2。

表 3.2　卷绕与叠片式电芯性能对比

性能	卷绕式电芯	叠片式电芯
电池内阻	卷绕式的电芯通常是单一极耳，内阻较高。在充放电循环中产生的热量较高，电池容量衰减较快	叠片式电芯采用多极耳式进行组合，大大降低了其内阻。在充放电循环中产生的热量较低，电池容量衰减较慢
电池寿命	由于极片与隔膜之间只有单方向的热传递方式，就导致温度梯度分布比较严重，出现内部高温、外部低温的现象。温度分布不均将会导致高温位置活性物质率先失去活性，不能实现脱嵌锂离子的功能，长期循环使用将影响电池性能	由于叠片式电芯本身的结构特性，使得其内部的温度分布较为均匀

(续)

性能	卷绕式电芯	叠片式电芯
电芯内部受力情况	卷绕式电芯的边缘处是应力集中所在，极片弯折处更易出现微短路、电击穿以及析锂的现象。应力集中点是电池失活的首要位置，这也是卷绕式电芯循环寿命降低的原因之一	电芯极片隔膜之间受力面积一致，无明显应力集中点，电池在使用过程中也不会出现某个部位的急剧破坏
电池倍率性能	单一极耳导致倍率性能略差	相当于多极片进行并联，更易于短时间内大电流的充放，利于电池的倍率性能
电池容量密度	卷绕工艺使得两边为圆形且卷绕的最后两层隔膜占据了一定的厚度，电池容量密度较低	其内部空间利用较为充分，电池容量密度更高
极片制作复杂度	在电芯完成过程中，仅需开头和结尾两刀，工艺简单易操作，容易实现产业自动化，设备成本较低	在电芯完成过程中，每个极片都需要四刀，且要求极片质量（断面、毛刺等）保持高度的一致性，使得对极片精度要求高。相对而言，目前极片分切合格率低，设备成本高
电芯制作复杂度	操作比较简单，无论是半自动操作还是全自动操作都可以快速完成	工艺复杂程度较高，人工操作费时费力，自动化方面则由于设备问题而难以产业化
质量控制程度	工艺较简单，易于实现质量控制及产品一致性	由于工艺步骤烦琐，较难达到很好的一致性
生产成本	较低	较高

从理论上讲，卷绕式电芯的内阻较高，不适合大电流充放电，倍率不如叠片电芯。但叠片式电芯的工艺更复杂，极片焊接过程也较难操作，所花费的成本也比较高，没有卷绕式电芯的产品一致性高。在生产过程中，需要根据自身条件和电池要求来选择合适的工艺，进而确定极片分切和后面的焊接、组装等工艺。卷绕机如图3.16所示。

（2）热压 无论在卷绕中或者Z型叠片中，必须对隔膜施加一定的张力，以确保正极片、隔膜、负极片之间的整齐程度。然而工艺过程中的张力会使隔膜在走带方向被

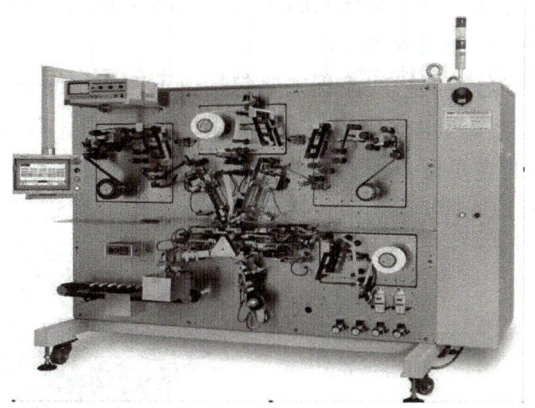

图3.16 卷绕机

拉长，隔膜在走带方向的收缩量很大，会使得隔膜严重挤压极片，从而导致电芯在组装工艺（特别是卷绕工艺）后发生变形。变形后的电芯不仅外观平整度差，内部还会存在隔膜褶皱等缺陷，这会导致容量低、循环性能差及自放电快等质量问题。尤其是卷绕较厚的电芯，卷绕后的变形问题尤为突出。另外，松散状态的电芯厚度一致性也差，会影响电芯入壳工艺，增加入壳工艺的难度，甚至导致入壳时电芯损伤。

电芯热压整形的主要目的包括：

1）改善锂离子电池的平整度，使电芯厚度满足要求并具有高的一致性。

2）消除隔膜褶皱，赶出电芯内部空气，使隔膜和正负极极片紧密贴合在一起，缩短锂离子扩散距离，降低电池内阻。

对于方形电池，热压机装置如图3.17所示，上下模板就是平板，在压力作用下平板合模平整电芯。而对于圆柱电池，热压整形装置是固定在底座上产生相向运动的两个气缸，在气缸活塞杆尾端带有柱形槽的两个半圆模，半圆模柱形槽的半径相等且等于或小于预设卷芯半径。利用机械手或夹具夹持卷芯放置在两个半圆模的中心位置处，控制两个气缸带动两个半圆模合模相向运动，使得两个半圆模对卷芯进行挤压，从而将卷芯整形到预设的尺寸，使之能够放入与之相匹配的外壳内。

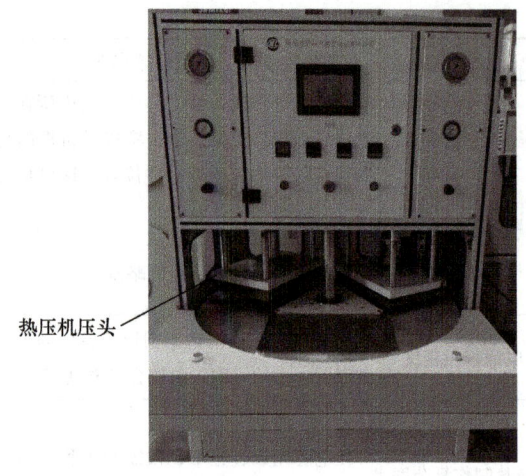

图3.17　热压机装置

（3）烘焙、注液与封口　首先要去除水分。水分是电池系统的大敌，为了减少湿度对电池性能的影响，需要对制成的电芯通过真空干燥箱进行再次干燥除水。电池烘烤工序就是为了使电池内部水分达标，确保电池在整个寿命周期内具有良好的性能。

最后在手套箱中将电解液加入干燥后的电芯并进行静置，使电解液充分浸润极片，之后采用真空封口机将电芯完全封住，注液过程需要严格控制水分、氧气等环境条件在规定的范围内，一般需要在充满工业氮气的手套箱中进行操作。

3. 分容配组

分容配组的流程主要包括以下四道工序。

（1）电池化成　在分容配组过程中，首先通过充放电方式将其内部正负极物质激活，同时在负极表面形成一层良好的钝化层，即固体电解质相界面（SEI膜），这就是化成工艺。这实际上就是对电池进行第一次充电的过程，如图3.18所示。

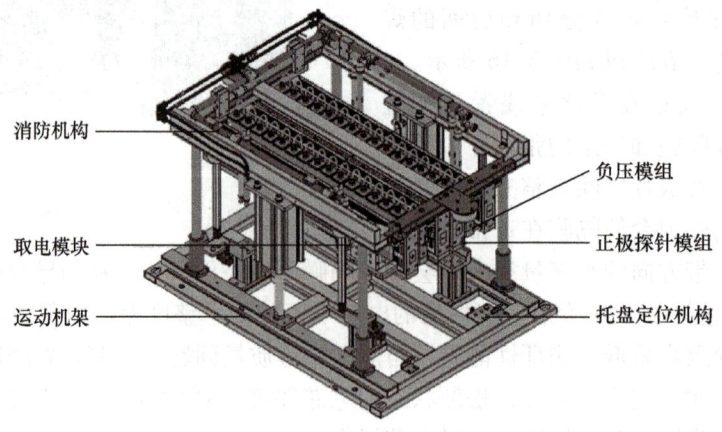

图3.18　电池化成

SEI膜的成分、厚度及质量直接影响电池的循环寿命、稳定性、自放电率、安全性等多项性能。化成时，锂离子第一次嵌入负极活性物质时，在石墨碳负极表面形成SEI膜，在此过程中有部分锂离子被消耗。

第3章 动力电池结构

不同的化成制度形成的 SEI 膜有所差别,对电池的性能也有很大的影响,因此,选择合适的化成制度是电芯生产过程的关键,也是目前国内外相关结构的研究热点。小电流化成制度有助于形成稳定的 SEI 膜,但会增大 SEI 膜的阻抗且耗时长。阶梯式和恒流式是两种典型的化成制度。

化成是对注液后的电池进行小电流充电的过程,包括预化成和化成两个阶段。预化成是在注液后对电池进行小电流充电的过程,通常伴有气体产生。化成是在预化成后以相对较大的电流对电池充电的过程,气体产生量很少。

1)化成过程的产气。化成过程中,生成 SEI 膜的反应以及副反应都会生成气体,包括 C_2H_4 等烃类气体和 CO_2、H_2 等无机气体,气体的种类和气体量与化成电压有关。化成电压低于 2.5V 时产气量不大,产生气体主要为 H_2 和 CO_2,主要由 H_2O 的还原反应生成;化成电压在 3.0~3.5V 时产气量最大,这一时期也是 SEI 膜形成的主要时期;化成电压到 3.5V 时产气量达到总气体量的 90% 以上,气体主要由 C_2H_4、CO、CH_4、H_2 组成。

正是由于化成时产生大量气体,因此,对于方形铝壳和钢壳锂离子电池,通常先要在开口情况下进行预化成,将产生的气体排出,然后封口后进行化成。对于钴酸锂-石墨体系,预化成的充电电压通常要达到 3.5V,具体电压值与电池体系及电池设计有关,预化成时也可以采用充电量来控制,通常需要充电至电池容量的 20% 左右。

如图 3.19 所示,预化成时,产生的气体首先以微小气泡的形式附着在负极颗粒表面;随着化成的进行,产生气体量逐渐增多,微小气泡不断长大,开始互相接触和合并长大;随着气体量进一步增加,气泡持续长大,内部压强 p_1 持续增加,较大的气泡依靠内部压力冲开隔膜与极片的间隙,逐渐聚集,并向压力较低的极片边缘扩展;当压强 p_1 超过了大气压强 p_0 和极片内部孔隙形成的气体流动阻力时,便形成了稳定的气体溢出通道,此后气体沿着这些通道不断溢出至壳体外。

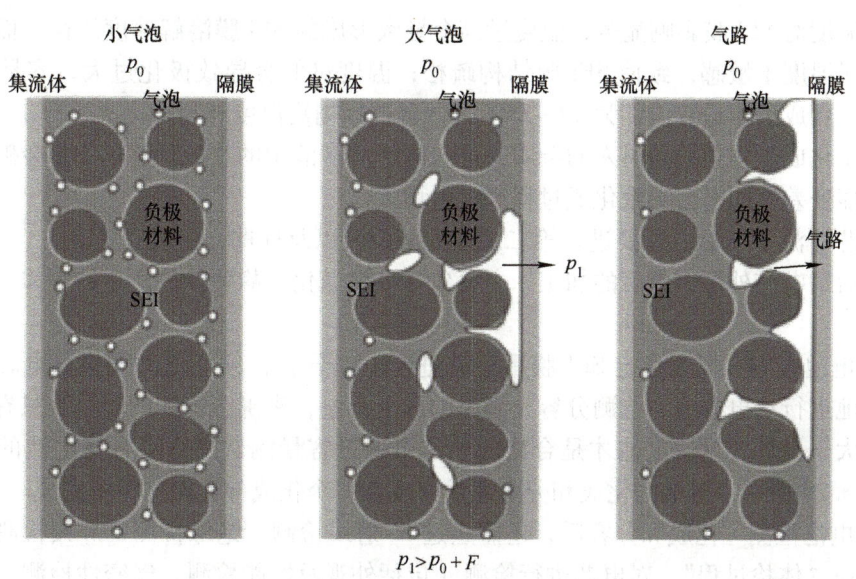

图 3.19 预化成产生的气体溢出

产气不仅在首次充放电过程中产生,并且在随后的两次循环中还会继续产生,随着循环次数的增加，产气量逐渐减少。化成反应在首次充放电过程时进行得并不完全，在后续的充放电过程中还会持续进行，这是电池需要进行后续老化的主要原因之一。水分含量影响电池厚度，在电池封口以后，对于含水量较高的电解液，后续化成过程中产生大量的 H_2 和 CO_2 可能不容易溶解于电解液，会引起电池发生气胀；而对于含水量较低的电解液，第二次循环以后产生少量 C_2H_4 气体可以溶解到电解液中，不会导致电池发生鼓胀，同时水分过多还会导致电池首次不可逆容量增大。

2）预化成制度的原则。电流应尽量小，利于减少气路面积、提高化成均匀性，减少电解液损失。截止电压不宜过低或过高，截止电压过低时气体不能充分逸出，造成电池封口后气胀；电压过高会使预化成时间延长，电池容易吸收环境中的氧气或水分等杂质，造成电池性能下降或封口后气胀。

对电芯施加一定的夹紧力，可以防止气体排出时极片与隔膜被冲开而分离，减少气路形成面积，提高极片预化成的均匀性。

预化成电流一般为 $0.02C \sim 0.05C$，由注液后自然形成的电压充电到截止电压 3.4V 或充电到容量的 20% 左右；化成电流一般为 $0.1C$，充电截止电压为 3.9V 以下，具体化成电流和截止电压与锂离子电池的型号和原材料等设计因素有关。铁锂电池的化成流程见表 3.3。

表 3.3 铁锂电池的化成流程

化成阶段	化成流程
预化成	1）$0.05C$ 电流恒流充电 120min，上限电压 3.65V，静置 10min 2）$0.1C$ 电流恒流充电 120min，上限电压 3.65V，静置 10min
化成	1）$0.5C$ 恒流恒压充电至 3.65V，截止电流 5A，截止时间 180min，静置 10min 2）$0.5C$ 恒流放电至 2.7V，限时 180min，静置 10min 3）循环 3 周

化成温度对 SEI 膜影响显著，温度过高会导致形成的 SEI 膜溶解速度加快，而 SEI 膜的生成速度对温度不敏感，致使 SEI 膜结构疏松；温度过低会导致极化过大，容易在表面析锂。因此，化成的最适宜温度为 20～35℃，并且选择稍高温度有利于化成。

水分是化成过程中最易引入的杂质，进入电解质溶液中的水分产生的 HF 会破坏 SEI 膜使电池性能变差，同时会导致化成过程产气量增大。

对电芯"激活"后，还要进行第二次灌注电解液以及称重、注液口焊接。

化成后对电芯外形做最后的加工，主要包括高温老化、静置释放产生的气体、切边和折边等工艺。

(2) 电池分容 形成稳定 SEI 膜后还需进行电池分容，分容测试即检测电芯容量。分容是对电池进行充电放电，检测分容充满时的放电容量，来确定电池的容量。只有测试的容量满足或大于设计容量的电池才是合格的。这个通过容量测试筛选出合格电池的过程叫分容。如图 3.20 所示，电池的化成和分容通常集成在一个化成分容检测柜中完成。

(3) 电池检测 化成和分容后，还需经过 X-射线检测、绝缘检测、焊接检测、容量测试等一系列"体检过程"，对电芯进行检测（包括外观及性能检测、气密性检测、耐久度检测等），并得出各个电芯的各项性能参数。电池一致性检测如图 3.21 所示。

(4) 电池分拣及包装 根据上一步骤获得的性能参数，分拣出合格产品，并对其进行包装；对于不合格产品，将其置于不合格分类区，待进一步处理。

第3章 动力电池结构

图 3.20 电池化成分容检测柜

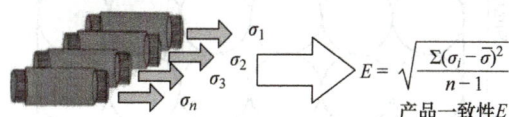

图 3.21 电池一致性检测

制造好后的每一个电芯都具有一个单独的二维码，记录着生产日期、制造环境、性能参数等。强大的追溯系统可以将任何信息记录在案，如果出现异常，可以随时调取生产信息。同时，这些大数据还可以针对性地给后续改良设计提供数据支持。

3.2 电池模组

电池模组可以理解为锂离子电芯经串并联方式组合，加装单体电池监控与管理装置后形成的电芯与电池包的中间产品。其结构必须对电芯起到支撑、固定和保护作用。从单颗电芯到电池模组的生产需要多道工序，目前模组生产一般都已经半自动或者全自动化生产。

3.2.1 电池模组构型

纯电动汽车动力电池的布局主要有网格布局、行状布局和适应模块形状布局三种方式，如图 3.22 所示。适应模块形状布局可以充分利用纯电动汽车的空间，缩小动力电池系统体积，在很多车型上得到应用。

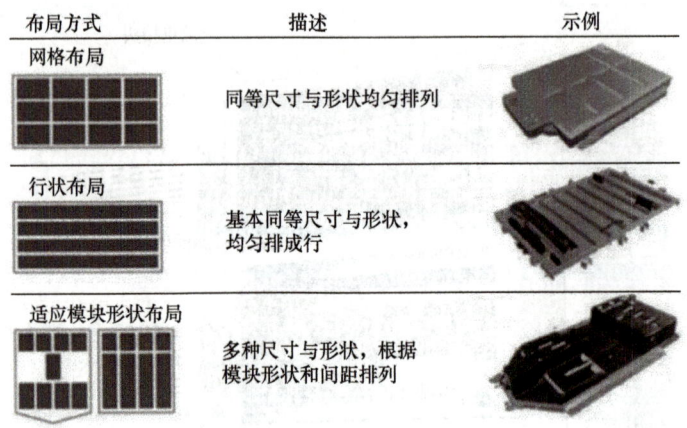

图 3.22　纯电动汽车动力蓄电池布局

电池模块的尺寸与电池单元的排布关系较大,对于圆柱形锂离子电池,电池排布包括并行排列和错位排列。图 3.23 所示为两种排列方式的电池模块面积。错位排列电池模块所占体积较小,但是错位排列固定较为困难,且有研究表明错位排列的电池模块电池的温度均匀性较差。基于固定和散热的考虑,电池单体采用并行排列的方式。

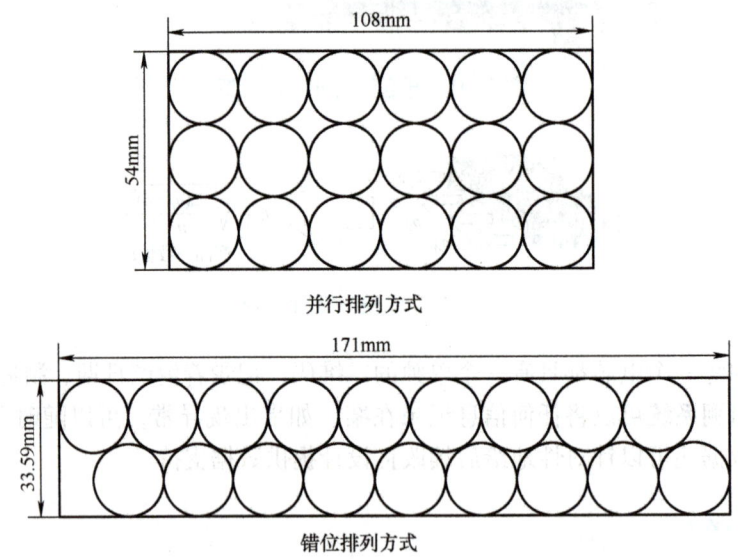

图 3.23　圆柱形电池两种排列方式的对比

3.2.2　电池模组连接

动力电池作为电动汽车的能量来源,需要根据实际输出的电压和容量要求,将几百个单体电池通过串联、并联和混联的形式组成蓄电池组才能使用。串联的主要目的是增加蓄电池电压;并联的主要目的是增加蓄电池容量;混联的主要目的是既增加蓄电池电压,也增加蓄电池容量,是常用的一种组合方式。

第3章 动力电池结构

1. 串联组合蓄电池组

图 3.24 所示为蓄电池的串联，蓄电池正极和负极依次首尾连接，串联电压相加，但蓄电池串联后总容量不变。蓄电池串联使用适合电流不变、电压需要增大的场合。

图 3.25 所示为蓄电池的串联电路，如果有 n 个单体电池串联，每个单体电池的开路电压为 U，内阻为 R_i，外电阻为 R，则 n 个单体电池串联组合成的蓄电池组的电压为 nU，蓄电池的总内阻为 nR_i，那么，串联组合后的蓄电池组的电流 I 为

$$I = \frac{nU}{R + nR_i} = \frac{nU}{R\left(1 + \frac{nR_i}{R}\right)} \qquad (3.4)$$

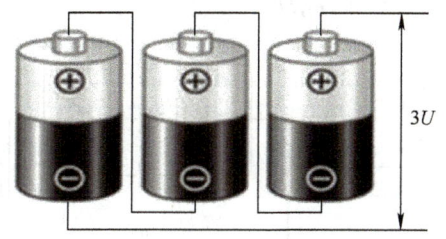

图 3.24 蓄电池的串联

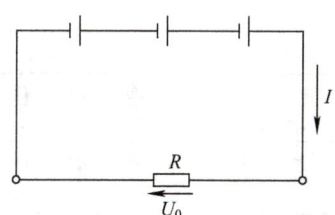

图 3.25 蓄电池的串联电路

2. 并联组合蓄电池组

图 3.26 所示为蓄电池的并联，正极和正极连接，负极和负极连接，并联容量相加。蓄电池并联使用适合电压不变、电流需要增大的场合。无论是串联还是并联，蓄电池的输出功率都增加。

图 3.27 所示为蓄电池的并联电路，如果有 n 个单体电池并联，每个单体电池的开路电压为 U，内阻为 R_i，外电阻为 R，则 n 个单体电池并联组合成的蓄电池组的电压为 U，蓄电池的总内阻为 R_i/n，那么，并联组合后的蓄电池组的电流 I 为

$$I = \frac{U}{R + \frac{R_i}{n}} = \frac{U}{R\left(1 + \frac{R_i}{nR}\right)} \qquad (3.5)$$

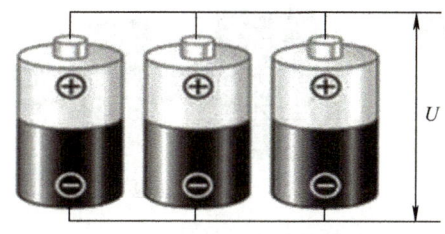

图 3.26 蓄电池的并联

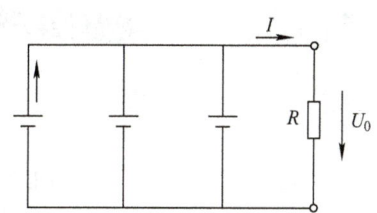

图 3.27 蓄电池的并联电路

要获得较大容量的蓄电池组，在单体电池电压和外电阻不变的情况下，需要增加并联蓄电池数。

3. 混联组合蓄电池组

当需要同时输出较大的电压和较大的容量时，单一串联或并联组合形式就难以满足使用要求。这时可以根据实际的电压和容量要求，首先将 n 个单体电池串联，然后将 m 个串联

电池并联组合成混联蓄电池组。

图 3.28 所示为蓄电池的混联，分别为 3S 2P 和 3S nP。3S 2P 表示 3 个蓄电池串联，再进行两组并联。如果每个电芯的电压为 3.7V，容量为 2.4A·h，则 3S 2P 蓄电池组的电压为 11.1V，容量为 4.8A·h。3S nP 表示 3 个蓄电池串联，再进行 n 组并联。

图 3.29 所示为蓄电池的混联电路，如果单体电池的开路电压为 U，内阻为 R_i，外电阻为 R，则混联后的蓄电池组的电压为 nU，蓄电池的总内阻为 nR_i/m，那么，混联组合后的蓄电池组的电流 I 为

$$I = \frac{nU}{R + \dfrac{nR_i}{m}} = \frac{nU}{R\left(1 + \dfrac{nR_i}{mR}\right)} \tag{3.6}$$

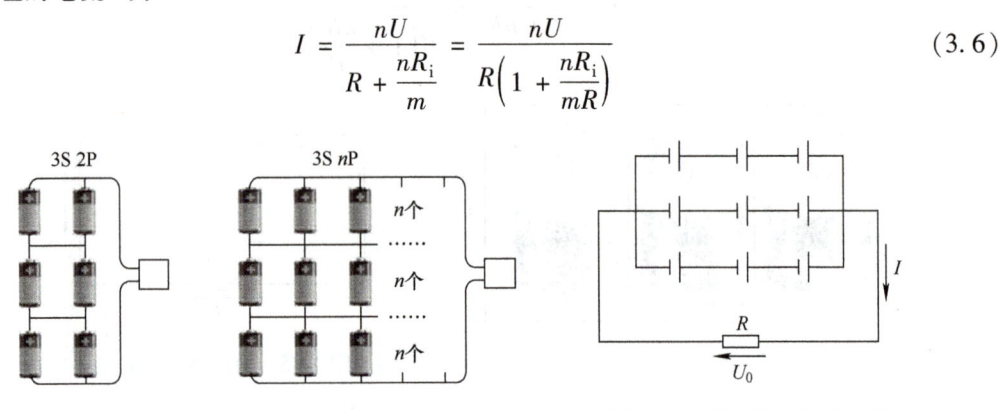

图 3.28　蓄电池的混联　　　　图 3.29　蓄电池的混联电路

例如，某纯电动汽车的动力电池使用的是软包锂离子蓄电池，单体电池外形尺寸为 262mm×217mm×8mm，单体电池质量为 0.9kg，单体电池标称电压为 3.63V，单体电池数量为 192 个，组合方式为 96S 2P，组合后的蓄电池组电压为 350V，能量为 38kW·h。

为了获得高性能的蓄电池组，在进行蓄电池组合时，需要对单体电池的性能进行严格筛选，特别是确保单体电池的规格型号和性能一致性。

图 3.30 所示为某纯电动汽车动力电池的组成。每个单体电池的电压为 3.7V，容量为 53A·h，每个模块都有 12 个单体电池，结构上采用两两并联再串联的结构，即"2 并 6 串"，整个电池包由 16 个电池模块串联构成。

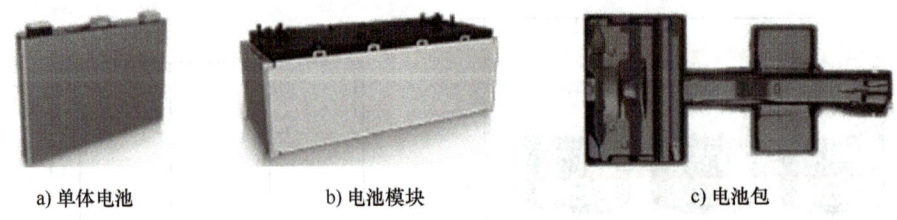

a) 单体电池　　　　b) 电池模块　　　　c) 电池包

图 3.30　某纯电动汽车动力电池的组成

16 个电池模块串联成动力电池，其布置方式如图 3.31 所示，总电压为 3.7V×6×16=355.2V。

近年来，除了流行的 CTP（Cell To Pack，电芯直接集成到电池包）技术外，大部分电动汽车动力电池模组的典型成组方式是先并联后串联，即多个单体电池（电芯）并联组成一个模块，多个电池模块串联组成一个模组，最后多个模组串联组成一个电池包（本体）。

第3章 动力电池结构

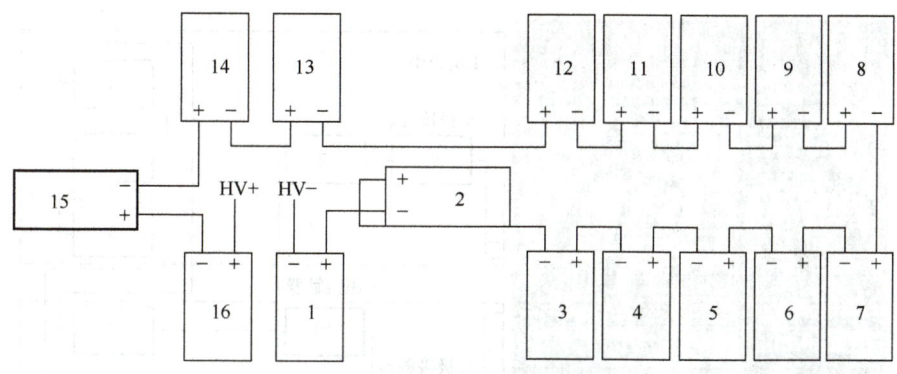

图 3.31 电池模块布置方式

当某个单体电池电压过低,通过电池管理系统(BMS)无法进行均衡处理,或使用锂电池维护仪进行人工均衡仍无法恢复正常电压、容量时,需要更换该单体电池所在的电池模组。

4. 常见纯电动汽车动力电池的成组方式

(1)北汽 EU260 动力电池的成组方式　EU260 动力电池的实物如图 3.32 所示,该动力电池的成组方式如下:电芯数量共 270 颗,其中 3 并 3 串(3P3S),共 6 个;3 并 6 串(3P6S),共 12 个,这样总共 18 个电池模组分别串联后形成动力电池总成。也就是说,总的成组方式是 3 并 90 串(3P90S),单体电池标称电压为 3.65V,电池总成标称电压为 330V。

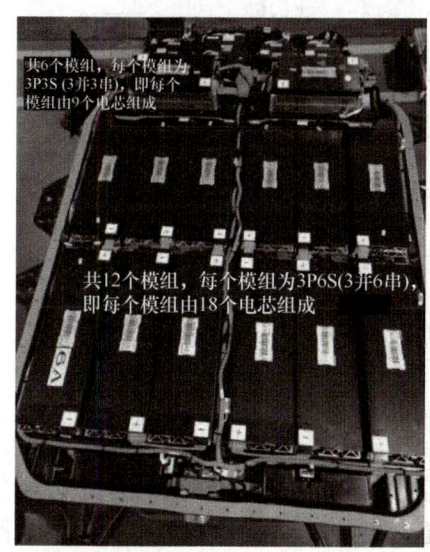
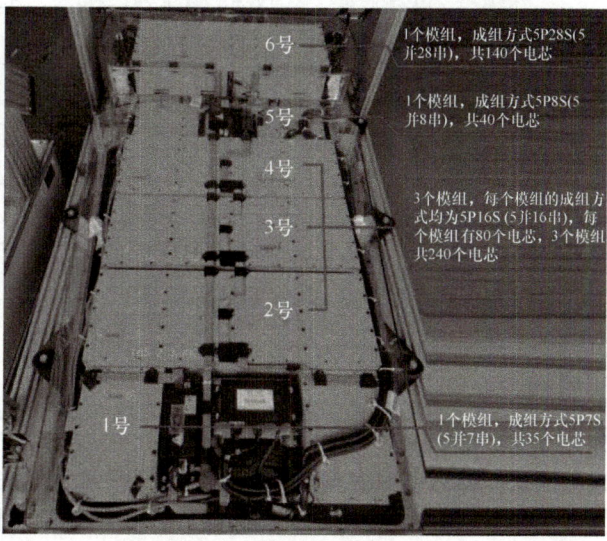

图 3.32 北汽 EU260 动力电池

(2)比亚迪 e5 动力电池的成组方式　比亚迪 e5 采用磷酸铁锂电池,如图 3.33 所示,2016 款比亚迪 e5 的动力电池由 13 个动力电池模组串联构成,动力电池总电压为 653.4V,总电量为 42.47kW·h。动力电池包高压接口分别与 13 号电池模组的正极、1 号电池模组的负极相连接;6、7、8 号电池模组分别位于 5、4、9 号电池模组的上方;12 号电池模组位于 11 号电池模组的上方;13 号电池模组位于 1 号电池模组的上方。

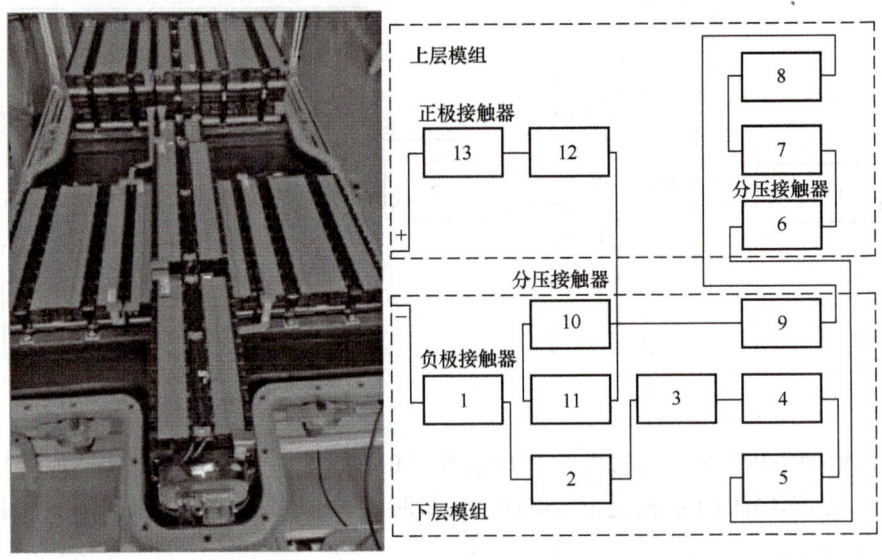

图 3.33 比亚迪 e5 动力电池及成组方式

(3) 大众 ID.4 动力电池的成组方式 如图 3.34 所示,大众 ID.4 动力电池主要有两个电池版本,一个版本是 9 个模组,另一个版本是 12 个模组,单体电池均为方形。

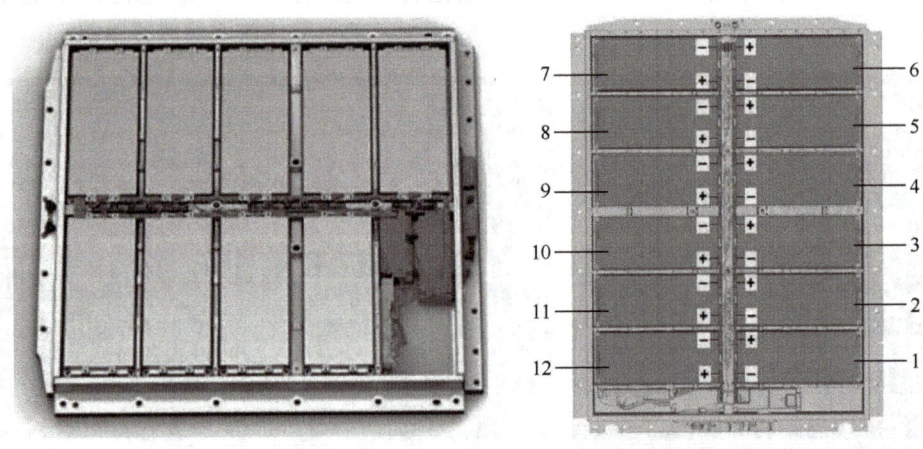

图 3.34 进口大众 ID.4 上的 9 模组动力电池和 12 模组动力电池

9 模组的动力电池容量为 62kW·h,每个电池模组的成组方式为 2P12S,由韩国 LG 公司生产。12 模组的动力电池又分为两种,一种是由宁德时代(CATL)生产的,每个电池模组采用 2P8S 的成组方式,主要搭载在一汽大众生产的 ID.4 车型上;另一种是由韩国 LG 公司生产的,容量为 82kW·h,每个电池模组的成组方式为 3P8S,主要搭载在进口大众 ID.4 车型上。

一汽大众 ID.4 CROZZ 搭载的动力电池的容量为 84.8kW·h、电压为 352V,每个模组的成组方式是 2P8S(2 并 8 串),12 个电池模组按照图 3.34 中的顺序依次串联形成电池包。如图 3.35 所示,每个电池模组的内部成组方式为 2P8S,共 12 个模组,电池包的总成组方式是 2P96S。

图 3.35　一汽大众 ID.4 上的电池模组（2P8S 成组方式）

（4）吉利 EV450 动力电池的成组方式　吉利 EV450 使用的是三元锂离子方壳电池，由 95 个单体电芯组成，动力电池总成内部包括 10 个 1P6S 电池模组和 7 个 1P5S 电池模组，额定电压为 346V，电池能量为 52kW·h，采用水冷方式对电池进行冷却。如图 3.36 所示，靠近高压配电箱有 2 层共 6 个电池模组，均为 1P5S，上层 1 个模组，下层 5 个模组；靠近动力电池后部有两层共 10 个模组，均为 1P6S，上层 5 个模组，下层 5 个模组，如图 3.37 所示；动力电池中间有 1 个 1P5S 电池模组，从而形成动力电池总成 1P95S 的成组方式。

图 3.36　吉利 EV450 动力电池的成组方式

图 3.37　吉利 EV450 电池模组（1P6S 成组方式）

3.2.3 电池模组制造技术

从简单的一颗电芯到电池包的生产过程也是相当复杂的，需要多道工序，一点不比电芯的制造过程简单。

1. 工艺流程

（1）上料　将电芯传动到指定位置，机械手自动抓取送入模组装配线，如图 3.38 所示。在宁德时代的车间内从自动搬运材料到设备喂料，100%实现了自动化。

（2）等离子清洗　涂胶前需要对电芯表面进行清洁，去除灰尘，保证电芯表面清洁度，提高粘接强度，如图 3.39 所示。

图 3.38　电芯抓取

图 3.39　等离子清洗电芯

（3）涂胶　电芯组装前，需要进行表面涂胶。涂胶除了固定作用以外，还能达到绝缘和散热的目的。宁德时代采用国际上最先进的高精度涂胶设备以及机械手协作，可以以设定轨迹涂胶，同时实时监控涂胶质量，确保涂胶品质，进一步提升了不同电池模组的一致性，如图 3.40 所示。

（4）端板与侧板的焊接　电池模组多采用铝制端板和侧板焊接而成，通过机器人进行层压和端板、侧板焊接处理，如图 3.41 所示。

图 3.40　电芯的涂胶过程

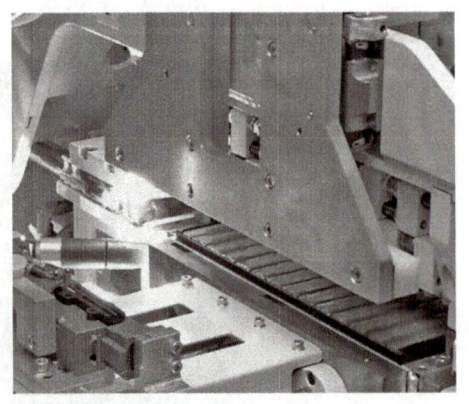

图 3.41　端板与侧板的焊接

(5) 线束隔离板装配 焊接监测系统准确定位焊接位置后,绑定线束隔离板物料条码至生产调度管理系统(MES),生成单独的编码以便追溯。打码后通过机械手将线束隔离板自动装入模组,如图 3.42 所示。

(6) 完成电池的串并联——激光焊接 通过自动激光焊接,完成极柱与连接片的连接,实现电池串并联,如图 3.43 所示。

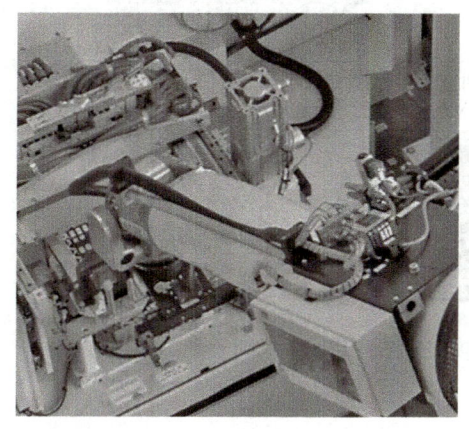

图 3.42 线束隔离板的安装过程

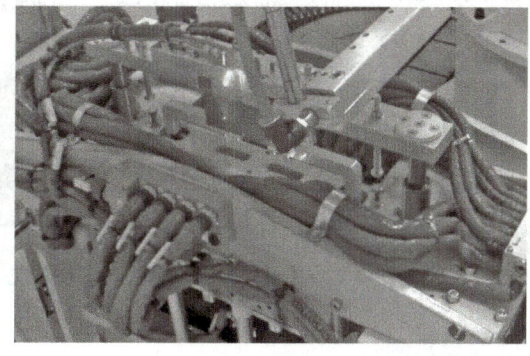

图 3.43 自动激光焊接

方形电芯模组工艺如图 3.44 所示,其中导电连接要点是铝巴与电芯电极配合度,电芯膨胀力需要铝巴有伸缩量设计。

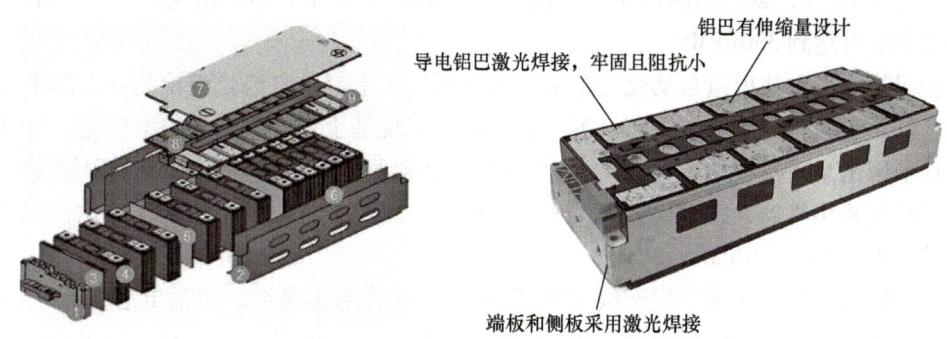

图 3.44 典型方形电芯模组工艺

软包电芯模组工艺(以 GM Volt 为例)如图 3.45 所示。

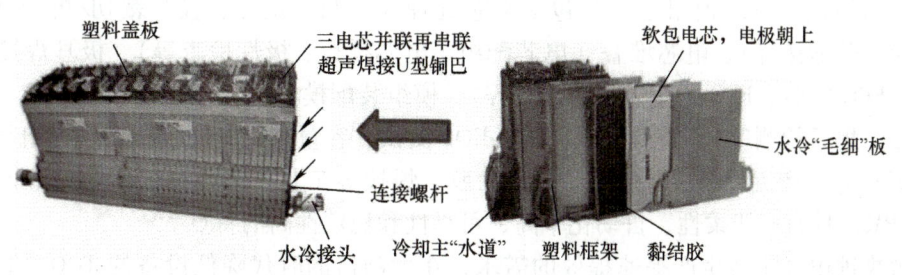

图 3.45 软包电芯模组工艺示例

18650 圆柱形电芯模组工艺（以 Tesla 为例）如图 3.46 所示。

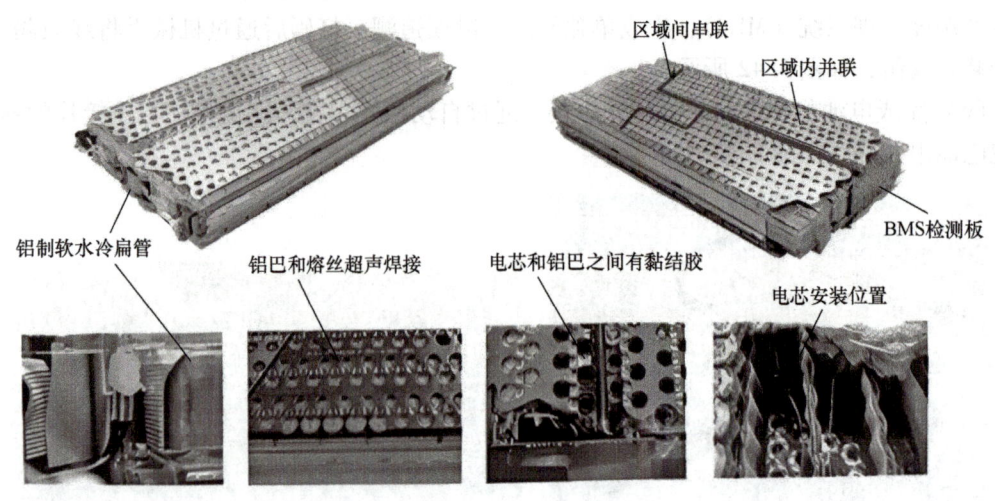

图 3.46　圆柱形电芯模组工艺示例

2. 典型案例

华数锦明是华中数控（SZ300161）旗下的子公司，是一家专注于工业机器人研发和系统集成的科技型制造企业。该公司的动力电池全自动模组电池包生产线先后供给国轩高科、天津力神、宁德时代等国内知名动力电池企业。2018 年其动力电池全自动模组生产线出口至美国，同年 12 月，创造出国内生产速度最快的 21700 圆柱电芯模组生产线，单条生产线电芯处理速度可达到 330PPM⊖。

该公司的方形电池模组自动化装配生产线包括电芯上料、电池处理检测、电芯堆叠、侧缝焊接、Busbar 激光焊接、模组测试等功能，可以实现基于智能机器人的柔性化、信息化制造。全程采用信息采集模块，对整套生产线进行全程监控，中央控制系统全程控制生产过程；生产过程采用机器人技术代替人工生产，极少数工位设置人工干预，自动化程度高，单线处理能力可达 20~60PPM。

该公司的大圆柱电芯模组生产线主要围绕 4680 圆柱电芯模组，包括电芯扫码、OCV 测试、等离子清洗、电芯 Block 堆叠、Block 堆叠、模涂胶、模组气密测试、CCS 焊接、FPC 焊接、模组电性能测试等整套生产流程。单条产线电芯处理能力可达 100PPM，产线具有柔性、高稳定性、节约设备占用空间的技术特点。

该公司的软包电芯模组生产线包括电芯处理（上料、检测、极耳裁切/折弯/检查/清洗、贴胶、贴泡沫等）、电芯堆叠（电芯配组、电芯缓存、极性检查等）、极耳焊接（汇流排安装、FPC 安装、FPC 焊接、焊后检查等）、模组装配模涂胶（端侧板安装焊接、上下盖安装焊接、焊后检测等）、模组测试下线（EOL 测试、容量测试、尺寸检查、模组静置、模组下线等）等生产流程，主要包括测试、涂胶、焊接等工艺。单条产线电芯处理能力可达 10~30PPM，具有产线柔性、自动化率高、可靠性和稳定性高的特点。

为解决锂电模组线生产提速提效的需求，在大制造的时代降低设备的 TCO（Total Cost

⊖ PPM 表示每月生产的电池包数量

of Ownership）费用大背景下，该公司还推出了"THE ONE"模组生产线。在"THE ONE"模组生产线的应用下，目前大圆柱生产节拍可以做到100~400PPM，方形铝壳可以做到20~60PPM，软包可以做到30~50PPM，生产效率提高3~4倍。该方案有六大优点：①灵活组合，一次性硬件投资下降10%~15%；②多SKU生产；③无工装板设计；④堆叠后段可以灵活配置工艺需求，占地面积减少15%~40%；⑤极低的换型硬件投资；⑥结构简单、单元化、标准化。

3.3 电池箱体

动力电池箱体承担着对电池模组及高压电控制和电子电器的安装和保护功能，是纯电动汽车"心脏"重要的保护外衣，是电动汽车安全性与可靠性的关键性因素。目前汽车行业使用的储能锂电池对正常工作环境要求较苛刻，对温度、湿度、酸碱度都有要求。电池包箱体必须具有足够的机械强度，能够抵抗壳体弯曲、抗外力冲击和抗异物挤压，以及抗车身底盘传递的振动且具有足够耐久可靠性能。箱体具有足够机械强度的同时，还必须考虑其重量，如果电池包箱体过重，能携带模组电芯的数量将会减少，从而车辆的续驶里程就会缩短。目前纯电动汽车电池包仍然是传统设计方法，过于保守，因而体积质量过大，箱体过于厚重，能量密度低，续驶里程与传统燃油车相差甚远。因此，设计一个结构合理且能满足机械性能要求的箱体非常有必要。电池包模组都是由电芯组成，合理的模组安装和排布形式也非常重要，汽车行驶过程中会造成电池包振动、倾斜、翻转，在这些极限工况下，模组电芯可能会脱落甚至侵入乘员舱内，因此在动力电池包设计阶段必须对其进行仿真和实验，寻找最佳的结构设计方案。

3.3.1 电池箱体结构设计

动力电池包的设计目标是满足整车开发设定的性能和功能要求，图3.47为动力电池包的机械结构设计流程。从中可以看出动力电池包的机械结构设计流程主要包含4部分：参数确定、初始结构设计、优化仿真分析和实物搭建实验分析。

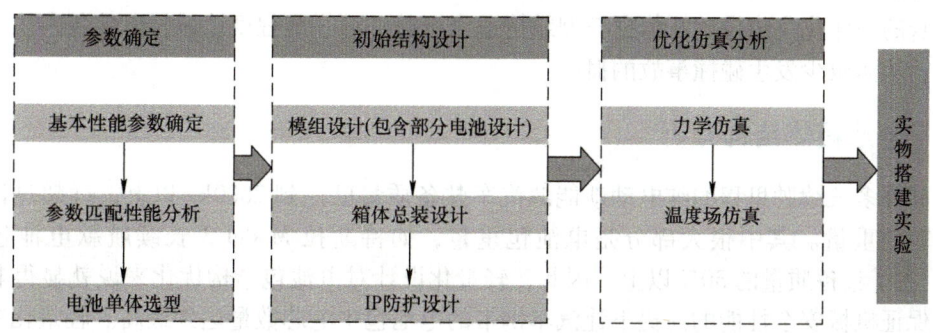

图3.47 动力电池包的机械结构设计

动力电池包的机械结构设计主要是模组设计，将众多单体电池用支撑结构固定联结于一体，通过单体电池的串联和并联来保证电池包的额定工作电压和系统总能量。模组要求结构稳定性高，强度和刚度满足车载环境激励及电池包安全要求，模组尺寸要限定在电池箱体尺寸内,并能够安装相关电气元件。电池包机械结构还有"土"字型、"⊥"型,如图 3.48 所示。

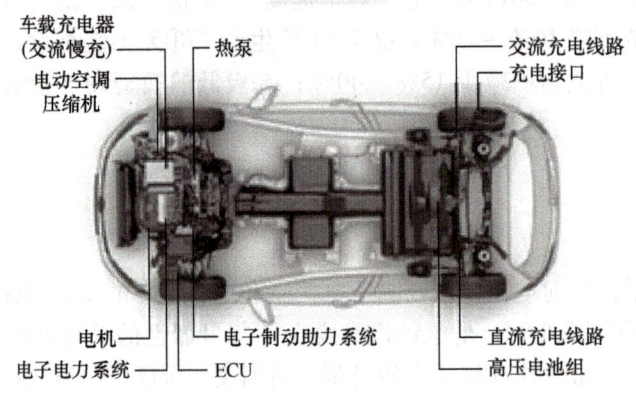

a)"土"字型电池包

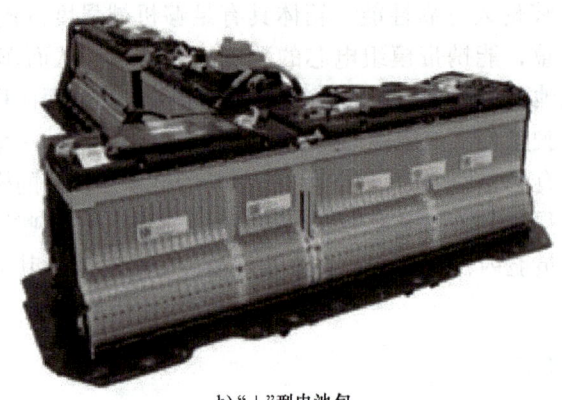

b)"⊥"型电池包

图 3.48 电池包的结构

电池包结构设计受安装位置和整车布局包络空间尺寸的约束,其主流设计方式是结合底盘和车身的一体化集成设计,依据车型结构适当调整,可一定程度地减轻电池包本体受挤压冲击力,从而减少发生碰撞事故的概率。

3.3.2 电池箱体结构分析

目前许多长续驶里程的纯电动新能源汽车整备质量已达到 2000kg 以上,远超过许多传统燃油车的重量。其中很大部分是电池包重量,如特斯拉 Model 3 长续航款电池包重达 480kg,占了整备质量的 30% 以上。因此,轻量化设计对电池包结构优化来说就显得非常重要,在保证机械安全性能的前提下让汽车携带的电池包中电芯数量达到最高。轻量化主要包括结构优化、轻量材料和先进制造工艺。随着有限元软件的推广拓扑优化是轻量化比较好的方法,拓扑优化(topology optimization)是一种基于限定优化条件、机械性能参数及变量范围,对设计区域内材料重新分布的优化算法。连续体拓扑优化方法主要有均匀化方法、变密度法、渐进结构优化法、水平集方法、离散结构超松弛拓扑优化方法,以及拓扑遗传算法等。结构优化还包括尺寸厚度参数优化和针对外形的形貌优化,其中尺寸优化是一种关于板

第3章 动力电池结构

壳等单元的参数优化,比如板厚和梁的截面宽、长、厚等数值参数;形貌优化是在薄壁件表面改变其形状,增加凸包状加强筋,从而增加零部件局部刚度,提高抗变形能力。

在纯电动汽车快速发展的趋势下,电池包结构优化设计成为许多学者研究的热门课题,国内很多学者对这个问题做了研究。青岛大学的冷晓伟对某型动力电池箱进行有限元分析及结构优化,以静态和动态分析为多目标的方法优化部分承载梁,在改变较小的情况下提高承载梁刚度。为解决某型电动汽车电池箱在行驶中发生共振的问题,梁中等对该动力电池箱进行有限元建模与模态分析,求解出动力电池箱的模态频率和振型,为避免车轮不平衡激励而产生的共振,运用有限元仿真方法通过静态力学和模态分析,对电池包结构进行了相应改进,然后对改进后的电池包进行仿真计算,对比优化前后分析结果显示电池包静、动态性能都达到设计要求。刘立邦等研究电池包结构的动态特性,运用有限元仿真的方法,基于Lanczos法求解电池包结构的模态频率,通过模态分析查找设计不合理地方,并通过形貌优化改进电池包箱体上盖的形状,对比优化前后电池包上盖固有频率显著提升,减少了电池包发生共振的可能性。吉林大学的李秋明研究了电池包装配工艺,通过在薄壁件上增加凸包结构,改变刚度,提高电池包低阶模态。

在轻量化材料方面,张晓红等以上汽某款电动汽车电池包为研究对象,研究新型材料碳纤维设计电池包箱体以达到减重的目的,该研究通过有限元仿真分析及机械性能评估表明碳纤维作为电池包箱体的可行性,并说明了其设计与制造思路。兰凤崇等提出基于电池包结构多材料选型系统的优化方法,该方法基于水平分析的设计方法,同时使用极差与方差统计学分析选择多材料;优化改进后箱体刚度和模态得到提高,且达到了重量减少8.72kg的轻量化效果,验证表明此方法的可靠性。吉林大学的王国旺依据不同的使用工况,基于多材料设计理念,将综合性能良好、具有成本优势的SMC复合材料应用到上盖板上,并对其进行基于模态频率的形貌优化和尺寸优化,确定其最优结构形式。

从结构材料来看,动力电池包结构使用的材料主要有碳钢、合金钢、3系/5系/6系铝合金、高分复合材料、碳纤维等。合金钢适合用在承载件上,对于箱体和梁等结构,很多优秀的热成型合金钢强度极限能达到1000MPa。像电池包上盖这种覆盖件,主要起防护密封作用,选择密度较低、硬度适中的铝合金,其中3系锰铝合金用于有防腐要求的底部挡泥涉水零件;5系铝合金的主要特点是密度相对较低抗拉强度高,但是不能做热处理;6系镁铝硅合金各项性能适中,可用于对抗腐蚀性、氧化性要求高的电池包结构件上。碳纤维强度大、密度小、抗腐蚀性强,但是其塑性变形能力较差,且加工成本和效率低,加工工序对材料性能影响较大,仿真计算时本构关系复杂。

关于电池包中结构各部件之间的连接方式主要有焊接、胶粘、螺栓、铆接、化学键合焊等。从力学角度分析,铆接主要承受剪力,因其接触面主要靠两端凸起,故其拉压力效果差。电池包结构上的焊接主要是"熔接",也是常见的加工连接方式;键合焊主要用于电芯电极与汇流排的连接,电芯的电极不同于其他焊接可熔化的母材,电芯要避免高温、高压、大电流。从质量上来说螺栓最好,可靠性最高而且可拆卸,螺栓连接能够承受拉压和剪力,在电池包结构连接中也随处可见。

随着电动汽车市场占有率的提高,电动汽车安全事故时有发生,带来了人身安全和财产安全隐患,因此电动汽车电池包的安全性也是大众关注的焦点。为此对电池包箱体做出最合理的设计非常有必要,而且针对设计过程中的电池包做有限元仿真分析也将会被大多数汽车企业广泛使用。

3.3.3 电池箱体制造技术

动力电池系统由外壳、控制单元和电池模块等构成。外壳的上半部分一般为塑料材质，下半部分为金属材质，为了保证电磁兼容性而包有一层铝。动力电池系统配备了两个高压接口和一个低压接口，如图3.49所示。高压接口用于连接电机控制器和充电机，低压接口用于给车载低压电器送电。

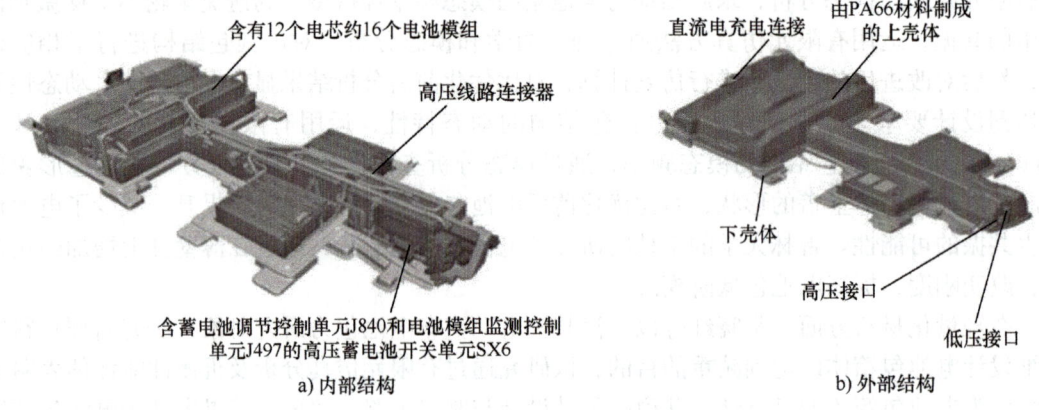

图3.49 动力电池系统的结构

动力电池外壳上半部分和下半部分用螺栓和黏合剂密封，上半部分壳体和下半部分壳体采用螺栓连接及黏结方式连接到一起，如图3.50所示。最后对黏结处进行密封性检查，以确保不会出现水或气体泄漏的情况。

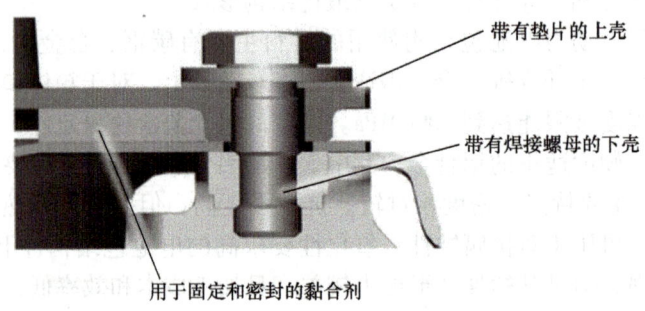

图3.50 动力电池外壳上半部分和下半部分的连接

动力电池通过与车辆相连的两条接地线连接，实现壳体对车辆的电位平衡，如图3.51所示。

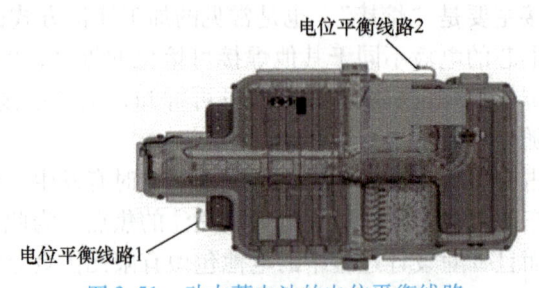

图3.51 动力蓄电池的电位平衡线路

安装在壳体内的动力电池一般被固定在车下,如图3.52所示。

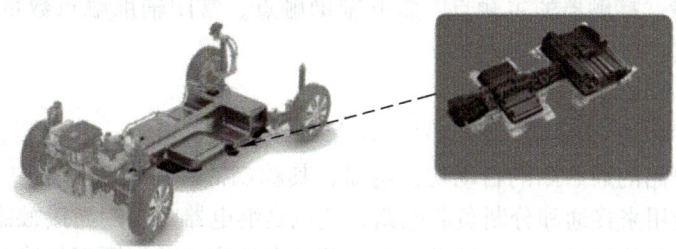

图3.52 动力电池的安装位置

3.4 电池电气系统

3.4.1 电池系统电气构造

电动汽车电池包的电气部分主要有以下几大类:电池模组、电池管理系统(BMS)、电气部件(继电器、接触器、熔断器、传感器、预充电阻等)、高低压线束和连接器。电气系统设计以实现功能为基础、安全为第一、可靠性为主,输出可靠高效的电能为整车提供动力。

电池系统的主要元器件包括接触器、继电器、熔断器、分流器和预充电电阻。

1. 接触器

接触器是一种用来频繁接通或断开交直流主电路及大容量控制电路的自动切换电器。它是利用电磁吸力和弹簧反作用配合动作而使触头闭合或分断的一种电器,还具有低压释放保护的功能,并能实现远距离控制,在自动控制系统中应用得相当广泛。接触器按其主触点通过电流种类的不同,可分为直流接触器和交流接触器。

一般根据以下原则来选择接触器。

(1) 接触器类型 交流负载选交流接触器,直流负载选直流接触器(图3.53),根据负载大小不同,选择不同型号的接触器。

(2) 接触器额定电压 接触器的额定电压应大于或等于负载回路电压。

(3) 接触器额定电流 接触器的额定电流应大于或等于负载回路的额定电流。对于电动机负载,可按下面的经验公式计算:

$$I_j = 1.3 I_e \tag{3.7}$$

式中,I_j为接触器主触点的额定电流;I_e为电动机的额定电流。

(4) 吸引线圈的电压 吸引线圈的额定电压应与

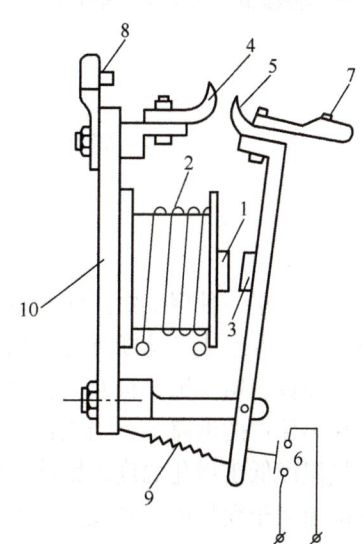

图3.53 直流接触器的结构示意图
1—铁心 2—线圈 3—衔铁 4—接触点
5—动触点 6—辅助触点 7,8—接线柱
9—反作用弹簧 10—底板

被控回路电压一致。

（5）触点数量　接触器的主触点、常开辅助触点、常闭辅助触点数量应与主电路和控制电路的要求一致。

2. 继电器

继电器是一种根据外界输入的信号（电量，如电压、电流；非电量，如时间、速度、热量等）来控制电路的通、断的自动切换电器，其触点常接在控制电路中。值得注意的是，继电器的触点不能用来接通和分断负载电路，这也是继电器的作用与接触器的作用的区别。

电磁式继电器是使用最多的一种继电器，其基本结构和动作原理与接触器大致相同。但继电器是用于切换小电流的控制和保护电器，其触点种类和数量较多，体积较小，动作灵敏，不需要灭弧装置。如图3.54所示为中间继电器的结构示意图和符号。

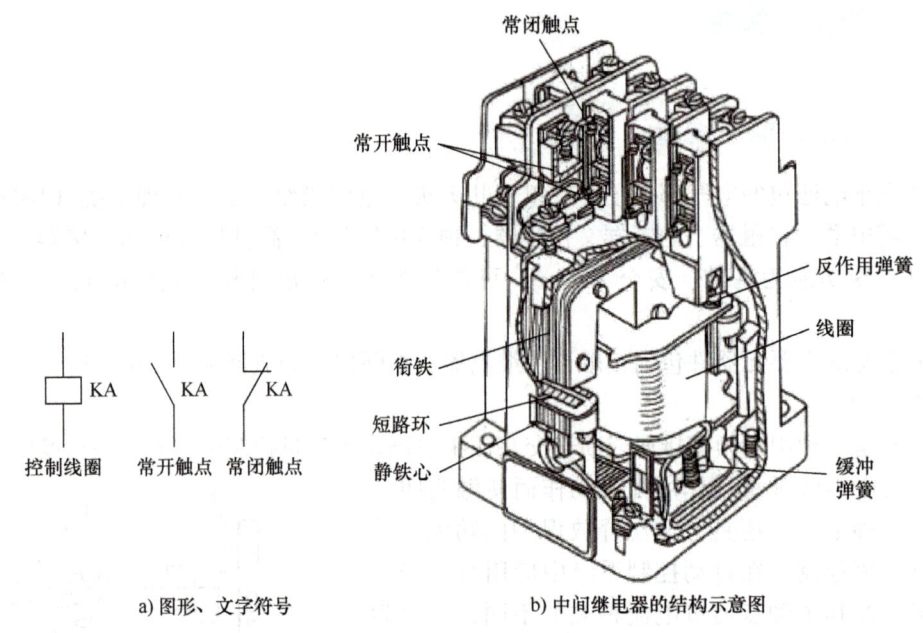

a) 图形、文字符号　　　　b) 中间继电器的结构示意图

图3.54　中间继电器的结构示意图和符号

3. 熔断器

熔断器是一种用于短路保护的电器，它是由熔体（俗称保险丝）和安装熔体的绝缘底座或绝缘管等组成。熔断器的实物图和结构如图3.55所示。熔体呈片状或丝状，用易熔金属材料如锡、铅、铜、银及其合金等制成，熔丝的熔点一般在200～300℃。熔断器使用时串接在要保护的电路上，当正常工作时，熔体相当于一根导体，允许通过一定的电流，熔体的发热温度低于熔化温度，因此长期不熔断；而当电路发生短路或严重过载故障时，流过熔体的电流大于允许的正常发热的电流，使得熔体的温度不断上升，最终超过熔体的熔化温度而熔断，从而切断电路，保护了电路及设备。熔体熔断后要更换熔体，电路才能重新接通工作。

（1）熔断器的主要技术参数　熔断器的主要技术参数包括额定电压、熔体的额定电流、支持件的额定电流、极限分断能力等。常用的熔断器有瓷插式熔断器、螺旋式熔断器、螺旋式快速熔断器及有填料封闭管式熔断器等类型。

第3章 动力电池结构

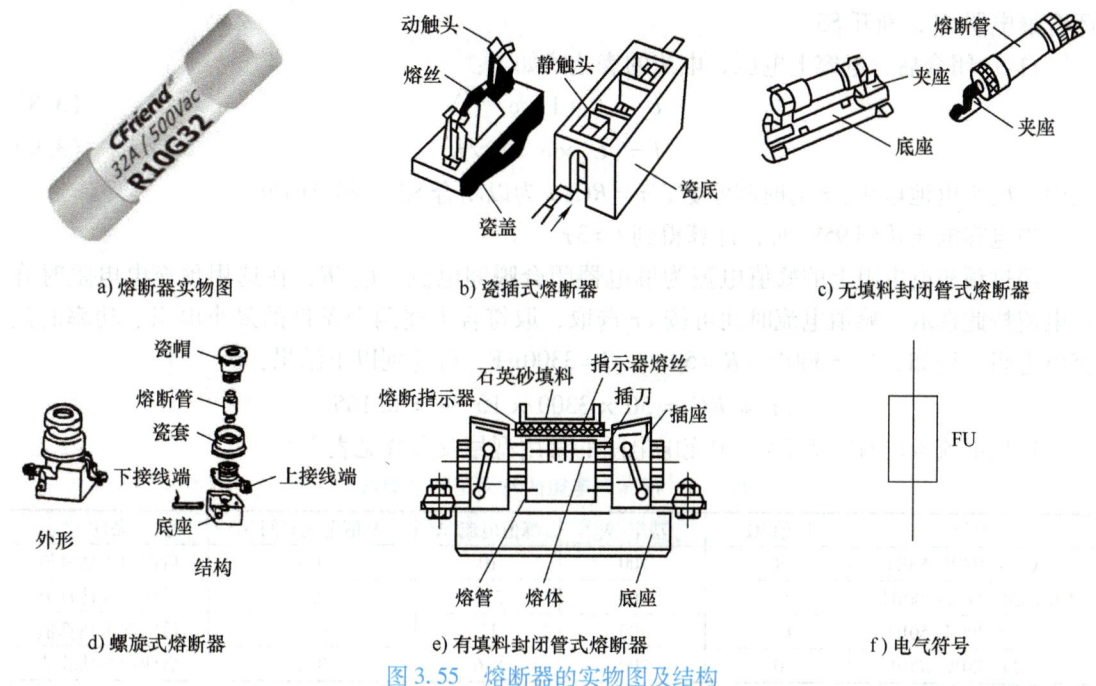

图 3.55 熔断器的实物图及结构

（2）熔断器的选用 在照明和电热电路中选用的熔体额定电流应等于或略大于保护设备的额定电流，而保护电动机的熔体为了防止在起动时被熔断，又能在短路时尽快熔断，一般可选用熔体的额定电流约等于电动机额定电流的 1.5~2.5 倍。

（3）熔断器的作用 熔断器主要起短路保护的作用，一般是作为主电路短路保护用的，但达不到过载保护的目的。由于熔断器的规格是根据电动机的起动电流大小进行适当选择的，另一方面熔断器的保护特性分散性很大，即使是同一种规格的熔断器，其特性曲线往往也不同。

4. 分流器

分流器选型时在满足精度的同时，其选用电流的大小可与熔断器的熔断电流相接近。分流器常用型号及参数见表 3.4。

表 3.4 分流器常用型号及参数

型号	电流范围/A	精度
FL-2 20A/75mV	-20~20	0.5 级
FL-2 50A/75mV	-50~50	0.5 级
FL-2 100A/75mV	-100~100	0.5 级
FL-2 150A/75mV	-150~150	0.5 级
FL-2 200A/75mV	-200~200	0.5 级
FL-2 300A/75mV	-300~300	0.5 级
FL-2 500A/75mV	-500~500	0.5 级

5. 预充电电阻

预充电工作原理如下：通常情况下电机前端会有一电容 C，为了防止在继电器 S1 接通瞬间出现大电流，在高压柜内设置了预充电电阻进行限流。在继电器 S1 闭合之前，闭合预充电继电器 S3，待电容 C 上的电压达到一定电池电压比例（通常为 80%~100%）后，再闭合继电器 S1，断开 S3。

自 S3 闭合后，电容上电压、电流的表达式如下：

$$U_c = U_s(1 - e^{-t/\tau}) \tag{3.8}$$

$$I = (U_s \times e^{-t/\tau})/R \tag{3.9}$$

式中，U_s 为电池电压；τ 为时间常数，$\tau = RC$；t 为以闭合 S3 为起点时间。

当电容电压达到 95% 时，计算得到 $t = 3\tau$。

经过预充电电阻上的峰值电流为继电器闭合瞬间电流：U_s/R，在选用预充电电阻时峰值电流按此选取，峰值电流时间可按 1τ 选取，取符合上述两个条件的最小电阻、功率的预充电电阻。例如，$U_s = 360\text{V}$，$R = 50\Omega$，$C = 3300\mu\text{F}$，可得到以下结果：

$$1\tau = RC = 50 \times 3300 \times 10^{-6}\text{s} = 0.165\text{s}$$

峰值电流 $= U_s/R = 7.2\text{A}$。预充电电阻的常用型号及参数见表 3.5。

表 3.5 预充电电阻的常用型号及参数

型号	阻值/Ω	功率/W	峰值电流/A	峰值电流时间/s	备注
RXG24-100W-50RJ	50	100	10	0.3	后两项为估算值
RXG24-100W-100RJ	50	100	5.4	0.5	后两项为估算值
RXG24-200W-50RJ	100	200	11	0.5	后两项为估算值
RXG24-200W-100RJ	100	200	8.6	0.4	后两项为估算值

3.4.2 电池系统电气原理

电气原理图是表示该设备电气工作原理的图样，是用图形符号和项目代号表示的电路中各电器元件之间连接关系的图形。电气原理图一般绘制原则是指设备未通电时的状态，机械开关置于循环开始前的状态；图形上主电路、控制电路和信号电路可以分开绘出；图形中动力部分的电源电路绘成水平线，受电的动力装置（如电动机）及其保护电器支路一般垂直电源电路画出。原理图应将其图幅分区，并标明该区电路的用途与作用；在继电器、接触器线圈下方可列有触点表以说明线圈和触点的从属关系。

典型高压箱配置包括：总正总负接触器、预充接触加预充电阻，配备电流传感器、电压传感器和熔断器；具体项目可根据需求进行针对性设计。典型高压箱原理如图 3.56a 所示，其中因 S1、S2、S4 在动作时线圈电流较大通常不能直接由 BMS 驱动，可通过中间的车载继电器进行驱动，驱动原理如图 3.56b 所示。

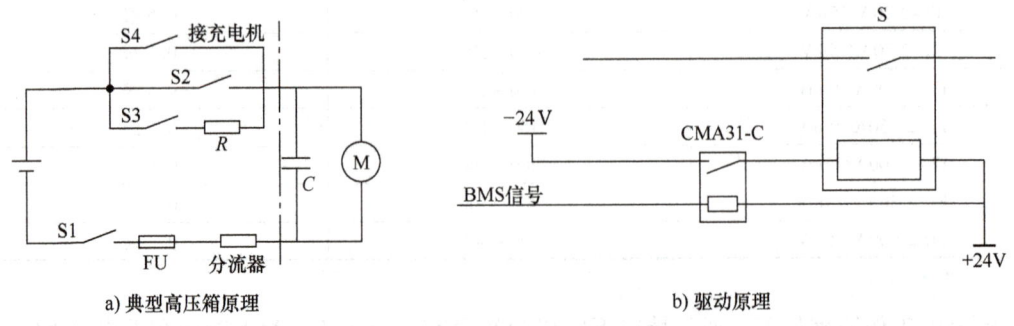

a) 典型高压箱原理　　b) 驱动原理

图 3.56　电气控制电路图

第4章 动力电池管理系统（BMS）

4.1 BMS 的功能及其重要性

4.1.1 BMS 的角色定位

在国家标准《电动汽车术语》（GB/T 19596—2017）中动力电池管理系统的定义为：监视动力电池的状态（温度、电压、荷电状态等），可以为动力电池提供通信、安全、电芯均衡及管理控制，并提供与应用设备通信接口的系统。它的作用是使电池不会因过充、过放或过温而受损，延长电池使用寿命，以确保电池安全、高效地运行。动力电池管理系统如图 4.1 所示。

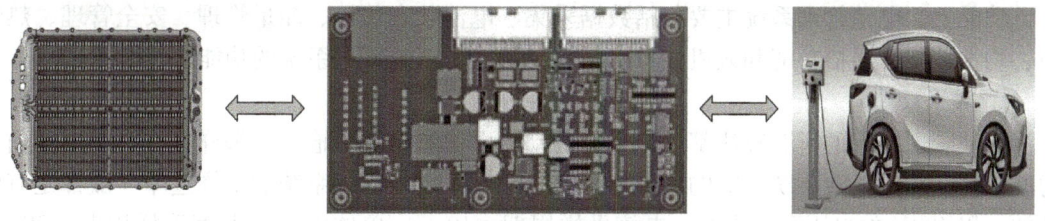

图 4.1　动力电池管理系统

电池管理系统通常包括采集模块、主控模块、通信模块和执行模块等，通过软件算法实现对电池组的监控、控制和保护。电池管理系统从架构上来划分的话，通常分为两类：集中式（一体机）和分布式，集中式 BMS 由一块电路板组成，在这块电路板上集成了控制和采集的功能；分布式 BMS 通常由一块主机（主板）和 n 个从机（从板）组成，从机主要是负责采集的功能，比如电芯电压和温度的采集以及均衡功能的实现，主机主要是采集电池包的电压、电流、温度、绝缘等，并通过算法和策略实现对整个电池系统的控制。电池管理系统主机与从机是通过内部通信总线进行连接的，通信方式通常是 CAN 通信或菊花链通信。电池管理系统主机与整车一般是通过 CAN 总线进行连接的，电池管理系统主机对电压、温度和电流等采集的信息进行汇总处理后，并通过 CAN 通信对充电机或整车控制器发送或者接收相关的指令和信息。

按照软硬件功能划分的话，电池管理系统又可以分为硬件和软件两部分。硬件主要包括各种电子元器件（芯片、二极管、晶体管、电阻、电容、电感等）、分流器、插接件、PCB、外壳等器件。软件又分为底层软件和应用层软件两部分，底层软件主要包含 MACL、OS、内存管理、各种通信协议栈、UDS 诊断等，符合 Auto 2.4 的架构，底层软件主要是负责芯片的驱动、数据的采集和命令的执行。应用层软件包含上下电流程管理、充电放电管理、通信、故障诊断、SOX 算法等软件模块，主要利用底层上传的数据，监测电池的电压、电流、温度值，估算电池荷电状态（SOC）值、绝缘电阻值，通过与整车控制器、充电机的通信，来控制动力电池系统的充放电。底层软件是基于 C 语言和相关的配置工具来完成开发的，应用层软件是基于 MALTAB 软件来完成开发的。

电池管理系统是用来对电池组进行安全监控及有效管理，提高电池使用效率的装置，对于电动车辆而言可以达到增加续驶里程、延长使用寿命、降低运行成本的目的，并保证动力电池组应用的安全性和可靠性。电池管理系统是电动汽车不可缺少的核心部件之一。

4.1.2　BMS 的主要功能

最早的电池管理系统仅仅进行电池一次测量参数（如电压、电流和温度等）的采集，之后发展到二次参数（如 SOC、内阻）的测量和估算，并根据预设参数进行电池状态预警和保护。现阶段电池管理系统除完成数据测量和预警功能外，还通过数据总线直接参与车辆状态的控制。

电池管理系统的工作原理可简单归纳为：电路采集电池状态信息数据后，电子控制单元（ECU）进行数据处理和分析，然后主控芯片根据分析结果对系统内的相关功能模块发出控制指令，并向外界传递参数信息。电池管理系统的核心数据处理和计算功能一般是由单片机来完成的，其构成原理如图 4.2 所示。

功能上，电池管理系统主要包括数据采集、电池状态估计、能量管理、安全管理、热管理、均衡控制、通信功能和人机接口。图 4.3 所示为电池管理系统的功能。

1. 数据采集

电池管理系统的所有算法都是以采集的动力电池数据作为输入，采样速率、精度和前置滤波特性是影响电池系统性能的重要指标。电动汽车电池管理系统的采样速率一般都是有要求的，以 400V 的电压平台为例，电流采样周期≤10ms，单体电压和温度采样周期≤50ms，总压和温度采样周期≤100ms，绝缘检测周期≤8s。

2. 电池状态计算

电池状态计算主要包括电池组荷电状态（State of Charge，SOC）和电池组健康状态（State of Heath，SOH）两方面（还有 SOP、绝缘电阻等）。SOC 用来表示动力电池组剩余电量，是计算和估计电动汽车续驶里程的基础。SOH 用来表示电池健康技术状态，是预计可用寿命等健康状态的参数。

3. 能量管理

能量管理主要以电流、电压、温度、SOC 和 SOH 等为输入进行充电过程控制，以电压、SOC、SOH 和温度等参数为条件进行放电功率控制。

4. 安全管理

基于电池当时的状态，监视电池电压、电流、温度是否超过正常范围，防止电池组被滥用。在对电池组进行整组监控的同时，多数电池管理系统都会对单体电池进行监测和安全状态管理。

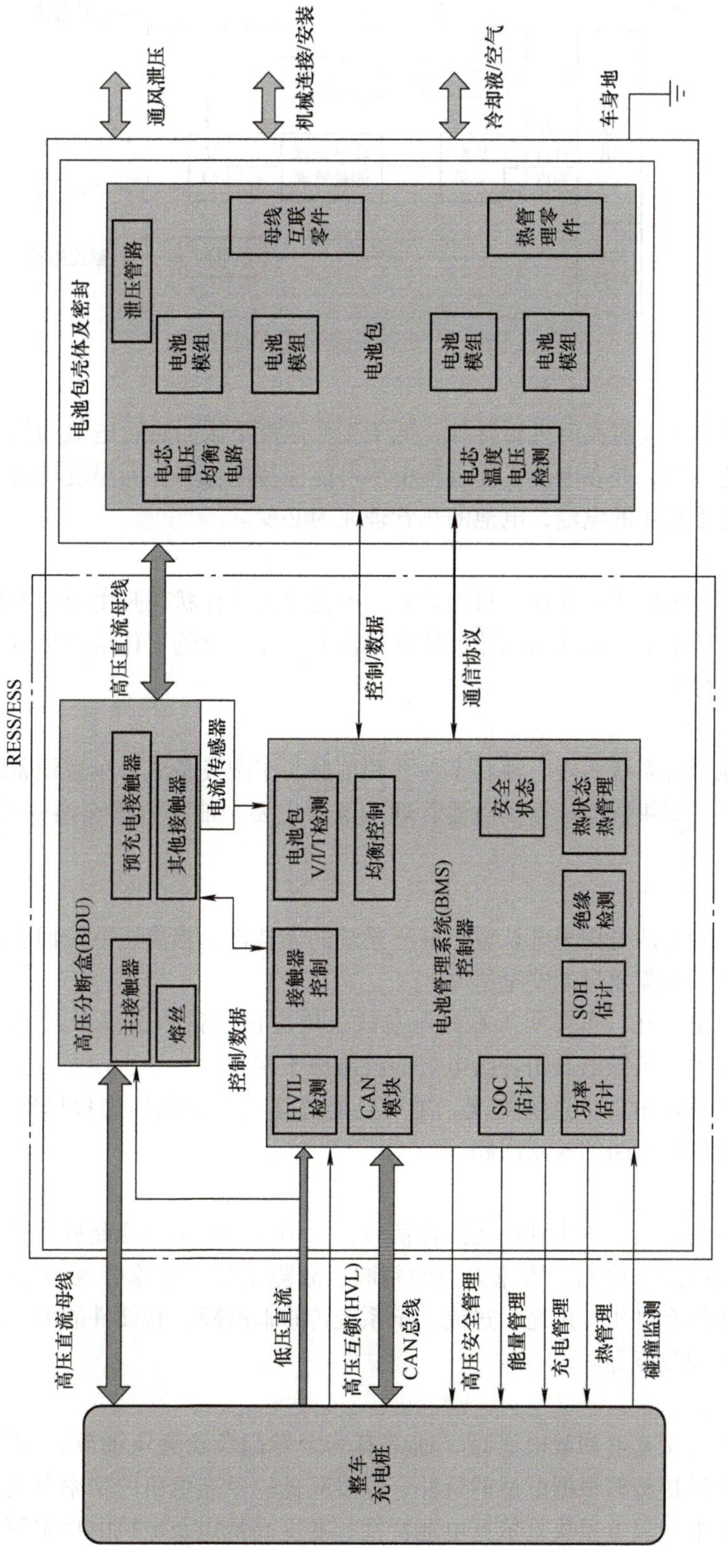

第4章 动力电池管理系统（BMS）

图 4.2　电池管理系统的构成原理

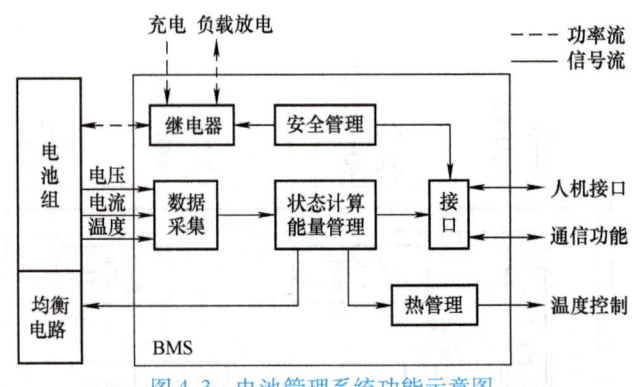

图 4.3　电池管理系统功能示意图

5. 热管理

在电池工作温度过高时进行冷却，低于工作温度下限时进行电池加热，使电池处于适宜的工作温度范围内，并在电池工作过程中尽可能保持电池单体间温度均衡。对于大功率充放电和高温条件下使用的电池，电池的热管理尤为必要。

6. 均衡控制

由于电池自放电特性存在一致性差异，电池组的工作状态是由充高放低的单体电池决定的。为每个单体电池设置均衡电路，使各单体电池充放电的工作情况尽量一致，能提高整体电池组的工作性能。

7. 通信功能

通过电池管理系统实现电池状态参数和信息与车载设备或非车载设备的通信，为充放电控制、整车控制提供数据依据是电池管理系统的主要功能。数据交换一般采用 CAN 总线串行接口。

8. 高压互锁检测

高压互锁的目的是用来确认整个高压系统的完整性，当高压系统回路断开或者完整性受到破坏的时候，就需要启动安全措施。

1）HVIL 的存在，可以使得在高压总线上电之前，就知道整个系统的完整性，也就是说在电池系统主、负继电器闭合给电之前就防患于未然。

2）HVIL 功能由整个系统实现，主要是通过连接器的低压连接回路完成的，电池管理单元一般需要提供电路的检测回路。

9. 故障诊断

故障诊断是指通过采集到的传感器信号，采用诊断算法来诊断故障类型，并进行早期预警。它主要包括故障检测、故障类型的判断、故障定位、故障等级划分以及故障信息的输出。常见的故障有过压、过充、过流、子系统传感器故障、软硬件故障、通信故障、绝缘故障、连接器松动故障等。

10. 充放电管理

软件需要支持充电和放电管理，通常有一个专门负责充电的软件模块和放电的软件模块。充电管理模块能够根据电池的特性、温度高低以及充电机的功率等级，控制充电机给电池进行安全充电。放电模块是依据电池特性、温度高低以及电机的功率等级，控制电池给电机进行安全放电。

第4章 动力电池管理系统（BMS）

4.2 BMS 的硬件

4.2.1 拓扑结构的选择

电池管理系统（BMS）在电动汽车上的应用可以追溯到丰田 HEV 车型对镍氢电池的管理。与管理锂离子电池不同，由于镍氢电池具有一致性高、安全性好且单体电压偏低（DC1.0～1.7V）的特点，其电池管理系统通常不需要均衡功能，不需要控制接触器，也不需要对每节电池进行电压采集，且可将 6 节电池串联作为一个整体进行电压监控。锂离子电池动力电池系统能量密度更高，容量更大，运行时间更长，因此对电池管理系统的功能和性能要求更高。从拓扑架构上看，电池管理系统根据不同项目需求分为集中式（Centralized）和分布式（Distributed）两类。

1. 集中式拓扑结构

集中式电池管理系统架构的电压、温度采集以及均衡等功能均由主控板完成（无从控板），主控板与电池直接通过采集导线相连，如图 4.4 所示。其优点是设计与构造简单、成本低；缺点是采集连线长、可靠性不高、管理电池数量不能太多。

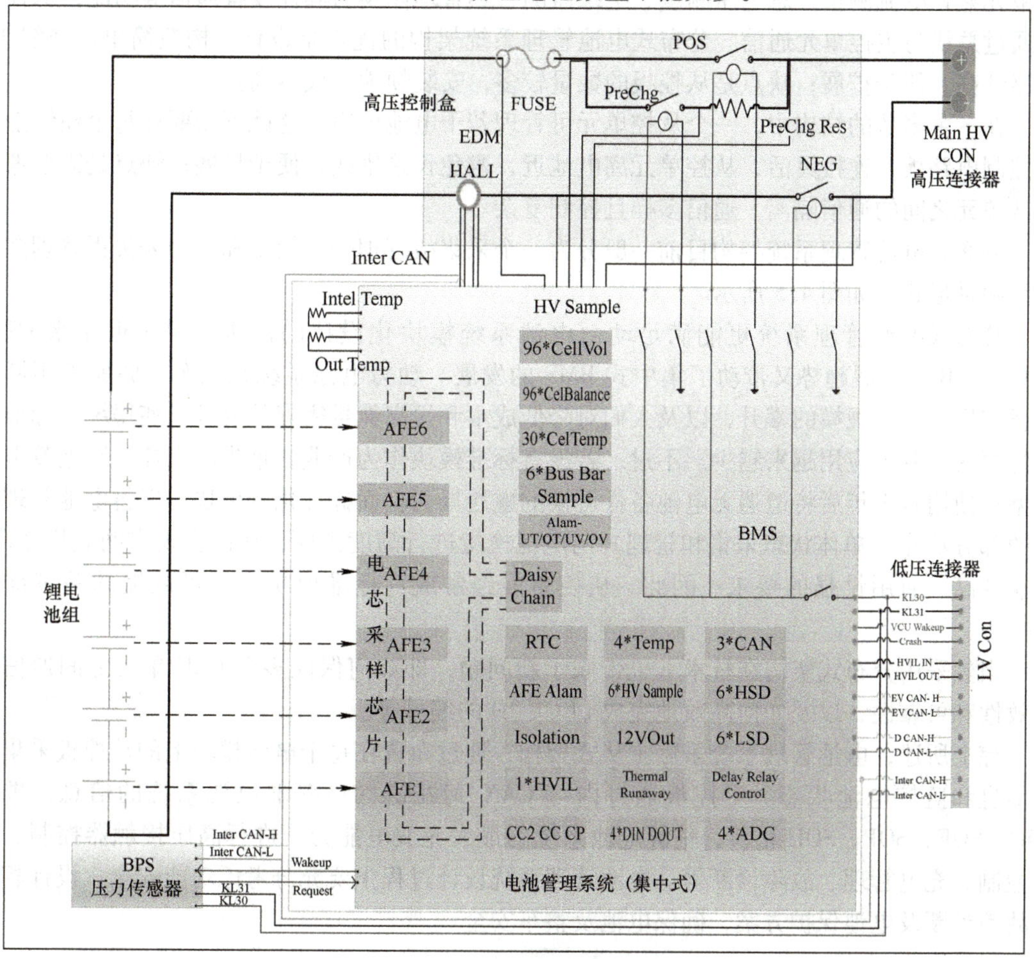

图 4.4 集中式电池管理系统架构

集中式电池管理系统架构成本虽然较低,但是线束比较复杂,而且需要和单体电池一一对应,如果接错会有电池短路起火的风险。集中式电池管理系统一般常见于容量低、总压低、电池系统体积小的场景中。

集中式架构的电池管理系统硬件可分为高压区域和低压区域。高压区域负责进行单体电池电压的采集、系统总压的采集、绝缘电阻的监测;低压区域包括了供电电路、CPU 电路、CAN 通信电路、控制电路等。

2. 分布式拓扑架构

分布式电池管理系统架构将主控单元(BCU)与从控采集单元(BMU)分开。由 BMU 负责对模组中的单体进行电压检测、温度检测、均衡管理工作;由高压管理单元(HVU)负责对电池包的电池总压、母线总压、绝缘电阻等状态进行监测;且 BMU 和 HVU 通过通信线路将采集到的数据发送至 BCU,由 BCU 进行电池系统评估(BSE)、电池系统状态检测、接触器管理、热管理、运行管理、充电管理、诊断管理,以及执行对内外通信网络的管理。

分布式电池管理系统架构的优势在于可以根据不同的电池系统串并联设计进行灵活配置,因此电池管理系统连接到电池之间的采集线束距离更短、更均匀、可靠性更高,同时也可以支持规模更大的电池系统设计。从控单元用来实现电压采集、温度采集、均衡管理,主控单元兼顾电流测量、总电压测量、绝缘监测、热管理以及与其他设备通信等功能,从控单元通过总线与主控单元通信。分布式电池管理系统架构的优点是设计、构造简单,连线少,可靠性高,便于扩展;缺点是从控板的数量较多,安装烦琐,成本高。

在一主多从的结构中,一个从控单元可管理若干电池模组,这就不需要在每个模组上安装控制电路板,连接灵活,从控单元离电池近,避免长采集线,便于扩展;缺点是需要考虑主从单元之间的通信隔离、通信多样且控制复杂。

分布式电池管理系统架构目前一般分为一个采集板管理一个模组和一个采集板管理多个模组两种形式,如图 4.5 所示。

分布式电池管理系统更能满足动力电池系统模块化设计的需求,但是近年来 CTP、CTC、CTB 的发展趋势又带动了集中式 BMS 的发展。动力电池系统在汽车、储能等领域的广泛应用和产量规模的攀升,以及人们对降低成本和提高能量密度的要求,使得统一标准的电池模块在业内应用越来越少。不过,若没有标准模块作为产业化推进的支撑,则老款电动车型在使用若干年后将遭遇无电池备件可换的尴尬局面。而标准化的模块可以将电池管理系统的部分功能(单体状态采集和管理)与电池模组进行高度集成,从而实现空间利用率高、可靠性高、通用性强的要求。因此,从控单元经常成为标准模块中不可或缺的关键部件之一。

当然采用分布式架构在技术上也带来了新问题,即如何保证多个 ECU 单元之间通信的有效性和可靠性,以及如何高效地完成 LECU ID 的编号等。

综上所述,电池管理系统采用主从式架构,通过布置在每个电池模块上的从控板采集电池信息和监控电池状态。主控板通过内部 CAN/菊花链网络获取电池系统的信息,进行 SOC、SOE、SOP、SOH 估算,估算电池系统的最大充放电能力,进行高压接触器控制、均衡控制、充电管理、故障诊断等。电池管理系统设计过程中要充分考虑功能安全,设计相应的故障诊断及电池保护方案,确保电池及整车安全。

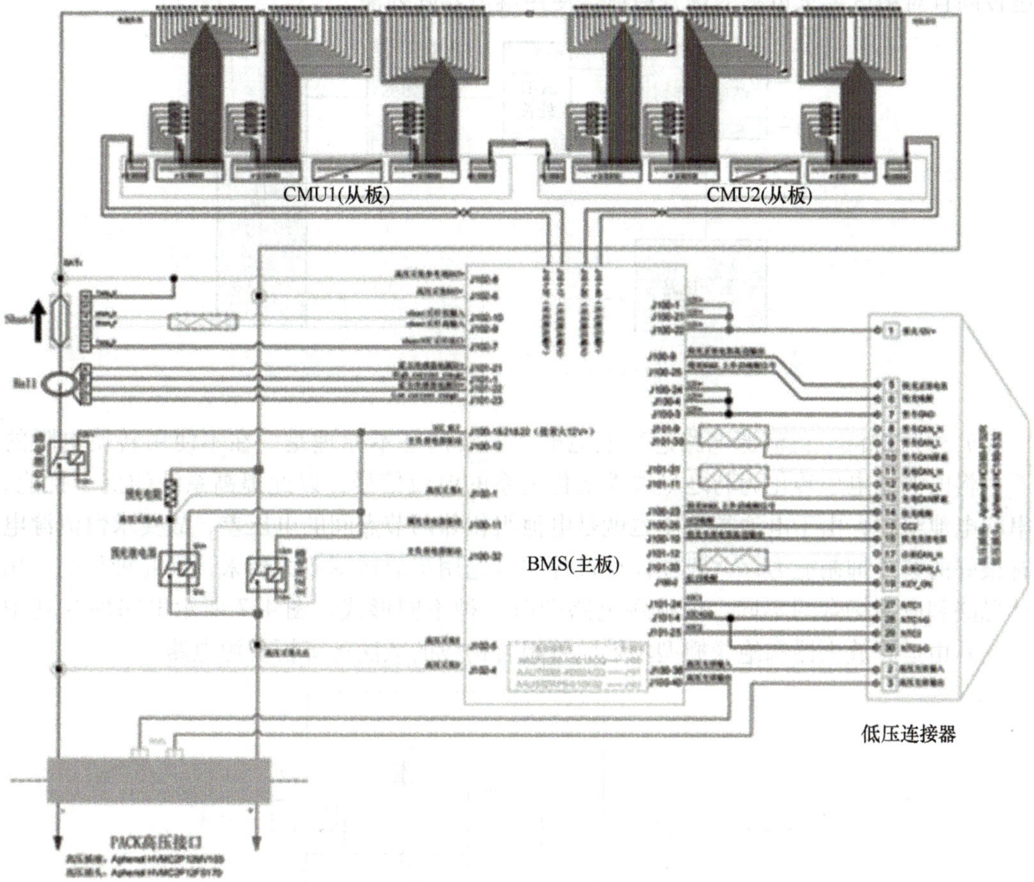

第4章 动力电池管理系统（BMS）

图4.5 分布式电池管理系统架构

4.2.2 电压、温度、电流采集

1. 单体电压采集

电池单体电压采集模块是动力电池管理系统中的重要一环，其性能好坏或精度高低决定了系统对电池状态信息判断的准确程度，并进一步影响了后续的控制策略能否有效实施。常用的单体电压检测方法有继电器阵列法、恒流源法、隔离运放采集法、压/频转换电路采集法和线性光电耦合放大电路采集法。

（1）继电器阵列法 图4.6所示为基于继电器阵列法的电池电压采集电路原理框图，其由端电压传感器、继电器阵列、A-D（模-数）转换芯片、光耦、多路模拟开关等组成。如果需要测量 n 块串联成组电池的端电压，就需要将 $n+1$ 根导线引入电池组中各节点。当测量第 m 块电池的端电压时，单片机发出相应的控制信号，通过多路模拟开关、光耦和继电器驱动电路连通相应的继电器，将第 m 和 $m+1$ 根导线引入 A-D 转换芯片。通常开关器件的电阻都比较小，配合分压电路之后由于开关器件的电阻所引起的误差几乎可以忽略不计，而且整个电路结构简单，只有分压电阻和 A-D 转换芯片还有电压基准的精度能够影响最终结果的精度，通常电阻和芯片的误差都可以做到很小。因此，在所需要测量的电池单体电压较高且对精度要求也高的场合最适合使用继电器阵列法。

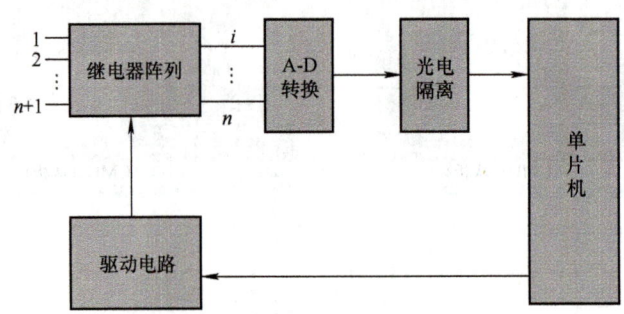

图 4.6　基于继电器阵列法的电池电压采集电路原理框图

（2）恒流源法　恒流源电路进行电池电压采集的基本原理是：在不使用转换电阻的前提下，将电池端电压转化为与之呈线性变化关系的电流信号，以此提高系统的抗干扰能力。在串联电池组中，由于电池端电压也就是电池组相邻两节点间的电压差，故要求恒流源电路具有很好的共模抑制能力，一般在设计过程中多选用集成运算放大器来达到此种目的。出于设计思路和应用场合的不同，恒流源电路会有多种不同形式，图 4.7 所示电路即为其中一种，它是由运算放大器和绝缘栅型场效应管组合构成的减法运算恒流源电路。

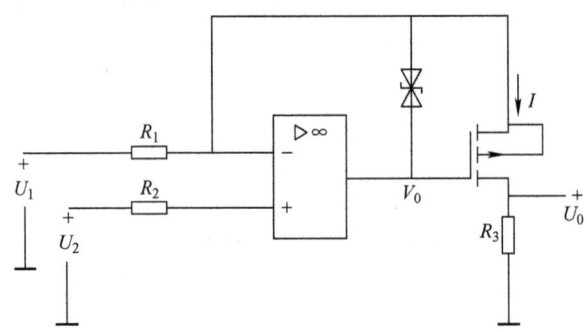

图 4.7　运算放大器和绝缘栅型场效应管组合构成的减法运算恒流源电路

由运算放大器的结构可知，该电路是具有高开环放大倍数并带有深度负反馈的多级直接耦合放大电路，其输入级采用差动放大电路，并集成在同一硅片上，故性能匹配非常好，且中间级具有很高的电压放大能力。由差动电路原理可知，这种电路具有很强的共模信号抑制能力，所以在用运算放大器对电池组的单体电压进行测量时，由于高的共模抑制性和放大能力，测量精度将会得到提高。绝缘栅型场效应管是利用输入回路的电场效应来控制输出回路电阻的一种半导体器件，当其工作在可变电阻区时，输出漏极电流 I 与输入栅源电压 U_{GS} 呈线性关系，且管子的栅源间阻抗很高，输入漏电流很小，而漏源间导通电阻很小，使得导通压降很低。图 4.7 中采用了 P 沟道增强型场效应管，为了保护栅源电压 U_{GS} 而接入一个稳压二极管，且运算放大器工作在线性区，则有

$$U_2 = U_1 - \frac{U_1}{R_1 + R_3} R_1$$

$$I = \frac{U_1}{R_1 + R_3} = \frac{U_0}{R_3}$$

可得

$$U_0 = (U_1 - U_2)\frac{R_3}{R_1}$$

以上各式中 U_1 和 U_2 的差即为电池端电压，U_0 即为恒流源电路输出电压。不难看出，运算放大器输出端连接场效应管实现了电路的负反馈作用，使电路保持在平衡状态。$V_o\uparrow\to|U_{GS}|\downarrow\to I\downarrow\to V_{R1}\downarrow\to V_i\uparrow\to V_o\downarrow$，其中，$V_o$ 是运算放大器的输出电压；V_{R1} 是电阻 R 上的电压降；V_i 是运算放大器的输入差模电压，即 $V_i = U_- - U_+$，当电路处于平衡态时，$V_i = 0$。恒流源电路结构较简单，共模抑制能力强，采集精度高，具有很好的实用性。

（3）隔离运放采集法　隔离运算放大器是一种能够对模拟信号进行电气隔离的电子元件，广泛用作工业过程控制中的隔离器和各种电源设备中的隔离介质。它一般由输入和输出两部分组成，二者单独供电，并以隔离层划分，信号经输入部分调制处理后经过隔离层，再由输出部分解调复现。隔离运算放大器非常适合应用于电池单体电压采集电路中，它能将输入的电池端电压信号与电路隔离，从而避免了外界干扰而使系统采集精度提高，可靠性增强。

图 4.8 所示为隔离运算放大器在 600V 动力电池组管理系统中的应用，其中共有 50 块额定电压为 12V 的水平铅酸电池，其端电压被隔离运放电路逐一采集。ISO 122 是美国 BB 公司采用滞回调制—解调技术设计的隔离放大器，采用精密电容耦合技术和常规的双列式 DIP 封装技术。ISO 122 的输入和输出部分分别位于壳体两边，中间用两个匹配的 1pF 电容形成隔离层，其额定隔离电压大于 1500V（交流 60Hz 连续），隔离阻抗大，并且具有高的增益精度和线性度，从而满足了实际应用要求。

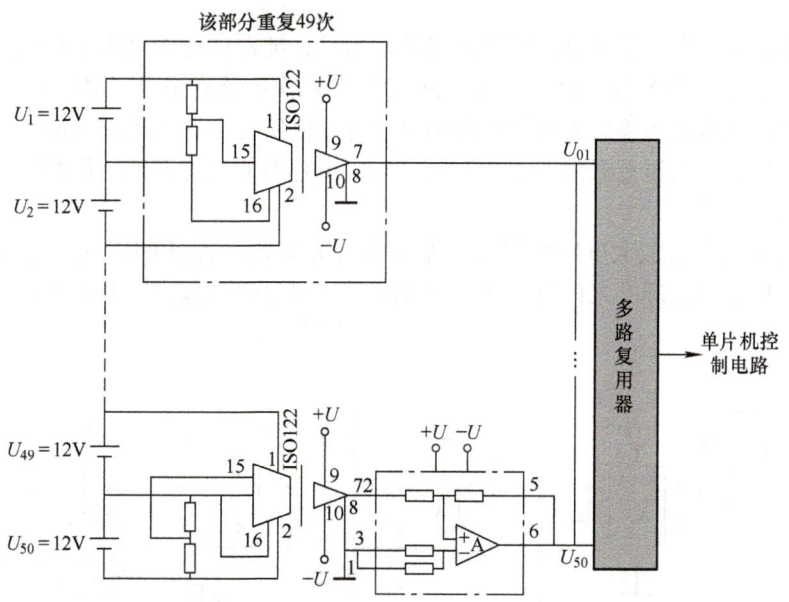

图 4.8　隔离运算放大器在 600V 动力电池组管理系统中的应用

从图 4.8 中不难发现，ISO 122 的输入部分电源就取自动力电池组中，输出部分电源则出自电路板上的供电模块，电池端电压经两个高精密电阻分压后输入运算放大器，与之呈线性关系的输出信号经多路复用器后交单片机控制电路处理。需要说明在第 50 块电池的端电压采集电路中，一个反向器被加在隔离运放电路后用于将输出信号由负变为正。隔离运放采集电路尽管性能优越，但是较高的成本影响了其广泛应用。

（4）压/频转换电路采集法　当利用压/频（V/F）转换电路实现电池单体电压采集功能时，V/F 变换器的应用是关键，它是把电压信号转换为频率信号的元件，具有良好的精度、线性度和积分输入等特点。图 4.9 所示为 V/F 变换器 LM331 用作高精度 V/F 转换的电路原理图，LM331 是美国 FS 公司生产的高性价比集成 V/F 芯片，它采用了新的温度补偿能隙基准电路，在整个工作温度范围内和电源电压低到 4.0V 时有极高的精度。

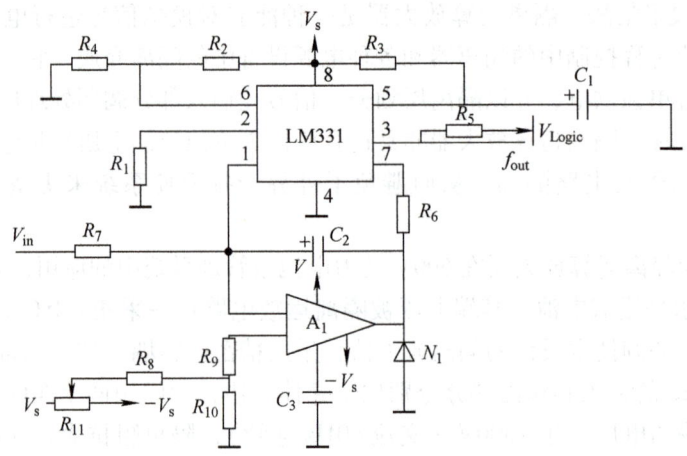

图 4.9　V/F 变换器 LM331 用作高精度 V/F 转换的电路原理图

该采集方法中，电压信号直接被转换为频率信号，随即就可以进入单片机的计数器端口进行处理，而不需 A-D 转换。此外，为了配合 V/F 转换电路在电池单体电压采集系统中的应用，相应选择电路和运算放大电路也需加以设计，以实现多路采集的功能。这种方法所涉及的元件比较少，但是压控振荡器中含有电容器，电容器的相对误差一般都比较大，电容越大相对误差也越大。

（5）线性光电耦合放大电路采集法　基于线性光电耦合器件的电池单体电压采集电路实现了信号采集端和处理端之间的隔离，从而提高了电路的稳定性与抗干扰能力。图 4.10

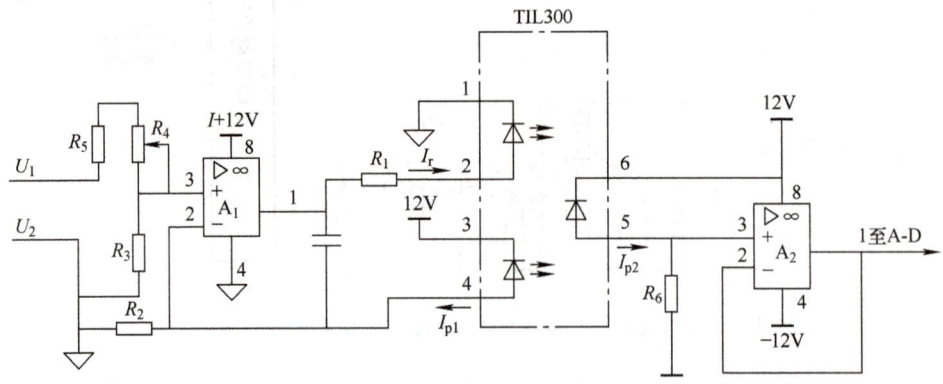

图 4.10　基于线性光电耦合元件 TIL300 的电池单体电压采集电路原理图

第4章　动力电池管理系统（BMS）

中线性光耦 TIL300 由一个利用红外 LED 照射而分叉配置的隔离反馈光二极管和一个输出光二极管组成，并采用特殊工艺技术来补偿 LED 时间和温度特性的非线性，使输出信号与 LED 发出的伺服光通量呈线性比例。

TIL300 具有 3500V 的峰值隔离度，带宽大于 200kHz，适合直流与交流信号的隔离放大，并且输出增益稳定度为 ±0.05%/℃。从图 4.10 中不难看出，电池单体电压值（即 U_1 与 U_2 之差）经运算放大器 A_1 后被转化为电流信号 I_{p1}，并流过线性光耦 TIL300，经光电隔离后输出与 I_{p1} 呈线性关系的电流量 I_{p2}，再由运算放大器 A_2 转化为电压值得以进行 A-D 转换并完成采集；值得注意的是，线性光耦两端需要使用不同的独立电源，在图中分别标示为 I+12V 和 ±12V。可见，线性光电耦合放大电路不仅具有很强的隔离能力和抗干扰能力，还使模拟信号在传输过程中保持了较好的线性度，因此可以与继电器阵列或选通电路配合应用于多路采集系统中，但其电路相对较复杂，影响精度的因素较多。

2. 温度采集方法

电池的工作温度不仅影响电池的性能，而且直接关系到电动汽车使用的安全问题，因此准确采集温度参数显得尤为重要。目前使用的温度传感器有很多，如热敏电阻、热电偶、集成温度传感器等。

（1）热敏电阻采集法　热敏电阻采集法的原理是利用热敏电阻的阻值随温度的变化而变化的特性，用一个定值电阻和热敏电阻串联起来构成一个分压器，从而把温度的高低转化为电压信号，再通过模数转换得到温度的数字信息。热敏电阻成本低，但线性度不好，而且制造误差一般也比较大。

（2）热电偶采集法　热电偶的作用原理是双金属体在不同温度下会产生不同的热电动势，通过采集这个电动势的值就可以通过查表得到温度的值。由于热电动势的值仅和材料有关，所以热电偶的准确度很高。但是由于热电动势都是毫伏级的信号，所以需要放大，外部电路比较复杂。一般来说金属的熔点都比较高，所以热电偶一般都用于高温的测量。

（3）集成温度传感器采集法　由于温度的测量在日常生产生活中用得越来越多，所以半导体生产商推出了很多集成温度传感器。这些温度传感器虽然很多都是基于热敏电阻式的，但都在生产的过程中进行了校正，所以精度可以媲美热电偶，而且直接输出数字量，很适合在数字系统中使用。

3. 电流采集方法

常用的电流检测方式有分流器、互感器、霍尔元件电流传感器和光纤传感器等四种，各种检测方式的特点见表 4.1。

表 4.1　各种电流检测方式的特点

项目	分流器	互感器	霍尔元件电流传感器	光纤传感器
插入损耗	有	无	无	无
布置形式	需插入主电路	开孔、导线传入	开孔、导线传入	—
测量对象	直流、交流脉冲	交流	直流、交流脉冲	直流、交流
电气隔离	无隔离	隔离	隔离	隔离
使用方便性	小信号放大、需隔离处理	使用较简单	使用简单	—
适用场合	小电流、控制测量	交流测量、电网监控	控制测量	高压测量，电力系统常用
价格	较低	低	较高	高
普及程度	普及	普及	较普及	未普及

其中，光纤传感器昂贵的价格影响了其在控制领域的应用；分流器成本低、频响应好，但使用麻烦，必须接入电流回路；互感器只能用于交流测量；霍尔元件电流传感器性能好，使用方便。目前在电动车辆动力电池管理系统电流采集与监测方面应用较多的是分流器和霍尔元件电流传感器、磁通门电流传感器。

4.2.3 BMS 中两个关键硬件模块

1. 主控（MCU）模块

电池管理系统中的主控模块是负责对电池组进行监测、控制和保护的核心部件。MCU 典型架构如图 4.11 所示，它通常由一个或多个微控制器、传感器、接口和驱动器组成，可以实现以下功能：采集电池组的总电压、母线电流、温度等参数，计算电池的状态（如 SOC、SOH、SOE、SOP 等），并通过 CAN 总线或其他方式与车辆控制单元（VCU）或充电机进行数据交换；根据电池的工作状态和充放电需求，控制电池组的充放电开关、预充电回路、均衡回路、散热回路等，优化电池的性能和寿命，保障电池系统的使用安全；监测电池的异常情况，如过充、过放、过温、过流、短路、漏电等，及时执行保护动作，如降低功率、切断电源、发出报警信号、记录故障信息等，保障电池的安全运行。

电池管理系统（BMS）主控模块设计主要考虑以下几个方面：

1）电池模型和算法：主控模块需要根据电池的电压、电流、温度等参数，运用电池模型和算法，计算出电池的荷电状态（SOC）、健康状态（SOH）、剩余能量（SOE）等关键指标，并实现电池的优化控制和保护策略。

2）通信接口：主控模块需要与其他 BMS 模块（如电池测控模块、电池接线盒等）以及整车控制系统进行数据交换和指令传递，因此需要设计合适的通信接口和协议，如 CAN、菊花链、以太网等。

3）安全性能：主控模块需要具备高可靠性和高安全性，能够在发生故障时及时报警、保护甚至切断电池与系统的连接，防止电池过充、过放、过温、短路等危险情况的发生。

4）硬件设计：主控模块需要选择合适的微控制器（MCU）、电源管理芯片、隔离器件、保护元件等，以满足电池管理系统的功能需求和性能指标，同时考虑成本、功耗、尺寸等因素。

5）软件设计：主控模块需要开发符合功能安全标准的软件，实现电池管理系统的逻辑控制、数据处理、故障诊断、信息显示等功能，同时考虑软件的可维护性、可扩展性、可测试性等因素。

2. 模拟前端（AFE）模块

BMS 中的 AFE（模拟前端）是一种用于电池管理系统的专用芯片，它可以对电池组中的各个电池单元进行电压、温度、电流等参数的采集、处理和传输，以及电池均衡的控制。AFE 的功能和性能直接影响到 BMS 的精度、可靠性和安全性。

图 4.12 所示为 AFE 典型架构图。AFE 主要包含采集模块、均衡开关、通信模块。采集模块主要包括模数转换器（ADC）、参考源（REF）和模拟开关（MUX）。ADC 负责将电池单元的模拟信号转换为数字信号，REF 提供稳定的参考电压，MUX 实现多路信号的切换和选择。均衡开关是一种用于电池均衡的电子开关，它可以将部分电池单元进行电荷受控释放，

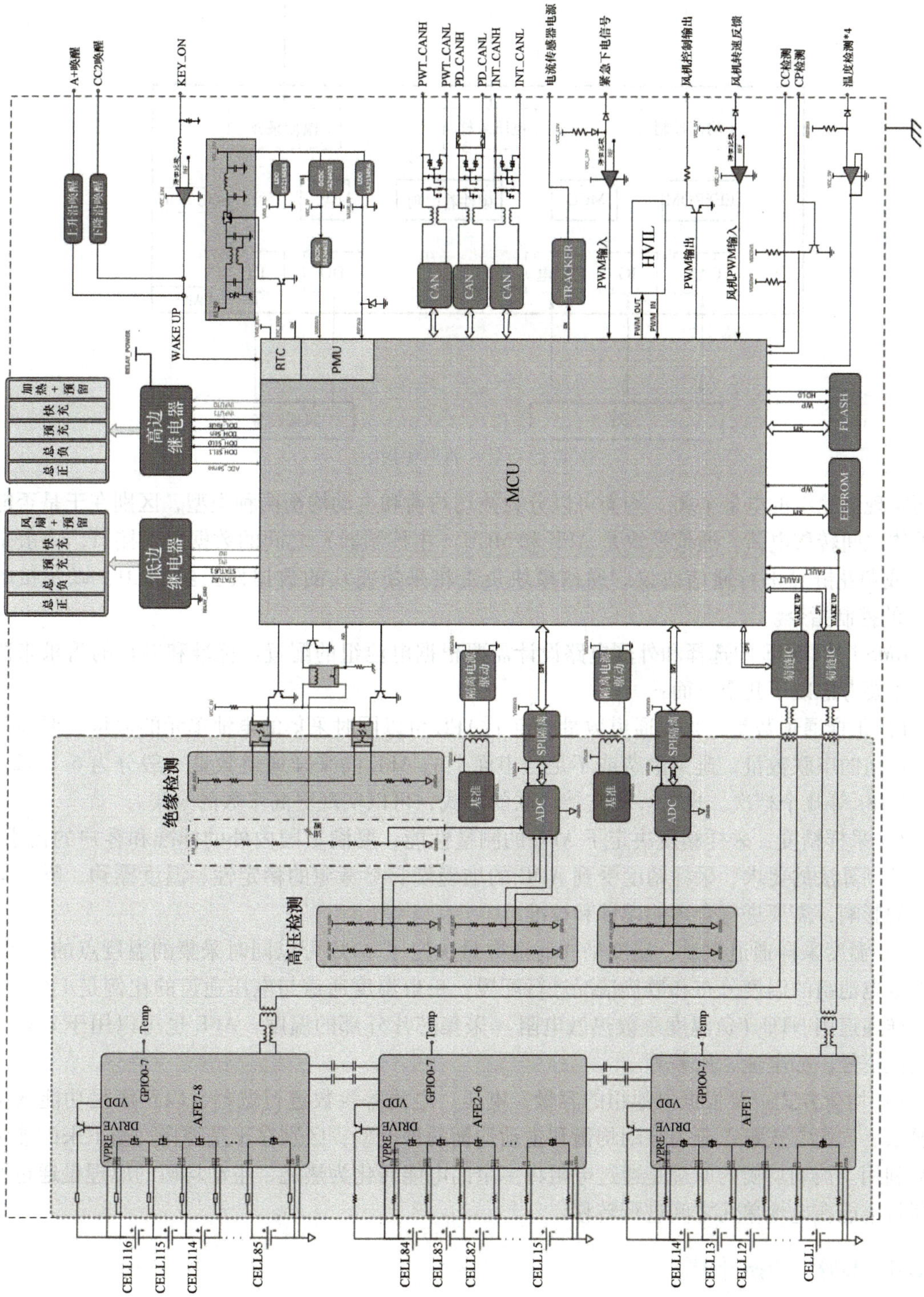

第4章 动力电池管理系统（BMS）

图 4.11 MCU 典型架构图

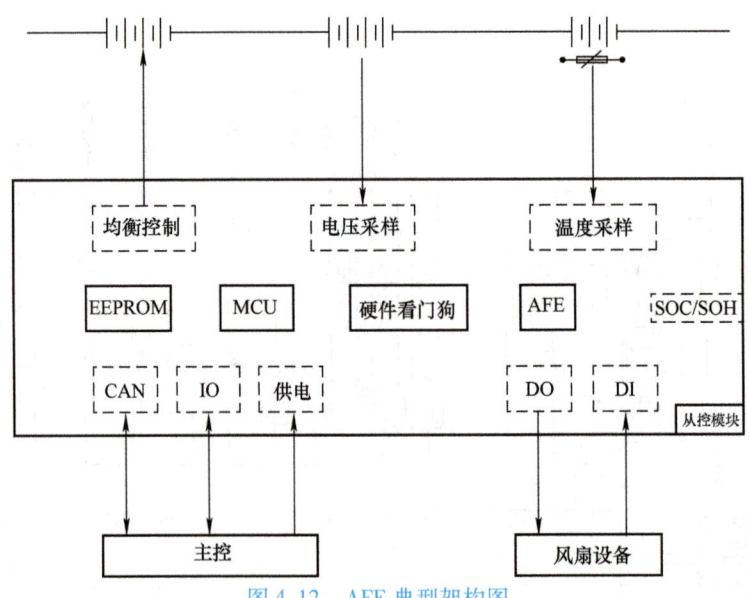

图 4.12　AFE 典型架构图

从而实现电池组的电量平衡。均衡可以分为被动均衡和主动均衡两种类型，区别在于是否能在单体之间转移电荷。通信模块是 AFE 和 MCU（主控制器）之间的数据交互接口，一般是 CAN 或菊花链等串行通信协议。通信模块负责将采集模块的数据发送给 MCU，以及接收 MCU 的控制指令。

BMS 中的 AFE 的选择和外围电路设计需要根据电池组的配置、标准和客户的需求来决定，主要考虑以下几个方面：

1）采样通道数量：采样通道数量决定了 AFE 可以同时采集的电池单元的数量，要匹配电池模组的串联数量，避免浪费或不足。市面上的 AFE 的采样通道数量一般分为 6s、12s、14s 和 18s 等几个档次，也有一些支持级联的方式，可以实现更高串数的采集。

2）采样精度：采样精度决定了 AFE 的测量性能，要满足国内外的标准和客户的需求，以及控制算法的要求。采样精度受到 ADC 的准确度、参考源的稳定性、温度漂移、噪声等因素的影响，需要进行合理的设计和校准。

3）温度采样通道数量：温度采样通道数量决定了 AFE 可以同时采集的温度点的数量，要根据电池组的温度分布和散热情况进行配置，一般温度通道与电压通道的比例是 1∶6。温度采样通道用 NTC（负温度系数热敏电阻）采集芯片外部的温度，AFE 也可以用于采集一些模拟信号，如电流、压差等。

4）均衡方式：要根据电池组的容量、电压、电流等参数进行选择，以及满足功能安全的要求。均衡方式可以分为被动均衡和主动均衡两种类型，区别在于是否将均衡下来的能量重复利用。被动均衡的原理是通过电阻将多余的电能转化为热能，主动均衡的原理是通过变换器将电能在电池单元之间进行转移。

4.2.4　BMS 的抗干扰

电动汽车是一个移动体，有可能会处于电磁环境比较复杂的位置，而且车上自带的电动机、电动空调等各种大功率高压电气部件会造成电磁干扰。要确保 BMS 的正常工作，需要进行细致的电磁抗干扰设计。

1. BMS 工作的电磁场环境

在电动汽车中的电气部件包括动力电池及其管理系统、电动机及其控制系统、充电变换系统、整车通信控制系统、车灯仪表系统、高低压控制信号线以及其他车载电子设备等，因此，车内电磁环境非常复杂。在数字信号电路中，电磁干扰（EMI）会使电路出现误码的概率增大或使之出错；在模拟信号中，EMI 将增大噪声电平并将导致电路和系统运行功能失效。而 BMS 是个模数混合系统，如系统抗干扰处理不好，可能会引起诸多不良后果，如采集数据不稳定、系统通信不正常、系统软件运行错误等，严重时可能导致意外事故。

2. 电磁干扰三要素

任何一个电磁干扰的产生，都需要同时具备三个条件，称之为电磁干扰三要素，如图 4.13 所示。

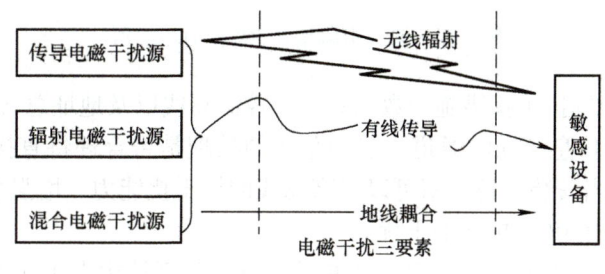

图 4.13　电磁干扰三要素

（1）电磁干扰源　它是指产生电磁干扰的元件、器件、设备、系统或自然现象。对于电动汽车电池管理系统，电动机及其控制器、车载充电机、DC/DC 变换器，以及外部引入的强信号等都可能成为较强的干扰源。

（2）传播途径　它是指把电磁能量从干扰源耦合（或传输）到敏感设备的通道或媒介，电池管理系统中典型的干扰传播路径是通过模拟采集线、数据信号传输线、电源线等传导和空间的辐射。

（3）敏感设备　敏感设备又称被干扰设备，是指对电磁干扰产生响应的设备，如电池管理系统中的 ADC、MCU、通信总线等。

为了克服电磁干扰，就必须从上面三个基本要素出发，抑制干扰源、消除或减弱干扰耦合途径和提高敏感设备的抗干扰性能。

3. 硬件部分抗干扰设计

硬件的可靠性设计是整个系统可靠性的根本，如果硬件抗干扰措施得当，可以将大部分干扰拒之系统之外。常见的硬件抗干扰措施有以下几个方面。

（1）尽量选择抗干扰能力强、信号频率低的元器件　单片机应用时钟是系统中存在的主要噪声源之一，除了有可能引起本系统自身的干扰外，还可能对外界产生干扰。因此，在满足速度性能要求的前提下，采取尽量降低单片机的时钟频率和选用低速数字电路等办法来提高敏感元器件的抗干扰性能。

（2）硬件滤波　硬件滤波是电路设计常用的抗干扰技术。在 BMS 中，在电池参数信号采集端增加一个参数选择合适的 RC 低通滤波器，如图 4.14 所示，可以滤除输入信号中的高频干扰信号。

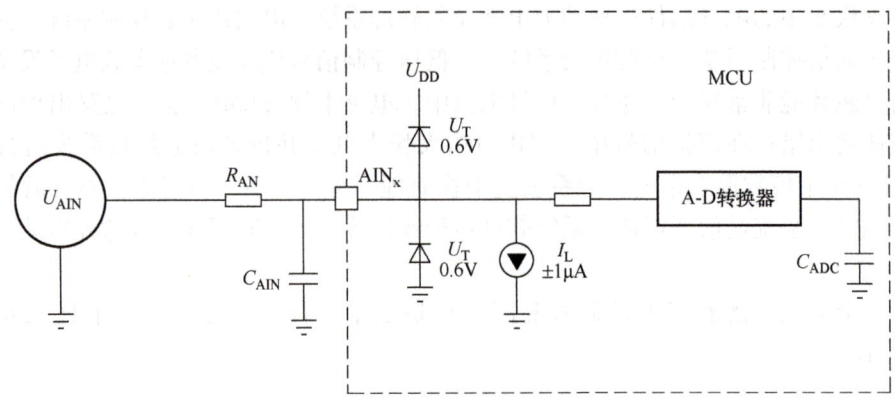

图 4.14　输入引脚增加 RC 低通滤波器

（3）MCU 外围配置抗干扰措施　数据总线、控制总线以及地址总线是 MCU 与外部储存器、IO 接口芯片进行信息交互的通道，三种总线的处理是否合理将直接影响到整个系统的稳定性。在总线上适当安装上拉电阻可以提高总线的抗干扰能力，增强总线信号传输的可靠性，减少外围干扰源对 MCU 单元的干扰。

（4）印制电路板（PCB）　它是系统的基础部分，是系统中电子元器件的支撑件，提供了各种电路元器件之间的电气连接。PCB 设计的好坏对系统的抗干扰能力影响很大，因此在 PCB 设计中必须采取有效的抗干扰措施。

PCB 在布线过程中尽量将模拟电路与数字电路分开，降低它们之间的相互影响，尽量减少回路环的面积，降低感应噪声；电源线尽量加粗，以减小压降和降低耦合噪声；在布置元器件时尽量使走线最短并减少 90°拐角走线，减小导线阻抗和分布电容电感。同时，尽量根据电路的功能进行布局，从而防止不同区域的射频电流相互耦合干扰。

（5）良好的系统接地　电气系统的"地"有两种含义：一是代表系统或电路的等电位参考点，为系统和电路的各部分提供一个稳定的基准电位，称为信号地；二是指大地，系统或电路的某些部分需要与该地连接以提供安全和电磁屏蔽。在设计接地的过程中需要注意安全与绝缘，通常系统接地的目的主要包括：系统的外部接地，达到安全的目的；为电路工作提供一个共用的参考接地点；抑制干扰。

在 BMS 中，数字地和模拟地都是重要的信号地，在 A-D 转换前后分别是模拟信号和数字信号，由于数字信号是脉冲信号，容易对模拟信号产生干扰。因此，两个信号如果不能正常连接，将会带来较大的干扰。在进行接地设计时，采取的措施是区分数字地和模拟地，将两者仅仅在一点连接，不能再有其他连接点。

（6）屏蔽措施　强电高压设备、大功率变换装置、电弧产生的电火花，甚至雷电，都能产生电磁波，从而成为电磁干扰源。用金属外壳将电池管理系统包围起来，再将金属外壳接地，对屏蔽各种电磁干扰非常有效。为此，我们常常需要为 BMS 设计一个金属外壳，以提高其抗干扰性能。

第4章　动力电池管理系统（BMS）

4.3　BMS 的软件

4.3.1　电池状态估计

电池状态估计包括 SOC、SOP、SOH 以及均衡控制，它们之间的关系如图 4.15 所示，功能描述见表 4.2。简单地说，电池荷电状态（SOC）就是电池还剩下多少电，SOC 是电池管理系统中最重要的参数，因为其他控制都是以 SOC 为基础的，所以它的精度和鲁棒性（也叫纠错能力）极其重要。如果没有精确的 SOC，电池会经常处于被保护的状态，加再多的保护功能也无法使电池管理系统正常工作，更无法延长电池的寿命。因此，SOC 的估算精度也十分重要，精度越高，对于相同容量的电池，可以有更长的续驶里程。高精度的 SOC 估算可以有效降低所需要的电池成本。

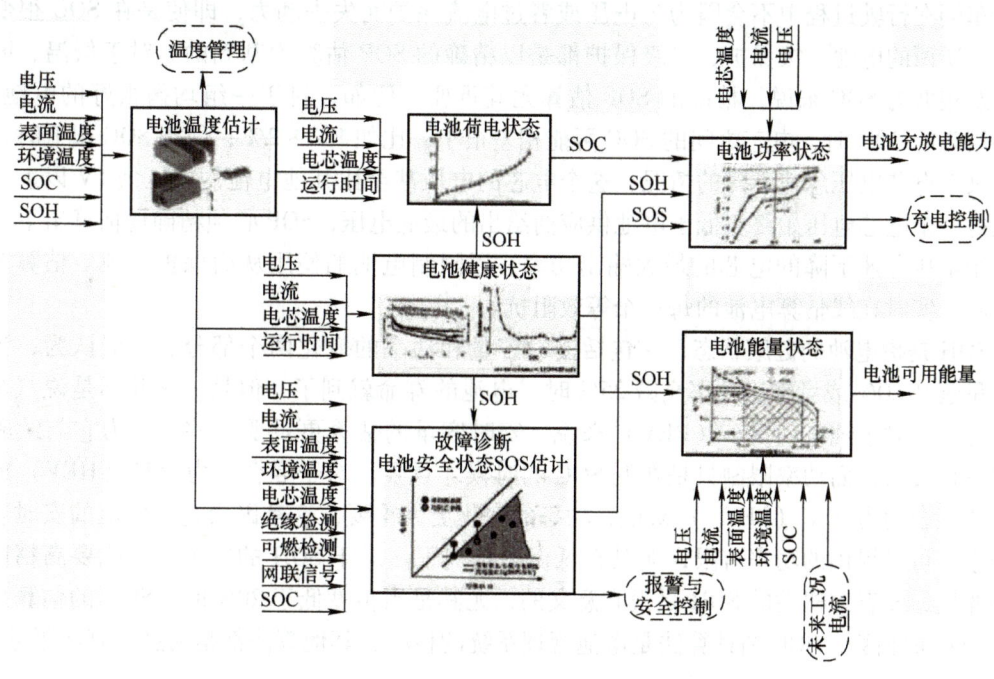

图 4.15　电池状态估计相互关系

表 4.2　电池状态估计功能

序号	功能	描述
1	荷电状态估计	估计电池系统剩余电荷情况，SOC 受充放电倍率（电流）、温度、自放电、老化等因素的影响，使得电池在使用过程中表现出高度的非线性，使得 SOC 的精确估算较为困难
2	健康状态估计	估计电池系统的功率状态，主要输出电池系统的最大许可电流值
3	功率状态估计	估计电池系统的健康情况，主要输出电池系统的老化情况或还能继续正常工作的循环次数

目前电池管理系统算法几乎都是采用电流积分加开路电压的方法。用开路电压（OCV）计算初始 SOC，然后用电流积分计算 SOC 的变化。如果起始点的电压错了，或者安时容量不准，就要一错到底直到再次充满才能纠正。尽管起始点的电压出错概率很低，但如果要保证万无一失，就不能只靠精确的起始点电压来保证起始 SOC 的正确。以磷酸铁锂电池为例，当 SOC 在 70%～95% 区间时，OCV 大约只变化了 2～3mV，当 SOC 在 40%～50% 区间时，OCV 只变化了 1mV，而电压传感器的测量误差就有 3～4mV，在这种情况下，SOC 估算就必须具备强大的纠错能力。因此，SOC 估计算法必须综合开路电压纠正法和安时积分法等多种算法联合计算，才能获得置信度较高的 SOC 值。

SOP 是下一时刻，比如下一个 2s、10s、30s 以及持续大电流的时候电池能够提供的最大的放电和被充电的功率。当然，这里面还应该考虑到持续大电流对熔丝的影响。SOP 的精确估算可以最大限度地提高电池的利用效率，比如在制动时可以尽量多地吸收回馈的能量而不伤害电池；在加速时可以提供更大的功率以获得更大的加速度而不伤害电池；同时也可以保证车辆在行驶过程中不会因为欠电压或者过电流保护而失去动力，即使是在 SOC 很低的时候。所谓的电池一级保护、二级保护都是以精确的 SOP 估算为基础的。对于低温、旧电池以及很低的 SOC 来说，精确的 SOP 估算尤其重要。例如，对于一组均衡很好的电池包，在比较高的 SOC 时，电芯之间的 SOC 可能相差很小，比如 1%～2%；但当 SOC 很低时，会出现某个电芯电压急速下降的情况，这个电芯的电压甚至比其他电池的电压低 1V 以上。要保证每一个电芯电压始终不低于电池供应商给出的最低电压，SOP 必须精确地估算出下一时刻这个电压急速下降的电芯的最大输出功率，以限制电池的使用从而保护电池。估算 SOP 的核心是实时在线估算电池的每一个等效阻抗。

SOH 是指电池的健康状态，它包括安时容量和功率的变化两个部分。一般认为，当安时容量衰减 20% 或者输出功率衰减 25% 时，电池的寿命就到了，但是，这并不是说汽车就不能开了。对于纯电动汽车（BEV）来说，安时容量的估算更重要一些，因为它与续驶里程有直接关系，而功率限制只是在低 SOC 的时候才重要。对于混合动力汽车（HEV）或者插电式混合动力汽车（PHEV）来说，功率的变化更为重要，这是因为它们电池的安时容量比较小，可以提供的功率有限，尤其在低温的情况下。对于 SOH 的要求也是既要高精度也要鲁棒性，没有鲁棒性的 SOH 是没有意义的，尤其是当精度低于 20% 时。SOH 的估算也是基于 SOC 的估算，SOC 估计算法是电池管理系统的核心，其他算法都是为这个算法服务的。

4.3.2 电池荷电状态（SOC）估算

电池荷电状态（SOC）是电池使用过程中最重要的参数之一。由于 SOC 受充放电倍率（电流）、温度、自放电、老化等因素的影响，使得电池在使用过程中表现出高度的非线性，以至于 SOC 的精确估算较为困难。

1. SOC 估算方法

目前较常采用的方法有放电实验法、安时积分法、开路电压法、负载电压法、内阻法、神经网络法以及卡尔曼滤波法等。

（1）放电实验法　放电实验法是最可靠的 SOC 估计方法，采用恒定电流进行连续放电，放电电流与时间的乘积即为剩余电量。放电实验法在实验室中经常使用，适用于所有电池，但它有两个显著缺点：一是需要大量时间；二是电池进行的工作要被迫中断。放电实验法不

第4章 动力电池管理系统（BMS）

适用于行驶中的电动车辆，可用于电动车辆电池的检修。

(2) 安时积分法　安时积分法是最常用的 SOC 估计方法。但是该方法存在如下问题：电流测量不准，将造成 SOC 计算误差，长期积累，误差越来越大；要考虑电池充放电效率；在高温状态和电流波动剧烈的情况下，误差较大。电流测量不准可通过使用高性能电流传感器解决，但成本增加；解决电池充放电效率要通过事前大量实验，建立电池充放电效率经验公式。安时积分法可用于所有电动车辆电池，若电流测量准确，有足够的估计起始状态的数据，则它是一种简单、可靠的 SOC 估计方法。

(3) 开路电压法　电池的开路电压在数值上接近电池电动势。铅酸电池电动势是电解液浓度的函数，电解液浓度随电池放电成比例降低，用开路电压可估计 SOC。MH/Ni 电池和锂离子电池的开路电压与 SOC 关系的线性度不如铅酸电池好，但其对应关系也可以估计 SOC，尤其在充电初期和末期效果较好。开路电压法的显著缺点是需要电池长时静置，以达到电压稳定，而电池状态从工作恢复到稳定，需要几个小时甚至十几个小时，这给测量造成一定困难。静置时间如何确定也是一个问题，因此该方法单独使用只适用于电动车辆驻车状态。开路电压法在充电初期和末期 SOC 估计效果好，常与安时积分法结合使用。

(4) 负载电压法　电池放电开始瞬间，电压迅速从开路电压状态进入负载电压状态，在电池负载电流保持不变时，负载电压随 SOC 的变化规律与开路电压随 SOC 变化的规律相似。负载电压法的优点是能够实时估计电池组的 SOC，在恒流放电时，具有较好的效果。实际应用中，剧烈波动的电池电压给负载电压法应用带来困难。要解决该问题，需要存储大量电压数据，建立动态负载电压和 SOC 的数学模型。因此负载电压法很少应用到实车上，但常用来作为电池充放电截止的判据。

(5) 内阻法　电池内阻有交流内阻和直流内阻之分，它们都与 SOC 有密切关系。电池交流阻抗为电池电压与电流之间的传递函数，是一个复数变量，表示电池对交流电的反抗能力，要用交流阻抗仪来测量。电池交流阻抗受温度影响大，究竟是对电池处于静置后的开路状态进行测量，还是对电池在充放电过程中进行测量，存在一定争议，所以该方法很少用于实车上。直流内阻表示电池对直流电的反抗能力，等于在同一很短的时间段内，电池电压变化量与电流变化量的比值。实际测量中，将电池从开路状态开始恒流充电或放电，相同时间里负载电压和开路电压的差值除以电流值就是直流内阻。铅酸电池在放电后期，直流内阻明显增大，可用来估计电池 SOC；MH/Ni 电池和锂离子电池直流内阻变化规律与铅酸电池不同，应用较少。直流内阻的大小受计算时间段影响，若时间段短于 10ms，只有欧姆内阻能够检测到；若时间段较长，内阻将变得复杂。准确测量单体电池内阻比较困难，这是直流内阻法的缺点。内阻法适用于放电后期电池 SOC 的估计，可与安时积分法组合使用。

(6) 神经网络法　电池是高度非线性的系统，对其充放电过程很难建立准确的数学模型。神经网络具有非线性的基本特性，具有并行结构和学习能力，对于外部激励可以给出相应的输出，故而能够模拟电池动态特性来估计 SOC。估计电池 SOC 常采用 3 层典型神经网络：输入、输出层神经元个数由实际问题的需要来确定，一般为线性函数；中间层神经元个数取决于问题的复杂程度及分析精度。估计电池 SOC，常用的输入变量有电压、电流、累积放出电量、温度、内阻、环境温度等。神经网络输入变量的选择是否合适、变量数量是否恰当，直接影响模型的准确性和计算量。神经网络法适用于各种电池，缺点是需要大量的参考数据进行训练，估计误差受训练数据和训练方法的影响很大。

（7）卡尔曼滤波法　卡尔曼滤波理论的核心思想是对动力系统的状态做出最小方差意义上的最优估计。应用于电池 SOC 估计时，电池被看作动力系统，SOC 是系统的一个内部状态。卡尔曼滤波方法估计电池 SOC 的研究在近年才开始，该方法适用于各种电池，与其他方法相比，尤其适合于电流波动比较剧烈的电动车辆电池组 SOC 的估计，它不仅给出了 SOC 的估计值，还给出了 SOC 的估计误差。但是该方法的缺点是算法过于复杂，对系统计算能力要求较高，目前还没有进入实用化阶段。

通过对不同 SOC 估算方法进行深入研究，初步选定以安时积分法为基础，通过对电池电流进行准确测量，结合开路电压法，考虑电池充放电效率因子、温度、老化、自放电影响，实现对纯电动汽车动力电池的动态管理。对于纯电动汽车而言，电池组基本工作在满充电、满放电状态，充电过程大部分为恒流充电，在充电完成时有一个相对稳定的初始值确定点（充电完成时，SOC 为 100% 或略微过充电），如果电池组的充电效率很高（95% 以上），可以认为充电效率近似为 1 或等于某一恒定值，采用该方法计算 SOC 可以获得比较好的效果。每一个充放电周期的累积误差在下次充电完成的时候基本可以随 SOC 初始值的重新标定而消除。

通过对电池电压、电流、温度信息进行高精度测量，保证 SOC 估计输入的精确性；通过理论分析和对实验数据进行拟合，建立有效的电池模型；通过充放电末期修正 SOC 来消除 SOC 累积误差，考虑电池充放电效率因子、温度、老化、自放电影响，实现系统 SOC 的高精度估算。电池荷电状态估计算法如图 4.16 所示。

2. SOC 初始值计算方法

SOC 初始值由下电时存储的 SOC 和温度-OCV-SOC 查表得到的 SOC 两者乘以一个与系统离线时间相关的系数得到。在系统每次上电时都需要标定 SOC 初始值。

3. 单体 SOC 值的计算和根据 SOH 值修正单体 SOC 值

通过温度和充电电流查表得到电池容量，通过 SOH 查表对电池容量进行修正，将电流进行安时积分再除以容量得到 SOC 变化值，将 SOC 变化值与初始 SOC 值相加得到当前 SOC 值。

4. 电池包 SOC 的计算

如果系统重新上电，则读取 SOC 初始值为电池包 SOC；如果处于放电工况，则电池包 SOC 读取单体 SOC 中的最小值；如果处于充电工况且充电未结束，则电池包 SOC 读取模组 SOC 最大值；如果处于充电工况且充电结束，则电池包 SOC 取 1。

5. 充放电末期单体 SOC 修正方法

如果系统处于充电工况且电池包 SOC 大于 0.8，则定义系统处于充电末期；如果系统处于放电工况且电池包 SOC 小于 0.3，则定义系统处于放电末期。如果系统处于充放电末期，则需要对 SOC 进行修正，充放电末期的 SOC 计算方法是通过温度、充放电电流、电压进行查表得到 SOC 值。

4.3.3　电池健康状态（SOH）估算

电池健康状态（SOH）表面指电池的健康状况，包括容量、功率、内阻等性能，更多情况下则是对电池组寿命的预测，通常是指测量的容量与额定容量之比。

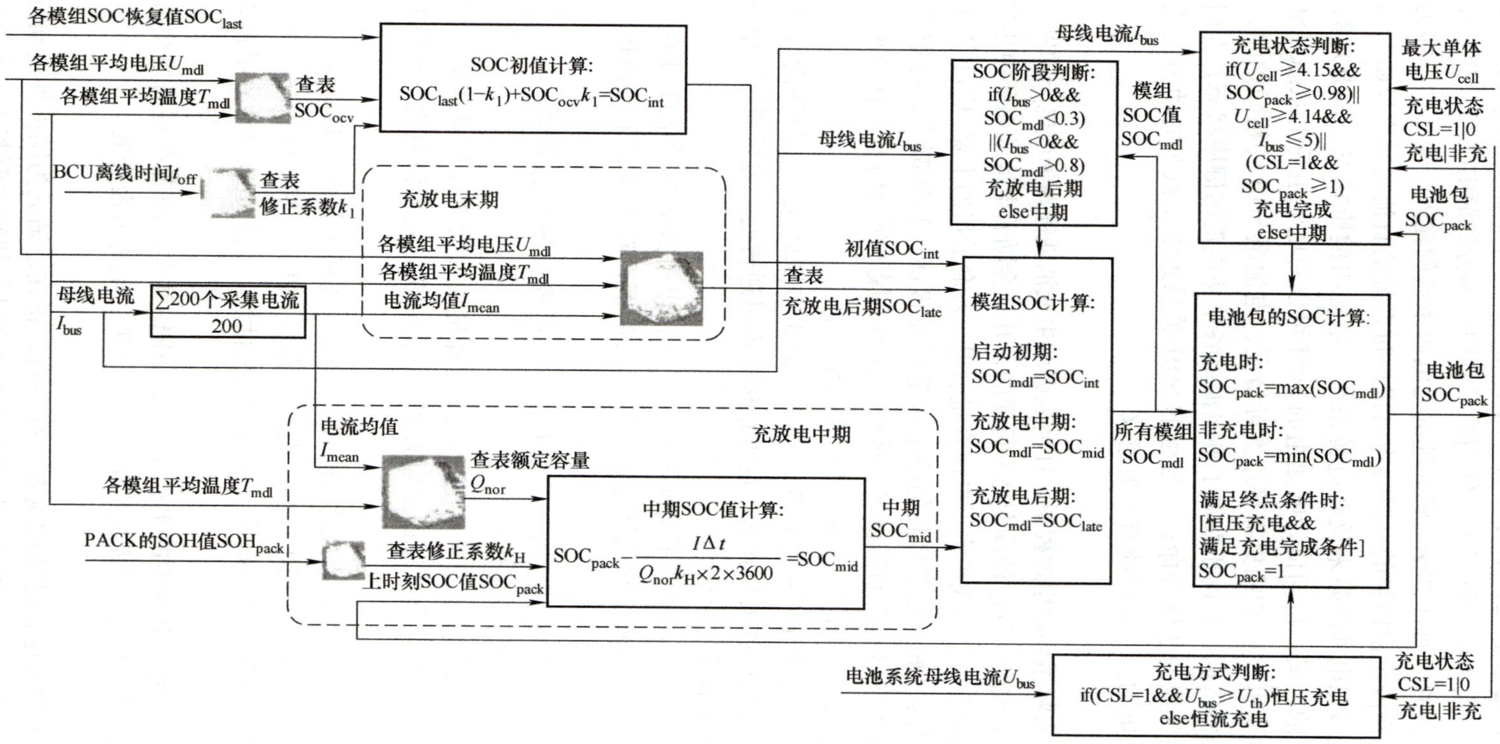

第4章 动力电池管理系统（BMS）

图 4.16 电池 SOC 估计算法

测量的容量是在标准放电条件下全充满电池的放电容量，是电池寿命情况的一种反映，在纯电动汽车中可以这样表述，因为纯电动汽车应用基本上是全充全放状态，每次可以进行相互比较。而在混合动力电动汽车中，使用的只是中间部分的荷电状态，电池容量在应用过程中是无法进行检测的，而且更令人感兴趣的是电源系统的输入、输出功率能力的变化，但功率能力方面也是不能正常检测的，其特点可以通过系统的直流内阻来反映。因此，在电动汽车的应用中，更多以电池内阻来反映电源系统。电池组健康状态（SOH）的精确估计具体有以下三个方面的意义：精确估计电池组的 SOH 可以对电池组荷电状态（SOC）的估计进行修正，使得电池组 SOC 预测更加接近实际情况；电池组 SOH 的精确预测，可以为其自身的检测与诊断提供依据，有助于及时了解电池组各单体电池的健康状态，及时更换老化的单体电池，提高电池组的整体寿命；电池组的 SOH 关系到电动汽车的动力性能，因此对其进行预测，对提高电动汽车的性能有重要意义。

1. 影响因素

锂离子电池在实际循环使用过程中，任何能够产生或消耗锂离子或电子的副反应，都可能导致电池容量平衡的改变，且这种改变是不可逆的，并且会随着电池的循环使用进行累积，这将会严重影响电池的寿命。造成锂离子电池容量衰退、寿命受损的主要原因有以下几种。

（1）正极材料的溶解　正极材料的溶解会造成正极活性物质减少，溶解的正极材料游离到负极时会造成负极界面膜的不稳定，被破坏的界面膜再形成时会消耗锂离子，造成锂离子的减少，这将造成锂离子电池容量减少，寿命缩短。

（2）正极材料的相变化　一般认为，锂离子的正常脱嵌反应总是伴随着宿主结构摩尔体积的变化，引起结构的收缩与膨胀，这种结构的不可逆转变，也是锂离子电池容量衰减的主要原因，使电池寿命受到影响。

（3）电解液的分解　在锂离子电池充电过程中，电解液对含碳电极具有不稳定性，因此会发生还原反应。电解液还原消耗了电解质及其溶剂，对电池容量及循环寿命产生不良影响。

（4）使用过程中过充电　电池在过充电时，会造成负极锂的沉淀、电解液的氧化，这将导致电池容量衰减，使得寿命受损。

（5）自放电　锂离子电池的自放电所导致的容量损失大部分是可逆的，只有一小部分是内阻增大等。不可逆自放电的原因主要有锂离子的损失、电解液氧化产物阻塞电极微孔造成内阻增大等。

（6）界面膜的形成　由于界面膜的形成而损失的锂离子将会导致电池两极间容量平衡的改变，在最初的几次循环使用中就会使电池的容量下降，影响电池寿命。另外，界面膜的形成使得部分石墨粒子和整个电极发生隔离而失去活性，也会造成电池容量损失，使得电池寿命受到影响。

（7）集流体　锂离子电池中的集流体材料常用铝和铜，两者都容易发生腐蚀，集流体的腐蚀会导致电池内阻变化，从而造成电池容量损失，电池寿命衰减。

2. 估算方法

电池 SOH 作为表征电池性能的重要特征参数，正在逐渐成为国内外电动汽车动力电池研究领域的热点问题。目前，国内外学者对于电池估计的研究主要基于三个方向：通过研究电池容量的衰减来估计电池 SOH；通过研究电池内阻特性来估计电池 SOH；通过研究电池的充放电行为及其循环次数来估计电池 SOH。

（1）电池 SOH 的预测方法

1）基于模糊控制和模糊逻辑理论监测电池 SOH。这种方法一般适用于电池电化学模型的内部参数分析。

2）基于滤波理论估计电池 SOH。这种方法一般适用于电池等效电路模型参数分析。

3）利用数据统计理论方法，如各种神经网络理论、支持向量机（SVM）理论等对电池 SOH 进行预测。该方法主要基于大量的数据统计分析来建立电池的"黑箱模型"。

以上电池 SOH 预测方法或多或少都需要依赖于前期的实验室工作（如电池老化实验和物理性能测试），甚至还需要一些额外的实验设备。此外，电池预测的研究对象主要集中于单体电池，以电池组整体作为研究对象预测其 SOH 的研究相当少。

4）基于循环次数。通过总结可靠性试验车行驶里程与容量衰减关系，建立车辆累计充电容量与电池循环寿命衰减模型，完成 SOH 算法的实验及验证。

5）基于容量。因电池容量衰减随循环次数变化规律不定，为了进一步提高 SOH 估算精度，应用迭代法容量自学习。电池管理系统根据电池使用状态和充电电流-电压特性来估算电池对应的真实 SOH，监测电池达到充电修正目标值。

（2）电池 SOH 的估计算法　电池 SOH 估计算法如图 4.17 所示。

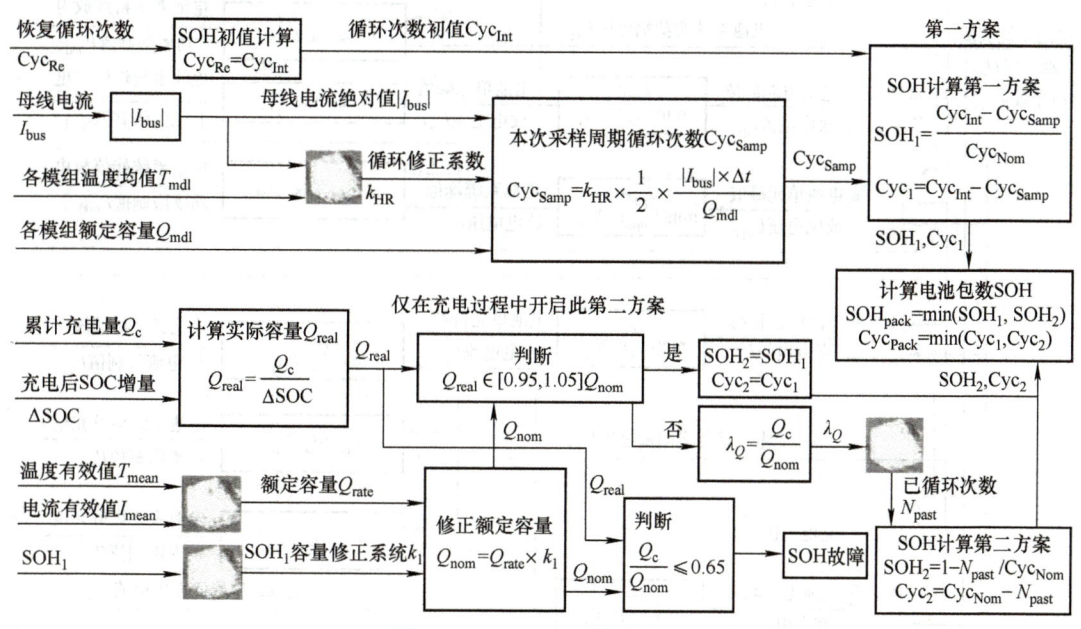

图 4.17　电池 SOH 估计算法

计算电池充放电循环过程中 SOH 值的方法如下：

1）SOH 初始值为上一时刻存储的值。

2）根据充放电循环次数和电池寿命的比值计算出 SOH_1，根据实际容量和出厂时的额定容量的比值来计算 SOH_2，取最小值作为 SOH 值。

4.3.4　电池功率状态（SOP）估算

SOC 和 SOH 的技术开发得到广泛的关注，但是对于锂电池功率状态（State of Power, SOP）的实时估计可用技术却很少。SOP 表示电池对充放电功率的承受能力，对其进行准确估计，能够在保护电池的前提下，让电动汽车获得更大的动力自由，比如起步加速的可用功率、爬坡的车速、制动电能回收的功率等。电池的功率状态跟电池的 SOC、SOH、温度等多种因素和状态都有关，因此具有高度的非线性特征。

现有技术关于电池功率承受能力的预测方法主要有脉冲响应的方法，如美国 Freedo-CAR 项目《功率辅助型混合动力汽车用动力电池测试手册》（简称 HPPC），通过给电池在不同 SOC 下施加特定脉冲激励，得到相应的电压来进行功率预测。但是这种方法仅考虑了电池的静态特征，在动态工况中的预测精度很低。此外，还有电化学模型法，使用大量化学偏微分，利用各种近似组合来估计 SOP，但是简化后的适用范围很有限，难以满足应用的要求。该方法通过电学元件的组合来模拟电池的行为，但是相比于 SOP 估算，这些模型更适合性能仿真。

图 4.18 所示为电池 SOP 估计算法，可分为以下几个步骤：

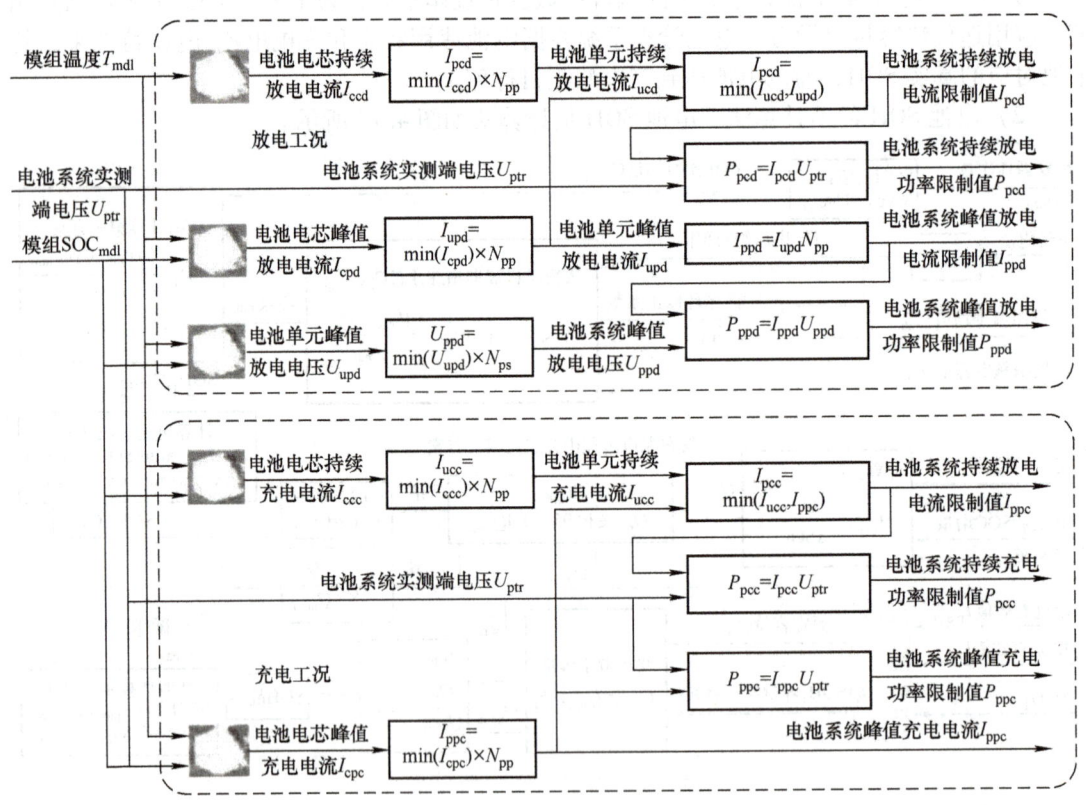

图 4.18　电池 SOP 估计算法

1) 选定测量目标的温度、极化电压、持续时间、SOC、SOH。
2) 将电池调整至目标的温度、SOC 和 SOH。
3) 将电池调整到目标的起始极化电压。
4) 获得指定倍率下设定时间的放电库仑效率。
5) 获得指定倍率下选定持续时间的充电库仑效率。

第4章 动力电池管理系统（BMS）

6）将步骤4）和步骤5）得的结果进行曲线、曲面函数拟合；根据拟合结果获得给定条件下给定功率的电池损害评估，从而获得电池的最大可承受功率。

确定动力电池SOP的方法，是一种能够从本质上测定电池的最大可承受功率的方法，以三元锂电池8A·h电芯为例，具体处理方法如下：

上述步骤1）中，选定的目标温度点为0℃、5℃、10℃、20℃、35℃、45℃、50℃，选定的目标SOC点为10%、20%、30%、50%、80%、90%、100%，选定的目标SOH为100%、85%、80%、70%，选定的持续时间为10s、20s、35s。

按标准工况充满电，分别使用额定循环寿命倍率、80%循环寿命倍率、50%循环寿命倍率、30%循环寿命倍率对电池进行放电，得到极化电压曲线，将对应该SOC点的极化电压选定为测试极化电压。

上述步骤4）中，设定时间为20s。通过重复步骤1）～步骤3）得到放电库仑效率，每次重复选择不同的参数，测量各选定的温度、SOC、SOH和起始极化电压下的选定持续时间的充电库仑效率和放电库仑效率。

上述步骤5）中，重复步骤1）和步骤2）得到充电库仑效率，每次重复选择不同的参数，再针对测量该点指定倍率下的选定持续时间获得充电库仑效率。

采用库仑效率直接定量评估电池容量损失，可以为控制策略使用电池功率提供可靠依据，设置起始极化电压条件，包含了使用历史对SOP的影响，使得测量结果更加准确可靠。电池使用策略可在控制电池容量总体损失的前提下选择变动的最大功率控制策略。

4.3.5 通信功能与故障诊断

1. 通信功能

通信功能是电池管理系统的重要组成部分，实现电池管理系统与外部设备的信息交换。通信功能主要涉及电池管理系统主控模块和从控模块之间的内部通信、电池管理系统和整车控制器/电机控制器之间的通信、电池管理系统和充电设备之间的通信，典型的BMS通信连接如图4.19所示。为了调试方便，一般电池管理系统还具有与上位机通信的功能。为了监控电池的状态，加强其安全监管，电池管理系统还可能通过无线电通信技术如GPRS等方式与远程监控后台进行通信。

在电池管理系统中，目前采用的主要是CAN总线通信方式。1986年博世公司（Bosch）首先提出了CAN（Controller Area Network）协议，是ISO国际标准化的串行通信协议。它是一种有效支持分布式控制或实时控制的串行通信网络，并采用了带优先级的CSMA/CD协议对总线进行仲裁，因此CAN总线允许多站点同时发送。CAN通信介质可以是双绞线、同轴电缆或者光纤。CAN可以实现在电磁干扰环境下远距离实时数据的可靠传输，容错能力和抗干扰能力强，传输安全性高，且硬件成本低。CAN总线是一种多主总线，具有以下特点。

1）CAN协议废除了传统的站地址编码方式，扩展了对通信数据进行编码的方式，这样就使网络内的节点数在理论上不受限制。这种按数据块进行编码的方式，还能以不同的节点同时接收到相同的数据，通信方式灵活，可实现点对点和广播方式传输数据。

2）CAN总线以报文为单位进行数据传输，数据传输用短帧结构，数据长度最多为8个字节。8个字节不会占用过长的总线时间，从而保证了通信的实时性，同时，传输时间短，受干扰的概率低。CAN的通信速率可高达Mbit/s级。CAN协议采用了循环冗余CRC检验，

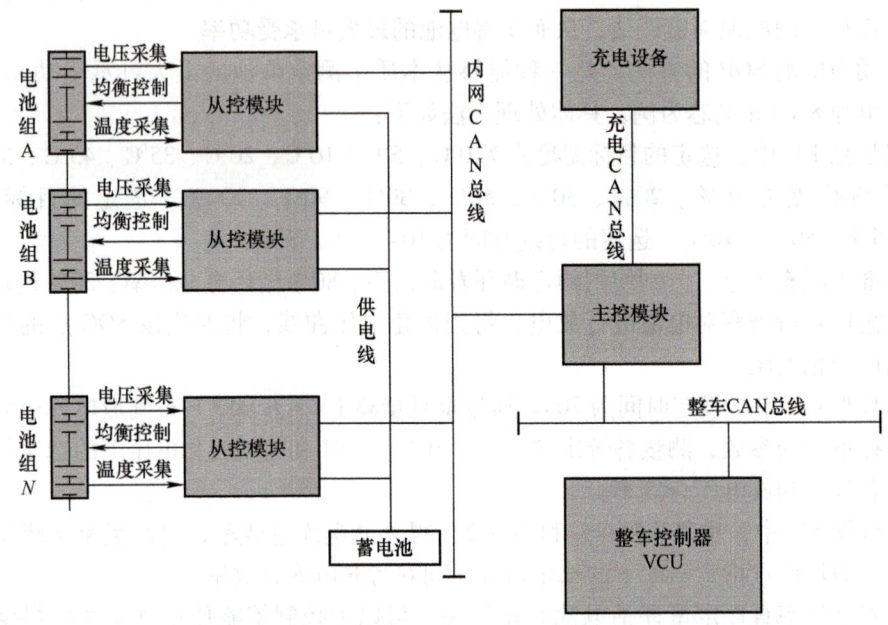

图4.19 BMS通信连接

并可提供相应的错误处理功能，保证了数据通信的可靠性。

3）CAN采用非破坏性基于优先权的总线仲裁技术，具有暂时错误和永久性故障节点的判别及故障节点的自动脱离功能。不关闭总线即可任意挂接或者拆除节点，使系统其他节点的通信不受影响，增强了系统的灵活性和可扩展性。

4）CAN采用统一的标准和规范，各设备之间具有较好的互操作性和互换性。1991年制定并发布了CAN2.0技术规范，它包括A和B两部分。此后，1993年正式颁布了CAN国际标准ISO 11898。CAN技术规范2.0A和2.0B及ISO 11898是设计汽车高速网络系统的基本依据和基本规范。1994年发布了SAE J1939标准，其物理层和数据链路层就是以CAN2.0B协议为基础开发的CAN总线通信协议。SAE J1939标准是一类专门用于货车、大客车、建筑机械、农用机械等的CAN总线通信协议。它描述了重型车辆现场总线的一种网络应用，包括CAN网络物理层定义、数据链路层定义、应用层定义、网络层定义、故障诊断和网络管理等。在SAE J1939标准中，不仅指定了传输类型、报文结构及其分段、流量检查等，而且对报文内容本身也做了精确的定义。图4.20是与OSI模型对应的SAE J1939的分层结构模型。CAN协议在OSI模型中只定义了物理层和数据链路层的MAC层，从图4.20中可以看出，SAE J1939以CAN2.0B为基础，除此之外，它还定义了网络层和应用层的协议。

2. 故障诊断功能

电动汽车的主要部件电池系统属于高压部件，其设计好坏直接影响着整车的安全性和可靠性。在电池系统中，从故障发生的部位看，有传感器故障、执行器故障（接触器故障）和元部件故障（电芯故障）等。这些故障在电动汽车系统中一旦发生，轻者造成系统性能下降，重者引发事故，造成人员和财产的巨大损失，因此电池系统故障诊断的研究显得十分必要。

第4章 动力电池管理系统（BMS）

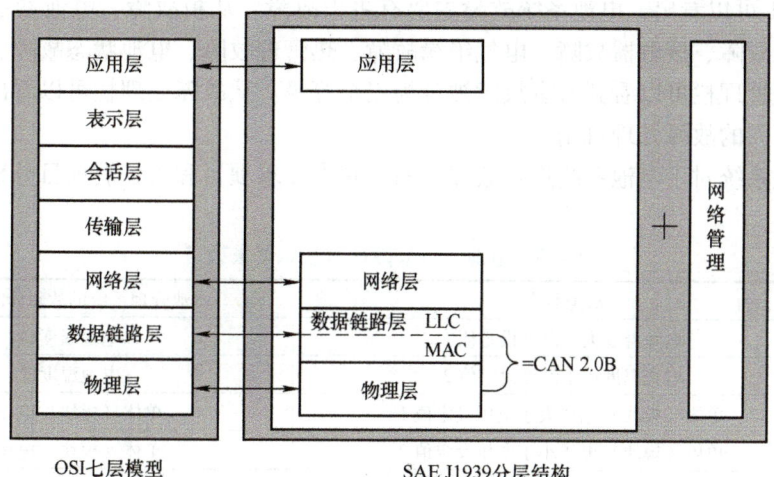

图 4.20 与 OSI 模型对应的 SAE J1939 分层结构模型

故障诊断是对系统运行状态和异常情况做出诊断，并根据诊断做出判断，为系统故障恢复提供依据。要对系统进行故障分析，首先必须对其进行检测，在发生系统故障时，对故障类型、故障部位及原因进行诊断，最终给出解决方案，实现故障恢复。

对于电池管理系统（BMS）而言，不仅需要准确估计电池系统状态，更为关键的功能在于通过对故障的有效诊断，确保高压系统的安全。故障诊断的主要任务有故障检测、故障类型判断、故障定位及故障恢复等。故障检测是指与系统建立连接后，周期性地向下位机发送检测信号，通过接收到的响应数据帧，判断系统是否产生故障。故障类型判断就是系统在检测出故障之后，通过分析原因，判断系统故障类型。故障定位是在前两步的基础上，细化故障种类，诊断系统具体故障部位和故障原因，为故障恢复做准备。故障恢复是整个故障诊断过程中最后也是最重要的一个环节，需要根据故障原因采取不同的措施，对系统故障进行恢复。

电池系统一般分三级故障，电池系统故障诊断与管理过程如图 4.21 所示。

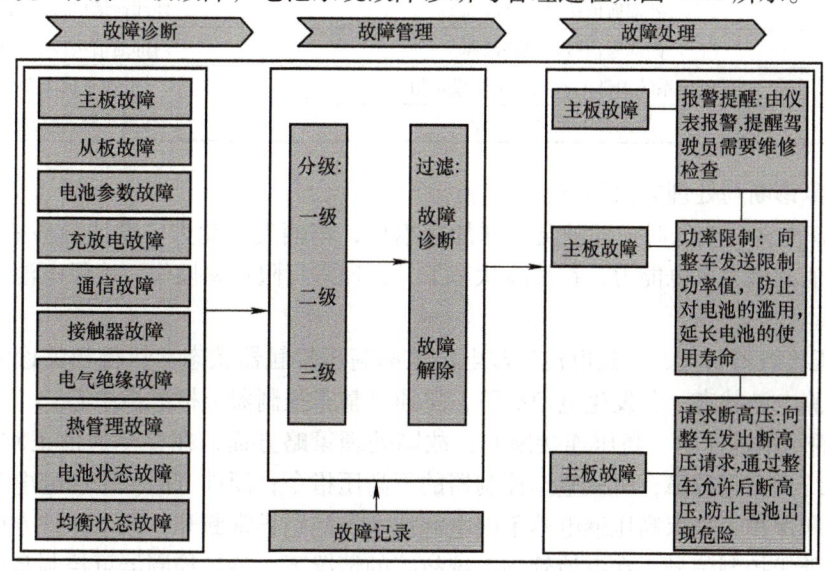

图 4.21 电池系统故障诊断与管理过程

由图 4.21 可以看出，电池系统故障主要有主板故障、从板故障、电池参数故障、充放电故障、通信故障、接触器故障、电气绝缘故障、热管理故障、电池状态故障和均衡状态故障等。从故障管理栏可以看到所有故障被分为三个等级。从故障处理栏可以看出不同的故障等级会对应不同的故障处理机制。

电池管理系统对于电池系统进行故障诊断的基本要求项目和可扩展项目分别见表 4.3 和表 4.4。

表 4.3　电池系统故障诊断基本要求项目

序号	故障状态	电池管理系统的故障诊断项目[①]
1	电池温度大于温度设定值 1	电池温度高
2	电池温度小于温度设定值 2	电池温度低
3	单体（模块）电压大于电压设定值 1	单体（模块）电压高
4	单体（模块）电压小于电压设定值 2	单体（模块）电压低
5	单体（模块）一致性偏差大于设定条件	单体（模块）一致性偏差大[②]
6	充电电流（功率）大于最大充电电流（功率）值	充电电流（功率）大
7	放电电流（功率）大于最大放电电流（功率）值	放电电流（功率）大

① 制造商可以自行规定故障项目的具体名称、故障等级划分及相关故障条件的设定值。
② 电池系统具有均衡功能时，该项目不作为基本要求项目。

表 4.3 中所列的故障诊断项目是基本要求。根据整车功能设计和电池系统的具体需要，电池管理系统的具体诊断内容可以是（但不限于）表 4.3 和表 4.4 中所列项目。

表 4.4　可扩展的故障诊断项目

序号	故障状态	电池管理系统的故障诊断项目
1	绝缘电阻小于绝缘电阻设定值	绝缘薄弱
2	SOC 大于 SOC 设定值 1	SOC 高
3	SOC 小于 SOC 设定值 2	SOC 低
4	总电压小于总电压设定值 1（与放电电流、温度等参数有关）	总电压低
5	总电压大于总电压设定值 2（与放电电流、温度等参数有关）	总电压高
6	外部通信接口电路故障	外部通信接口电路故障
7	内部通信接口电路故障	内部通信接口电路故障
8	电池系统内部温差大于温差设定值	电池系统温差大
9	高压接触器粘连故障	高压接触器粘连故障

典型故障诊断与处理方法如下：

1）当车辆 SOC 较低时，驾驶员猛踩加速踏板，车辆失去动力：设计合理的故障诊断，估算相应电池的最大放电能力，在故障状态下，合理进行限功率操作，确保电池能够提供可使用的功率。

2）高压接触器粘连，导致电池过放电：监测高压接触器状态，执行相关诊断；在停车状态下，监测电池状态，若发生电池故障，可通过整车控制器上报监控中心。

3）车辆使用过程中，高压连接断开：故障处理策略方面，在整车通信正常的情况下，电池管理系统只上报故障，听从整车控制器的下高压指令；硬件方面，增加继电器供电电源方面的滤波和保护，确保高压继电器不因电源波动等问题异常断开；冗余保护方面，增加整车控制器的硬线控制信号，在电池管理系统故障的情况下，整车控制器可控制高压接触器保

第4章 动力电池管理系统（BMS）

持连接状态，确保高压连接不断开。

4.4 BMS的测试与验证

4.4.1 物理参数采样精度测试

作为电池管理系统最基本也最重要的功能——实时监控，其各个状态参数的精度当然必须足够高。针对各个状态度参数的精度测试，必须包含电压、电流、温度、绝缘电阻、安时积分等内容，其测试方法是将电池管理系统采集的数据（单体或模块电压采集通道数不少于5个，温度采集通道数不少于2个，测试电流采用电池系统额定充放电电流进行精度测量）与检测设备检测的对应数据进行比较，检测设备的精度必须比BMS采集精度高一个数量级。BMS系统检测状态参数测试精度要求见表4.5。

表4.5 BMS系统检测状态参数测试精度要求

参数	总电压值	电流值	温度值	单体电压值	安时积分	绝缘电阻
满量程	≤±1% FS	≤±1% FS	≤±1℃	≤±0.5% FS	8%	±20%
最大误差	5V	2A	—	5mV	1A·h	20kΩ

注：状态参数测量精度应满足两个要求中的较小值。

1. 测试方法

（1）总电压 在-40℃、常温和85℃（或由制造商和检测机构根据实际应用情况确定）下，用BMS分别检测0%、20%、40%、60%、80%、100%满量程总电压，将电池管理系统采集数据与检测设备监测数据进行比较。

（2）单体电压 在-40℃、常温和85℃（或由制造商和检测机构根据实际应用情况确定）下，用BMS分别检测1V、2V、3V、4V、5V单体电压（通道数不少于5个），将电池管理系统采集数据与检测设备监测数据进行比较。

（3）总电流 在-40℃、常温和85℃（或由制造商和检测机构根据实际应用情况确定）下，用BMS分别检测0%、±10%、±20%、±30%、±40%、±50%、±60%、±70%、±80%、±90%、±100%满量程总电流，将电池管理系统采集数据与检测设备监测数据进行对比。

（4）温度 在-40~100℃，通过电池管理系统测温装置探头与检测设备传感器探头测量温度值，将电池管理系统采集数据与检测设备监测数据进行比较。其中-40~0℃、50~100℃每隔10℃测量一次，0~50℃每隔5℃测量一次。

（5）安时积分 采用$1I_1$电流模拟电池恒流充电1h后，放电1h，记录电池管理系统采集数据与检测设备监测安时积分数据。采用充放电工况模拟电池充放电2h，记录电池管理系统采集数据与检测设备监测安时积分数据。安时积分精度计算公式为：

$$充电安时积分精度 = \frac{充电安时_{BMS} - 充电安时_{真值}}{充电安时_{真值}} \times 100\%$$

$$放电安时积分精度 = \frac{放电安时_{BMS} - 放电安时_{真值}}{放电安时_{真值}} \times 100\%$$

为保证测试的可靠性及准确性，所有测试仪表、设备应具有足够的精度和稳定度，其精度应高于被测指标精度一个数量级或误差小于被测参数允许误差的 1/3。安时积分测量设备电流采样频率应高于 1ms，时钟准确率不应超过 0.5s/d。测试过程中若使用电池模拟系统，则模拟仪表、设备须满足以下条件：单体电压模拟设备稳压精度小于 1mV，工频纹波系数小于 0.5mV；总电压模拟设备稳压精度小于 1%，工频纹波系数小于 0.5%；总电流信号源稳流精度小于 1%，响应时间小于 10ms。

2. 典型案例

下面以国内某厂家的测试方案进行介绍。

（1）测试设备及工具　迪卡龙 500V 300A、5V 30A 电池检测设备，以及六位半万用表、存储示波器、分流器、数据记录仪、高低温箱、直流可调电源、多路测温仪、计时器等基本测试设备。

（2）测试步骤及说明　将 BMS 以实际工作状态与电池组连接上，以组成电池系统。

（3）电压监测　精度要求为单体电压 ≤ ±1%，总电压 ≤ ±1%。BMS 未上电工作时，使用六位半万用表分别测量静态条件下电池组各电池单体的单体电压，再测量电池组的总电压，并手工记录；待 BMS 上电工作后，通过 BMS 监控软件，读取各单体电池电压和总电压数据并存储。通过分析手工记录和 BMS 监控软件所存储的两组数据，计算出电压检测精度，并验证此精度是否达标。

（4）电流检测　精度要求为电流 ≤ 30A 时，精度 ≤ ±0.3A；当电流 > 30A 时，精度 ≤ ±1%。将连接好的 BMS 和电池组与迪卡龙测试设备连接，电池组总正接迪卡龙输出正极，在电池组总负与迪卡龙输出负极之间串联分流器，并在分流器两端接上具有记录功能的示波器。根据 BMS 监控中存储周期，设置示波器存储间隔。

设置充放电测试流程如下：

1）0.2C（≤30A）充电 1min，休眠 1min。

2）1C（>30A）充电 1min，休眠 1min。

3）0.2C（≤30A）放电 1min，休眠 1min。

4）1C（>30A）放电 1min，停止。

分别导出 BMS 监控软件中和示波器检测所存储的两组数据，对比分析两电流数据，计算出 BMS 在不同电流充放电下的检测精度，并验证各项检测精度是否达标。

（5）温度检测　精度要求为每个温度检测点 < ±1℃。将连接好的 BMS 和电池组放入高低温箱，并在 BMS 温度采集探头所接电池单体极柱上，再接一路多路测温仪（测温精度小于 0.5%）通道。同步 BMS 和多路测温仪时间，设置相同采样周期。

（6）测试环境设置

1）设置箱内温度为 0℃，待箱内温度为 0℃ 且长时间不再快速变化时，分别通过 BMS 和多路测温仪记录电池单体的温度。

2）设置箱内温度为 25℃，待箱内温度为 25℃ 且长时间不再快速变化时，分别通过 BMS 和多路测温仪记录电池单体的温度。

3）设置箱内温度为 50℃，待箱内温度为 50℃ 且长时间不再快速变化时，分别通过 BMS 和多路测温仪记录电池单体的温度。

同步 BMS 存储的温度数据和多路测温仪所存储的数据，计算出 BMS 温度检测精度，并验证是否达标。

第4章 动力电池管理系统（BMS）

图 4.22 所示为 BMS 测试现场。从其测试工具和测试方法可以看出，该厂家的测试水平及能力还是很突出的，不仅测试工具精度达到了很高的水平，测试方法也比较全面。以下介绍常用的测试设备，其中图 4.23 所示为高低温湿热试验箱，图 4.24 所示为电池模拟器。

高低温湿热试验箱是目前实验室现有的设备，主要用于 BMS 系统实验。

电池模拟器主要应用于动力电池组/整车 BMS 测试，可完成 BMS 整体的性能测试及各项技术指标的测试，并生成完善的测试报告。功能为静态电流消耗测试与对比、电池模拟：模拟多个电池串联与充放电曲线、均衡电流测试与对比、电压测试与对比（电压精确度）、电流测试与对比（电流精确度）、过电流测试、工况模拟测试、温度测试（过温保护）、SOC 对比、BMS 外壳与内部回路绝缘测试、BMS 通信与数据采集测试。

图 4.22　BMS 测试现场

图 4.23　高低温湿热试验箱

图 4.24　电池模拟器

图 4.25 所示为电池仿真测试系统，其主要的功能包括动力电池组基于不同工况的循环充放电试验、BMS 的 SOC 校准表达、对被测产品 BMS 的电压和电流等参数的校准标定。

4.4.2　EMC 性能测试

在电动汽车中电磁环境非常复杂，电磁干扰（EMI）会使电路出现误码并将导致电路和系统运行功能下降。如果 BMS 抗干扰处理不好，可能会引起诸多不良后果，如数据不稳定、系统通信不正常、系统软件运行错误等，严重时可能导致意外事故。因此，必须进行 EMC 性能测试。

1. 零部件/模块电源端子传导发射试验

根据《车辆、船和内燃机　无线电骚扰特性　用于保护车载接收机的限值和测量方法》（GB/T 18655—2018）的规定进行试

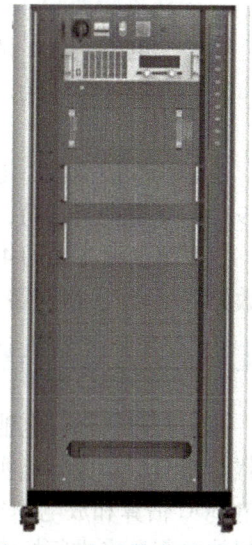

图 4.25　电池仿真测试系统

验,试验严酷等级为3级,并通过测试。

2. 零部件/模块的控制/信号线传导发射试验

根据《车辆、船和内燃机 无线电骚扰特性 用于保护车载接收机的限值和测量方法》（GB/T 18655—2018）的规定进行试验,试验严酷等级为3级,并通过测试。

3. 零部件/模块辐射发射试验

根据《车辆、船和内燃机 无线电骚扰特性 用于保护车载接收机的限值和测量方法》（GB/T 18655—2018）的规定进行试验,试验严酷等级为3级,并通过测试。

4. 静电放电（ESD）抗扰度试验

根据《道路车辆 电气/电子部件对静电放电抗扰性的试验方法》（GB/T 19951—2019）的规定进行试验,并通过测试。

5. 电源线瞬态抗扰度试验

根据《道路车辆 电气/电子部件对传导和耦合引起的电骚扰试验方法 第2部分：沿电源线的电瞬态传导发射和抗扰性》（GB/T 21437.2—2021）的规定进行试验,试验严酷等级为3级,并通过测试。

6. 非电源线瞬态抗扰度试验

根据《道路车辆 电气/电子部件对传导和耦合引起的电骚扰试验方法 第3部分：对耦合到非电源线电瞬态的抗扰性》（GB/T 21437.3—2021）的规定进行试验,试验严酷等级为3级,并通过测试。

7. 电磁辐射抗扰度试验

根据《道路车辆 窄带辐射电磁能电扰动成分试验方法 第2部分：带吸收器的屏蔽外壳》（ISO 11452-2：2019）的规定进行试验,试验的频率范围为400～2000MHz,并通过测试。

8. 线束激励抗扰度试验

根据《道路车辆 窄带辐射电磁能电扰动成分试验方法 第4部分：线束激励方法》（ISO 11452-4：2020）的规定进行试验,试验的频率范围为1～400MHz,并通过测试。

9. 电快速瞬变脉冲群抗扰度试验

根据《电磁兼容 试验和测量技术 电快速瞬变脉冲群抗扰度试验》（GB/T 17626.4—2018）的规定进行试验,试验严酷等级为3级,并通过测试。

10. 浪涌（冲击）抗扰度试验

根据《电磁兼容 试验和测量技术 浪涌（冲击）抗扰度试验》（GB/T 17626.5—2019）的规定进行试验,试验严酷等级为2级,并通过测试。

主要测试设备如图4.26所示,其中图4.26a为组合式干扰发生器,图4.26b为雷击浪涌数据线耦合/去耦网络,图4.26c为静电实验台,图4.26d为静电放电枪头。

4.4.3　SOC估算功能测试

作为普遍认知,电池管理系统的核心是上层应用算法,算法的核心是SOC估算。所以,一款合格的产品应该能实时地估算电池的容量状态。针对SOC测试,应包含可用容量测试、充电SOC估算和放电SOC估算三个方面,可用容量测试可按标准充电方式进行充放电循环,依据放电容量来进行标定,而SOC估算相对复杂,应根据产品应用过程实际出现的各种复

第4章 动力电池管理系统（BMS）

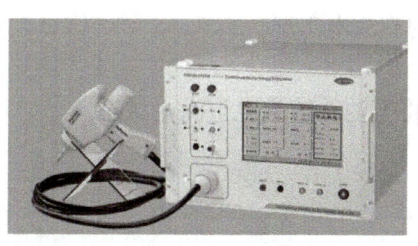

a) 组合式干扰发生器

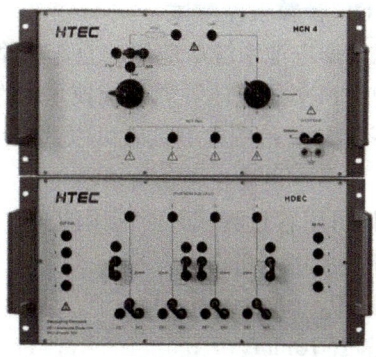

b) 雷击浪涌数据线耦合/去耦网络

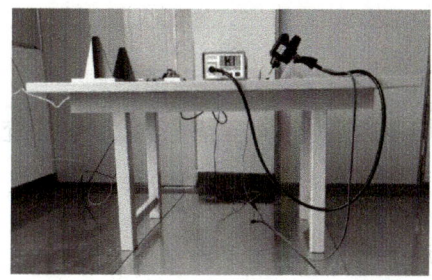

c) 静电实验台

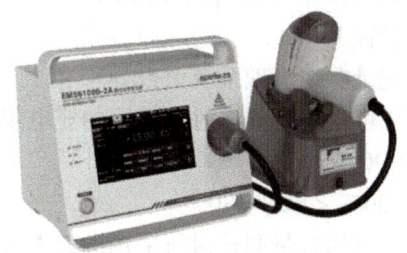

d) 静电放电枪头

图4.26 主要测试设备

杂工况，搭建测试模型进行测试，并且针对电池，测试区间应涵盖从空电到满电的各个状态。一款合格的产品的SOC精确误差应不超过5%。以下介绍一种常规的测试方案。

1. 可用容量测试

1）以 I_1（A）电流放电，达到以下条件之一时终止：电池系统的单体（模块）电压保护下限，总电压保护下限。

2）静置 30~60min。

3）以 I_1（A）电流恒流充电，达到以下条件时终止：电池系统的单体（模块）电压达到制造商技术规范中规定的终止条件。

4）以恒压充电方式进行充电，达到以下条件之一时终止：充电电流减少到 $0.05I_1$（A）或技术规范中规定的其他充电终止条件。

5）静置 30~60min。

6）以与步骤1）相同的放电规范进行放电，记录放电过程总的放电量 Q_{01}（以 A·h 计）。

7）静置 30~60min。

8）重复步骤3）~步骤7），放电量分别为 Q_{02} 和 Q_{03}，则三次放电量的算术平均值为 Q_0。如果 Q_{01}、Q_{02} 和 Q_{03} 与 Q_0 的偏差均小于2%，则 Q_0 为该电池系统的可用容量。如果 Q_{01}、Q_{02} 和 Q_{03} 与 Q_0 的偏差有不小于2%的情况，则需要重复进行可用容量测试过程，直至连续三次的放电量满足可用容量确认的条件。

如果有推荐的充电和放电规范，在可用容量测试中可以直接采用，分别替代步骤3）、步骤4）和步骤1）相关内容，并且在试验报告中说明。

2. SOC 计算误差测试

可以根据电池系统所应用的整车类型、电池的倍率充放电能力及测试环境温度的不同，采用《电动汽车用电池管理系统技术条件》（QC/T 897—2011）中合适的充放电工况进行测试，在不同 SOC 范围内测试时可以选择不同的充放电工况。

（1）SOC≥80%

1）以可用容量测试时所采用的充电规范将电池系统充电至满电状态。

2）静置 30~60min。

3）以 Q_0（A）放电 10min。

4）静置 10min。

5）采用《电动汽车用电池管理系统技术条件》（QC/T 897—2011）中的一种充放电工况进行循环测试，至少循环 10 次。

6）静置 10min。

7）记录电池管理系统上报 SOC 值。

8）以可用容量测试时所采用的充电规范将电池系统充电至满电状态，记录充电量 Q_1。

9）SOC 真值按 $(Q_0-Q_1)/Q_0$ 计。

（2）30%＜SOC＜80%

1）以可用容量测试时所采用的充电规范将电池系统充电至满电状态。

2）静置 30~60min。

3）以 Q_0（A）放电 20min。

4）静置 10min。

5）采用《电动汽车用电池管理系统技术条件》（QC/T 897—2011）中的一种充放电工况进行循环测试，至少循环 10 次。

6）静置 10min。

7）记录电池管理系统上报 SOC 值。

8）以可用容量测试时所采用的放电规范将电池系统放电，记录放电量 Q_1。

9）SOC 真值按 $(Q_0-Q_1)/Q_0$ 计。

（3）SOC≤30%

1）以可用容量测试时所采用的充电规范将电池系统充电至满电状态。

2）静置 30~60min。

3）以 Q_0（A）放电 40min。

4）静置 20min。

5）采用《电动汽车用电池管理系统技术条件》（QC/T 897—2011）中的一种充放电工况进行循环测试，至少循环 10 次。

6）静置 10min。

7）记录电池管理系统上报 SOC 值。

8）以可用容量测试时所采用的放电规范将电池系统放电，记录放电量 Q_1。

9）SOC 真值按 $(Q_0-Q_1)/Q_0$ 计。

3. 放电量测试

1）按标准充电方式充电，直至过充电，静置 10min。

2)记录开始放电的时间 t_1,按标准放电方式放电,记录电流 I,直至过放电,记录过放电的时间 t_2,静置 10min。

3)根据 t_1、t_2 和 I 计算理论放电量 Q_{01}。

4)重复步骤 1)~步骤 3),放电量分别为 Q_{02} 和 Q_{03},则三次放电量的算术平均值为 Q_0。如果 Q_{01}、Q_{02}、Q_{03} 和 Q_0 的偏差均小于 2%,则 Q_0 为该电池系统的可用容量。如果 Q_{01}、Q_{02}、Q_{03} 和 Q_0 的偏差有不小于 2% 的情况,则需要重复步骤 1)~步骤 3),直至连续三次的放电量满足可用容量确认的条件。

4. 充电 SOC 测试

正确连接 BMS、电池组、充电机及打开监控程序。给 BMS 上电,读取 BMS 上报的 SOC 值,使用充电机对电池组恒流充电,每隔 1h 记录 BMS 显示的 SOC 值,直至过充电,将 BMS 测量的 SOC 变化值与按恒定电流计算的理论 SOC 变化值相比较。

5. 放电 SOC 测试

正确连接 BMS、电池组、负载及打开监控程序。给 BMS 上电,读取 BMS 上报的 SOC 值,使电池组对负载以恒流放电,每隔 1h 记录 BMS 显示的 SOC 值,直至过放电,将 BMS 测量的 SOC 变化值与按恒定电流计算的理论 SOC 变化值相比较。

4.4.4 电池均衡功能测试

电池组有区别于电池单体的额外特性,基于目前的动力电池设计与制造技术水平,单体电池之间的性能差异在其整个生命周期里客观存在,要想避免单体电池由于过充电、过放电导致提前失效,使电池组的功能和性能指标达到或者接近单体电池的平均水平,对电池组中单体电池之间实现均衡控制和管理是必由之路。其测试方法为通过人为调整电池组系统中不同单体电池间的压差,然后进行充放电循环,通过测试均衡之前和均衡之后的电池组容量变化,来评判 BMS 均衡功能的作用及效率。具有均衡功能的 BMS 应能够减小单体电池间 SOC 差异性,均衡后单体电池间 SOC 差异应不超过 10%,或者在循环之后,整个电池系统的 SOC 能有明显的提升。以下介绍一种常规的测试方案。

1)将每个单体电池以 $1I_1$(A)电流恒流放电,至电池电压达到电池制造商技术规范中规定的放电终止条件时停止放电。

2)静置不低于 30min 或企业规定的搁置时间(不高于 60min)。

3)每个单体电池以 $1I_1$(A)电流恒流充电,至电池电压达到电池制造商技术规范中规定的充电终止电压时转恒压充电,至充电电流降至 $0.05I_1$(A)时停止充电。

4)静置不低于 30min 或企业规定的搁置时间(不高于 60min)。

5)将其中 1 个单体电池以 $1I_1$(A)放电 10min,另外 1 个单体电池以 $1I_1$(A)放电 5min。

6)静置不低于 30min 或企业规定的搁置时间(不高于 60min)。

7)将所有单体电池连接成组,接入电池管理系统。

8)以 $1I_1$(A)电流放电,达到以下条件之一时终止:电池系统的单体(模块)电压保护下限或制造商技术规范中规定的其他放电终止条件。

9)静置不低于 30min 或企业规定的搁置时间(不高于 60min)。

10)以 $1I_1$(A)电流恒流充电,达到以下条件之一时终止:电池系统的单体(模块)

电压达到保护上限或制造商技术规范中规定的其他终止条件。

11）以恒压充电方式进行充电，达到以下条件之一时终止：充电电流减少到 $0.05I_1$（A）或制造商技术规范中规定的其他充电终止条件。

12）静置不低于30min或企业规定的搁置时间（不高于60min）。

13）重复步骤8）~步骤12），按照单体电池额定容量循环2Q（取整）次（以均衡电流30mA计算）。

14）将每个单体电池以 $1I_1$（A）电流单独补电，至电池电压达到电池制造商技术规范中规定的充电终止电压时转恒压充电，至充电电流降至 $0.051I_1$（A）时停止充电。记录每个单体电池的充电容量 $Q_1, Q_2, Q_3, \cdots, Q_n$，则SOC差异为：

$$\left\{ \frac{\max[(Q-Q_1)(Q-Q_2)\cdots(Q-Q_n)] - \min[(Q-Q_1)(Q-Q_2)\cdots(Q-Q_n)]}{Q} \right\} \times 100\%$$

4.4.5 BMS的可靠性测试

电动汽车的工作环境总是处于变化中，这导致电池管理系统的工作环境比较恶劣。因此，对BMS进行可靠性测试是必要的，包括以下测试内容。

1. 绝缘电阻测试

在BMS带电部分与壳体之间施加500V电压，通过测量带电部分和壳体之间的电流，利用欧姆定律推算出电阻。一般情况下，绝缘电阻应不小于2MΩ。

2. 绝缘耐压性能测试

在电压采样回路中施加50~60Hz的正弦波交流电，测试电压为 $(2U+1000)$V，U 是标称电压，且持续1min，在试验过程中不出现断裂或闪络等放电现象。

3. BMS监测功能测试

1）根据工作环境正确安装或连接BMS，或为BMS提供一个适宜的电气和温度环境并通过仿真系统进行检测。在打开BMS前，安装电压、电流以及温度传感器。

2）比较BMS从设备中测量的数据并确定误差。电池单体或模组电压数据采集通道应不少于5个，电流采集点应不低于2个，温度采集通道应不少于2个，并且合理分配采集点的安装位置。

一般来说，BMS监控的参数有如下要求：

① 总电压值≤±1% FSR（满刻度、满量程电压）。

② 电流值：当电流 I≤30A时，-0.3A≤监控误差≤0.3A；当电流 I>30A时，-1%≤监控误差≤1%。

③ 温度值≤±2℃。

④ 模组电压值≤±0.5% FSR。

4. 电池故障诊断

通过仿真系统改变电压、电流或温度等输入信号以满足产生故障所需的条件。监测BMS通信接口的反馈信息，并记录故障项目和产生故障所需的条件。

5. 在高温下工作（高温工况）

将BMS放入高温柜（设置初始温度为正常工作温度），开机运行。当温度达到 $(65±2)$℃时，保持工作2h。记录测试过程中BMS所测量的数据，并进行误差分析。在测试过程中以及测试结束后，电池应能够正常工作，并符合要求。

6. 在较低的温度下工作（低温工况）

将 BMS 放入低温柜（设置初始温度为正常工作温度），开机运行。当温度达到（-25±2）℃时，保持工作 2h。记录测试过程中 BMS 所测量的数据，并进行误差分析。在测试过程中以及测试结束后，电池应能够正常工作，并符合要求。

7. 耐高温

将 BMS 放入高温柜（设置初始温度为正常工作温度），当温度达到（85±2）℃时，持续工作 4h。记录测试过程中 BMS 所测量的数据，并进行误差分析。在测试过程中以及测试结束后，电池应能够正常工作，并符合要求。

8. 耐低温

将 BMS 放入低温柜（设置初始温度为正常工作温度），当温度达到（-40±2）℃时，持续工作 4h。记录测试过程中 BMS 所测量的数据，并进行误差分析。在测试过程中以及测试结束后，电池应能够正常工作，并符合要求。

9. 耐盐雾性

试验应根据《环境试验 第 2 部分：试验方法 试验 K_a：盐雾》（GB/T 2423.17—2024）给出的电工电子产品环境试验盐雾试验方法进行。将 BMS 安装在与实际安装状态相符或者相似的测试箱内，连接器处于正常状态。测试时间为 16h，使 BMS 在 1~2h 内从正常温度直接达到这个温度，并进行误差分析。BMS 测试后应能正常工作，并符合要求。

10. 耐振动测试

应根据《汽车电气设备基本技术条件》（QC/T 413—2002）进行。BMS 应能经受 x、y、z 三个方向的扫频振动试验，每个试验持续 8h。BMS 通常在不工作及正常安装状态下经受试验。振动试验机的振动应为正弦波，加速度波的失真应小于 25%。

扫频测试条件如下：

1）扫频范围：10~500Hz。

2）振幅或加速度：当频率为 10~25Hz 时，振幅为 0.35mm；当频率为 25~500Hz 时，加速度为 30m/s^2。

3）扫频率：1 oct/min。

经过测试，分析 BMS 所测量的电池系统参数的误差。测试后 BMS 应能够正常工作，并符合要求。

11. 耐电源极性反接性能

将 BMS 与电源连接，反向输入电压并保持 1min。测试结束后，保持 BMS 的电源供应处于正常状态，检查 BMS 能否正常工作。试验后，BMS 应能正常工作，并符合要求。

12. 抗电磁辐射

该项测试依据《机动车电子电器组件的电磁辐射抗扰性限值和测量方法》（GB/T 17619—1998）进行。测试频率为 400~1000MHz，分析 BMS 测量的各项参数的误差。测试后，电池应能够正常工作并符合要求。

第5章 动力电池系统热管理

5.1 热管理系统设计概述

众所周知,锂离子电池自身的温度保持在20~30℃范围内为最佳,保持在0~45℃范围内则较为舒适;当锂离子电池自身的温度低于0℃时,容易出现充电析锂或放电降功率的现象;当锂离子电池的温度超过45℃时,锂离子电池的循环寿命会急剧下降,而且还可能会出现热安全问题。然而,随着电动汽车的普及推广,消费者对电动汽车所处的环境要求越来越高,-30~55℃的环境温度已经成为越来越多电动汽车所需要面对的场景。与此同时,锂离子电池在使用过程中产生的大量热量,会使锂离子电池自身的温度升高。在此情况下,要将锂离子电池的温度保持在0~45℃范围内以保证动力电池系统的性能、寿命和安全,则需要通过有效的热管理系统去实现:保证在-30~0℃环境温度中使用的锂离子电池自身的温度不低于0℃;保证在0~55℃环境温度中大倍率使用的锂离子电池自身的温度不高于45℃。

与整个动力电池系统一样,热管理系统也是一个生态系统,它的设计过程需要遵循"V"模型开发模式、借助仿真工具以及通过大量的测试验证,只有这样才能提升开发效率、节省开发成本,以及保障系统的可靠性、安全性和使用寿命,确保开发目标的有效达成。

本节将对热管理系统的"V"模型开发模式、仿真工具的使用和测试验证进行——描述,进而对热管理系统的设计方法进行初步的介绍。

5.1.1 热管理系统的"V"模型开发模式

热管理系统作为动力电池系统的一个子系统,它的开发过程同样遵循汽车行业"V"模型开发模式。图5.1所示的是热管理系统开发的"V"模型,总体来看该模型由一横一纵两个轴组成:横轴由四条正向开发主线和一条逆向验证主线组成,并以正向开发为主,兼顾逆向的闭环验证;纵轴由零部件、子系统和系统三个层级组成,这三个层级自下往上与五条主线交错配合。

1. 五条主线

第一条主线为功能开发主线,对应的是图5.1中最里层的一个"V"字形开发流程。这一条主线主要包含如下步骤:

1)项目启动。

第5章 动力电池系统热管理

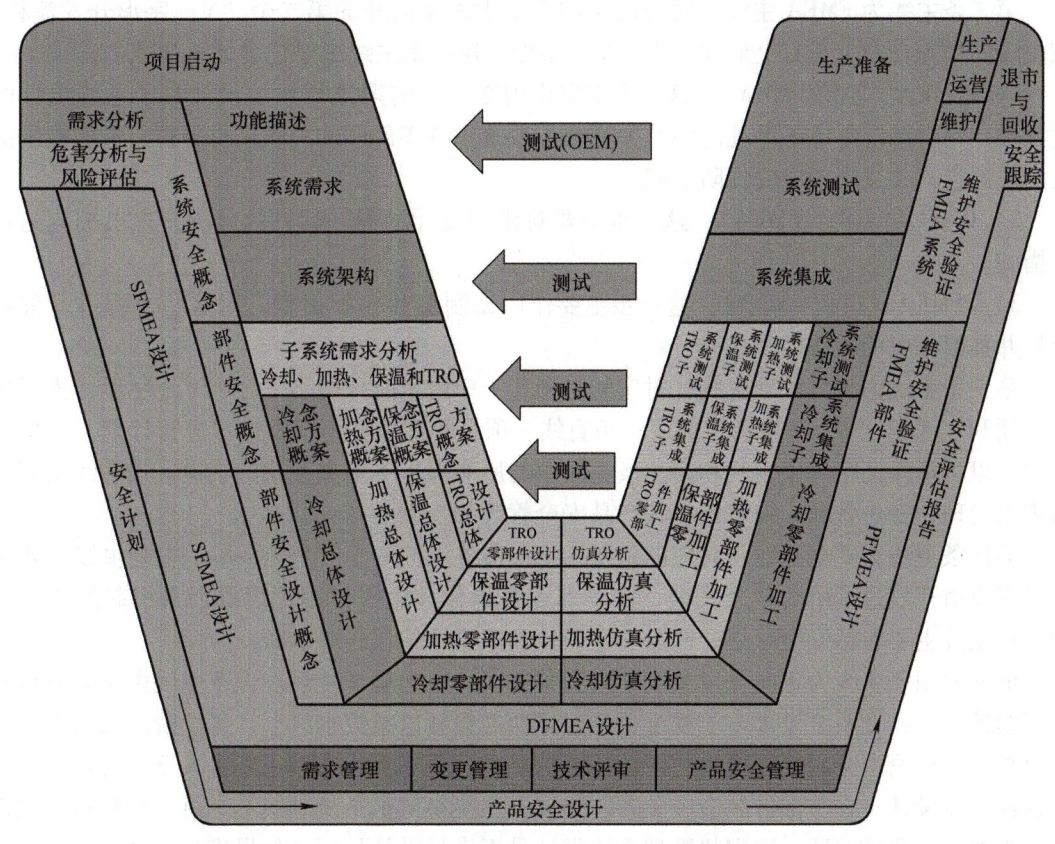

图 5.1 热管理系统开发的"V"模型

2）需求分析：根据整车的使用环境、整车的运行工况和电池性能（功率 map、发热量、冷却方式等）等设计输入参数进行需求分析，以明确电池系统对热管理系统的需求。

3）系统需求：根据需求分析确定热管理系统所具备的功能以及系统的设计目标，这些设计目标主要包括对电池单体温升、电池单体间温差、系统能耗和成本的控制。

4）系统设计：根据系统需求将系统拆分为冷却子系统、加热子系统、保温子系统和热失控阻隔（thermal runaway obstructing, TRO）子系统，并确定各子系统的设计目标，同时进行仿真分析以初步验证系统设计。

5）子系统设计：首先根据系统设计要求确定每个子系统的设计目标，然后对每个子系统依次进行目标分析、方案设计、零部件选型、仿真分析和实测验证。

6）零部件设计：首先根据子系统设计确定零部件的设计目标，然后进行理论计算和系统校核。

7）零部件试制与测试：进行零部件试生产，并进行测试验证。

8）子系统集成与验证：进行子系统的集成与测试验证。

9）系统集成与测试：进行系统的集成与测试验证。

10）量产准备：小批量生产与测试验证。

11）量产、运营和维护。

12）退市与回收。

第二条主线为 FMEA 主线,对应的是图 5.1 中由里向外的第二个"V"字形开发流程,该主线同样为自左上至右上形成一个"V"字形。这一条主线主要包含如下步骤:

1) SFMEA(系统 FMEA):这一步主要作用在开发前期进行系统设计和子系统设计的过程中,它对系统中各子系统之间的关联和子系统中各零部件的关联进行分析,进而找出潜在的失效模式并提出相应的预防措施。

2) DFMEA(设计 FMEA):这一步主要对详细设计过程进行失效分析并提出相应的预防措施。

3) PFMEA(过程 FMEA):这一步主要作用在制造和装配过程,对这些过程进行失效分析并提出相应的预防措施。

第三条主线为项目管理主线,对应的是图 5.1 中由里向外的第三个"V"字形,为了描述的便利,这个"V"字形被拉成了一条直线。项目管理对整个开发过程进行计划、评审和管理,以尽量保证第一条主线和第二条主线中的所有操作不偏离正确的轨道。该主线主要包括需求管理、变更管理、技术评审和产品安全管理等步骤。

第四条主线为安全主线,对应的是图 5.1 中最外层的一个"V"字形。安全主线主要是为了解决由开发过程中的残余失效、客户非正常操作和极限使用工况等因素引起的安全问题。该主线主要包括安全计划、产品安全设计和安全评估报告等步骤。

前面的四条主线为正向开发主线,第五条主线为逆向验证主线。该条主线由仿真分析和测试验证组成:在系统设计→子系统设计→零部件设计这条流水线上,每个阶段都要进行仿真分析,从理论上分析热管理系统设计是否满足设计目标,如果满足则进入下一流水线,否则返回重新设计;在零部件制造→子系统集成→系统集成这个流水线上,每一个步骤完成之后,都要进行测试验证,确定热管理系统设计是否满足设计目标,如果满足则进入下一流水线,否则返回对应的层级进行重新设计。经过仿真分析和测试验证这条逆向主线之后,整个开发过程形成了一个闭环。

2. 三个层级

这三个层级如图 5.1 所示,自下而上分别是零部件级、子系统级和系统级。

1) 明确的测试阶段划分:V 模型将测试分为不同的级别或阶段,有助于明确每个阶段的目标和任务。

2) 阶段对应关系清晰:每个测试阶段都与开发的各个阶段相对应,这有助于确保开发和测试活动的一致性和协同性。

3) 项目把控方便:每个阶段分工明确,有利于整体项目的把控,节省时间。

5.1.2 仿真分析的应用

将仿真分析应用于热管理系统的产品开发过程中,可以缩短其开发周期、降低开发成本,与测试结果相互验证,增加实验结果的可信度,提升工作效率,缩短项目开发周期。

从仿真分析的特性来看,热管理系统开发过程中采用的仿真分析主要分为三类:产热分析、热场流场仿真分析和相变仿真分析。从产品开发的角度来看,热管理系统开发过程中采用的仿真分析可以分为三类:零部件级仿真分析、子系统级仿真分析和系统级仿真分析。本节将对第一种分类进行描述,第二种分类会在详细设计过程中的每一个阶段进行描述。

第5章 动力电池系统热管理

1. 产热分析

锂离子电池在设定工况下的发热功率是热管理系统设计的一个非常重要的输入参数,在进行热管理系统设计之前需要获得这个参数。获得锂离子电池产热功率的方法多种多样,但归根结底都是采用数学建模的方法。接下来将对几种常见的建模方法进行描述。

(1) 欧姆法 这是最简单的一种建模方法,是将锂离子电池产热简化成一个电阻,如图5.2所示。锂离子电池在充放电过程中的产热功率则可以用欧姆定律来计算:

$$\dot{Q} = I^2 R \quad (5.1)$$

式中,$\dot{Q}$为产热功率,单位为W;I为通过锂离子电池的电流,单位为A;R为锂离子电池的直流内阻,单位为Ω。

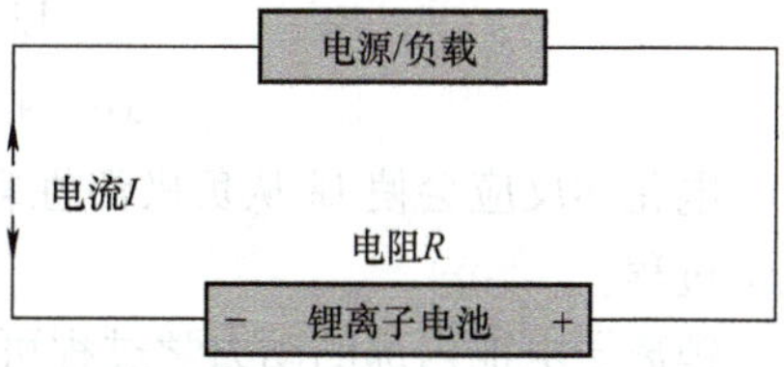

图5.2 锂离子电池的直流内阻简化图

(2) 热力学-电化学耦合仿真 John Newman从最基本的物理原理出发,建立了锂离子电池的电化学模型。该模型不仅可以预测锂离子电池的倍率性能、电流和端电压,还能将视角深入锂离子电池内部,去分析正负集流体、正负多孔电极、多孔隔膜和溶液等区域的电化学反应、电子运动和锂离子运动等特性,从而为锂离子电池设计提供指导。接下来对John Newman的这套电化学模型进行一个较为详细的描述。

所有的锂离子电池,包括不同体系(钴酸锂、锰酸锂、镍钴锰三元和磷酸铁锂等)和不同制造工艺(卷绕和叠片等),其内部都是由若干基本的单元组成的,如图5.3a所示。

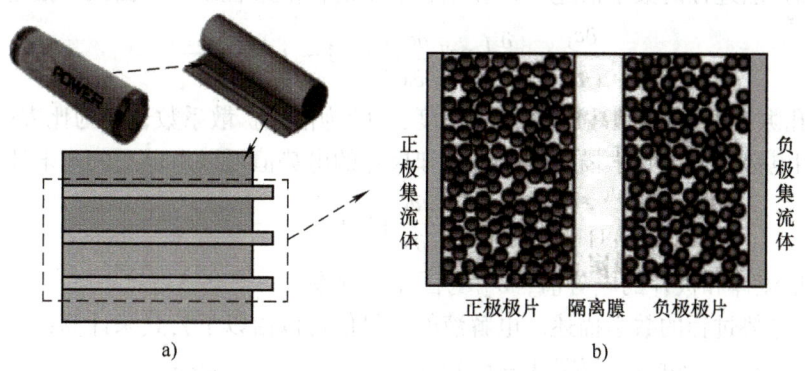

图5.3 锂离子电池结构

该基本单元又可以分为5个区,如图5.3b所示,从左到右依次是正极集流体、正极极片、隔离膜、负极极片和负极集流体。其中,正、负极集流体一般分别为铝箔和铜箔;正、负极极片是由活性材料、导电材料和黏合剂等混合之后均匀涂在正、负极集流体上形成的一层多孔介质,可以通过电解液;隔离膜为允许锂离子通过但不允许电子通过的多孔介质,用于隔开正负极极片。

这种基本单元的结构在外形上与三明治极为相似,因此也将该基本单元称为"三明治"结构。"三明治"结构也是锂离子电池所有物理化学过程的载体,接下来将以此为基础对锂离子电池的动力学过程(物理化学过程)进行说明。

当锂离子电池接入回路(接入负载或者外部电源)中时,就会出现一系列的物理化学变化。本节以锰酸锂离子放电过程为例，来揭示锂离子电池内部的动力学过程。充电过程与放电过程的原理是一样的，区别只是电荷运动的方向相反。

当锂离子电池接入负载时，电极电压就会越过平衡电压，开路情况下的平衡状态被打破，负极和正极分别发生以下电化学反应：

$$Li_xC_6 \rightarrow xe^- + xLi^+ + 6C \tag{5.2}$$

$$xe^- + xLi^+ + Li_{1-x}MO_y \rightarrow LiMO_y \tag{5.3}$$

电化学反应会使 Li 从负极活性颗粒中脱出，并嵌入正极活性颗粒中，这个过程称为电化学过程。

锂离子电池内部的动力学过程可以用 5 个数学方程进行描述。

1）电化学过程的数学描述。Li^+ 在活性颗粒表面的脱嵌过程由以下公式来描述：

$$i_{loc} = i_0 \left[\exp\left(\frac{\alpha_a F}{RT}\eta\right) - \exp\left(\frac{-\alpha_c F}{RT}\eta\right) \right] \tag{5.4}$$

式中，i_{loc} 为电化学反应电流密度；i_0 为交换电流密度；α_a、α_c 为电荷转移系数；F 为法拉第常数；η 为过电势。

2）固相扩散过程的数学描述。Li^+ 在活性颗粒内部的扩散过程由以下公式来描述：

$$\frac{\partial C_s}{\partial t} = D_s \left(\frac{\partial^2 C_s}{\partial r^2} + \frac{2}{r}\frac{\partial C_s}{\partial r} \right) \tag{5.5}$$

式中，C_s 为活性颗粒中 Li 的浓度；D_s 为固相扩散系数。

3）液相扩散过程的数学描述。Li 在电解液中的扩散过程由以下公式来描述：

$$\varepsilon_1 \frac{\partial c_1}{\partial t} = \frac{\partial}{\partial x}\left(D_1^{eff}\frac{\partial c_1}{\partial x}\right) + (1-t_+)\alpha_v \frac{i_{loc}}{F} \tag{5.6}$$

式中，ε_1 为孔隙率；c_1 为电解液中 Li^+ 的浓度；D_1^{eff} 为液相扩散系数；α_v 为比表面积。

4）固相电势过程的数学描述。集流体和极片的电势值可以由以下公式来计算：

$$\frac{\partial}{\partial x}\left(\sigma_s^{eff}\frac{\partial \phi_s}{\partial x}\right) = \alpha_v i_{loc} \tag{5.7}$$

式中，ϕ_s 为集流体和极片的电势值；σ_s^{eff} 为固相电导率。

5）液相电势过程的数学描述。电解液的电势值可以由以下公式来计算：

$$\frac{\partial}{\partial x}\left(k_1^{eff}\frac{\partial \Phi_1}{\partial x}\right) - \frac{2RT(1-t_+)}{F}\frac{\partial}{\partial x}\left[\left(1+\frac{\partial \ln f}{\partial \ln c_1}\right)k_1^{eff}\frac{\partial \ln c_1}{\partial x}\right] = -\alpha_v i_{loc} \tag{5.8}$$

式中，Φ_1 为电解液的电势值；k_1^{eff} 为液相电导率。

在上述的电化学模型中，温度是影响电池性能的一个重要参数，接下来将介绍锂离子电池的电化学参数对其发热和温升的影响。

锂离子电池的产热过程可以由式（5.9）来表述，其中 $\dot{Q}$ 为总产热量，下面对式（5.9）右侧的表达式进行逐一拆解，对产热过程进行理论分析。

$$\dot{Q} = i\left(\phi_s - \phi_1 - U + T\frac{\partial U}{\partial T}\right) + \sigma_s \nabla\phi_s \nabla\phi_s$$

$$+ \left[k_1 \nabla\phi_1 \nabla\phi_1 - k_1 \frac{2RT}{F}(1-t_+)\nabla\ln c_1 \nabla\phi_1\right] + \sum i_{loc} R_{contact} \tag{5.9}$$

1）不可逆热。锂离子电池在使用过程中，需要消耗一定的能量用于驱动电化学反应，

这部分能量最终会变成电池的产热,这部分热称为不可逆热。不可逆热由锂离子电池的电流和过电势决定:

$$q_1 = i(\phi_s - \phi_1 - U) \tag{5.10}$$

2)可逆热。锂离子电池的电化学反应伴随着锂离子在活性颗粒中脱嵌,这种脱嵌伴随着活性颗粒晶粒结构的改变,这种晶粒结构的改变会导致放热和吸热现象。这部分热量称为可逆热:

$$q_2 = iT\frac{\partial U}{\partial T} \tag{5.11}$$

3)电子传输热。自由电子在导电体中定向运动形成电流并传递电能,同时也会产生一定的热量。这部分热量称为电子传输热:

$$q_3 = \sigma_s \nabla \phi_s \nabla \phi_s \tag{5.12}$$

4)离子传输热。锂离子在电解液中扩散、迁移和对流时会传递电能,同时也会产生一定的热量。这部分热量称为离子传输热:

$$q_4 = k_1 \nabla \phi_1 \nabla \phi_1 - k_1 \frac{2RT}{F}(1-t_+)\nabla \ln c_1 \nabla \phi_1 \tag{5.13}$$

5)接触电阻产热。锂离子电池内部存在着很多的接触,电流流过这些接触时会产生一部分的热量,其表达见式(5.14)。相对于其他产热来说,接触电阻产热比较小,一般可以忽略不计。

$$q_s = \sum i_{loc} R_{contact} \tag{5.14}$$

锂离子电池使用过程中产生的热量,为锂离子电池的温升提供了热源,式(5.15)描述了锂离子电池的温升过程。

$$\rho V c_p \frac{\partial T}{\partial t} = \lambda A \Delta T + \dot{Q} \tag{5.15}$$

式中,T为电池的温度;$\dot{Q}$为热源;$\lambda A \Delta T$为电池内部的导热过程。

上述的电化学反应和热力学过程不是孤立存在的,而是相互作用的。电化学反应为热力学过程提供热源,热力学过程对这些热源进行计算,更新温度并作为参数输入电化学反应。

图5.4所示为采用热力学-电化学耦合仿真获得的锂离子电池的放电曲线和发热功率。

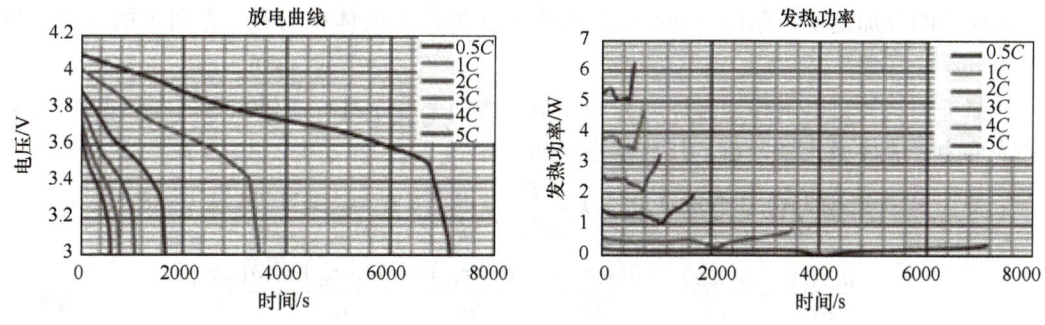

图5.4 某款锂离子电池不同倍率的放电曲线和发热功率

2. 热场流场仿真分析

仿真分析是获取电池系统内部热场和流场的一种十分有效的方法,借助仿真工具对电池系统内部热场和流场进行理论分析,可以在很大程度上缩短开发周期、节省开发成本,并且提高热管理系统的可靠性。

计算流体力学(computational fluid dynamics,CFD)将工程中涉及的流动与传热问题用三个控制方程进行描述,随后利用数值方法对模型进行求解并得出热场和流场的分布情况,然后对仿真结果进行分析并指导设计。

描述质量守恒的连续方程见式(5.16);描述受力平衡的动量方程见式(5.17);描述能量守恒的能量方程见式(5.18)。

对于一个流体微元,质量守恒定律可以解释为单位时间内流体微元质量的增量等于通过流体微元边界流入的净质量,其数学描述如下:

$$\frac{\mathrm{d}\rho}{\mathrm{d}t} + \rho\left(\frac{\partial u}{\partial x} + \frac{\partial v}{\partial y} + \frac{\partial w}{\partial z}\right) = 0 \tag{5.16}$$

式中,ρ 为流体的密度,单位为 kg/m^2;t 为时间,单位为 s;x,y,z 为笛卡儿坐标的三个维度,单位为 m;u 为流体在 x 方向上的分速度,单位为 m/s;v 为流体在 y 方向上的分速度,单位为 m/s;w 为流体在 z 方向上的分速度,单位为 m/s。

动量守恒定律可以解释为流体微元动量随时间的变化率等于流体微元所受外力之和,其数学描述如下:

x 方向动量方程:$\rho\left(\frac{\partial u}{\partial t} + u\frac{\partial u}{\partial x} + v\frac{\partial u}{\partial y} + w\frac{\partial u}{\partial z}\right) = -\frac{\partial p}{\partial x} + \frac{\partial \tau_{xx}}{\partial x} + \frac{\partial \tau_{yx}}{\partial y} + \frac{\partial \tau_{zx}}{\partial z} + \rho f_x$

(5.17a)

y 方向动量方程:$\rho\left(\frac{\partial v}{\partial t} + u\frac{\partial v}{\partial x} + v\frac{\partial v}{\partial y} + w\frac{\partial v}{\partial z}\right) = -\frac{\partial p}{\partial y} + \frac{\partial \tau_{xy}}{\partial x} + \frac{\partial \tau_{yy}}{\partial y} + \frac{\partial \tau_{zy}}{\partial z} + \rho f_y$

(5.17b)

z 方向动量方程:$\rho\left(\frac{\partial w}{\partial t} + u\frac{\partial w}{\partial x} + v\frac{\partial w}{\partial y} + w\frac{\partial w}{\partial z}\right) = -\frac{\partial p}{\partial z} + \frac{\partial \tau_{xz}}{\partial x} + \frac{\partial \tau_{yz}}{\partial y} + \frac{\partial \tau_{zz}}{\partial z} + \rho f_z$

(5.17c)

式中,p 为流体的压力,单位为 Pa;τ_{ab} 为作用在 a 平面上指向 b 方向的应力,单位为 Pa;f_x 为作用在流体上的体积力在 x 方向上的分加速度,单位为 m/s^2;f_y 为作用在流体上的体积力在 y 方向上的分加速度,单位为 m/s^2;f_z 为作用在流体上的体积力在 z 方向上的分加速度,单位为 m/s^2。

能量守恒定律可以解释为流体微元内能量的增加率等于进入流体微元的净热量加上体积力和表面力对流体微元做的功,其数学描述如下:

$$\rho\frac{\mathrm{d}}{\mathrm{d}t}\left(e + \frac{v^2}{2}\right) = \rho q + \lambda\frac{\partial^2 T}{\partial x^2} + \lambda\frac{\partial^2 T}{\partial y^2} + \lambda\frac{\partial^2 T}{\partial z^2} - \frac{\partial(up)}{\partial x}$$
$$- \frac{\partial(vp)}{\partial y} - \frac{\partial(wp)}{\partial z} + \frac{\partial(u\tau_{xx})}{\partial x} + \frac{\partial(v\tau_{yy})}{\partial y} + \frac{\partial(w\tau_{zz})}{\partial z} + \frac{\partial(u\tau_{yx})}{\partial y}$$
$$+ \frac{\partial(u\tau_{zx})}{\partial z} + \frac{\partial(v\tau_{xy})}{\partial x} + \frac{\partial(v\tau_{zy})}{\partial z} + \frac{\partial(w\tau_{xz})}{\partial x} + \frac{\partial(w\tau_{yz})}{\partial y} + \rho f v \tag{5.18}$$

式中,e 为流体的内能,单位为 J。

在常规工况下,电池系统内部的传热和流体流动过程并不是特别复杂,常用的商业软件

（如 Fluent 和 StarCCM + 等）都可以十分精确地仿真出电池系统内部的热场分布和流场分布，如图 5.5 所示。虽然如此，对流动和传热理论基础的深入理解，仍然是保证仿真精度的必要条件。

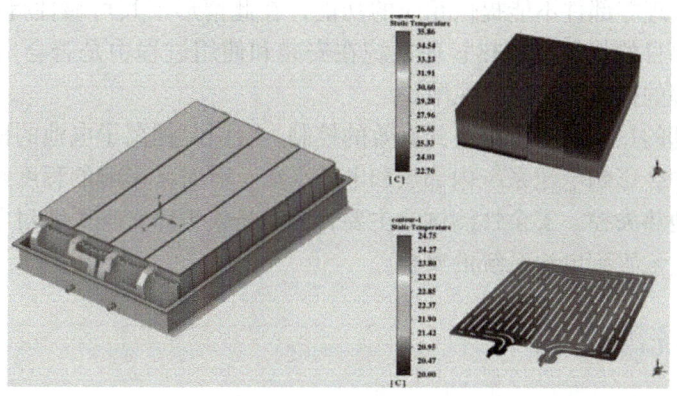

图 5.5 电池系统内部热场和流场仿真分析

3. 相变仿真分析

相变材料是指当材料本身的温度达到临界温度（相变温度）时，材料发生相变同时从周围吸收热量或者向周围释放热量，并且相变材料自身的温度在相变过程中几乎没有变化，相变时吸收或者释放的这部分热量也称为相变潜热。

热管理系统中的相变材料可以利用仿真工具进行辅助设计，Ling 等对相变储热材料的热力学过程进行了描述，见式（5.19）~式（5.23）。

$$\rho \frac{\partial H}{\partial t} = \lambda \Delta T \tag{5.19}$$

$$H = h + \Delta H \tag{5.20}$$

$$h = \int_{t}^{t+\Delta t} c_p \mathrm{d}T \tag{5.21}$$

$$\Delta H = \beta \gamma \tag{5.22}$$

$$\beta = \begin{cases} 0; T < T_m \\ 1; T > T_m \end{cases} \tag{5.23}$$

式中，ρ 为相变储热材料的密度，单位为 kg/m^2；λ 为相变储热材料的导热系数，单位为 $W/(m \cdot K)$；T 为相变储热材料的温度，单位为 K；h 为相变材料的比焓，单位为 J/kg；γ 为相变材料的相变潜热，单位为 J/kg；T_m 为相变材料的相变温度点，单位为 K。

5.1.3 实验验证

热管理系统设计必须通过实验验证之后才能完成设计。实验验证可以分为四大类：性能测试、可靠性测试、安全性测试和寿命测试。

性能测试主要是用于验证热管理系统是否满足设计目标。对于冷却系统，当电池系统在特定温度环境运行特定工况时，一方面需要验证电芯的最高温度和电芯间的最大温差是否满足设计要求，另一方面还需要验证冷却系统的工质（空气、冷却液等）的流场分布和热场分布是否满足设计要求；对于加热系统，一方面需要验证电芯的升温速率和电芯间的温差是否满足设计要求,另一方面需要验证加热元件的流场分布(液热情况)和热场分布是否满足设计要求;对于保温系统,需要验证电池系统在特定低温工况下的降温速率是否满足设计要求。

热管理系统在安装和使用过程中,有可能会出现安装失效、振动、挤压或者穿刺等现象,进而造成热管理零部件不能提供相应的功能,在此情形下其可靠性得不到保证。因此,可靠性测试的主要目的就是模拟热管理系统在安装和使用过程中是否会出现功能失效的风险,进而采取合理的措施规避这些风险。

电池系统内部的热和电如果得不到有效的控制,会引起锂离子电池的提前失效。热管理系统在运行过程中会影响电池系统内部热和电的平衡,有时候影响的程度是比较大的,甚至会引起锂离子电池热失控。安全性测试的主要目的就是模拟热管理系统对电池内部热和电的影响,观察是否会危害到电池系统的安全。

5.2 冷却系统设计

在使用过程中,如果锂离子电池自身的温度过高,会造成锂离子电池的循环寿命急剧下降。图 5.6 所示为 Nissan Leaf 的温度、行驶里程与剩余容量的关系,从图中不难发现:不同环境温度下的剩余容量出现了分层,环境温度越高,剩余容量越小,Nissan Leaf 的剩余容量在很大程度上受到环境温度的限制。由于 Nissan Leaf 采用的是自然冷却方式,当它处在高温环境时,电池系统内部的锂离子电池的温度会高于环境温度,从而导致锂离子电池的循环寿命急剧下降,反映在 Nissan Leaf 上即为续驶里程在很大程度减小。

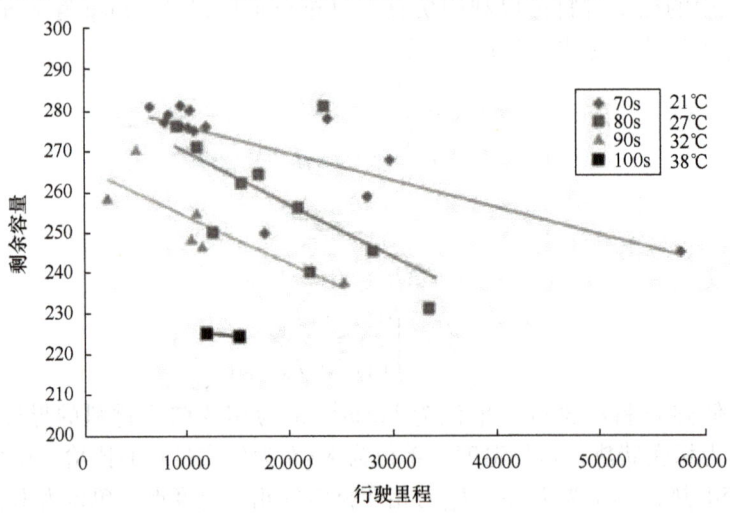

图 5.6　Nissan Leaf 寿命分析

高温除了会影响锂离子电池的循环寿命,还会危害到锂离子电池的安全。此外,电池系统内部锂离子电池之间的温差也是影响电池系统使用的一个非常重要的因素。研究表明,当温差超过 5℃时,系统的可用 SOC 差异可能大于 10%。此外,温差还会导致电池系统寿命一致性和发热一致性降低。由此可见,冷却系统对于保证电池系统循环寿命、热安全和一致性至关重要。

第5章 动力电池系统热管理

本节将首先对几种常见的冷却方式进行介绍,然后就如何根据实际的情况选择合适的冷却方式进行说明,最后对这几种常见的冷却系统的设计过程进行详细阐述。

5.2.1 冷却方式的选择

常用的冷却方式主要有四种:自然冷却、强制风冷、液冷和制冷剂直接冷却(简称直冷)。其中,自然冷却、强制风冷和液冷这三种冷却方式都是利用冷却工质流过热功耗表面时发生的对流换热将热量带走,过程中冷却工质没有发生相变。直冷则是冷却工质在冷板中发生相变,并利用相变吸热带走大量的热量。

表5.1列出了四种冷却方式的冷却效率的对比,从表中的数据不难看出,液冷和直冷的冷却效率比自然冷却和强制风冷高出几个量级。此外,除了冷却效率之外,还需要综合考虑冷却均匀性、结构设计、成本和能耗等因素。

表5.1 四种冷却方式的冷却效率对比

冷却方式	冷却原理	对流换热系数 /[$W/(m^2 \cdot K)$]	表面热流密度/(W/cm^2)(与环境温差10℃)
自然冷却	空气自然对流	5~25	0.005~0.025
强制风冷	空气强制对流	25~100	0.025~0.15
液冷	液体强制对流	500~15000	0.5~15
直冷	相变冷却(对流)	2500~25000	2.5~25

在热管理系统设计中,需要根据实际情况选择合适的冷却方式,以下将介绍一种冷却方式的选择方法,选择步骤如下:电池产热→最恶劣加热和冷却工况→仿真分析→温度及温差控制要求→防护等级、重量、成本等要求→选择合理的热管理方式。

5.2.2 自然冷却系统

自然冷却是利用空气的自然对流换热,将电池包、模组或单体电池的热量传递到周围空气中,从而在一定程度上降低电池单体的温度。由于空气的导热系数很低,且自然对流的流动也较弱,因此自然冷却的散热效率一般比较低。此外,当电池系统周围不存在其他热源时,温差也可以控制在较小的范围内。自然冷却方式虽然冷却效率较低,但这种方式的成本较低、所占的空间较小。在电池系统运行工况缓和、成本控制要求较高以及留给热管理系统的空间十分有限的情况下,自然冷却方式是一种可取的选择。

虽然自然冷却属于利用空气自然对流的一种被动冷却方式,但仍然需要进行设计。设计的思路一般是先将单体电池的热量从模组内部传导到模组外部,然后再将这些热量传导到箱体外部,而这其中是以模组的热设计最为重要。接下来将分别对方形模组、软包模组和圆柱模组的自然冷却设计进行探讨。

1. 方形模组

根据方形电芯的成组特点,一般在电芯与模组金属底板之间增加可以压缩的导热胶层,从而在电芯与模组金属底板之间建立一条传热效率较高的导热路径,并将电芯产生的热量传递到金属底板上,然后将热量传递到模组外部,如图5.7所示。

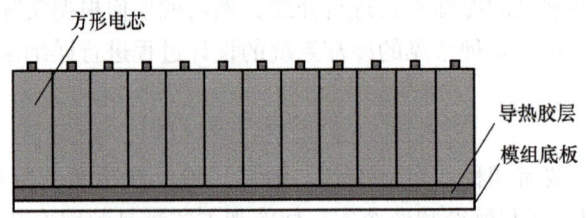

图5.7　方形模组热设计原理图

2. 软包模组

软包电芯的特点是厚度较小、宽度和长度比较大，因此会利用电芯的大面（即电芯宽度方向和长度方向形成的面）进行热设计。如图5.8所示，在两个软包电芯之间安装导热的金属板，并将电芯产生的热量传递到金属板，然后通过金属板将热量传递到模组外部。

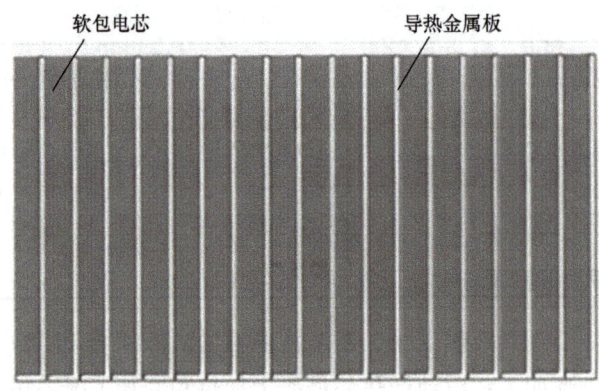

图5.8　软包模组热设计原理图

3. 圆柱模组

在成组过程中，圆柱电芯的正极和负极往往会与汇流排焊接，因此可以用于热设计的只有电芯的圆柱面。一般情况下，在成组过程中将电芯之间的间距保持在一定的值，并采用错排的方式进一步增加电芯的间距（图5.9），同时将模组的塑料外框镂空。这样，电芯产生的热量通过圆柱面传递到模组内部空气中，然后通过对流传递到模组外部。

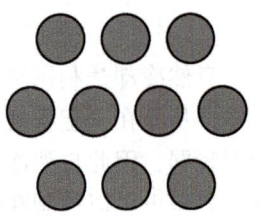

图5.9　圆柱模组热设计示意图

电芯产生的热量传递到模组外部之后，热量还在箱体内部，还需要通过箱体本身传递到箱体外部。在进行箱体设计时，需要优化模组与箱体之间的热量传递效率。相对于模组热设计来说，箱体的热设计较为简单，在此就不进行详细描述，有兴趣的读者可以参阅相关文献。

自然冷却的设计过程如果借助热流体仿真分析工具，则可以在设计时获取电池系统内部的温度分布，并为优化设计提供指导。图5.10所示为某电池系统的热流体仿真分析，该电池系统采用自然冷却方式进行散热，热设计目标为电芯的最大温升小于10℃，电芯之间的最大温差小于5℃。仿真结果表明：在电池系统运行特定工况时，箱体内部电芯的最大温升为7.5℃；电芯之间的最大温差为2.4℃，满足设计要求。

第5章 动力电池系统热管理

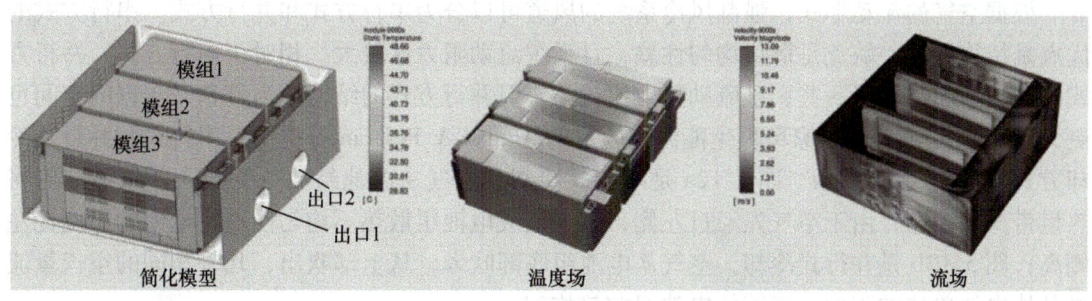

图 5.10　某电池系统温度分布云图（仿真分析）

5.2.3　强制风冷系统

强制风冷是通过风扇将空气引入箱体内部，空气在风扇的作用下，以一定的流速掠过模组或者电芯的外表面，并将电芯产生的热量散入环境空气中。

强制风冷方式常见于早期的纯电动乘用车、纯电动大巴以及储能系统，如丰田普锐斯和本田 Insight。2002 年，美国国家可再生能源实验室的 Kenneth J. Kelly 等对 2001 年款普锐斯和 2000 年款 Insight 的锂离子电池组热管理系统进行测试。测试结果表明这两款 HEV 对电池组的温度控制均能达到比较好的效果。研究人员还对普锐斯的冷却风扇进行了测试。普锐斯采用的冷却风扇有四种工作模式：停止、低速、中速和高速。风扇处于不同工作模式时，能耗不同，低速时能耗为 4～5W，中速时能耗为 17W。热管理系统根据电池组温度的不同使风扇以不同的模式进行工作，以降低散热系统的能耗。

强制风冷系统设计主要包括风道设计、风扇选型、冷却空气温度选择、风冷散热有限元仿真分析和测试验证等内容。

1. 风道设计

对于强制风冷系统设计来说，风道的设计是十分关键的。良好的风道设计不仅可以提高散热的均匀性，而且还可以降低系统的流动阻力。

从散热界面来看，强制风冷系统的风道可以分为电芯间隙风冷和电芯底部风冷。图 5.11a 所示为电芯间隙风冷原理图，冷风以一定速率流过电芯间隙并将电芯产生的热量传递到周围环境中。图 5.11b 所示为电芯底部风冷原理图，电芯产生的热量先通过导热的方式传递到电芯底部的冷却风道上，然后通过空气的强制对流换热将热量传递到周围环境中。上述两种风道各有优缺点：对于电芯间隙风冷来说，风道的设计过程相对来说比较简单，但系统的流动阻力往往比较大；对于电芯底部风冷来说，风道比较规则，因此系统的流动阻力比较小，并且可以在风道中设计散热翅片以强化换热。

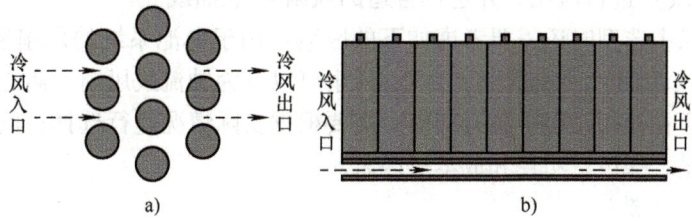

图 5.11　电芯间隙风冷和电芯底部风冷原理图

根据空气的流动形式，强制风冷系统的风道可以分为串行方式和并行方式。串行方式的优点是结构简单，缺点是散热均匀性差，且系统流动阻力比较大。相对于串行方式，并行方式的散热均匀性更好一些，且流动阻力比较小，但并行方式的结构较为复杂，占据的空间也更大。1999 年，美国国家可再生能源实验室的 Ahmad A. Pesaran 等提出了串行式和并行式冷却方式，如图 5.12 所示。图 5.12a 是串行式冷却，空气从电池组的一侧吹入，从另一侧将热量带离电池箱，由于空气先经过左侧，容易造成电池组散热不均匀使右侧电池的温度比左侧高；图 5.12b 是并行式冷却，空气从电池组底部吹入，从上部吹出，几乎相同的空气量流过各块电池单体的表面，能够使电池组散热均匀。

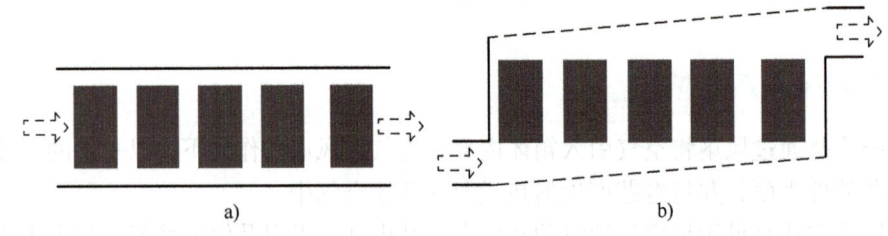

图 5.12　串行式和并行式冷却方式

如图 5.13 所示，建立二维模型模拟了串行式和并行式的冷却效果。在其他条件相同的情况下，并行冷却比较均匀，电池组中最大温度差为 8℃，而采用串行冷却时，虽然电池组的最低温度有所下降，但是电池组中温度差高达 18℃，因此并行冷却方式在降低最高温度和减少电池组温差方面有明显的优势。

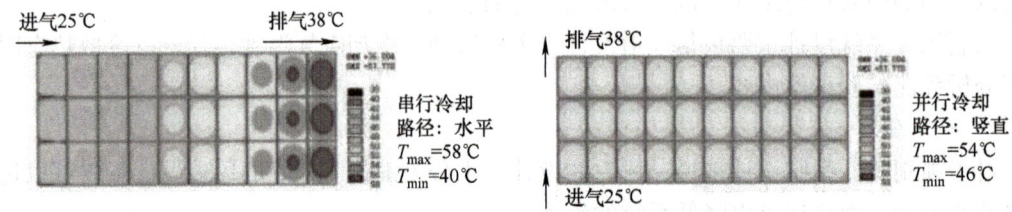

图 5.13　串行式和并行式冷却效果的二维模型模拟

2. 风扇选型

在强制风冷系统设计过程中，除了设计冷却风道之外，选择合适的风扇也非常重要。

对于风扇的选型，最重要的是所选用的风扇必须能够提供足够的升力以保证系统有足够的冷却空气流量。一般情况下，工程师可以借助热流体仿真分析工具，对冷却风道进行流场分布的仿真，并提取出冷却风道的阻力特征曲线，然后将阻力特征曲线与风扇的压力-流量曲线（即 P-Q 曲线）进行对比，并选择合适的风扇 P-Q 曲线。

除此之外，风扇选型时还需要考虑如下的因素：用于电池系统的风扇通常是直流供电，电压一般为 12V 或者 24V；根据运行方式，风扇可以分为轴流式风扇、离心式风扇和混流式风扇，这三种风扇在使用过程中各有利弊，需要根据实际情况进行选择；此外，还需要考虑风扇的尺寸、重量、噪声、功耗和成本等因素。

3. 冷却空气温度选择

用于冷却电池系统的空气，可以是从环境中引入的，也可以是经过热交换器冷却而后引入的。这两种方式的差别很明显：第一种方式的成本和能耗较低，但散热效率也较低；第二种方式的散热效率相对来说较高，但增加了成本和能耗。

图 5.14 所示为第二种方式的工作原理：环境中的空气经过整车空调冷却之后进入乘员舱，随后通入电池系统对电池包进行冷却，最后通过风扇将其排入环境空气。一般情况下，夏天乘员舱的温度在 20～25℃ 范围内，引入电池系统风道的冷却风约为 22℃，而环境空气的温度可以达到 35～40℃，因此不难发现第二种方式的冷却效果明显优于第一种方式。

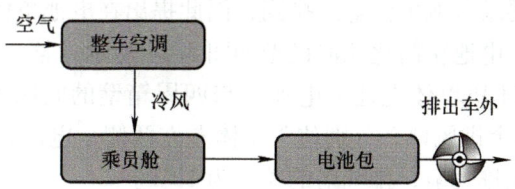

图 5.14　第二种方式的工作原理图

4. 风冷散热有限元仿真分析

（1）有限元仿真流程　电池热模型可以描述电池生热、传热、散热的规律，能够实时计算电池的温度变化；基于电池热模型计算的电池温度场，不仅能够为电池组热管理系统的设计与优化提供指导，还能为电池散热性能的优化提供量化依据。

基于传热学原理，电池传热模型可简化为在不同边界条件下，单体电池本体、铜铝极柱以不同的生热速率生热；热量一部分经由电池外壳传到周围空气中，传导至空气中的热量表现为单体电池表面传热系数；另一部分用来给单体电池自身加热升温。研究方法如图 5.15 所示。

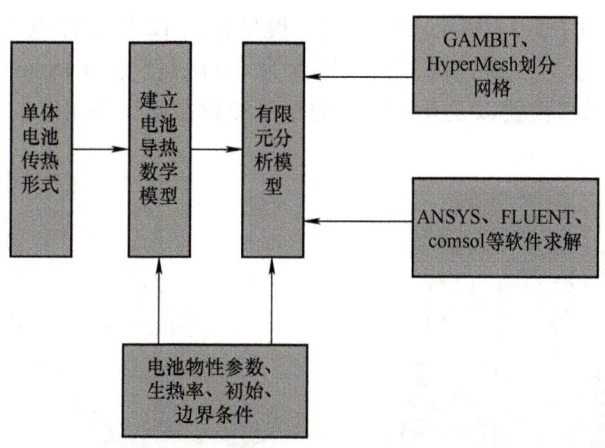

图 5.15　电池热模型研究方法

在电池散热方面，利用 FLUENT 或者 ANSYS 软件，进行流体流动与传热的模拟计算；利用 GAMBIT 或者 HyperMesh 等软件，进行流动区域几何形状的构建、边界类型以及网格的生成，并输出用于上述软件求解器计算的格式。利用求解器对流动区进行求解计算，并进行计算结果的后处理，求解的步骤如下：

1）确定几何形状，生成计算网格（GAMBIT 或者 HyperMesh）。

2）输入并检查网格、选择求解器和求解的方程：层流或湍流（或无黏流），化学组分或化学反应，传热模型等。

3）确定流体的材料物性、边界类型及边界条件。

4）流场初始化、求解计算。

5）保存结果，进行后处理等。

（2）电池组几何模型　本节以电池组为研究对象，由于对象电池组整合有宽线金属膜的加热功能，在结构上要求电池单体叠压排列，因此提出在电池单体间加装开槽铝板的方式改善电池组的散热效果。电池箱简化几何模型如图 5.16 所示，整个电池箱包括 48 块单体电池，分为两列，每列有 24 块单体电池，电池组与四周箱壁的间隔为 15mm，两列电池之间间隔 30mm；电池箱有四个进风口，分别位于箱体左右两侧，电池箱顶部两个圆形开口为出风口，出风口安装离心式排气扇，排气扇的功率为 12W。

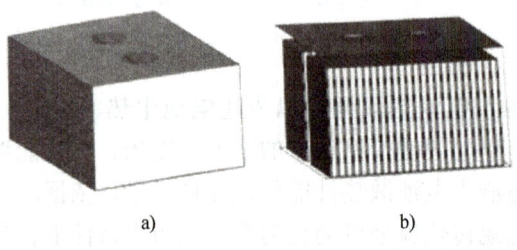

a)　　　　　　　　b)

图 5.16　电池箱简化几何模型

由于电池箱具有对称性，故为了减少模型的计算量，在建立电池组散热模型时，采用四分之一电池箱建模，如图 5.17 所示。四分之一模型包括 12 块单体电池、1 个进风口和 1/2 个出风口。图 5.18 所示为开槽铝板，铝板厚度为 5mm，槽宽为 15mm，槽数为 5，槽深为 4mm。电池箱的进出风口位置以及开槽铝板的相关参数在此只是初定，后续将进行优化。

　　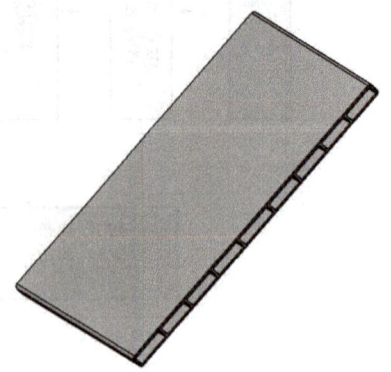

图 5.17　四分之一电池箱模型　　　　图 5.18　开槽铝板

（3）电池组流场选择　电池箱采用离心式排气扇，从人口吸入冷却空气对电池组进行强制散热。强制对流分为层流和湍流两种，其区别在于惯性输送与黏性输送的比值，可采用雷诺数（Re）进行判别。Re 是描述流体惯性力和黏性力之比的无量纲参数，即

$$Re = \frac{\rho L V_0}{\mu} \tag{5.24}$$

式中，μ 为流体的动力黏度；ρ 为流体密度；L 为特征尺度；V_0 为流体流动速度。

如果 $Re < 2000$，则流体为层流状态；如果 $Re > 4000$，则流体为湍流状态；如果 $2000 < Re < 4000$，则流体为过渡状态。在其他条件确定时，Re 越大，换热性能越好。在 20℃ 时，空气的黏度为 $1.808 \times 10^{-5} \mathrm{Pa \cdot s}$，密度为 $1.17 \mathrm{kg/m}$，风速为 $1 \mathrm{m/s}$，电池箱中散热空气的 Re 远大于 4000，所以散热模型的对流类型为湍流。本书将采用湍流标准两方程 k-ε 模型，k 表示湍流运动能量，ε 表示湍流运动能量扩散的速度。

湍流黏度可通过式（5.25）计算：

$$\mu_1 = C_\mu \frac{k^2}{\varepsilon} \tag{5.25}$$

湍流动能 k 方程：

$$\frac{\partial(\rho k)}{\partial t} + \frac{\partial(\rho U_i k)}{\partial x_i} - \frac{\partial}{\partial x_i}\left[\left(\mu + \frac{\mu_t}{\sigma_k}\right)\frac{\partial k}{\partial x_i}\right] = G_k - \rho \varepsilon \tag{5.26}$$

湍流动能耗散 ε 方程：

$$\frac{\partial(\rho \varepsilon)}{\partial t} + \frac{\partial(\rho U_i \varepsilon)}{\partial x_i} - \frac{\partial}{\partial x_i}\left[\left(\mu + \frac{\mu_t}{\sigma_\varepsilon}\right)\frac{\partial \varepsilon}{\partial x_i}\right] = \frac{C_{1\varepsilon} \varepsilon}{k} G_k - C_{2\varepsilon} \rho \frac{\varepsilon^2}{k} \tag{5.27}$$

式中，U 下角标的 i 为 1、2、3，分别表示 x、y、z 三个方向的速度；x_i 代表 x、y、z 三个坐标方向；σ_k 和 σ_ε 分别表示湍流动能和动能耗散率的有效 Prandtl 数，常取 1 和 1.3；C_μ、$C_{1\varepsilon}$ 和 $C_{2\varepsilon}$ 均为经验常数，分别取 0.09、1.44 和 1.92；G_k 表示由于平均速度梯度产生的湍流动能生成量。

（4）电池组稳态散热仿真计算　电池组稳态散热仿真是指在初始条件和边界条件一定的情况下，电池组持续放电，求解电池组生热与冷却空气散热达到平衡之后的稳态温度。该仿真结果能够反映电池组内部温度分布的最终趋势，能够为电池箱结构的优化提供依据。

1）初始条件与边界条件确定。具体方法如下：

① 初始条件：进行稳态散热计算时，假定电池组的初始温度为 20℃，环境温度保持为 20℃，入口冷却空气温度为 20℃。

② 边界条件：对于流场，电池箱有四个 100mm×60mm 的进风口和两个直径为 90mm 的出风口，出风口安装 DC 12W 离心式排气扇，电压为 12V，工作电流为 1.2A，风量为 25.43CFM。模型将入口边界条件设置为速度入口，出口边界条件设置为压力出口。

2）计算结果及分析。图 5.19 所示为电池箱散热模型稳态仿真计算给出的电池组以 2C 倍率放电最终形成的温度分布，整个电池箱的温度范围为 294~320K（21~47℃），锂离子电池组的温度范围为 304~320K（31~47℃）。虽然锂离子电池在此温度下能够安全工作，但是从图 5.19 中可以

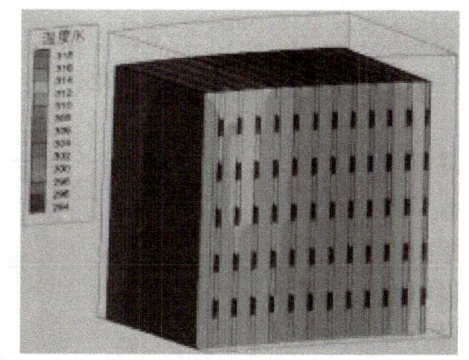

图 5.19　电池组表面温度分布

看出，电池组温度分布不均匀，正对进风口位置的电池温度较低，远离进风口位置的电池温度较高。电池组切面温度分布如图5.20所示，从图中可以明显看出电池组中部位置温度偏高。电池箱内部散热空气流场的剖面图如图5.21所示。

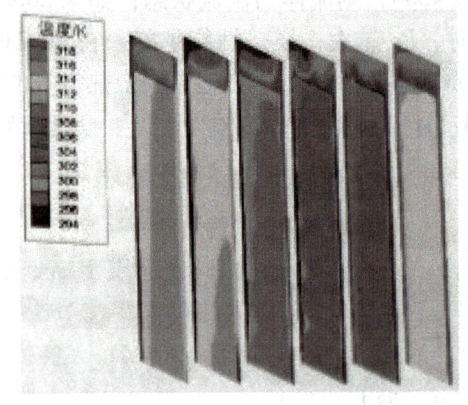

图5.20 电池组切面温度分布

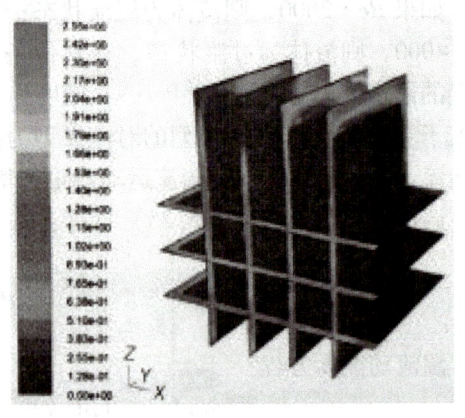

图5.21 电池箱内部散热空气流场剖面

12块单体电池的平均温度、最低温度和最高温度曲线如图5.22所示。电池编号顺序按照从电池箱壁开始至对称面，分别为1~12号电池，即从图5.19中右侧开始排列，后续电池编号也按此方式排列。5号电池的最高温度和平均温度最大，1号、11号和12号电池的最高温度和平均温度最小，主要是因为这几块电池分别位于进风口和风道位置。各单体电池平均温度的最大温差为5.6K，整个电池组的最大温差为16.23K。

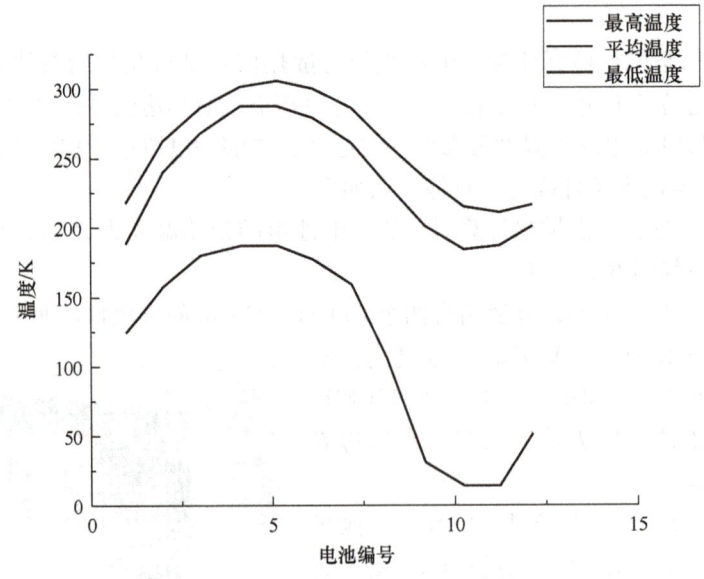

图5.22 各单体电池温度分析曲线

5. 测试验证

风冷系统设计完成之后，需要进行一系列的测试，这些测试可以归纳为功能性测试、可靠性测试和安全性测试。功能性测试主要是验证电芯的温升和风道内部的流速等参数是否与

第5章 动力电池系统热管理

设计相符;可靠性测试主要是验证风道、风扇和风扇控制模块在电池系统寿命周期内是否能够可靠地运行;安全性测试主要是验证风冷系统零部件失效时是否引起安全风险。

本节对强制风冷系统的设计流程进行了简单的介绍。综合来看,强制风冷系统的散热效果较自然冷却有明显的提升,但远比不上液冷,此外强制风冷的冷却均匀性也比较差。从结构设计的角度来看,强制风冷需要设计风道,增加风扇,系统的复杂程度也比较高,而且加入风扇使电池系统的密封性很难兼顾。

5.2.4 液冷系统

随着用户对电动汽车性能的要求提高,主机厂对动力电池系统的功率性能和快充性能的要求也越来越高,伴随而来的就是对电池系统冷却设计要求的提高。在大倍率充放电工况下,传统的自然冷却和强制风冷往往不能满足散热要求,而散热效率更高的液冷方式成为工程师关注的焦点,越来越多的工作正在投入到液冷系统的开发中。

根据模组结构分析模组冷却及加热传热路径,明确总体设计思路,通常传热路径为两种:一种是加热和冷却部件位于模组底部,另一种是加热和冷却部件位于模组侧部。在进行液冷系统回路设计时一般遵循"多并少串"原则,降低系统温差与压降;加热膜设计遵循PTC并联设计原则,硅胶加热片及PI加热膜遵循串联设计的原则。

根据电池系统的模组布置方式、空间限制、成本及重量要求等方面选择液冷板(如口琴管钎焊液冷板、冲压板钎焊液冷板或搅拌摩擦焊液冷板等)和加热片(如PTC加热片、硅胶加热片或PI加热膜等)形式。并考虑箱体内其他零部件及液冷系统零部件可用布置空间,设计排布液冷系统,主要包括液冷板、管路及接头、导热垫、支撑垫、温度传感器、加热片、防爆阀等初步排布,初步评估方案设计可行性。

通常我们所说的液冷系统指的是电池系统内部的液冷系统,其实一套完整的液冷系统不仅包括电池系统内部的液冷系统,还包括电池系统外部的液冷系统。图5.23所示为一套完整液冷系统的工作原理图:电芯产生的热量通过电池系统内部液冷系统被带出电池系统,然后进入电池系统外部液冷回路中,紧接着这部分热量通过换热器传递给整车空调系统,最后通过整车空调系统将这部分热量传递到环境空气中。

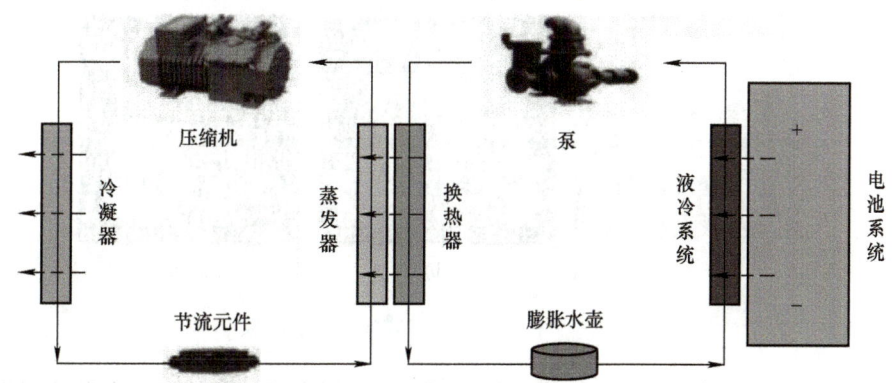

图5.23 电池包液冷系统和整车热管理系统

对于电池系统设计来说,往往关注的是电池系统内部的液冷系统。本节将依次从液冷工质、液冷板焊接方式、模组热设计和液冷系统设计流程四个方面入手,对电池系统内部的液冷系统设计进行详细的描述。在本节最后,为读者介绍两种较为特殊的液冷设计。

1. **液冷工质**

液冷工质是液冷系统的工作介质,对于动力电池系统来说液冷工质十分重要。在选择液冷工质时,需要从传热能力、黏度、使用温度范围、电绝缘性、腐蚀性、可燃性、环保性和费用等方面综合考虑。表5.2列出了几种常见液冷工质的物理属性(25℃)。根据液冷工质电导率不同,在使用过程中,液冷工质可以分为直接接触式和间接接触式。直接接触式的液冷工质可以与电芯直接接触并将热量散入工质中,硅油和蓖麻油属于直接接触式液冷工质;间接接触式的液冷工质不能直接与电芯接触,通常需要利用金属容器进行盛装,并利用金属容器与电芯进行接触从而将热量散入工质中,且金属容器与电芯之间需要添加绝缘层,水和乙二醇溶液属于间接接触式液冷工质。

表5.2 几种常见液冷工质的物理属性(25℃)

液冷工质	导热系数/[W/(m·K)]	动力黏度/Pa·s	冰点/℃	沸点/℃	电导率/(μS/cm)
水	0.611	1.01×10^{-3}	0	100	150~300
去离子水	0.611	1.01×10^{-3}	0	100	≤0.5
乙二醇溶液	0.423	1.2×10^{-3}	-24	105	0.1
硅油	0.152	48×10^{-3}	-50	101	10^{-10}
蓖麻油	0.18	6.8×10^{-3}	-12	313	$<10^{-10}$

2. **液冷板焊接方式**

一般情况下,在电池系统中,用于盛装间接接触式液冷工质的金属容器称为液冷板。液冷板一般是由铝型材通过模组挤出或者冲压的金属管或者金属板,经过焊接成型的。根据实际情况,采用的焊接方式也有所不同,常见的铝型材焊接有钎焊、搅拌摩擦焊和无料钎焊三种。图5.24a所示为通过钎焊工艺成型的液冷板,图5.24b所示为通过搅拌摩擦焊工艺成型的液冷板,图5.24c所示为通过无料钎焊工艺成型的液冷板。

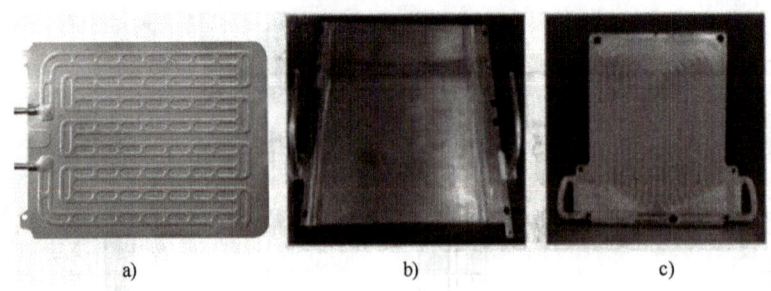

图5.24 三种不同焊接方式成型的液冷板

这三种焊接方式应用于液冷板焊接,各有利弊。钎焊常见于传统的汽车散热器焊接,它是利用液态钎料润湿母材、填充接头间隙并与母材相互扩散以连接焊件。钎焊可以完成十分复杂的焊接结构,且焊件的厚度可以做到非常薄,这对于液冷板减重来说十分有利。搅拌摩擦焊是利用焊头与工件端面相互运动、相互摩擦所产生的热,使端部达到热塑性状态并完成焊接的一种方法。这种焊接方式要求焊件自身有足够的强度，一般铝型材的壁厚不小于 2mm，因此这种焊接方式成型的液冷板自身具备足够的支撑力，可以作为结构件使用；但液冷板的厚度和重量都比较大。无料钎焊是在钎焊的基础上发展而来的，这种焊接方式成型的冷板厚度和重量都可以做到比较小，对于箱体内部尺寸和轻量化要求高的情况有较大的优势。

表5.3 列出了三种焊接方式成型的液冷板的厚度和应用情况：从厚度方面来看，无料钎焊成型的液冷板的厚度最小，其次是钎焊成型的液冷板，最厚的是搅拌摩擦焊成型的液冷板；从当前的应用来看，钎焊的应用相对来说多一些，本节也将以钎焊成型的液冷板作为描述的重点。

表 5.3 三种焊接成型液冷板对比

项目	钎焊	搅拌摩擦焊	无料钎焊
液冷板厚度	3~6mm	8~10mm	0.8~1.2mm
应用	之诺、帝豪、Tesla	荣威 E50	雪佛兰 Volt

3. 模组热设计

对于液冷系统设计来说，模组的设计尤为重要，它是液冷系统设计的基础，因此需要重点关注。本小节将对三种类型的模组设计进行简单的描述。

（1）方形模组 对于方形模组来说，一般会采用电芯的底面作为热设计的界面，液冷系统设计也是如此。如图 5.25 所示，电芯产生的热量通过底面传递到导热胶层，然后传递给液冷系统并最终散入环境中。

（2）软包模组 目前软包模组的液冷设计有两种方式：一种方式是在电芯之间增加导热金属板，导热金属板折弯并与液冷板接触，电芯产生的热量先传导

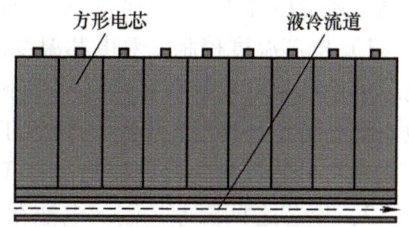

图 5.25 方形模组液冷设计

到金属板上，然后通过金属板传递给液冷系统并散入环境中；另一种方式是在软包电芯之间安装液冷板，如图 5.26 所示，目前雪佛兰 Volt 就是采用这种方式。

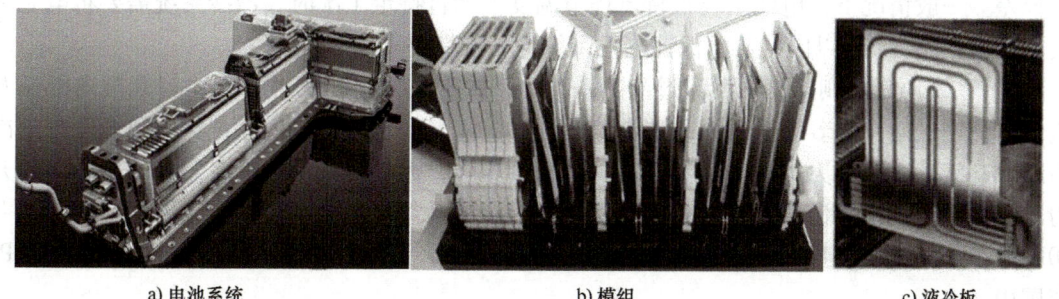

a) 电池系统　　b) 模组　　c) 液冷板

图 5.26 雪佛兰 Volt 液冷系统

（3）圆柱模组 目前圆柱模组的液冷设计基本都是采用 Tesla 这样的模组，如图 5.27 所示，即采用"蛇"形的钎焊液冷板缠绕圆柱电芯的圆柱面，电芯产生的热量通过电芯的圆柱面传递给液冷系统，然后通过液冷系统将热量散入环境中。

图 5.27　Tesla 冷却系统

4. 液冷系统设计流程

整个液冷系统设计的流程可以分为明确设计目标、系统总体方案设计、传热路径设计、液冷回路设计、液冷板设计、冷却策略设计、机械结构设计、液冷仿真分析和测试验证。本小节将对该流程进行一一描述。

（1）明确设计目标　在进行液冷系统设计之前，明确系统设计的目标十分有必要。对于一个相对完整的液冷系统，它的设计目标至少包括 7 部分：电芯温度控制、电芯之间温差控制、系统压降控制、空间限制、质量限制、可靠性要求和安全性要求。

1）电芯温度控制。对电芯温度的控制，主要是从保证电芯循环寿命要求出发的，即将电芯的最高温度控制在特定温度之下，才能保证电池系统的循环寿命要求。一般情况下，电池系统在特定环境温度下运行特定工况时，液冷系统需要将电芯自身的温度控制在 45℃ 以下或者将电芯自身的温升控制在 10℃ 以下，从而保证电池系统的循环寿命要求。

2）电芯之间温差控制。电池在充电、放电和静置等过程中的电化学反应和自放电反应速率都会受到电池温度的影响。当电池系统中的电芯之间出现温度不均衡时，电池的电化学反应和自放电反应的速率也会出现不均衡，这种不均衡会导致电池单体间的循环寿命、容量和内阻出现差异。因此，应根据寿命一致性要求和 BMS 控制的要求确定电芯之间允许的最大温差。一般情况下，电池系统在特定环境温度下运行特定工况时，液冷系统需要将电芯之间的温差控制在 5℃ 以内，从而保证电池系统的一致性要求。

3）系统压降控制。冷却液流过液冷系统时，由于流体存在黏性，流体与管槽内壁以及流体与流体之间存在着摩擦阻力，这会消耗一部分能量。这一部分能量消耗主要表现为液冷系统冷却液进出口压力下降。为了补充这一部分压降，循环液回路中的泵需要提供相应的升力。液冷系统的压降值需要根据泵的扬程来确定，在大多数情况下系统的压降控制在 20 ~ 30kPa 范围内，但对于采用圆柱电芯的电池系统来说，它的液冷系统的压降会在 60 ~ 70kPa 范围内。

4）空间限制。对于液冷系统来说，电池系统内部预留的空间是有限的，尤其是在乘用车上，因此液冷系统的空间紧凑性对于电池系统来说也相当重要。从厚度上来看，钎焊的液冷板一般为 3 ~ 6mm，搅拌摩擦焊的液冷板一般为 8 ~ 10mm，无料钎焊的液冷板一般为 0.8 ~ 1.2mm，因此从空间紧凑性上考虑，应该是无料钎焊液冷板最优，其次是钎焊液冷板，最后是搅拌摩擦焊液冷板。然而这个结论并不是普适的，它只是在某些特定的情况下才成立,即只有在液冷板采用双模组或双电芯夹持固定的情况下才成立。当采用其他方式固定时,搅拌摩擦焊液冷板本身可以承重,不需要增加支撑结构,而钎焊液冷板和无料钎焊液冷板一般不能承重,需要增加支撑结构,在这种情况下,采用搅拌摩擦焊成型的液冷系统的空间紧凑性更优。

对于空间限制的设计目标,一般没有定量的值,通常需要根据实际情况,在设计过程中选择合适的焊接成型工艺,同时液冷系统的设计与模组、箱体结构和高低压线束的设计进行相互配合。

5)质量限制。在电池系统轻量化要求越来越严苛的情况,液冷系统的质量限制也尤为重要,甚至比空间限制更为重要。表5.4列出了某电池系统分别采用三种焊接成型方式时液冷系统的质量,不难发现搅拌摩擦焊成型的液冷系统的质量大于钎焊,质量最小的是无料钎焊。

表5.4 三种焊接成型液冷系统质量对比

项目	钎焊	搅拌摩擦焊	无料钎焊
质量/kg	15	35	5

表5.4中列出的质量值只针对特定的电池系统,但它可以作为定性的借鉴,在液冷系统设计过程中可以结合其他设计目标选择合适的焊接成型工艺。

6)可靠性要求。目前,客户对于电动汽车寿命的要求一般是8年或15万km,个别情况下要求可能会更高。基于这个背景,液冷系统也需要保证在电动汽车全寿命期内,所有零部件能够正常运行。

7)安全性要求。对于液冷系统,它的安全性的重要程度毋庸置疑。对液冷系统安全性的要求主要为泄漏风险管控、绝缘防护、阻燃要求等。

(2)系统总体方案设计 液冷系统总体方案设计在整个电池系统设计过程中起到承上启下的作用。一方面,液冷系统作为电池系统的一个子系统,它的总体方案设计需要与电池系统的方案设计匹配,并与电池系统方案设计同步完成;另一方面,液冷系统总体方案作为各液冷子系统和液冷零部件的总括,它需要保证所有液冷子系统和液冷零部件能协同动作。一般情况下,液冷系统的总体方案需要包括传热路径概念设计、液冷回路概念设计、液冷板概念设计、冷却策略概念设计、机械结构概念设计等。

在总体方案确定之后,需要对传热路径、液冷回路、液冷板、冷却策略、机械结构等进行详细设计,下面将对这些详细设计进行一一描述。

(3)传热路径设计 一般情况下,液冷系统的传热过程可以归纳成三条传热路径:第一条是热量从电芯内部传递到电芯外表面;第二条是热量从电芯外表面传递到液冷板冷却表面;第三条是热量从液冷板冷却表面传递到电池系统外部。

上述三条传热路径是串联的关系,因此需要对这三条传热路径进行逐一的优化设计,从而使整个系统的传热效率达到最优。但一般来说,第一条路径是在电芯设计阶段完成的,不作为本节讨论的对象,第二条路径和第三条路径则是液冷系统设计所需要重点关注的。

第二条路径的优化设计即为模组的优化设计,上述内容中分析了三种类型模组的热设计,读者可以此作为参考进行第二条传热路径的优化设计。

第三条路径的优化设计则主要体现在液冷回路设计和液冷板设计上,下面将对这两部分内容进行逐一描述。

（4）液冷回路设计　整个液冷系统往往由若干个并联的回路组成，冷却液从液冷系统入口流入，随后分流并流过并联回路，最后汇流并从液冷系统出口流出。图 5.28a 所示为雪佛兰 Volt 的液冷回路，图 5.28b 所示为雪佛兰 Volt 的液冷回路原理图，从图中不难发现，该液冷系统采用的是并联模式，每一块液冷板接入主干路并通过连接形成一个并联回路。

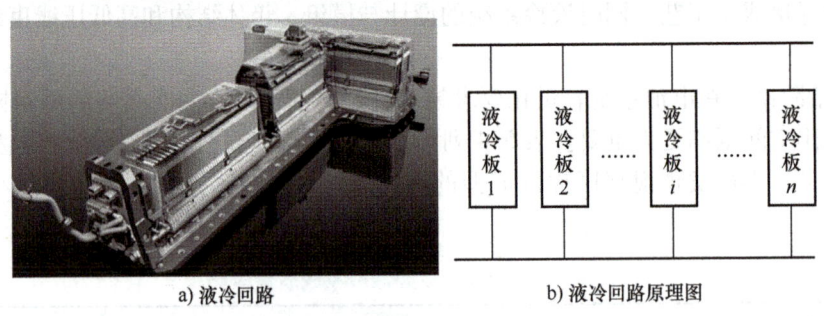

a）液冷回路　　　　　　b）液冷回路原理图

图 5.28　雪佛兰 Volt 液冷回路

为了便于分析，先将所有并联的回路命名为：并联回路 1、并联回路 2、并联回路 i、…、并联回路 n。对于任一确定的并联回路，回路中所有电芯的总发热功率是确定的，则可以根据以下公式粗略估算出第 1~n 个液冷回路所需要的冷却液流量 $Q_1, Q_2, \cdots, Q_n$。

$$Q = \frac{\dot{q}}{\rho c_P \Delta T}$$

式中，$\dot{q}$ 为并联回路中所有电芯的发热功率；ρ 为冷却液的密度；c_P 为冷却液的比热容；ΔT 为冷却液的温升。

为了保证并联回路之间冷却的均匀性，理论上，第 1~n 个液冷回路所需要的冷却液流量比应该等于 $Q_1:Q_2:\cdots:Q_n$。实际设计中可以将 n 个并联回路之间流量比的偏差控制在 10% 以内。

（5）液冷板设计　对于每一个并联回路，可能存在着 m 个串联的液冷板，将这 m 个串联的液冷板命名为串联液冷板 1、串联液冷板 2、…、串联液冷板 j、…、串联液冷板 m。图 5.29 所示的是某液冷系统的一个串联回路，该条回路由三个串联的液冷板组成。

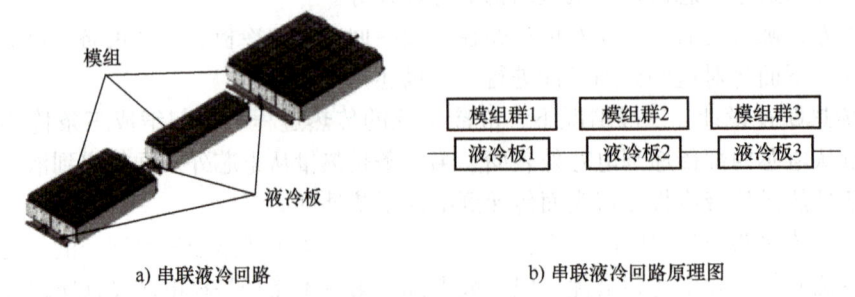

a）串联液冷回路　　　　　　b）串联液冷回路原理图

图 5.29　串联液冷回路

为了保证并联回路内部冷却的均匀性，需要对液冷板与冷却液接触的面积（称为冷却面积）进行设计，接下来介绍一种冷却面积的设计方法。

第5章 动力电池系统热管理

$$\rho_M V_M c_{P_M} \frac{\Delta T_M}{\Delta t} = P_M - hS(T_W - T_{ref}) \tag{5.28}$$

式中，ρ_M 为液冷板作业区域所有零部件的平均密度；V_M 为液冷板作业区域所有零部件的总体积；c_{P_M} 为液冷板作业区域所有零部件的平均比热容；ΔT_M 为液冷板作业区域电芯的最大温升；P_M 为液冷板作业区域所有电芯的发热功率；h 为液冷板中冷却液的对流换热系数；S 为冷却面积；T_W 为液冷板上与冷却液接触面的温度；T_{ref} 近似为冷却液入口温度。

式（5.28）中，h、T_W 和 S 是未知的变量，其中 S 为待求的设计参数。对于确定的流动情况，对流换热系数 h 是基本确定的，h 可以通过式（5.29）来近似计算。T_W 则可以根据发热功率 P 和导热路径的情况进行计算。在确定 h 和 T_W 之后，则可以通过式（5.28）计算出冷却面积。

$$h = \frac{\lambda}{d} 0.023 Re_f^{0.8} Pr_f^{0.3} \tag{5.29}$$

式中，λ 为冷却液的导热系数；d 为流道的当量直径；Re_f 为雷诺数；Pr_f 为普朗特数。

（6）冷却策略设计　在实际的运行过程中，出于节省能耗的考虑，外部液冷系统的空调和电子泵并不是常开的，它们的开启和关闭一般是根据电芯的实际温度来确定的。当电芯的温度高于一定温度时，为了将电芯的温度控制在设计目标之内，需要开启空调和电子泵；当电芯的温度低于一定温度时，此时电芯的温度一般会是下行趋势，出于节省能耗的考虑，会关闭空调和电子泵。

由于热惯性的存在，一般情况下空调和电子泵开启时电芯的温度低于液冷系统的设计目标，而空调和电子泵关闭时电芯的温度低于其开启时电芯的温度。当电芯温度高于某个温度时开启空调和电子泵以及低于某个温度时关闭空调和电子泵，即为液冷系统的冷却策略。冷却策略的设计一般根据系统温升目标，先通过仿真分析验证，再进行实验验证。

冷却策略的设计流程如下：首先将初步设计的冷却策略输入 CFD 仿真模型中，经过数值计算可以获得整个热场和流场随时间变化的曲线；接着从仿真结果中提取出电池的最大温升、电池间的最大温差和能耗等数据；将这些数据与设计目标进行比较，如果满足设计目标，则进行测试验证，如果不满足，则需要根据仿真结果调整冷却策略；然后将新的冷却策略输入 CFD 模型中去，直至测试验证满足设计要求。

（7）机械结构设计　对于液冷系统设计来说，系统方案设计、传热路径设计、液冷回路设计、液冷板设计和冷却策略设计属于软件层面的设计，它们得以实现的硬件基础是机械结构设计。接下来将从液冷板安装、管路连接和管路固定这三个方面来介绍液冷系统的机械结构设计。

1）液冷板安装。在液冷系统设计中，需要对冷却界面（即液冷板与模组或者电芯的接触面）的接触热阻进行控制。一般来说，控制的方法有多种，但所有的方法都有一个共同点，即在液冷板与模组或者液冷板与电芯之间施加一个合适的预紧力，从而保证二者接触良好。因此，液冷板安装的关键就是如何提供合适的预紧力。

对于具备承重能力的液冷板来说，提供这个预紧力比较简单，常用的做法是将模组直接安装在液冷板上，通过模组的重量和螺栓预紧来提供合适的预紧力。

对于不具备承重能力的液冷板来说，一般不能通过模组重量和螺栓预紧这种方式来提供预紧力。对于这种类型的液冷板,常见的安装方式有两种:第一种是夹持安装,包括双模组夹持和双电芯夹持两种安装方式;第二种是弹性支撑结构。

图5.30所示为双模组夹持安装的液冷板,这种安装方式是将两个模组相对平放,然后将液冷板夹持在两个模组的底面之间;图5.31所示为双电芯夹持安装结构,这种安装方式是将液冷板夹持在两个电芯(方形电芯和软包电芯)的大面之间。总体来说,夹持安装方式使液冷板的两个表面均得以利用从而提高了液冷板的利用效率,并且没有增加额外的支撑结构件,在某些情况下是一种较为可取的安装方式。

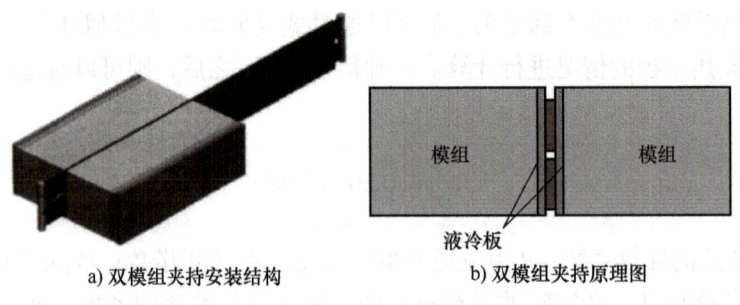

a) 双模组夹持安装结构　　　b) 双模组夹持原理图

图5.30　双模组夹持安装

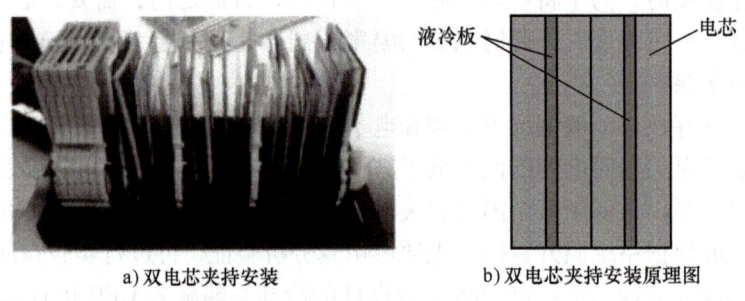

a) 双电芯夹持安装　　　b) 双电芯夹持安装原理图

图5.31　双电芯夹持安装

当模组立放于电池箱内时,液冷板贴在模组底面,由于Z向振动和冲击的存在,液冷板的支撑结构必须具备弹性,进而缓冲Z向的振动和冲击。

2)管路连接。整个液冷系统是由液冷板之间的串并联组合而成,通过管路连接来实现的。管路连接主要包括三部分内容:管、连接和密封。

液冷系统中常用的管有硬管和软管两种。硬管是通过铝型材挤出,并通过模具折弯成型。一般情况下,铝管的厚度大于1mm,冷却液在铝管处泄漏的风险不大。但铝管的使用还是要注意两个风险点:一是腐蚀,一般的冷却液都是乙二醇溶液,它对铝管内壁具有一定腐蚀性,长期使用会有一定的风险;二是铝管折弯并不是没有限制,一般这个折弯半径需要根据铝型材的延展率和铝管的外径确定。

软管一般有两种:一种是橡胶管,通常采用三元乙丙橡胶(ethylene propylene diene monomer, EPDM);另一种是尼龙管(polyamide, PA)。软管在使用过程中要特别注意两个风险点:一是软管本身的老化,这一点需要通过老化实验进行验证;二是软管连接的可靠性,这一点同样需要通过实验进行验证。

连接主要包括硬管、软管和液冷板之间的连接、分流和汇流,图 5.32a 和图 5.32b 所示分别是硬管与软管连接和分流。液冷系统中常见的连接主要有如下几种:第一种是软管与硬管之间的连接,一般情况下,EPDM 软管与硬管连接时用卡箍或者快插接头加卡箍,尼龙软管与硬管连接时用胀接或者快插接头加胀接;第二种是软管与液冷板的连接,一般情况下,EPDM 软管与液冷板连接时用卡箍或者快插接头加卡箍,尼龙软管与液冷板连接时用快插接头加胀接;第三种是分流或者汇流时的连接,分流和汇流一般是采用三通来实现,三通和软管的连接一般为卡箍或者胀接。值得特别注意的是,连接是液冷系统泄漏最主要的风险点,因此连接的安全可靠性是至关重要的,需要经过验证才可以使用。

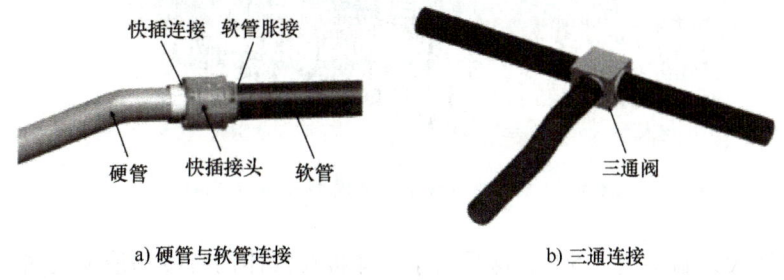

a) 硬管与软管连接　　　　b) 三通连接

图 5.32　管路连接和分流

液冷系统穿出电池箱体与外部液冷系统连接时,需要保证箱体的密封性能,一般会采用法兰进行连接。

3) 管路固定。液冷系统的硬管和软管需要固定在电池箱体上,常见的固定方式有焊接式和卡紧式两种。焊接式的固定方式先在硬管上焊接铝块,然后将铝块通过螺栓锁紧在箱体上,这种方式只能固定金属硬管;卡紧式的固定方式是将硬管或者软管卡紧在金属卡圈中,然后将金属卡圈通过螺栓锁在箱体上。

(8) 液冷仿真分析　为了更好地分析电池组的散热情况,利用流场理论建立了带液冷的电池模组热模型。其中,对流类型采用湍流标准两方程 k-ε 模型。

1) 几何模型。针对 4P33S 的电池组,液冷的流道设置在电池组的侧面,模型选近 1/8 的模组,即 17 个单体电池建立带液冷的电池模组,几何模型如图 5.33 所示。图 5.33 中蓝色的部分就是模型建立的流道,流道位于冷却板中,且两端分别与进水口、出水口相连。各个单体电池之间设计有导热片,电池多余的热量先通过导热片传导,最后通过冷却板与冷却液的对流换热带出电池系统。为了方便描述,将单体电池从左至右依次命名为单体 1~17。

2) 模型设置。在建立液冷散热有限元模型时,液冷模组需要考虑传热与湍流这两个物理场,并将两个物理场进行耦合。固体和流体传热物理场用于模拟传导传热、对流传热和辐射传热。除了固体模型,接口中添加了流体模型,因变量为温度 T。湍流物理场用于计算层流流态下单相流体流动的速度场和压力场,因变量为速度场 u 和压力 p。当流体温度发生变化时,其材料属性(如密度和黏度)也会相应地改变。

模型中电池被 1mm 厚的导热板包裹,流道位于 10mm 厚的铝板中间。电池箱单箱流量设置为 12L/min,因为仿真选用的是 1/8 个箱体,故计算得出入口的流速为 0.05m/s。

3) 仿真分析。液冷模组在两种工况下的仿真结果如图 5.34~图 5.39 所示。如图 5.34 所示,在 1C 充电过程中,锂离子电池组从 20℃ 升高到 24.5℃。如图 5.36 所示,锂离子电

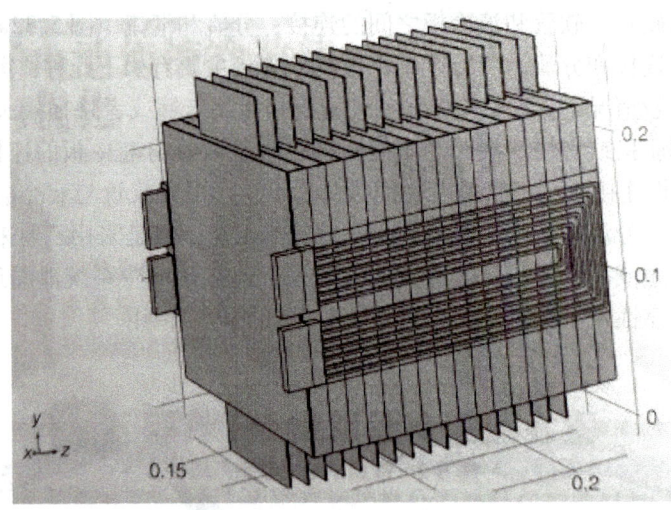

图 5.33　带液冷模组几何模型（单位：m）

池组表面温差较大，温差接近 5℃。这是由于冷却板在其体内有冷却液流过时，整体基本无温升，这就导致了电池模组在与冷却板接触的部分散热能力远大于电池模组的中心，所以电池模组会出现较大的温差。流道内液体温度在充电完成时的分布如图 5.37 所示，可以看出最外侧的流道温升最大，最内侧的最小。这是由于最外侧的流道最长，在流速一致的情况下和冷却板的换热时间也就越长，因此吸收的热量就越多。整体来看，液体的温升为 2℃，低于电池的温升。

对液冷模型也进行了循环工况的仿真（图 5.35），电池组在循环工况下温度在 21.5～24.5℃之间形成动态平衡。因此，在最高温度时电池温度分布图和液冷流道分布图和在 1C 倍率充电下的分布几乎一致，流道室内液体的最高温度相比于电池的最高温度低了 3℃。

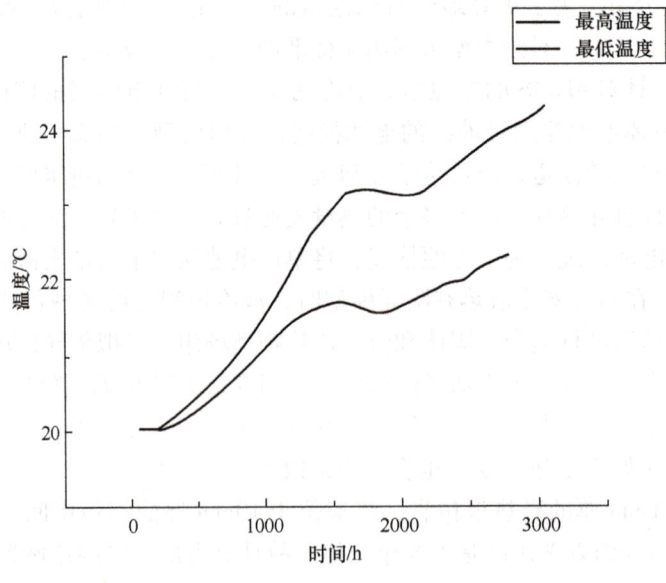

图 5.34　液冷电池模组 1C 倍率充电温升图

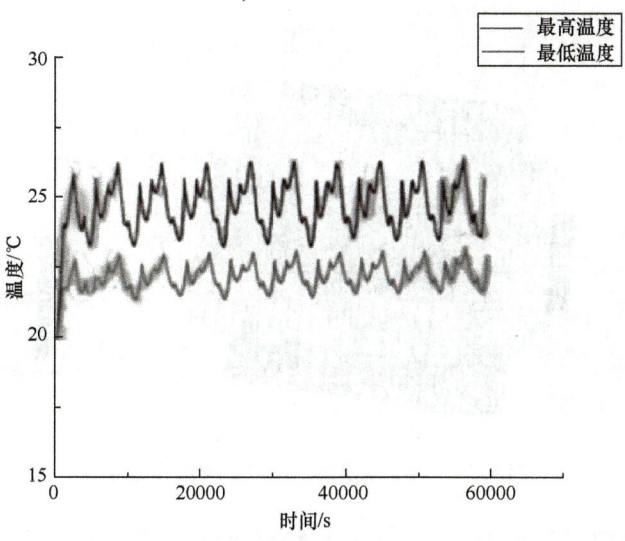

图 5.35　液冷电池模组循环工况下温升图

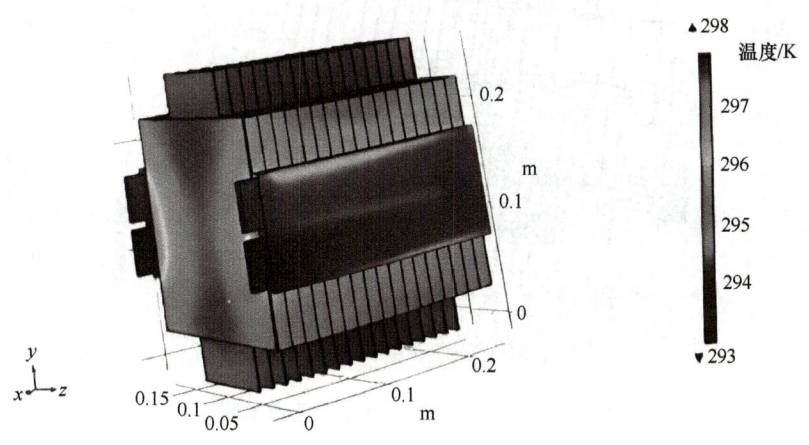

图 5.36　液冷电池模组 1C 倍率充电温度分布

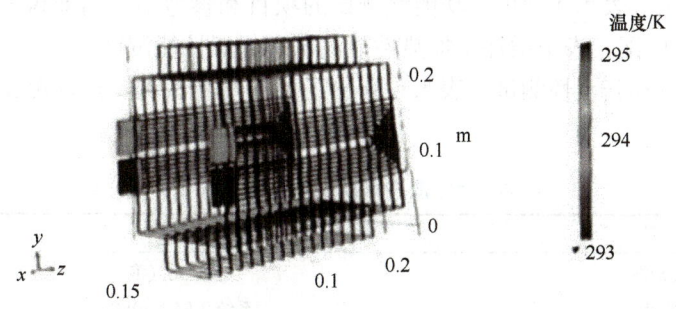

图 5.37　液冷电池模组 1C 倍率充电流道温度分布

（9）测试验证　对于液冷系统来说，测试验证是至关重要的。液冷系统的功能、可靠和安全等性能最终都需要通过实验进行验证。一般情况下，功能性测试在 A 样进行，可靠

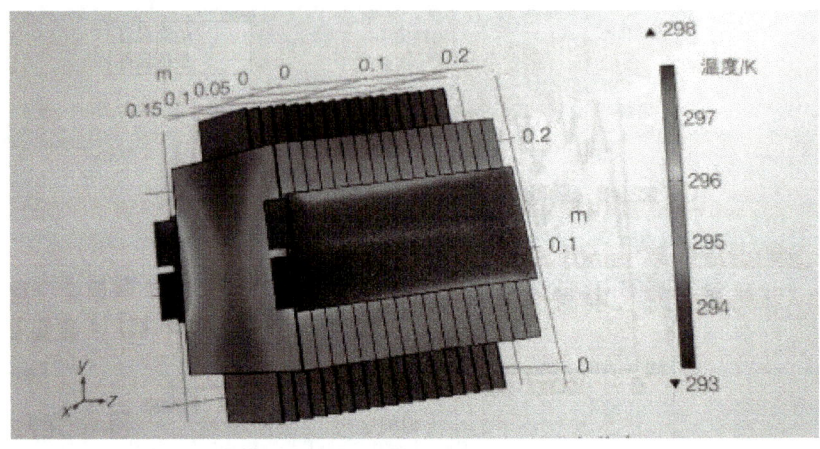

图 5.38 液冷电池模组循环工况温度分布

图 5.39 液冷电池模组循环工况流道温度分布

性测试和安全性测试在 B 样进行。

1) 功能性测试。表 5.5 列出了功能性测试的项目和参考值,需要说明的是,为了与液热系统和保温系统匹配,表中增加了加热性能测试和保温性能测试。

2) 可靠性测试和安全性测试。表 5.6 列出了可靠性测试和安全性测试的项目及对应的测试参数。

表 5.5 液冷系统功能性测试项目

序号	项目	参考值
1	气密性	水检无气泡
2	能耗	系统压降≤30kPa
3	散热性能	电芯温升≤10℃
4	温度均匀性	电芯温差≤5℃
5	加热性能	电芯升温速率≥0.3℃/min
6	保温性能	降温速率≤3℃/h

第5章 动力电池系统热管理

表5.6 液冷系统可靠性测试和安全性测试项目

序号	项目	测试参数
1	爆破试验	爆破压力
2	静压强度	零件变形量
3	耐高温试验	测试后通过气密性测试
4	耐低温试验	测试后通过气密性测试
5	压力交变试验	测试后通过气密性测试
6	盐雾试验	测试后通过气密性测试且无锈斑
7	内部腐蚀性试验	测试后通过气密性测试
8	振动冲击测试	测试后通过气密性测试

5. 几种特殊的液冷系统介绍

前文已经将液冷系统的设计流程进行了一一介绍，液冷系统的设计基本上可以按照上述流程来开展工作。在介绍液冷系统设计流程时，液冷系统的冷却液采用的是与电芯间接接触的乙二醇溶液，且液冷系统是一个单独的零部件，这种液冷系统也是目前最常见的形式。然而并不是所有液冷系统都是这种形式。下面将介绍两种不同形式的液冷系统：第一种是液冷系统集成在电池箱体上，不再是一个单独的零部件；第二种是冷却液采用可以与电芯直接接触的二甲基硅油。

（1）集成式液冷系统 近年来出现了液冷系统集成在电池箱体和电池模组上的形式。图5.40所示为某集成式液冷系统（中国发明专利号：ZL201180003001.6），它将液冷系统集成在电池箱体上，进出口铝管、箱体侧板和口琴管组成一个液冷系统，冷却液从入口流入，经过模组侧板和口琴管，最后通过出口流出。口琴管与隔板纵横交错形成栅格，将电芯放入栅格中并保证电芯的大面（方形电芯和软包电芯）与口琴管贴合，进而对电芯进行冷却。

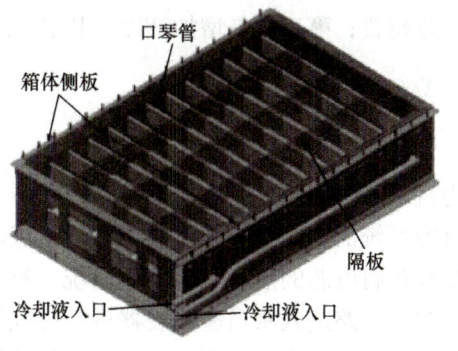

图5.40 集成式液冷系统

一般情况下，装入方形电芯之后的电池系统，两个电芯夹一块泡棉形成一个模块，然后将模块装入图5.40所示的栅格中，电芯大面与口琴管的接触热阻通过泡棉的压缩反弹力来控制。电芯在 X 向和 Y 向的固定通过口琴管和隔板来实现，电芯在 Z 向的固定通过电芯上方的压条来实现。

这种液冷方式主要的优点有两个：一是采用电芯大面作为液冷的冷却界面，冷却效率较高；二是液冷系统的结构组件借用了箱体的结构组件，使得电池系统更轻。这种液冷系统在国内已经有了样品案例，国内某电池系统的液冷系统经过了A样测试，进入B样设计状态。

（2）直接接触式液冷系统 图5.41所示为直接接触式液冷系统，电芯直接浸没在冷却液中，为了保证电绝缘性，冷却液采用绝缘的二甲基硅油（简称硅油）。这种液冷方式的优点是冷却液与电芯外表面直接接触，减少了液冷的中间环节，此外由于硅油与每个电芯的外表面都会接触，散热均匀性能也比较好。

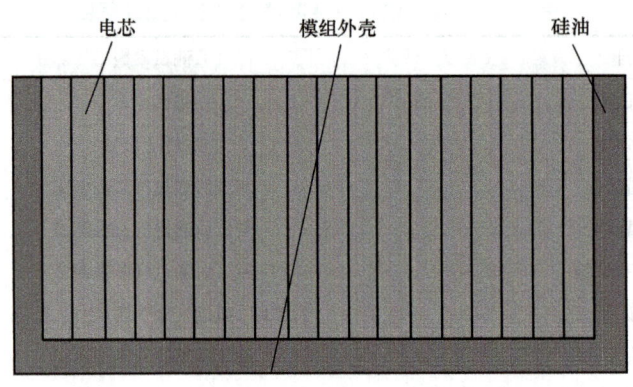

图 5.41 直接接触式液冷系统

目前采用硅油作为冷却液的液冷系统，存在着三个较为明显的缺点。第一个缺点是由硅油的黏度导致的，硅油的黏度是乙二醇溶液（50% 体积分数）的 40 倍，因此很难利用对流换热方式将电芯的热量带走，散热效率也在很大程度上受到限制。第二个缺点是密封难度较大，硅油的密封比乙二醇溶液的密封难度大。第三个缺点是硅油是可燃的，在使用过程中需要特别注意其安全防护。

针对硅油不易流动所带来的换热效率不高的缺点，目前有三种应对措施：第一种是在模组外壳上成型散热翅片，以强化模组外壳与空气的自然换热的效率；第二种是增加强制风冷换热装置；第三种是增加液冷（以乙二醇溶液作为冷却液）换热装置。

5.2.5 直冷系统

直冷系统即制冷剂直接冷却系统，它利用的是制冷工质的相变制冷原理。图 5.42a 所示为直冷系统，它主要由压缩机、蒸发器、冷凝器和节流装置组成。图 5.42b 所示的冷板即为直冷系统的蒸发器，冷板安装在模组底部并且与模组紧密贴合，制冷工质流经冷板时发生相变吸热将电芯的热量带出电池系统。对于直冷方式，空调系统中制冷剂经冷凝器后形成两个分支，一路进入乘员舱蒸发器进行冷气供应，另一路进入电池包内完成电池冷却，最后两个支路制冷剂汇合进入压缩机，开始新的循环。与风冷和液冷相比，电池直冷方式的换热过程更为直接、高效、封闭、紧凑，随着电动汽车市场对续驶里程、能量密度、电池容量、充电速率等性能提出更高的诉求，直冷方式更加符合市场需求。

一般来说直冷系统的散热效率是液冷系统的 3～4 倍，它能应对更大倍率的快充问题。但目前直冷系统并未形成广泛的应用，只有少数企业在用，如比亚迪海豚的热管理系统，就使用了电池直冷直热的技术，这也是少有的电池直冷直热的量产车型。同样使用直冷系统的车型还有宝马 i3、奥迪 A6 PHEV 等。不难想象，直冷系统可能是继液冷系统之后又一项关键技术。

直冷系统主要是利用制冷工质的相变进行冷却，图 5.43a 所示为直冷系统的原理图。图 5.43b 所示为制冷工质物性参数的变化规律，制冷工质经过压缩机之后温度和压力升高，对应的是图 5.43b 中 [1—2] 阶段，然后进入冷凝器发生相变并将热量散入环境空气中，对应的是图 5.43b 中 [2—3′] 阶段，随后进入节流元件，对应的是图 5.43b 中 [3′—4]

第5章 动力电池系统热管理

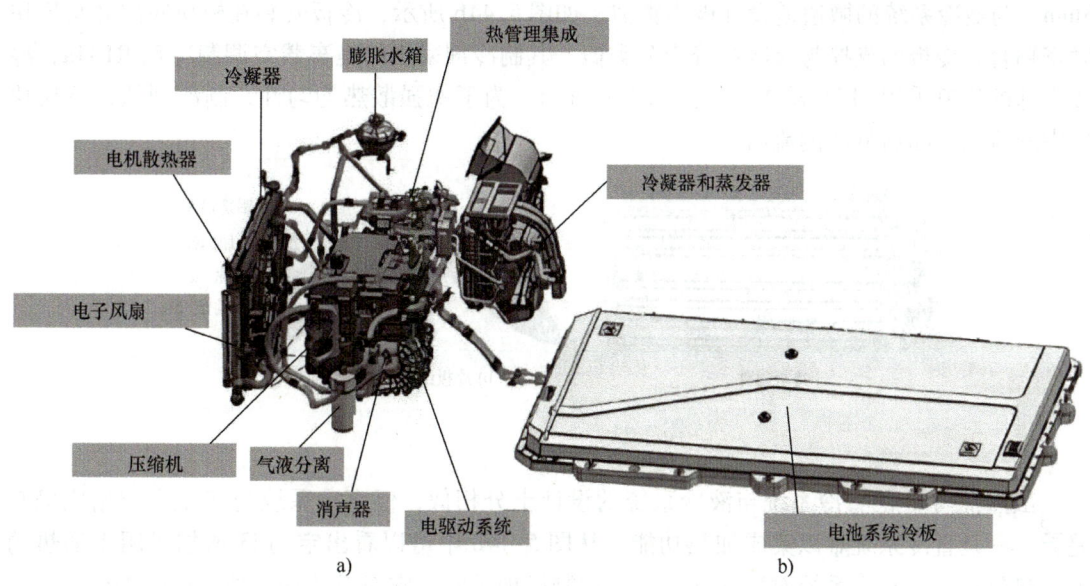

图5.42 直冷系统

阶段，最后进入蒸发器发生相变并吸收大量的热量，进而冷却电池系统，对应的是图5.43b中[4′—1]阶段。

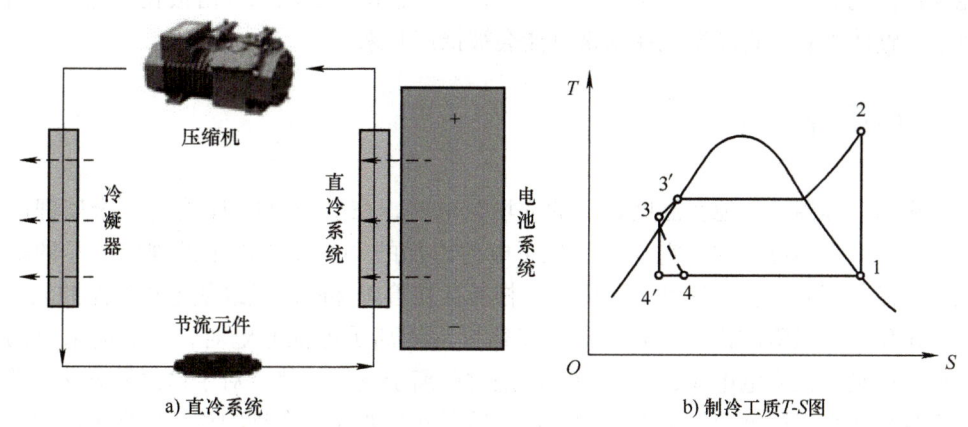

a) 直冷系统　　　　　　　b) 制冷工质T-S图

图5.43 直冷系统原理图

从本质上来说，直冷系统与液冷系统是相似的，都是通过冷却工质在系统中的循环将电池系统的热量散入环境空气中。两个系统最主要的区别在于冷却工质的性质，虽然说这两种工质的吸热动力均是温差，但液冷系统的冷却工质在吸热的过程中不发生相变，而直冷系统的冷却工质的吸热则主要是依靠相变。因此，直冷系统的设计可以液冷系统作为参考，但与冷却工质相关的设计需要重新开展。接下来以宝马i3为基础，对直冷系统的设计进行一个简单的介绍。

图5.42b所示为宝马i3的电池系统，系统中的8个电池模块成2行4列排布，模块的排布十分规则，直冷系统的蒸发器（冷板）采用微通道铝管设计，横截面尺寸为37.5mm×

3mm，与液冷系统的微通道设计极为类似。如图 5.44b 所示，冷板安装在模块底部并与模块紧密贴合，冷板的支撑与液冷系统十分类似。其制冷剂采用的是车载空调制冷剂 R134a，冷板内部的流道采用 2P2S 模式。如图 5.44a 所示，为了增强散热均匀性，制冷剂从每行模块的中间流入，随后从两侧流出。

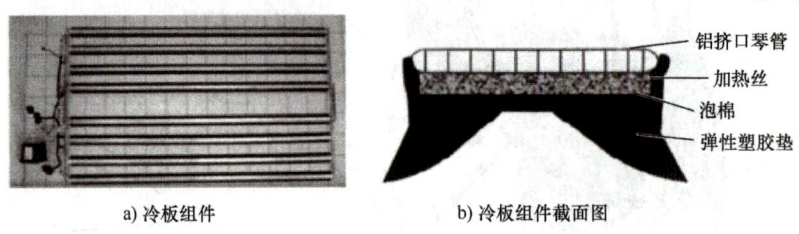

a) 冷板组件　　　　　　　b) 冷板组件截面图

图 5.44　宝马 i3 冷板组件

虽然宝马 i3 的直冷系统与液冷系统的设计十分相似，但直冷系统与液冷系统相比仍有差异：一是直冷系统难以集成加热功能，从图 5.44b 中可以看出宝马 i3 增加了用于加热的电加热丝；二是直冷系统对散热均匀性的控制机理不同，它对散热均匀性的控制需要结合节流阀的开度与流道设计来完成；三是对系统气密性的要求更高，一般需要用到惰性气体来检测它的气密性。

直冷系统也有几个较为明显的优点：一是它的冷却效率比液冷系统高出 3～4 倍，因此它更能满足快充需求；二是它的结构更为紧凑；三是它避免了乙二醇溶液在电池箱体内部泄漏的风险。整体来看，直冷系统在未来可能会被推广开来。

5.3　加热系统设计

众所周知，锂离子电池在温度较低的环境充电时，在电池负极 Li 容易以金属锂的形式析出。这种反应是不可逆的，它不但消耗了电池内部的 Li，而析出来的锂以枝晶的形式生长在电池负极并不断生长，这种不断生长的枝晶存在着刺穿隔离膜致使电池短路的风险。

为了避免这种风险的出现，在低温环境需要对锂离子电池充电时，一般会采取两种方法：一种方法是降低充电电流；另一种方法是对锂离子电池加热。对于这两种方法，前者的效果有限且会在很大程度上增加充电的时间，后者则需要通过合理的设计以保证高效、可靠和快速地充电。

目前，常见的锂离子电池加热方式有三种：电加热膜加热、PTC 加热和液热，如图 5.45 所示。

a) 电加热膜加热　　　　　b) PTC 加热　　　　　c) 液热

图 5.45　三种常见的加热方式

第5章 动力电池系统热管理

表5.7简单对比了这三种加热方式的特点。本节将主要对这三种加热方式的设计进行描述。

表5.7 三种加热方式的特点对比

项目	电加热膜加热	PTC加热	液热
加热特点	恒功率加热	自控温加热	对流/导热加热
空间限制（厚度）	0.3~2mm	5~8mm	集成在液热中
干烧温度	60~130℃	60~80℃	25~40℃
升温速率	0.15~0.3℃/min	0.15~0.3℃/min	0.3~0.6℃/min
均匀性（电池温差）	≈8℃	≈10℃	≤5℃

5.3.1 设计需求

加热系统设计除了需要满足功能的要求之外，还需要满足安全和寿命等需求。

1. 功能需求

加热系统的功能是快速地将电池系统中所有单体电池加热到特定的温度，并保证加热过程中单体电池的温度一致性。与之对应的两个功能需求参数是单体电池的升温速率和单体电池间的温差。

升温速率和加热均匀性的控制目标需要根据客户的需求和电芯本身的特性来定。一般要求单体电池的升温速率在0.15~0.8℃/min范围内，单体电池间的温差控制在10~15℃以内。

2. 安全需求

当锂离子电池的温度超过一定限值之后，其内部会出现副反应和元件失效，这些副反应和失效是产生安全隐患的主因。加热系统直接影响锂离子电池，是锂离子电池温度升高的主要热源（加热过程中），因此加热系统的管控尤为重要。

加热系统的管控主要从两个方面出发：一是尽量保证加热回路的控制不出现失效；二是设计合理的干烧温度，这样即使加热回路控制失效，加热系统的温度达到干烧温度之后并不再上升，以确保安全。

加热回路的控制一般有两种方法：一是加热回路中串入熔丝，当电流超过额定电流一定值之后切断加热回路；二是采用双继电器模式，从而减少继电器粘连的风险。

干烧温度设计是加热系统安全设计的一个重要保障。干烧温度是指加热系统在额定工况下持续运行，其本身温度或电池温度的最大值，前者称为加热系统干烧温度，后者称为单体电池干烧温度。干烧温度必须设计在锂离子电池极限工作温度以下，以确保加热回路控制失效时锂离子电池不出现热失控和失效。表5.8列出了锂离子电池的极限温度，一般情况下电池的温度不允许超过85℃，加热系统的干烧温度控制在65℃以下。

3. 寿命需求

作为汽车的一个零部件，加热系统的使用寿命不低于整车的使用寿命要求。

表5.8 锂离子电池极限温度

项目		触发温度/℃
三元锂离子电池副反应	SEI 分解	90
	负极与电解液反应	120
	正极与电解液反应	170
	电解液分解	200
麦拉热变形		130
蓝膜熔化		150
软包电芯密封失效		90

5.3.2 电加热膜设计

电加热膜已经广泛地为建筑业、农业和家庭用户制热。随着电动汽车应用的推广，近年来，电加热膜开始用于电动汽车电池的加热。

电加热膜一般由电阻丝、绝缘包覆层、引出导线和插接件组成，在有些情况下，为了便于安装，包覆层的外表面会覆上一层胶。电阻丝一般为镍铬合金和铁铬铝合金，在降低成本的时候也会采用304不锈钢。绝缘包覆层一般为聚酰亚胺（PI）、硅胶和环氧树脂，这三种材料都可以起到绝缘的作用，但又有各自不同的特点：聚酰亚胺电加热膜的厚度可以做到0.3mm，且具备耐腐蚀性，但缺点是容易被毛刺刺穿从而导致绝缘失效；硅胶电加热膜不易被毛刺刺穿，但膜的厚度一般在1.5mm以上，且不耐磨也不耐电解液腐蚀；环氧树脂电加热膜不易被毛刺刺穿，耐磨也耐腐蚀，厚度一般也在1.5mm以上，但其硬度高，内应力大。

1. 方案设计

对于电加热膜方案设计来说，设计参数主要有安装位置和加热功率；设计目标有电池升温速率、电池间温差和干烧温度。

方案设计一般会借助热流体仿真分析工具，先建立热流体数值模型，重复调整设计参数直至仿真结果满足三个功能性设计目标，而后制作样品进行测试，满足功能性设计自标。

2. 安装位置

常见的安装位置有模组侧边、模组底部和电芯间隙三种，其中模组侧边安装又可以分为单侧安装和双侧安装两种形式，如图5.46所示。

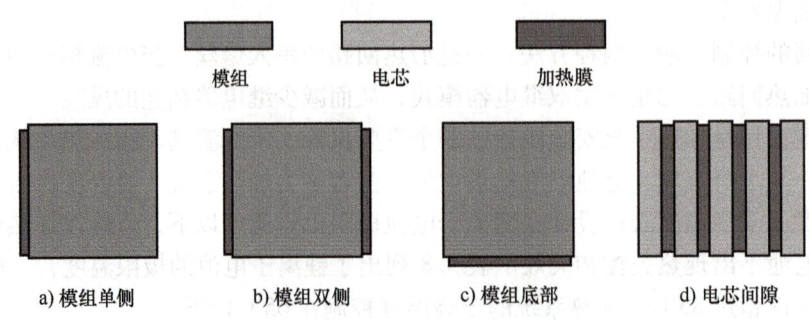

图5.46 电加热膜常见的安装位置

3. 加热功率

加热片的加热功率按以下方式计算：

$$P_H = C \times m \times \frac{V_r}{60} \tag{5.30}$$

式中，P_H 为加热片的加热功率，单位为 W；C 为模组的比热容，单位为 J/(kg·K)；m 为模组的重量，单位为 kg；V_r 为电池加热温升速率，单位为℃/min。

4. 电气电控

图 5.47 为电加热膜加热高压回路的示意图，高压回路由电加热膜、熔丝和继电器串联而成，整个高压回路与电池系统的高压回路并联。此外，为了减少继电器粘连的风险，加热高压回路中使用了两个继电器。

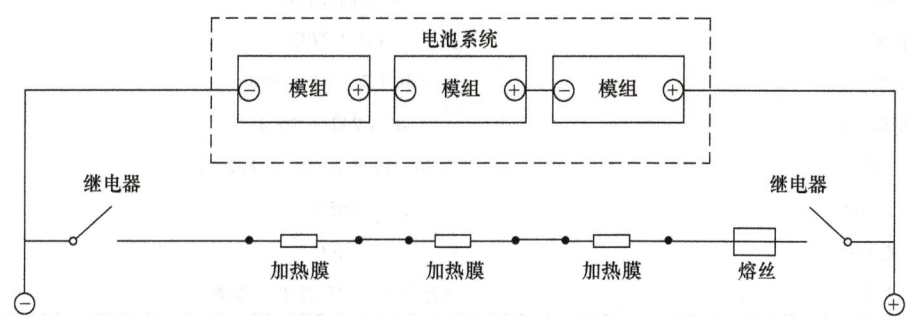

图 5.47　电加热膜加热高压回路示意图

5. 仿真分析

对于某电池系统，客户要求采用加热膜对电池系统进行加热，在 -15℃ 环境下将电池系统加热到 5℃，电芯升温速率 ≥0.2℃/min，电芯之间的温差 ≤10℃，加热膜干烧温度 ≤65℃。

加热膜采用镍铬合金电热丝包覆环氧树脂绝缘层结构，总厚度 1.5mm，加热膜安装在模组底部，两个模组共用一片加热膜，加热膜的发热功率为 100W。

图 5.48 所示为某电池系统加热性能仿真分析结果，电芯的升温速率为 0.21℃/min，电芯之间的温差为 3.2℃，加热膜的干烧温度为 63℃，初步来看加热膜设计满足功能性设计目标。

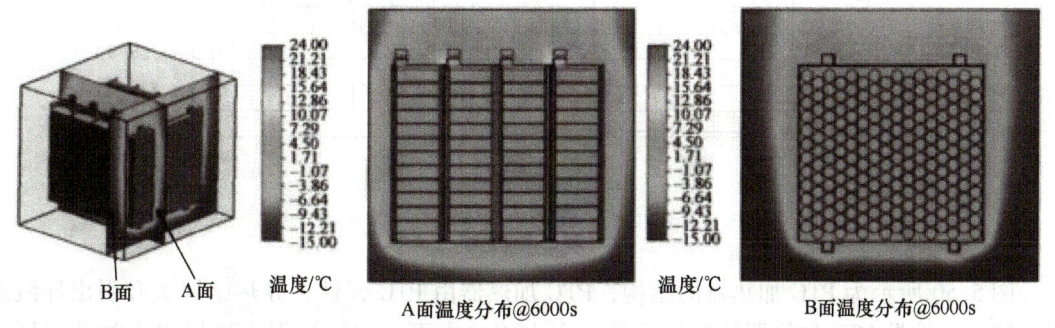

图 5.48　某电池系统加热性能仿真分析

6. 测试验证

除了进行设计目标的验证之外，还需要对电加热膜的安全性、可靠性和寿命进行测试。表 5.9 列出了常见的几种测试。

表 5.9　电加热膜常见的几种测试

测试项	参考标准
外观	外观平整、无划伤、无气泡
尺寸	符合图纸要求
常温内阻	满足客户要求
绝缘	满足国标要求
耐压	满足国标要求
双面胶剥离强度	GB/T 2792
引出线拉力	GB/T 2317.1—2008
高低温交变	GB/T 2423—2008
盐雾	QB/T 3826—1999 和 QB/T 3832—1999
干烧温度	≤65℃
电加热膜表面温差	<5℃
寿命	满足整车对零部件寿命要求

5.3.3　PTC 加热设计

正温度系数（positive temperature coefficient，PTC）是指材料的电阻会随温度的升高而增加，如图 5.49 所示。PTC 加热器正是利用材料的这种特性，当加热器温度升高时，其内阻增大引起加热功率减小，自身温度下降，当加热温度下降时，其内阻减小引起加热功率增大，自身温度升高，由此将自身的温度控制在设定值，从而保障加热的安全性。

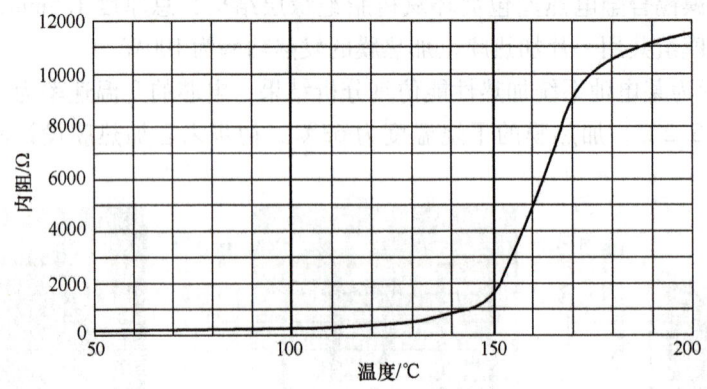

图 5.49　PTC 材料电阻随温度变化的曲线

图 5.50 所示为 PTC 加热器的结构，PTC 加热器由 PTC 元件、导热金属板和引出导线组成。PTC 元件是 PTC 加热器的发热元件，在电连接方面，它通过引出导线串入加热高压回路，在结构设计方面，它被绝缘密封于导热金属板内部。导热金属板起导热、均热和结构强

度的作用，导热金属板的厚度就是PTC加热器的厚度，一般情况下PTC加热器的厚度在8mm左右。

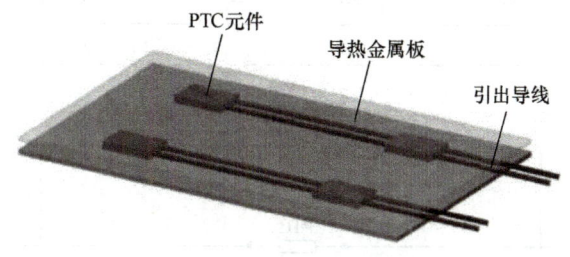

图5.50　PTC加热器结构图

1. 方案设计

对于PTC加热器来说，设计参数主要有安装位置和加热功率；设计目标主要有电池升温速率、电池间温差和干烧温度。

方案设计的方法一般有两种：实验方法以及仿真和实验结合的方法。第一种方法一般是先根据电池的情况，结合经验初步设计一款PTC加热器并制作样品进行模拟测试，然后根据测试结果修正设计参数并进行新一轮模拟测试，循环上述作业直至满足功能性设计目标。第二种方法是先建立CFD数值模型，将安装位置和加热功率这两个参数输入模型进行仿真分析，并根据仿真结果修正设计参数直至仿真结果满足功能性设计目标，然后制作样品并进行模拟测试，如果测试结果满足功能性设计目标，则完成方案设计，否则重复上述作业。

2. 安装位置

常见的安装位置有模组侧边和模组底部两种，其中模组侧边安装又可以分为单侧安装和双侧安装两种形式（图5.51）。

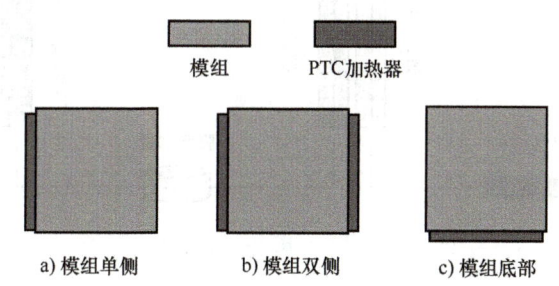

图5.51　PTC加热器常见的安装位置

3. 电气电控

图5.52为PTC加热器加热高压回路的示意图，高压回路由PTC和继电器串联组成，单块PTC加热器之间先进行并联，之后与继电器进行串联，最后与电池系统高压进行并联。

4. 测试验证

除了进行设计目标验证外，还需要对PTC加热器的安全性、可靠性和寿命进行测试。

5.3.4　液热设计

液热是建立在液冷系统之上的一种加热形式，通过在外循环冷却回路并入一个加热回

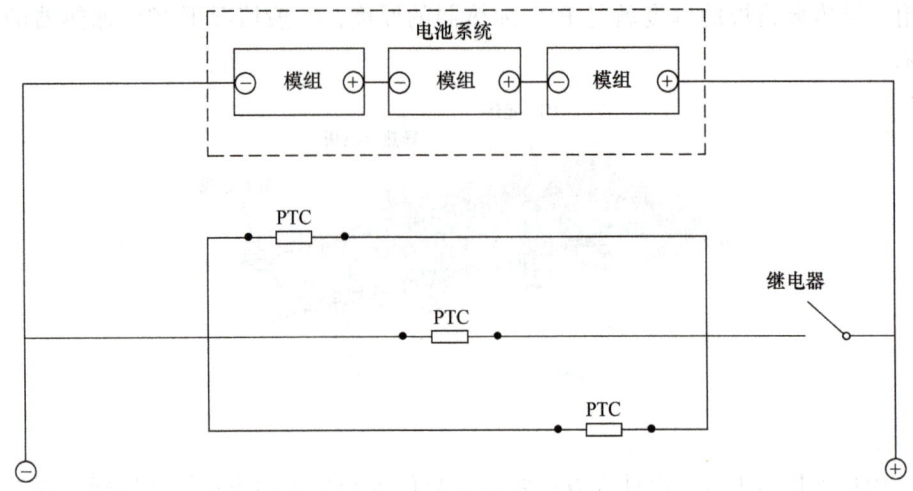

图 5.52　PTC 加热器加热高压回路示意图

路，从而对电池系统进行加热。图 5.53 是液热系统的原理图，当收到加热指令时，三通阀指向加热回路，加热器开始工作，工质被加热之后流经液冷系统并对电池系统进行加热；当收到冷却指令时，三通阀指向换热器，加热器停止工作，工质被冷却之后流经液冷系统并对电池系统进行冷却。这种加热设计结构简单，温升速率高，空间占用少，成本低。

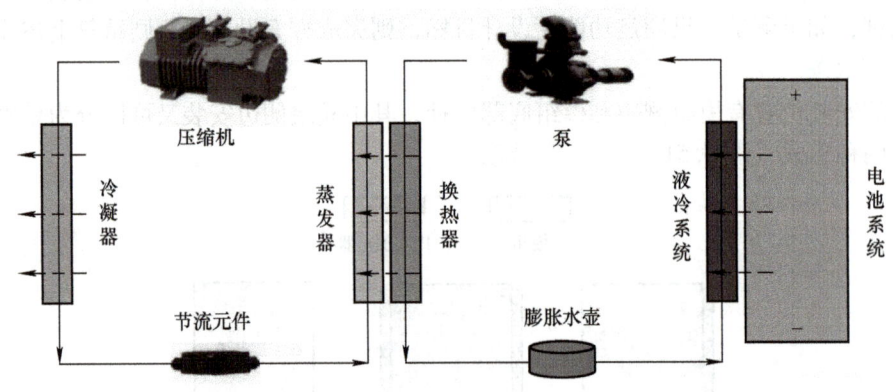

图 5.53　液热系统原理图

与液冷系统相同，液热系统也包括外部热管理系统和内部热管理系统。外部系统主要为三通阀和加热器，三通阀一般为标准件，加热器目前有电阻丝加热和 PTC 加热两种形式。其内部系统与液冷系统共用，内部系统的零部件设计一般在液冷系统设计时完成。

液热系统进行单独设计时需要确定的参数主要是液冷系统冷却液的入口温度和冷却液流量。通常冷却液入口温度在 40~60℃ 范围内，冷却液流量为 10L/min。图 5.54 所示为某电池系统液热仿真分析结果，该电池系统对液热设计提出的功能性目标为电芯升温速率为 0.3℃/min，电芯之间的温差为 15℃，液热设计的冷却液入口温度为 40℃，冷却液流量为 10L/min，仿真结果显示电池升温速率为 0.42℃/min，电芯之间的温差为 4.9℃。

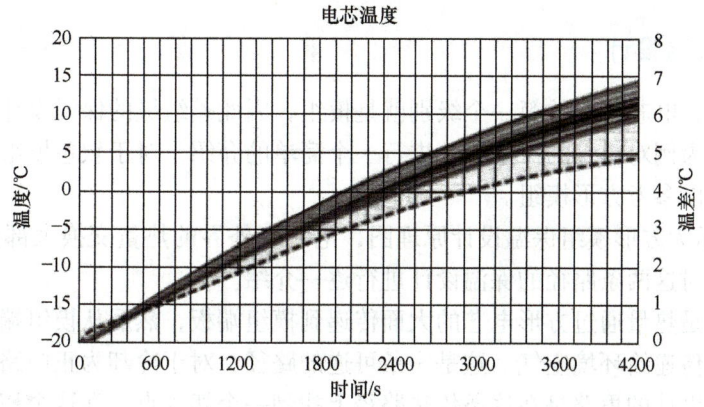

图 5.54 某电池系统液热电芯温度仿真分析结果

5.4 保温系统设计

当电池系统遇到低温和高温环境时，冷却系统和加热系统对电芯温度控制的作用固然很重要，但还需要良好的保温系统，它不仅能够提升冷却和加热的效率，而且还能在较大程度上减少热管理系统的能耗。

目前国内对电池系统中保温的应用研究尚处于初期阶段，保温设计主要是为了隔离外部热源的热量，国外如特斯拉等公司的电池系统中有较为明晰的保温系统设计。

本节将从保温设计概述、模组保温设计和箱体保温设计三部分，对保温系统的设计进行初步的阐述。

5.4.1 保温设计概述

目前，行业内对于保温系统没有十分具体的设计目标，但有一些具有前瞻性的公司已经提出了自己的目标。国内某企业对电池系统保温系统设计提出的目标是：在非工作状态下，电池原始温度 40℃，长期暴露在 -15℃ 环境下，单体电池最低温度降到 0℃ 的时间应不小于 6h。

保温设计主要是保温材料和隔热设计。表 5.10 列出了几种常见的保温材料及其对应的导热系数。对于保温材料来说，导热系数是评判保温效果的关键因素，导热系数越小，保温性能越好，相应的成本也就越高。隔热设计则主要从模组和箱体两个级别进行，接下来将分别对模组保温设计和箱体保温设计进行介绍。

表 5.10 常见的保温材料

材料	导热系数/(W/m·K)
聚苯乙烯	0.08
隔热棉	≤0.034
气凝胶毡	0.017 ~ 0.023
真空隔热板	0.004

5.4.2 模组保温设计

一般情况下,电芯成组的第一个级别就是模组,因此模组级的保温设计也比较重要。本节将以方形模组为例对模组的保温设计进行一个简单的介绍,对于软包模组和圆柱模组的保温设计方法,可以参考方形模组。

图 5.55 所示为方形模组保温设计原理图,电芯与外界的热量交换大部分通过两条路径完成,接下来将对这两条路径的保温设计进行逐一介绍。

第一条路径是热量通过方形电芯的大面传递到模组端板,然后从模组端板传递给电池箱体,最后将热量传递给环境空气。这是一条可逆的路径,对于冷却为正向路径,对于保温为逆向路径。保温设计的思路是在这条传热路径上找到一个切入点,在这个切入点上进行保温设计,图 5.55 中的保温层 1 即是这个切入点,在传热路径中加热保温层 1 之后,整个路径的换热效率将在很大幅度上降低,从而起到保温的作用。

第二条路径是热量通过方形电芯底面传递给冷却通道,然后通过冷却通道传递给电池箱体,最后将热量传递给环境空气,这条路径同样也是可逆的。设计的思路同样是在这条传热路径上找到一个切入点,在这个切入点上进行保温设计,图 5.55 中的保温层 2 即是这个切入点,在传热路径中加热保温层 2 之后,整个路径的换热效率将在很大幅度上降低,从而起到保温的作用。

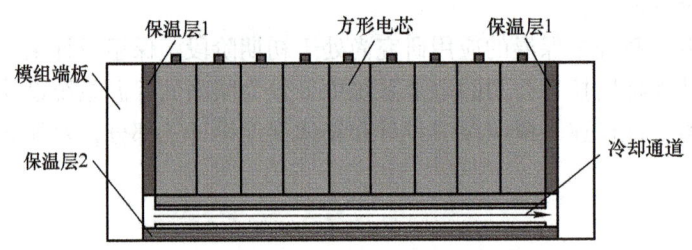

图 5.55　方形模组保温设计原理图

5.4.3 箱体保温设计

自然对流发生在有限空间中,流体运动受到腔体的限制,流体的加热与冷却在腔体内同时进行,因此腔体的壁面必然有高温和低温两部分,设温度分别为 t_h、t_c,如图 5.56 所示。

图 5.56 中未注明温度的另外两个壁面是绝热的。此时,Gr 数与牛顿冷却公式中的温差取为 $t_h - t_c$,流体的定性温度取为 $(t_h - t_c)/2$,而特征尺度则取冷、热两个表面间的距离 δ。

$$Gr = (g\alpha_v(t_h - t_c)\delta^3)/v^2 \tag{5.31}$$

对于竖夹层 $Gr \leq 2860$;对于水平夹层(底面为热面),当 $Gr \leq 2430$ 时夹层内热量传递依靠导热。当 Gr 数超过上述数值时,夹层内开始形成自然对流,并且随着 Gr 数的增加,对流的开展越来越剧烈,当 Gr 达到一定数值时会出现从层流向湍流的过渡与转变。

对空气在夹层内的自然对流传热,推荐以下计算关联公式:

竖夹层:

第5章 动力电池系统热管理

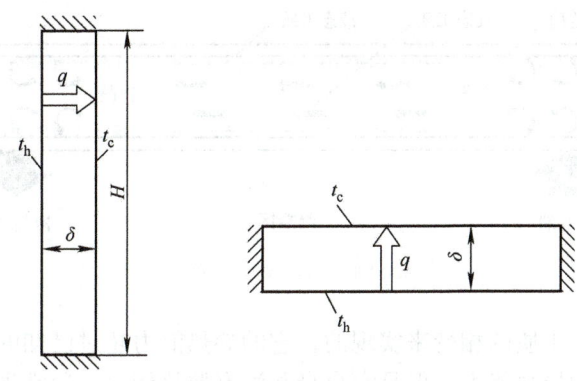

图 5.56 封闭空间图示

$$Nu = 0.197(GrPr)^{1/4}(H/\delta)^{-1/9} \tag{5.32}$$

式中，$8.6 \times 10^3 \leqslant Gr \leqslant 2.9 \times 10^5$。

$$Nu = 0.073(GrPr)^{1/3}(H/\delta)^{-1/9} \tag{5.33}$$

式中，$2.9 \times 10^5 \leqslant Gr \leqslant 1.6 \times 10^7$；试验范围为 $11 \leqslant H/\delta \leqslant 42$。

水平夹层（底面向上散热）：

$$Nu = 0.212(GrPr)^{1/4} \tag{5.34}$$

式中，$1.0 \times 10^4 \leqslant Gr \leqslant 4.6 \times 10^5$。

$$Nu = 0.061(GrPr)^{1/3} \tag{5.35}$$

式中，$Gr > 4.6 \times 10^5$。

5.5 热管的应用

热管因其极高的导热系数（其导热系数高于任何已知金属），已经广泛应用于航天、军工和电子行业。热管在电动汽车电池系统中的应用尚处于探索阶段，本节将对热管在电池系统中的应用进行简单的介绍。

5.5.1 热管简介

热管是由美国洛斯阿拉莫斯（Los Alamos）国家实验室的乔治·格罗佛（George Grover）在1963年发明的，它利用工质在热管中蒸发和冷凝的相变进行热量传递。

图 5.57a 所示为热管外观，它的内部结构如图 5.57b 所示，它由容器、wick 和端盖组成，wick 由毛细多孔材料构成，它的内部被保证一定的真空度，并充入适量的液体。

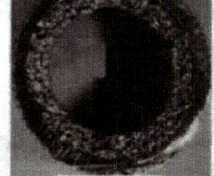

a) 热管外观   b) 热管截面图

图 5.57 热管外观及内部结构

图 5.58 是热管的工作原理图，热管在蒸发段吸收热量之后，内部的液态工质发生相变蒸发成气态工质并吸走大量热量，随后气态工质向冷凝端运动，到达冷凝端之后发生相变冷凝成液态工质，并释放出热量，液态工质最后在重力的作用下沿着管壁回流到蒸发端。

新能源汽车动力电池系统

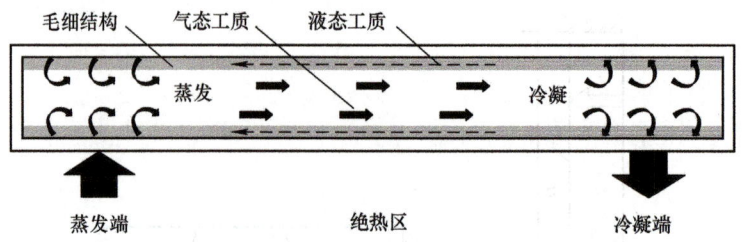

图 5.58　热管工作原理图

热管的传热是通过工质的相变来实现的,它的导热能力超过已知的任何金属。热管的最主要的优点是其强大的导热能力,但是它自身并没有散热能力,通常需要与散热翅片配合使用才能完成冷却作业。

5.5.2　热管在热管理系统中的应用

热管超高的导热性能是热管理系统考虑应用热管的最主要因素。基于热管的超高导热性能,在热管理系统设计过程中,热管可以作为优良的均温元件和超高导热体。图 5.59 所示为热管作为均温元件的一个应用案例,图中银白色的金属部件为下箱体,热管纵横排列于下箱体上,模组置于热管上,由于热管超高的导热性能,电芯之间的温差很快会被热管抹平,从而起到均温的作用。

在热管理系统中,可以将热管作为超高导体将箱体内部的热量引到箱体外部,然后通过冷却手段将热量散入环境空气中。在图 5.60 所示的热管应用案例中,热管横跨电池箱体,热管一端与箱体内部的电芯接触并将电芯产生的热量吸收,另一端与箱体外部的散热通道相连并将从电芯处吸入的热量通过冷却工质散入环境空气中。这种应用的好处是可以避免冷却工质进入箱体内部,对于液冷系统来说可以避免冷却液在箱体内部的泄漏,对于风冷系统来说则可以实现风冷的 IP67 设计。

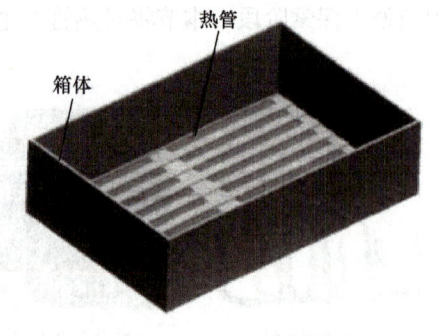

图 5.59　热管作为均温元件

图 5.60　热管应用案例

5.5.3　热管应用注意事项

虽然热管具有超高的导热性能,但它仍然有一定的局限性:一是热管的使用具有方向性,如图 5.61 所示;二是热管内部的毛细多孔材料还未经过汽车行业大规模应用的验证,需要验证其可靠性。

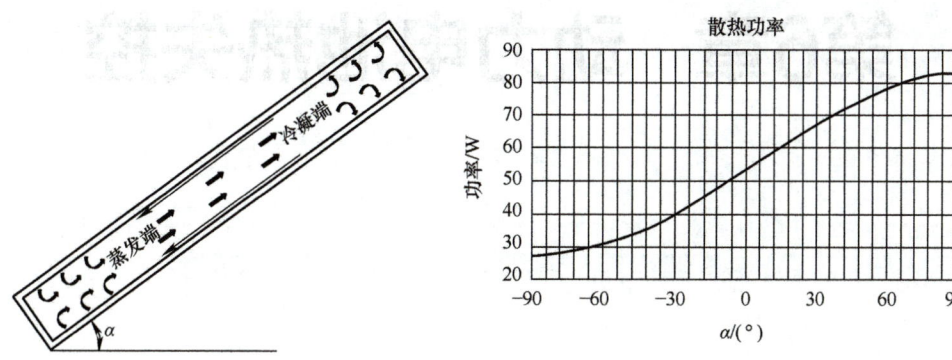

图 5.61　热管换热性能与安装倾角的关系

第6章 动力电池热失控

6.1 电池材料的热安全性

热稳定性是衡量锂离子电池安全性能的重要指标之一。锂离子电池内部储存了大量的化学能,受热时,电池内会发生剧烈的放热反应,放出大量的热量,如果热量能及时散失,则不会出现热失控;若不能及时散失,电池内部热量积聚,温度升高,反应加剧,从而导致电池发生鼓胀、泄漏甚至爆炸等现象。对于大型锂离子电池,其体积大、散热难,热量更易积聚,安全问题更加严重。为顺利推动锂离子电池的大型化进程,需要从根本上改善锂离子电池的热稳定性。

锂离子电池的安全性直接制约着锂离子电池的发展,为此,科研人员对锂离子电池的安全性进行了广泛的研究。电池的热稳定性与温度密切相关,当电池温度升高时,电池内部发生一系列放热反应。可能的放热反应包括电解液的热分解、正极的热分解、负极的热分解、电解液与负极的反应、电解液与正极的反应,以及电池内其他组分的热反应。以下从锂离子电池组成材料的热安全性角度展开讨论影响锂离子电池安全性的各种因素。

6.1.1 锂盐及其电解液热安全性

作为锂离子电池的重要组成部分,电解液存在于整个电池的内部。由于电解液担负着传输锂离子、传导电流的作用,所以被誉为锂离子电池的"血液"。电解液的性能,以及电解液与正、负极的相容性是影响锂离子电池电化学性能、电化学寿命、热稳定性的重要因素。选择性能优异、合适的电解液,是确保电池具有长循环寿命、高比能量、高安全性的关键。

电解液主要由电解质锂盐以及有机溶剂构成。通过电解液中锂盐的锂离子,正、负极之间的锂离子能够顺利完成脱锂、嵌锂过程,反映在电化学行为上即电池的充、放电过程。如果说电解液是沟通正、负极的"桥梁"和"运河",那么电解质锂盐是负责传输的"船只",是影响电解液性能的主要因素之一。在选择电解质锂盐时,需要考虑它的电导率,与正、负极的电化学相容性,电化学稳定性以及热稳定性。本节从安全性的角度出发,着重探讨基于不同锂盐的电解液的热安全性。下面分析 $LiPF_6$ 和 $LiBF_4$ 两种常用锂盐的热安全性及其对电解液热安全性的影响。

1. 常用锂盐的热安全性

(1) $LiPF_6$ 热安全性 图 6.1 显示了锂盐 $LiPF_6$ 在升温条件下的热行为,可以看出,在

160℃之前 $LiPF_6$ 并未有明显的热行为表现。到 165℃时，$LiPF_6$ 表现出吸热，并于 195℃达到吸热峰；该吸热行为由锂盐的熔化引起。随着温度逐渐升高，$LiPF_6$ 继续表现出显著的吸热，且于 280℃达到吸热峰值，该峰涉及温度范围较宽，主要由 $LiPF_6$ 的热分解引起，分解行为表现如下：

$$LiPF_6 \rightleftharpoons LiF + PF_5 \tag{6.1}$$

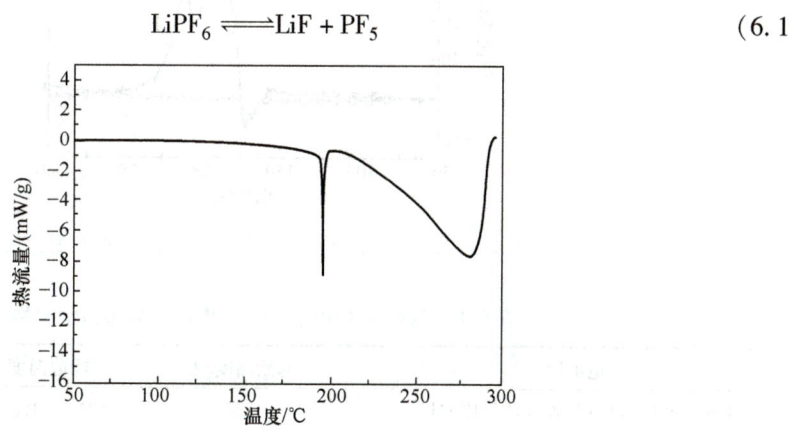

图 6.1　$LiPF_6$ 在升温条件下的热流曲线

与相关文献测量数值相比，由于 C80 的升温速率为 0.2℃/min，且 C80 测量精度高，所以采用 C80 测得的峰起始温度更低，峰值温度更高。在整个测量过程中，$LiPF_6$ 均表现为吸热现象，两个吸热峰的热量变化分别为 29.3J/g 和 430.6J/g，整个过程的吸热为 459.9J/g。

（2）$LiBF_4$ 热安全性　图 6.2 显示了锂盐 $LiBF_4$ 在升温条件下的热行为，可以看出 $LiBF_4$ 在 91℃即出现吸热行为，并于 112℃达到吸热峰值。与其他几种锂盐相比，该起始温度较低，对于热稳定性，并不是一个较好的表征；但是由于该吸热效应非常微弱，整个吸热过程的热值只有 18.1J/g。与其他常用锂盐相比，该过程基本可以忽略。

由 Gavrichev 等的研究可以看出，该吸热过程是由含锂的水合物杂质引起的。另外，由于 $LiBF_4$ 的熔化温度为 310℃，所以在本测

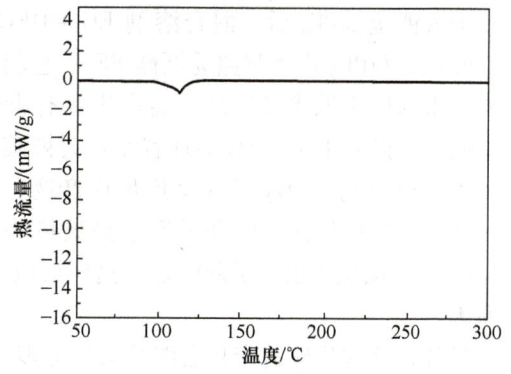

图 6.2　$LiBF_4$ 在升温条件下的热流曲线

试中未测到 $LiBF_4$ 的熔化现象；在 112℃的微弱吸热峰后，$LiBF_4$ 的热行为无明显变化。总体来说，不同热分析仪器测得的热力学参数基本一致。

2. 锂盐对电解液热安全性的影响

（1）$LiPF_6$ 基电解液热稳定性　图 6.3 显示了电解液 $LiPF_6$/EC+DEC 与混合溶剂 EC+DEC 在升温条件下的热行为。电解液 $LiPF_6$/EC+DEC 于 127℃开始放热，随后呈现一个不太显著的放热过程。随着温度升高，电解液于 160℃左右开始吸热，并于 172℃达到吸热峰，吸热过程的热量变化是 35.6J/g（表 6.1）。之后，随着温度继续升高，体系回归放热，并逐渐剧烈，于 188℃、211℃分别达到放热峰值，整个过程的热量变化是 -412.6J/g（表 6.1）。

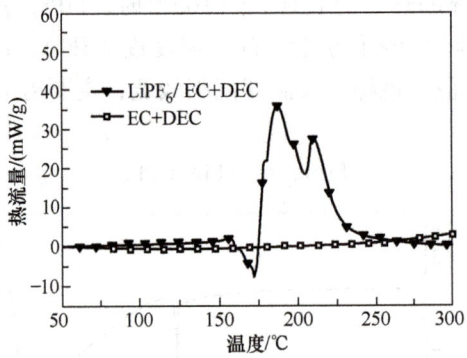

图 6.3　电解液 $LiPF_6/EC+DEC$ 与混合溶剂 $EC+DEC$ 在升温条件下的热流曲线

表 6.1　电解液 $LiPF_6/EC+DEC$ 分解热力学参数

电解液	起始温度/℃	峰值温度/℃	产热/(J/g)
$1mol/LiPF_6/EC+DEC$（质量比1:1）	127	172*，188，211	35.6*，-412.6
$EC+DEC$（质量比1:1）	183	—	-39.4

注：*表示吸热过程。

与电解液相比，混合溶剂 $EC+DEC$ 于 183℃ 开始缓慢放热，直至测试结束，整个过程都很微弱。表 6.1 所列未加锂盐的混合溶剂在升温条件下的放热仅有 -39.4J/g，对比可以看出，加入锂盐 $LiPF_6$ 后的电解液放热远大于未加 $LiPF_6$ 的混合溶剂 $EC+DEC$。

加入锂盐 $LiPF_6$ 后，混合溶剂 $EC+DEC$ 的反应活性显著增加。在升温条件下，根据式（6.1），$LiPF_6$ 产生强路易斯酸 PF_5，它能与痕量的水以及有机溶剂发生反应。

与水的反应见式（6.2），会产生具有毒性和腐蚀性的 HF 气体。同时，PF_5 会攻击 EC 中氧原子的孤对电子，EC 的环状结构会被破坏，进一步分解并发生酯交换反应，产生如聚环氧乙烷聚合物、CO_2 等酯交换反应产物，具体的反应过程见式（6.3）和式（6.4）。其中，在路易斯酸催化下的开环反应是吸热的。DEC 在 PF_5 的作用下，发生了消去反应，见式（6.5），该反应也会引起吸热。这些反应是引起电解液在 172℃ 左右表现出吸热行为的主要原因。

另外，这些反应的产物会继续引起更多连锁反应，使得电解液大量放热，表现出较差的热稳定性。这些连锁反应的产物大部分是 CH_3CH_2F、FCH_2CH_2Y（Y 是 OH、F 等）等。

$$PF_5 + H_2O \longrightarrow PF_3O + 2HF \tag{6.2}$$

$$\text{EC} + \text{EC} \xrightarrow{PF_5} \text{中间体} \longrightarrow \text{Oligo-ehter Carbonates（低聚醚碳酸盐）} \tag{6.3}$$

$$\text{Oligo-ehter Carbonates（低聚醚碳酸盐）} \longrightarrow PEO + nCO_2 \tag{6.4}$$

$$C_2H_5OCOOC_2H_5 + PF_5 \longrightarrow C_2H_5OCOOPF_4 + HF + C_2H_4 \tag{6.5}$$

$$C_2H_5OCOOPF_4 \longrightarrow PF_3O + CO_2 + C_2H_4 + HF \tag{6.6}$$

$$C_2H_5OCOOPF_4 + HF \longrightarrow PF_4OH + C_2H_5F + CO_2 \tag{6.7}$$

(2) $LiBF_4$ 基电解液热稳定性 图 6.4 显示了电解液 $LiBF_4$/EC + DEC 与混合溶剂 EC + DEC 在升温条件下的热行为,可以看出,电解液于 163℃ 开始放热,随后放热反应加剧,并于 270℃ 达到放热峰值,整个过程的放热量是 -328.6J/g (表 6.2)。

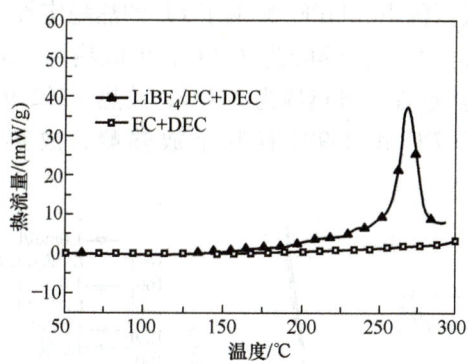

图 6.4 电解液 $LiBF_4$/EC + DEC 与混合溶剂 EC + DEC 在升温条件下的热流曲线

表 6.2 电解液 $LiBF_4$/EC + DEC 分解热力学参数

电解液	起始温度/℃	峰值温度/℃	产热/(J/g)
1mol/L $LiBF_4$/EC + DEC(质量比 1:1)	163	270	-328.6
EC + DEC(质量比 1:1)	183	—	-39.4

与混合溶剂相比,加入锂盐后,电解液的活性增加。与 $LiPF_6$ 相似,锂盐 $LiBF_4$ 也会产生路易斯酸。尽管路易斯酸 BF_3 的活性比 PF_5 要低,它仍然会与痕量水以及有机溶剂发生反应,这些反应是引起有机溶剂热稳定性下降的主要原因。

6.1.2 溶剂及其电解液热安全性

1. 常用有机溶剂及其 $LiPF_6$ 溶液的热稳定性

(1) $LiPF_6$/碳酸乙烯酯(EC) 图 6.5 所示为 EC 在空气和氩气氛围下升温时的热流变化曲线。EC 熔点是 37℃,在常温下是固体,可以看出,无论在空气还是在氩气氛围下,在温度升高到 33.5℃ 时,EC 开始吸热熔化,并在 39.6℃ 时达到吸热峰,在空气氛围下的熔化热是 142.4J/g,在氩气氛围下的熔化热是 144.5J/g,与空气下的热值基本一致,说明其熔化热与所在的两种气体氛围没有关系。

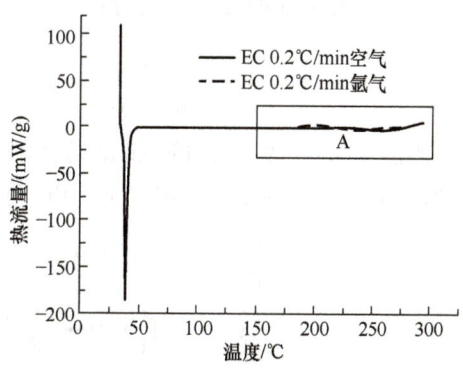

图 6.5 EC 在空气和氩气氛围下的热流曲线

将图 6.5 中 A 框内图形放大可得图 6.6。在空气氛围下其放热开始温度为 164℃,放热峰值在 222℃,放热量为 -38.5J/g。其后在 235℃ 有一梯度,进入吸热阶段,在 260℃ 时有吸热峰,随后,开始迅速放热。在氩气氛围下反应开始温度为 145℃,放热峰值在 198℃,放热量为 -43.6J/g。其后在 258℃ 时有吸热峰,之后,放热立刻加剧,与在空气氛围下基本一致。

从以上结果可以看出，虽然其放热开始温度较低（145℃），但是产热比较少，因此EC基本上是比较稳定的。当加入1.0mol/L LiPF$_6$后，由图6.7可以看出，EC的放热量显著增加。

如图6.7所示，在氩气氛围下，LiPF$_6$影响了EC的热稳定性。加入LiPF$_6$后，在192℃和226℃之间有一大的放热过程，放热峰为212℃，反应热为-345.4J/g。随后在225℃和280℃之间有一个平缓的放热过程，放热峰为254℃，放热-392.9J/g。在空气氛围下与在氩气氛围下相似，分别在207℃和259℃有两个放热峰，放热量分别为-376.3J/g和-465.7J/g。

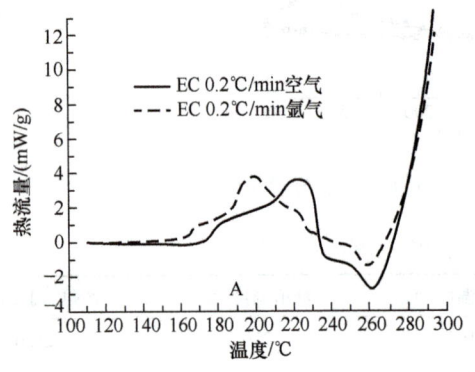

图6.6 EC在空气和氩气氛围下的热流曲线放大图

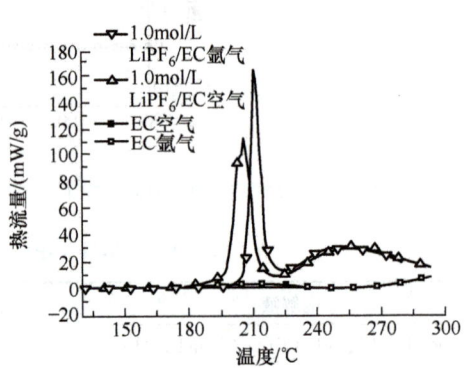

图6.7 1.0mol/L LiPF$_6$/EC在氩气和空气氛围下的热流曲线

通过比较在空气和氩气氛围下的热流可知，氧气对环状碳酸酯的热稳定性的影响不大。在EC的沸点238℃前，EC是稳定的。当温度超过260℃时，EC分解并放出CO_2、O_2和H_2等气体。CO_2是主要成分，约占15.15%；O_2占0.422‰；H_2为极少量，占0.033‰。根据此结果，主要可能的分解过程为：

$$\begin{array}{c}H_2C-O\\|\quad\quad\quad\;\;\;C=O\\H_2C-O\end{array} \longrightarrow H_2\dot{C}-CH_2^+ + CO_2 \longrightarrow \begin{array}{c}H_2\dot{C}\\|\quad\;\;O\\H_2C\end{array} \quad (6.8)$$

当温度超过192℃，PF$_5$起路易斯酸作用，使EC发生酯交换反应，生成聚环氧乙烷（PEO）和CO_2。在更高的温度下，PF$_5$可打开EC环，其可能的开环聚合机理为：

$$\text{Oligo-ether Carbonates (低聚醚碳酸盐)} \longrightarrow PEO + nCO_2 \quad (6.9)$$

此外，在升温下Li$^+$也与EC反应，Mogi等使用气相色谱质谱联用计（Py-GC-MS）测得其热分解产物为CO、C_2H_4等，因而其可能的反应过程为：

$$CH_2OCOOCH_2(EC) + 2Li^+ + 2e \longrightarrow (CH_2OLi)_2 + CO \quad (6.10)$$

$$CH_2OCOOCH_2(EC) + Li^+ + e \longrightarrow CH_2CH_2OCO_2Li \quad (6.11)$$

$$2CH_2CH_2OCO_2Li \longrightarrow LiOCO_2CH_2CH_2OCO_2Li + C_2H_4 \tag{6.12}$$

虽然 EC 很稳定,但是在 LiPF$_6$ 作用下,其稳定性明显降低,放热量增加。

(2) LiPF/碳酸丙烯酯(PC) 图 6.8 是 PC 和 1.0mol/L LiPF$_6$/PC 分别在空气和氩气氛围下升温时的热流变化曲线。可以看出,无论是在空气氛围下还是在氩气氛围下,PC 开始有热现象的温度大致在 100℃,在空气下放热,在氩气下吸热。在氩气氛围下,分别在 100℃ 和 135℃ 开始两个吸热过程,并在 130℃ 和 163℃ 达到吸热峰,其吸热量分别为 3.1J/g 和 3.6J/g。加入 LiPF$_6$ 后,其热特性大为改变。在 214℃ 和 233℃ 之间有一尖锐的放热峰,峰点在 223℃,并放出 -565.1J/g 的热。Katayama 等使用 DSC(5℃/min 升温速率)也发现该放热现象,但是其放热峰在 274℃,比使用 C80 测得的要高 51℃。

在空气氛围下,PC 的放热曲线不够平滑,可能是几个反应放热叠加的结果,放热开始温度是在 100℃,在 154℃ 时有放热峰,放热量为 -39.9J/g。1.0mol/L LiPF$_6$/PC 则呈现尖锐的放热过程,与在氩气氛围下相似,只是放热峰提前到 202℃,放热量也增到 -582.9J/g。

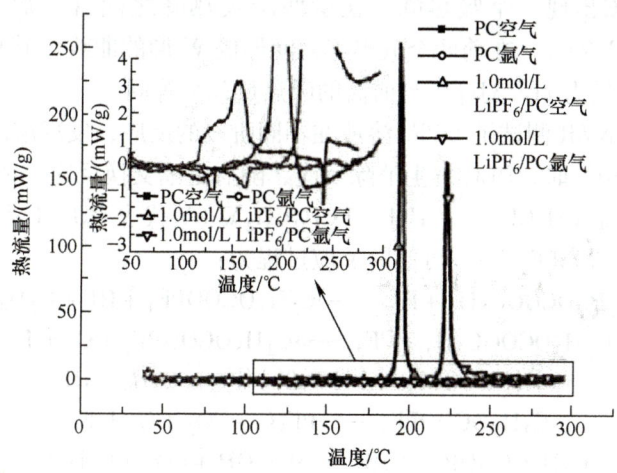

图 6.8 PC 和 1.0mol/L LiPF$_6$/PC 在空气和氩气氛围下升温时的热流曲线

由以上实验结果可知,纯 PC 在空气和氩气氛围下虽然在较低温度时就有热流的变化,但其热量变化幅度很小,可能只是一些物理的变化,空气的存在使 PC 由吸热转变为放热,可能是少量的氧气的作用。在 LiPF$_6$ 和温度作用下,LiPF$_6$/PC 溶液可能发生了酯交换反应,与 EC 类似,PF$_5$ 起路易斯酸的作用,Arakawa 等使用气相色谱质谱联用计探测到 CO$_2$ 和 H$_2$ 的存在,因此其可能作用机理为:

$$\text{环状碳酸酯} \longrightarrow \triangle + CO_2 \xrightarrow{Li^+} \text{Li} \triangle O + H_2 \tag{6.13}$$

总之,纯 PC 在较低的温度时,有少量的热现象,加入 LiPF$_6$ 后,尽管反应开始温度有所升高,但是放热量大大增加。

(3) LiPF$_6$/碳酸二乙酯(DEC) 图 6.9 是 DEC 和 1.0mol/L LiPF$_6$/DEC 分别在空气和氩气氛围下升温时的热流变化曲线。在空气氛围下,DEC 从 138℃ 时开始出现放热现象,166℃ 时有个尖锐的放热峰,放热量为 -27.6J/g。然后到 183℃ 时又有缓慢的吸热过程,直到 246℃ 时,放热突然增加,并维持下去,该过程可能是 DEC 碳链的断裂过程。1.0mol/

LLiPF₆/DEC 则出现吸热和放热过程。第一个吸热峰在167℃，吸热量为49.7J/g，随后在171℃有一尖锐的放热峰，产热量为-22.8J/g。其后在176℃又出现一吸热峰，吸热量为84.0J/g。在此之后，有一缓慢的放热过程，并在206℃出现放热峰，放热量为-57.9J/g。最后有一较大的吸热过程，吸热峰在253℃，吸热量为251.0J/g。

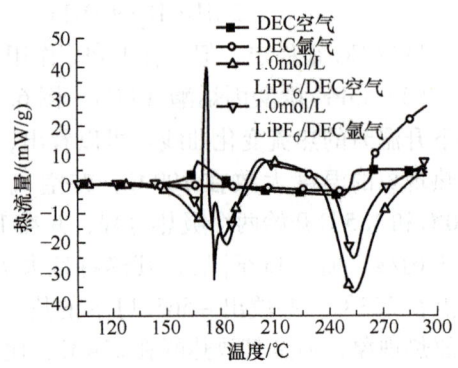

图6.9 DEC和1.0mol/L LiPF₆/DEC 在空气和氩气氛围下的热流曲线

在氩气氛围下，DEC 从122℃就开始吸热，在127℃有一很小的吸热峰，与 DEC 的沸点126℃相一致。因此，该过程应为 DEC 的汽化过程，汽化热为0.9J/g。到245℃时，放热突然加大。溶入 LiPF₆ 后，溶液的热特性发生明显改变，分别在173℃、182℃和253℃出现三个吸热峰，在后两个吸热峰之间有一放热过程，放热峰在202℃，放热量为-62.7J/g。在前两个放热峰之间形成 W 形的曲线，其总吸热量为112J/g，最后一吸热过程吸热量为112.3J/g，与前面的吸热量几乎等同。

Gnanaraj 等使用 NMR 测试了 LiPF₆ 溶液在不同阶段的反应，发现溶液在140℃以前比较稳定，当温度到达180℃时，DEC 发生消除反应，随后是酯交换反应。继续升温，其将完全分解，主要分解产物是 CH_3CH_2F、CH_3F、FCH_2CH_2Y（Y 代表 OH、F 等）、H_2O 和聚合物。根据这些结果，可推知 LiPF₆/DEC 可能的反应过程为：

$$C_2H_5OCOOC_2H_5 + PF_5 \longrightarrow C_2H_5OCOOPF_4 + HF + C_2H_4 \quad (6.14)$$

$$C_2H_5OCOOC_2H_5 + PF_5 \longrightarrow C_2H_5OCOOPF_4 + C_2H_5F \quad (6.15)$$

$$C_2H_5OCOOPF_4 \longrightarrow PF_3O + CO_2 + C_2H_4 + HF \quad (6.16)$$

$$C_2H_5OCOOPF_4 \longrightarrow PF_3O + CO_2 + C_2H_5F \quad (6.17)$$

$$C_2H_5OCOOPF_4 + HF \longrightarrow PF_4OH + CO_2 + C_2H_5F \quad (6.18)$$

纯 DEC 在氩气中很稳定，LiPF₆ 能使 DEC 发生吸热反应，但是反应开始温度比较低，DEC 性质发生变化。

2. 有机溶剂构成对电解液热安全性的影响

（1）LiPF₆/EC + DEC 图6.10是1.0mol/L LiPF₆/EC + DEC 和 EC + DEC 在空气和氩气氛围下的热流曲线。空气氛围下，在没有添加 LiPF₆ 时，首先 EC + DEC 从110℃开始有一小的吸热过程，并在147℃达到吸热峰。此后是放热过程，在175℃出现放热峰，随后在260℃也有一较小的放热峰，总放热量为-61.8J/g。加入 LiPF₆ 后，在140℃时发生吸热，在173℃时，有最大的吸热峰，吸热量27.3J/g。随后，177℃放热迅速增加，并在185℃达到放热峰，放热量为-163.5J/g，到203℃放热速率降到最小，随后有放热量不大的反应，直到反应结束。

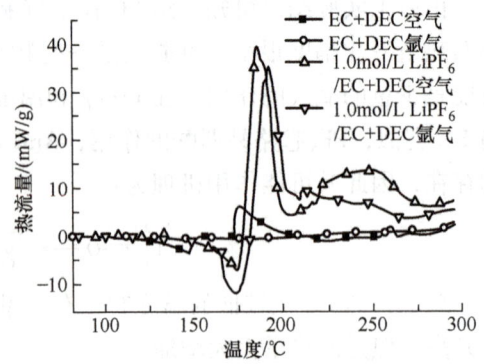

图6.10 1.0mol/L LiPF₆/EC + DEC 和 EC + DEC 在空气和氩气氛围下的热流曲线

在氩气氛围下，EC 和 DEC 混合溶剂在 185℃ 开始放出少量的热，几乎不反应，比较稳定。加入 $LiPF_6$ 后，在 140℃ 时发生吸热，但是在开始阶段，吸热非常缓慢，并在 174℃ 达到吸热峰，吸热量为 50.9J/g。随后在 181℃ 发生放热，在 192℃ 达到最大，放热量为 -153.2J/g，到 209℃ 放热速率降到最小，最后有放热量不大的反应，直到反应结束。

从以上实验可知，混合溶剂比较稳定，而电解液在空气和氩气氛围下的反应开始温度基本一致，并且整个反应曲线的走向基本一致。首先是有个吸热反应，随后是大的放热反应，最后有微弱的放热现象。整个过程中，在空气氛围下的反应超前于氩气氛围下约 10℃。

（2）$LiPF_6$/PC + DEC　图 6.11 是 1.0mol/L $LiPF_6$/PC + DEC 和 PC + DEC 在空气和氩气氛围下的热流曲线。在氩气氛围下，PC + DEC 几乎没有什么反应，只在 191℃ 有一很小的放热峰，放热量仅为 -1.0J/g。而在空气氛围下，PC + DEC 在 153℃ 开始放热，在 177℃ 时达到放热峰，放热量为 -52.0J/g。随着温度的继续升高，PC + DEC 呈现出吸热的现象。$LiPF_6$ 明显改变了 PC + DEC 的热稳定性，空气氛围下，1.0mol/L $LiPF_6$/PC + DEC 在 166℃ 出现小的吸热峰之后，相继在 183℃ 出现大的放热峰，吸热量和放热量分别为 8.5J/g 和 -313.0J/g。在氩气氛围下的热行为基本一致，但是吸热峰和放热峰分别推迟到 170℃ 和 185℃，吸热量和放热量分别为 34.0J/g 和 -313.6J/g，放热量基本一致，说明空气中的气体成分对 1.0mol/L $LiPF_6$/PC + DEC 的影响主要体现在放热/吸热峰的位置，而对整个热行为影响很少。因此，空气的存在没有改变 1.0mol/L $LiPF_6$/PC + DEC 的反应方式。

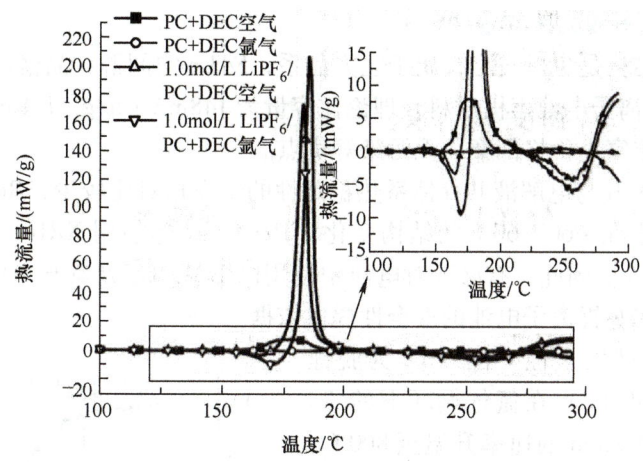

图 6.11　1.0mol/L $LiPF_6$/PC + DEC 和 PC + DEC 在空气和氩气氛围下的热流曲线

PC + DEC 的热特性几乎与 EC + DEC 的一致，并且 1.0mol/L $LiPF_6$/PC + DEC 与 1.0mol/L $LiPF_6$/EC + DEC 的热特性一致，可能是因为在电解液中，DEC 的活性比 EC 和 PC 的活性高，在升温时，与 DEC 有关的反应起主导作用。但是 1.0mol/L $LiPF_6$/PC + DEC 的产热量几乎是 1.0mol/L $LiPF_6$/EC + DEC 产热量的 2 倍，可能是因为 PC 环上的甲基使分解过程中放出更多的热量。

6.1.3　正极材料的热安全性

正极材料是锂离子电池的关键材料之一，其性能和价格直接影响锂离子电池的性能和价格。因此，世界各国在正极材料的研究和开发上倾注了大量的人力、物力和财力。锂离子电池正极材料是一种具有宿主结构的化合物，能够在较大的组成范围内允许锂离子可逆地脱出和嵌入。较为常见的正极材料是一些过渡金属的氧化物，如 $LiCoO_2$、$LiMn_2O_4$、$LiFePO_4$、$LiNi_{1/3}Co_{1/3}Mn_{1/3}O_2$ 等。

电池在过充时，过量的锂离子从正极脱出，然后嵌入或沉积到负极上，使两个电极的热稳定性变差。正极的热滥用会导致氧气从金属氧化物的点阵中脱出，能够与电解液反应产生大量的热，催化电解液的分解产生大量热。近年来的研究发现，正极材料与电解液间也发生界面反应，对正极材料的电化学性能、热稳定性、电池的安全特性等也能产生重要影响。锂离子电池中的正极/电解液界面反应包括电解液的氧化分解、正极材料腐蚀溶解及正极材料的自热氧化还原反应等。这些反应均能对电池的电化学性能和安全特性产生不良影响。正极材料的氧化性与电解液的不稳定是导致正极材料与电解液间反应的主要因素，正极材料的掺杂改性与表面包覆以及增强电解液稳定性是抑制此反应的主要途径。

为研究正极材料热稳定性对电池安全的影响，此处使用 C80 微量量热仪对充电状态下的几种正极材料及其与 $1.0mol/L$ $LiPF_6/EC + DE$ 电解液之间的热特性进行研究，以揭示正极材料的热稳定性及其与电解液之间的反应特性。其中，实验所得的反应热，如不加以说明，则以电极材料的质量为基准积分求得。本小节分析 $Li_xMn_2O_4$-电解液和 Li_xFePO_4-电解液的热安全性。

1. $Li_xMn_2O_4$ 电解液的热安全性

锰酸锂的晶体结构是尖晶石型，属于立方晶系，Fd3m 空间群，晶格常数 $\alpha = 0.8231nm$。$LiMn_2O_4$ 用作 4V 锂离子电池正极材料，理论比容量为 $148mA \cdot h/g$。$LiMn_2O_4$ 是当前研究热点之一，具有资源丰富、价格低廉、无污染等优点。

关于 $LiMn_2O_4$ 及其与电解液共存体系热稳定性的研究相对比较少，Rojas 等使用 DSC 研究了尖晶石 $LiMn_2O_4$ 在 $-60 \sim 60℃$ 的结构变化，Thackeray 等使用 XRD、DSC 和 TG 研究了 $Li_4Mn_5O_{12}$ 的热稳定性。因此，有必要对电池中使用的 $LiMn_2O_4$ 及其与电解液共存时的热稳定性进行研究，为提高锂离子电池的安全性提供依据。

（1）$Li_xMn_2O_4$ 热安全性　图 6.12 为脱锂 $Li_xMn_2O_4$（充电至 4.2V）在氮气循环下的 TG 曲线，从室温以 $10℃/min$ 的速率升温至 $800℃$，通过电池充电容量计算 $x = 0.20$。

从图 6.12 可以看出，在 $242℃$ 之前，$Li_{0.2}Mn_2O_4$ 失重仅 0.90%，这可能是样品中的部分 $LiPF_6$ 或其他物质的失重。在 $242℃$ 至 $426℃$ 之间失重 10.40%，可能是 $Li_{0.2}Mn_2O_4$ 发生分解放出氧气的结果，根据失重量，可推测 $Li_{0.2}Mn_2O_4$ 可能按式（6.19）和式（6.20）分解，其理论失重为 9.74%，样品只含有 84% 的

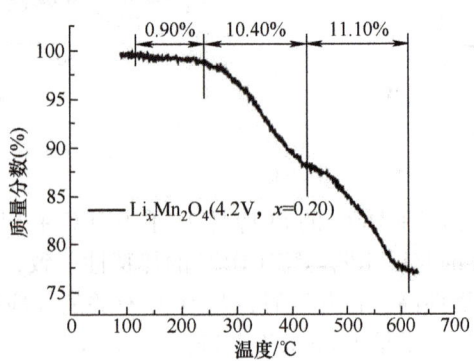

图 6.12　脱锂 $Li_xMn_2O_4$ 的 TG 曲线

$Li_{0.2}Mn_2O_4$，而 8% PVDF 和 8% 乙炔黑的失重造成理论和实验的差别。随着温度的升高，在 $426℃$ 至 $614℃$ 之间失重 11.10%，可能是 8% 的 PVDF 发生了失重，同时 $LiMn_2O_4$ 发生分解，其可能按式（6.21）和式（6.22）进行分解。

$$Li_{0.2}Mn_2O_4 \longrightarrow 0.2LiMn_2O_4 + 0.8Mn_2O_4 \tag{6.19}$$

$$3Mn_2O_4 \longrightarrow 2Mn_3O_4 + 2O_2 \uparrow \tag{6.20}$$

$$LiMn_2O_4 \longrightarrow LiMn_2O_{4-y} + \frac{y}{2}O_2 \uparrow \tag{6.21}$$

$$LiMn_2O_4 \longrightarrow LiMnO_2 + \frac{1}{3}Mn_3O_4 + \frac{1}{3}O_2 \uparrow \tag{6.22}$$

（2）$Li_xMn_2O_4$ 在不同充电状态下的热安全性　图 6.13 所示为 $Li_xMn_2O_4$ 在不同充电程度下的热稳定性，从图中可以看出，$Li_xMn_2O_4$ 均有一放热过程。4.0V 时 $Li_xMn_2O_4$ 在 200℃ 开始放热，并在 262℃ 达到放热峰，放热量为 -138.5J/g。4.1V 时 $Li_xMn_2O_4$ 则在 161℃ 开始放热，并在 261℃ 达到放热峰，放热量为 -330.2J/g，比在 4.0V 高出很多。随着带电电压的增加，反应开始温度继续降低，在 4.2V 时，$Li_xMn_2O_4$ 从 152℃ 开始放热，在 180℃ 达到放热峰，此后有一平缓的放热过程，并在 238℃

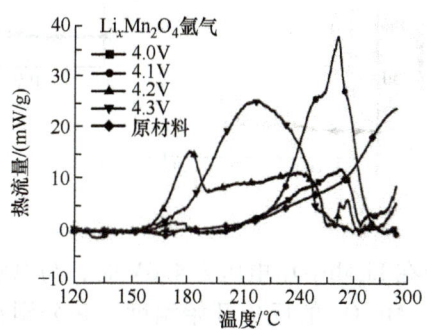

图 6.13　$Li_xMn_2O_4$ 在不同充电程度下的热稳定性

达到放热峰，后来又出现一小的放热过程，放热峰为 266℃，总放热量为 -285.9J/g。在 4.3V 时，$Li_xMn_2O_4$ 从 151℃ 开始放热，并在 217℃ 达到放热峰，反应热为 -408.2J/g。

从上述结果可知，随着 $Li_xMn_2O_4$ 的带电电压的增加，其反应开始温度也随之降低，放热量也呈增加的趋势。通过动力学分析，可求解其活化能和指前因子，其结果列于表 6.3 中。可以看出，$Li_xMn_2O_4$ 的活化能几乎相差不大，热稳定的差别主要体现在反应开始温度的高低，$Li_xMn_2O_4$ 的带电量增加，热稳定性降低。

表 6.3　$Li_xMn_2O_4$ 热力学和动力学参数

充电电压/V	$Li_xMn_2O_4$ 中 x 值	反应开始温度/℃	放热峰/℃	反应热/(J/g)	活化能/(kJ/mol)	指前因子/s^{-1}	相关系数 R^2
4.0	0.90	200	262	-138.5	125.0	3.78×10^8	0.987
4.1	0.61	161	261	-330.2	125.6	2.92×10^8	0.998
4.2	0.42	152	180	-285.9	140.1	1.68×10^{12}	0.981
4.3	0.30	151	217	-408.2	127.1	6.17×10^9	0.994

（3）电解液对 $Li_xMn_2O_4$ 热安全性的影响　图 6.14 所示为不同电压下 $Li_xMn_2O_4$ 与 1.0mol/L $LiPF_6$/EC+DEC 电解液共存体系的热稳定性，$Li_xMn_2O_4$ 与 1.0mol/L $LiPF_6$/EC+DEC 电解液质量比为 1:1。与单一 $Li_xMn_2O_4$ 的热稳定性相比，加入电解液后，共存体系从单一的放热过程增加为三个放热过程。共存体系的第二个放热过程比较缓慢，放热峰也不如前后两个明显，在第一个放热峰之前，都有一个平缓的放热过程，四个体系的该阶段几乎是一致的，不受带电状态的影响，因此该放热过程可能是 $Li_xMn_2O_4$ 表面 CEI 膜分解的过程。与 $Li_xMn_2O_4$ 和石墨负极表面分别形成的 CEI 膜和 SEI 膜一致，所以其分解过程不受带电状态的影响。

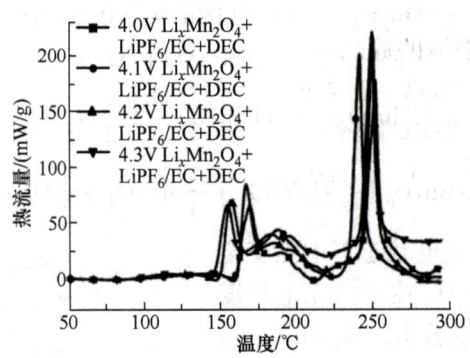

图 6.14　1.0mol/L $LiPF_6$/EC + DEC 电解液与不同带电状态 $Li_xMn_2O_4$ 共存体系的热流曲线

在 $Li_xMn_2O_4$ 电压为 4.0V 时，与电解液共存体系的反应开始温度在 90℃，远远低于单一 $Li_xMn_2O_4$ 的反应开始温度，并分别在 169℃、189℃ 和 251℃ 达到放热峰，总放热量为 -1203.4J/g。同样，将获得的 $Li_xMn_2O_4$ 和电解液在 4.1V、4.2V 和 4.3V 时的热力学和动力学参数列于表 6.4 中。

表 6.4　电解液与 $Li_xMn_2O_4$ 共存体系的热力学和动力学参数

充电电压/V	$Li_xMn_2O_4$ 中 x 值	反应开始温度/℃	放热峰/℃ I	II	III	反应热/(J/g)	活化能/(kJ/mol)	指前因子/s^{-1}	相关系数 R^2
4.0	0.90	90	169	189	251	-1203.4	103.8	9.14×10^9	0.987
4.1	0.56	91	167	188	241	-1287.8	71.2	1.59×10^5	0.988
4.2	0.45	92	157	186	249	-1345.8	71.7	3.11×10^5	0.938
4.3	0.20	89	155	183	248	-2014.3	65.2	3.91×10^4	0.958

从表 6.4 中可以看出，$Li_xMn_2O_4$ 和电解液反应开始温度和最后一个放热峰相差不大（<10℃），随着 $Li_xMn_2O_4$ 带电程度的加深，第一个和第二个放热峰呈降低的趋势，但是降低幅度不大，分别从 169℃ 和 189℃ 降至 155℃ 和 183℃。此外，体系的反应活化能则随带电程度的加深而减小。以上研究说明，$Li_xMn_2O_4$ 与电解液共存体系的热稳定性随带电程度的加深而降低，从而有力地说明了锂离子电池在过充状态下容易发生热失控的内在原因。

(4) $Li_xMn_2O_4$ 热安全性的综合分析　图 6.15 为电解液、$Li_xMn_2O_4$ 及其两者共存体系的热流曲线。在 $Li_xMn_2O_4$ 与电解液共存时，第一个平缓的放热过程为 CEI 膜分解的过程，此过程没有明显的放热峰。此后的第一个放热峰可能是 $Li_xMn_2O_4$ 分解析出的氧气与电解液发生反应，随着氧气的消耗，$Li_xMn_2O_4$ 加速分解，分解出的氧气继续与电解液发生反应，直到 $Li_xMn_2O_4$ 分解到一定的稳定态。

随着温度的继续升高，过量的电解液可能分解，由图 6.15 的比较可知，第二个放热过程可能是电解液分解的过程。1.0mol/L $LiPF_6$/EC + DEC 与 $Li_xMn_2O_4$ 共存体系的最后一个大的放热峰可能是 $Li_xMn_2O_4$ 分解后的产物的再分解过程，如 $LiMnO_2$ 和 Mn_3O_4 等，同时有电解液产物、PVDF 等多种物质参与的复杂反应。对于具体反应过程需要进行进一步研究。

加入电解液之后，1.0mol/L $LiPF_6$/EC + DEC 与 $Li_xMn_2O_4$ 共存体系的反应开始温度

(92℃)比单一的电解液(140℃)和$Li_xMn_2O_4$
(152℃)的反应开始温度都大为降低,并且混
合体系的第一个放热峰(157℃)比$Li_xMn_2O_4$
的放热峰(180℃)低23℃。此外,混合体系
的活化能也比$Li_xMn_2O_4$的减小了100.5kJ/mol。
这些热力学和动力学参数的改变说明了$LiPF_6/$
EC + DEC 与 $Li_xMn_2O_4$ 共存体系的热稳定性比
单一组分的热稳定性大为降低,增大了电池体
系的危险性,降低了电池的安全性。

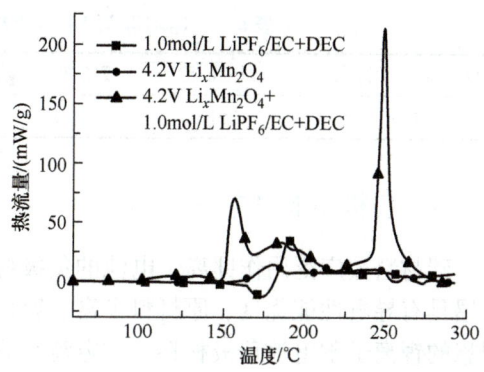

图6.15　1.0mol/L $LiPF_6$/EC + DEC 与 $Li_xMn_2O_4$ 共存体系组成单元的热流曲线

2. Li_xFePO_4-电解液的热安全性

(1) Li_xFePO_4 热安全性　图6.16为脱锂 Li_xFePO_4(充电至4.2V)以C80量热测试获得的热流曲线,从室温以0.2℃/min 的速率升温至300℃,通过电池充电容量计算 x = 0.18。可以看出,与电解液 1mol/L $LiPF_6$/EC + DEC 相比,在212℃之前,$Li_{0.18}FePO_4$ 基本没有明显放热。随着温度的升高,$Li_{0.18}FePO_4$ 缓慢放热,整个过程中,产生热量为 - 61J/g,说明在测试条件下,脱锂 Li_xFePO_4 的热稳定性较高。

(2) 电解液对 Li_xFePO_4 热安全性的影响　在 Li_xFePO_4 与 1.0mol/L $LiPF_6$/EC + DEC 电解液共存(质量比1:1)时,如图6.17所示,体系于126℃即开始放热,随着温度的升高,于211℃达到放热峰,整个过程体系产生的热量为717.5J/g,具体的热动力学参数详见表6.5。与单纯的 Li_xFePO_4 体系相比,加入电解液后的体系热稳定性下降,电解液的加入可能引起 Li_xFePO_4 热分解。与未含电极物质的电解液体系相比,1.0mol/L $LiPF_6$/EC + DEC 与 Li_xFePO_4 共存体系的起始放热温度变化不大,但是表现出更为复杂的放热行为:当温度在125 ~ 170℃范围时,体系表现出少量的放热,这可能是在电解液微弱放热影响下,使得电极开始发生初步的热分解;随着温度上升,体系放热速率显著增加,并在200℃左右急剧上升,形成尖锐的放热峰,这一部分产热应该是电极物质分解释放出氧,将电解液氧化引起的。整个过程,共存体系的产热比单纯电解液体系的产热量更大。

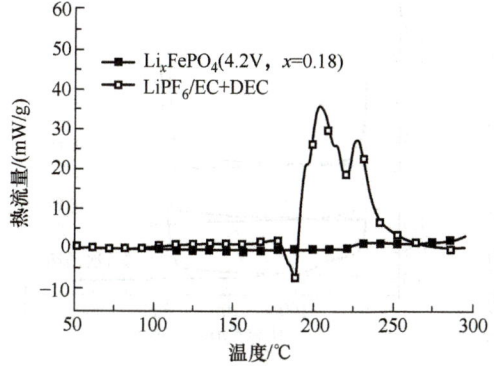

图6.16　脱锂 Li_xFePO_4 的热流曲线

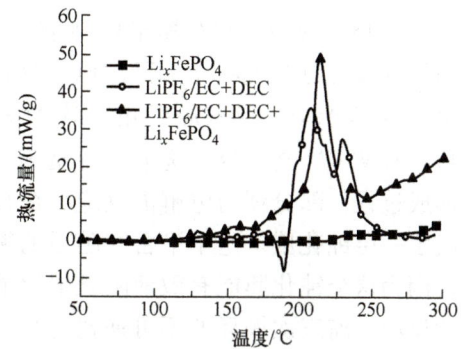

图6.17　1.0mol/L $LiPF_6$/EC + DEC 与 Li_xFePO_4 共存体系

表6.5 电解液与 Li_xFePO_4 共存体系的热力学和动力学参数

反应开始温度/℃	放热峰/℃	反应热/(J/g)	活化能/(kJ/mol)	指前因子/s^{-1}	相关系数 R^2
126	211	-717.5	203.6	5.73×10^{21}	0.991

6.1.4 负极材料的热安全性

碳材料被广泛用作锂离子电池的负极材料,如石墨、石油焦、碳纤维、热解碳等。由于石墨具有导电性能优良、原材料丰富、容量高、充放电电压平坦等特征,被认为是一种较为理想的锂离子蓄电池负极材料。在电池充放电过程中,锂在负极碳材料内脱嵌并形成锂碳插入化合物 Li_xC_6:

$$Li_xC_6 \longrightarrow Li_{x-y}C_6 + yLi^+ + ye, \quad y \leq x \leq 1 \quad (6.23)$$

石墨材料作为负极材料其理论比容量为 372mA·h/g,形成 Li_xC_6 的结构,可逆容量、充放电效率和工作电压都较高。石墨材料有明显的放电平台,且放电平台对锂电压很低,电池输出电压高。石墨材料理想的结构使碳原子形成六角网状平面结构,网状平面层之间只是以范德华力结合,层与层之间以 AB 或 ABC 的堆垛方式排列,层间距为 0.3354nm。石墨材料结构完整,嵌锂位置多,所以容量较高,是比较理想的锂离子电池负极材料,目前大量的商用锂离子电池采用石墨类碳材料作为负极材料。典型的商业化负极材料采用石墨化的中间相碳微球(MCMB)。

石墨材料作为负极材料的缺点是:结构容易发生破坏,对电解质敏感,大电流充放电性能差。在放电的过程中,在负极表面由于电解质或有机溶剂化学反应会形成一层固体电解质界面膜,即 SEI 膜,这是一层锂离子可以自由穿透的绝缘膜。SEI 膜的形成是不可逆容量的一个重要原因。但是石墨材料由于其完整的层状结构,在插层过程中导致锂离子与电解质共插到石墨片层,有机溶剂插入石墨片层之间被还原,生成气体膨胀导致石墨片层剥落,因此造成 SEI 膜的不断破坏及重新生成。另外,锂离子嵌入和脱嵌的过程中,造成石墨片层体积膨胀和收缩,也容易造成石墨粉化。所以,石墨的不可逆容量较高,循环寿命也有待进一步提高。本小节主要探讨石墨-电解液的热安全性。

1. 石墨的循环性能

图 6.18 所示为 Li/石墨半电池前三个循环,所用的电解液为 1.0mol/L $LiPF_6$/EC+DEC,充放电电流密度为 $0.2mA/cm^2$。第一次放电时,在 0.45V 形成一放电平台,这个平台是 SEI 膜第一次形成过程,部分锂与电解液反应,在石墨表面形成了一层钝化膜。这个平台在随后的循环中消失,因为这个钝化膜能有效地阻止电解液与锂的继续反应。前三次循环的不可逆比容量损失分别为 138mA·h/g、19mA·h/g 和 13mA·h/g,因此在三次循环之后,已形成的稳定的 SEI 膜中每单位的 C_6 中含有 0.45 单位的锂。

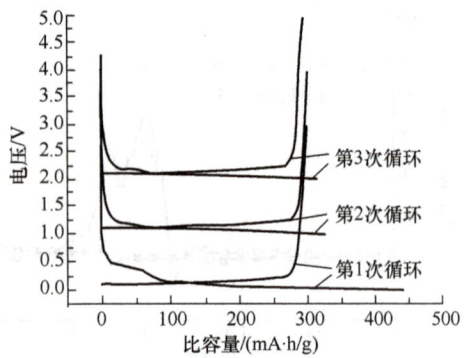

图 6.18 Li/石墨半电池前三个循环性能(纵坐标的值累加 1.0)

2. Li_xC_6 热安全性

图 6.19 为不同嵌锂程度下 Li_xC_6 的 C80 热流曲线,以 0.2℃/min 的速率从 30℃ 升温至 300℃。可以看出,Li_xC_6 都有一主要放热过程,$Li_{0.45}C_6$ 和 $Li_{0.84}C_6$ 在第一个放热峰之后还有一小的放热峰,第二个放热峰温度分别为 190℃ 和 248℃。$Li_{0.68}C_6$ 在主放热峰之后也有一放热峰,其在 229℃ 有一尖锐放热峰。而 $Li_{0.22}C_6$ 在大的放热峰之前,有一小的放热过程,放热峰在 105℃。总之,Li_xC_6 在升温下一直处于放热过程,对锂离子电池的安全性不利。由 Li_xC_6 的实验结果,可求得 Li_xC_6 热力学和动力学参数,其结果列于表 6.6 中。

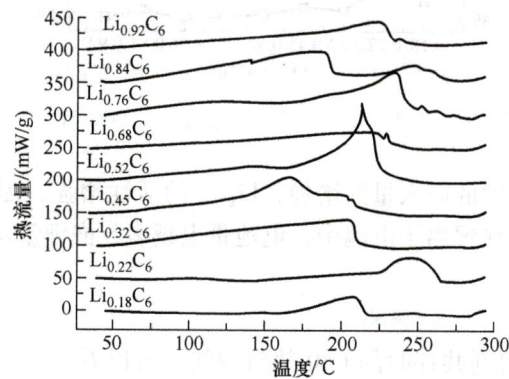

图 6.19 不同嵌锂程度下 Li_xC_6 的 C80 热流曲线(纵坐标的值累加 50)

表 6.6 Li_xC_6 分解热力学和动力学参数

Li_xC_6 中 x 值	反应开始温度/℃	放热峰/℃	反应热 /(J/g)	活化能 /(kJ/mol)	指前因子 /s^{-1}	相关系数/R^2
0.18	136	207	-265.3	115.3	1.94×10^9	0.991
0.22	65	247	-603.6	103.8	2.75×10^{10}	0.996
0.32	47	204	-1280.6	105.8	9.15×10^{10}	0.993
0.45	50	166	-1302.7	86.6	8.72×10^7	0.992
0.52	44	213	-1469.0	96.5	3.43×10^6	0.991
0.68	42	219	-860.0	68.8	2.01×10^5	0.997
0.76	41	234	-1569.0	82.0	3.92×10^7	0.983
0.84	47	181	-1339.0	101.3	5.60×10^9	0.984
0.92	42	224	-1341.6	77.0	3.56×10^6	0.966

图 6.20 给出了不同嵌锂程度下 Li_xC_6 反应开始温度、放热峰和放热量与 x 的关系。从中可以看出,随 x 值的增加,也就是嵌锂程度的加深,Li_xC_6 反应开始温度呈降低的趋势,放热量呈增加的趋势。在 $x \leq 0.32$ 时,反应开始温度降低很快、放热量则增加很快;在 $x > 0.32$ 之后,反应开始温度相差不大,维持在 (44 ± 3.5)℃,放热量也维持在 (-1314 ± 243) J/g。而 Li_xC_6 分解的主反应峰温度与 x 没有明显的规律,从 $x = 0.18$ 到 $x = 0.92$,放热峰起伏不定。

由动力学分析可求得 Li_xC_6 分解的动力学参数,见表 6.6。由 Li_xC_6 分解活化能可以看出,随着 x 的增加,Li_xC_6 分解活化能呈降低的趋势,反应活性增加。由于锂很活泼,容易

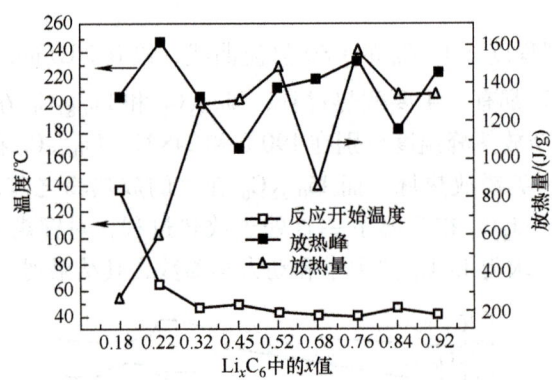

图 6.20 不同嵌锂程度下 Li_xC_6 反应开始温度、放热峰和放热量与 x 的关系

与多种物质发生反应,随锂的嵌入量的增加,Li_xC_6 的活性增强,因而其反应活化能随嵌锂量的增加而降低。因此,在锂离子电池中,电池带电越多,嵌锂量也就越多,电池的安全性就越低。

3. 溶剂对 Li_xC_6 热安全性的影响

图 6.21 为 Li_xC_6 与溶剂共存时的 C80 热流曲线,可以看出,Li_xC_6 与有机溶剂混合时,

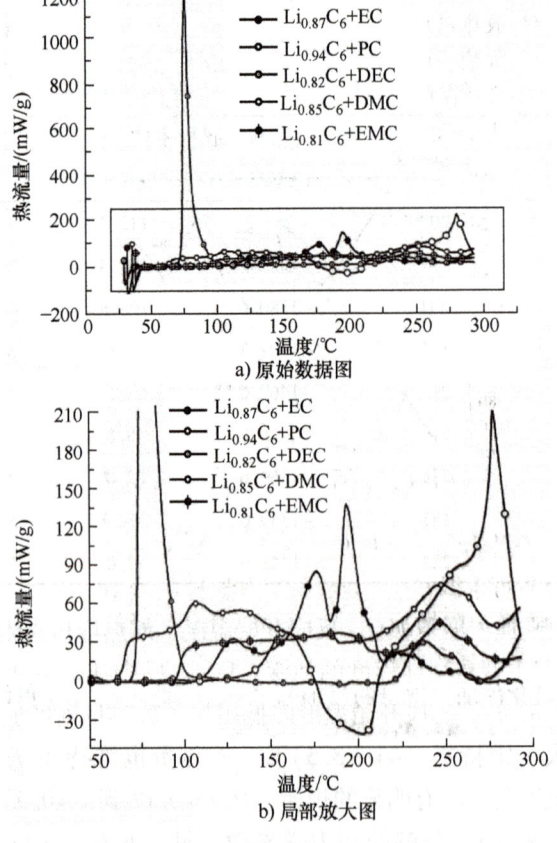

图 6.21 Li_xC_6 与溶剂共存时的 C80 热流曲线

在非常低的温度就开始放热。其中，$Li_{0.85}C_6$ 与 DMC 的反应开始温度最低，在 58℃，放出的热量也最多；而 PC 与 $Li_{0.94}C_6$ 的反应开始温度最高，在 130℃；其他反应开始温度等动力学参数见表 6.7。总体来说，环状碳酸酯与嵌锂石墨的反应开始温度比链状碳酸酯高，是因为环状碳酸酯的环键结合能比链状碳酸酯的结合能高，所以锂要与环状碳酸酯反应，需要更多的能量。在 $Li_{0.82}C_6$ 与 DEC 的反应中，在 78℃ 就出现一大而尖锐的放热峰，并放出 $-2802.1J/g$ 的热量；在其他溶剂中则没有该放热峰。这可能是因为 DEC 中的双—C_2H_5 与 Li 剧烈反应，该反应的活化能也很高，为 755.4kJ/mol，反应开始后，放热量迅速增加。在 PC 与 $Li_{0.94}C_6$ 的反应中，则出现吸热过程，吸热峰在 203℃，吸热量为 305.1J/g，该过程可能是由 PC 环上的甲基与锂反应引起的。Li_xC_6 与有机溶剂反应的热力学和动力学参数见表 6.7。

表 6.7 Li_xC_6 与有机溶剂共存体系热力学和动力学参数

Li_xC_6 + 有机溶剂	反应开始温度/℃	放热峰/℃	反应热/(J/g)	活化能/(kJ/mol)	指前因子/s^{-1}	相关系数 R^2
$Li_{0.87}C_6$ + EC	104	130/178/196	-1691.7	207.6	2.37×10^{23}	0.979
$Li_{0.94}C_6$ + PC	130	160/282 203*	-323.0/-1919.5 305.1*	86.1	2.25×10^6	0.987
$Li_{0.82}C_6$ + DEC	67	78/240	-2802.1	755.4	2.73×10^{109}	0.998
$Li_{0.85}C_6$ + DMC	58	108/249	-3087.8	405.1	2.12×10^{58}	0.997
$Li_{0.81}C_6$ + EMC	90	190/248	-1763.4	438.2	3.69×10^{56}	0.987

注：*表示吸热峰和吸热量。

Li_xC_6 与有机溶剂的反应中，环状碳酸酯与嵌锂石墨的反应开始温度比链状碳酸酯高，环状碳酸酯稳定性较好。总体来说，Li_xC_6 与有机溶剂共存体系的热稳定性较差，反应开始温度低，并且放热量也很多，不利于锂离子电池的安全。

4. $LiPF_6$ 对热安全性的影响

图 6.22 为等质量 $LiPF_6$ 与 $Li_{0.87}C_6$ 共存体系的热流曲线。从中可以看出，$LiPF_6$ 呈现吸热状态，$Li_{0.84}C_6$ 在 181℃ 有一个大的放热峰，在 248℃ 还有一小的放热过程。在 $LiPF_6$ 与 $Li_{0.87}C_6$ 共存体系中，反应开始温度在 50℃，与 $Li_{0.84}C_6$ 的反应开始温度 47℃ 相差不大，但是反应放热量迅速增加，并分别在 95℃ 和 154℃ 达到两个放热峰，放热量为 -2097.5J/g，远大于 $Li_{0.84}C_6$ 的 -1339.0J/g 的放热量，该过程说明 $LiPF_6$ 与 $Li_{0.87}C_6$ 发生了反应，具体反应过程还需要进一步研究。随后在 180℃ 出现

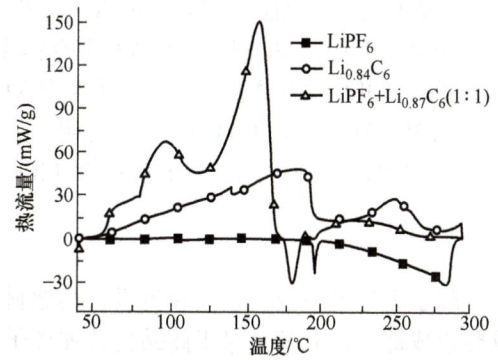

图 6.22 等质量 $LiPF_6$ 与 $Li_{0.87}C_6$ 共存体系的热流曲线

一个小的吸热峰，吸热量为 59.7J/g，可能是过量的 $LiPF_6$ 熔化吸热过程。最后出现与单一 $Li_{0.84}C_6$ 相似的平缓放热过程，放热量为 -154.9J/g。

基于动力学分析得到该混合体系的反应动力学参数，其反应活化能 E = 592kJ/mol，指

前因子为 $2.69\times10^4\text{s}^{-1}$，相关系数 $R^2=0.912$。可见，其反应活化能比 $\text{Li}_{0.84}\text{C}_6$ 的活化能 101.3kJ/mol 低 42.1kJ/mol。同样，求得第二个放热过程的活化能 $E=56.9\text{kJ/mol}$，指前因子为 $1.05\times10^3\text{s}^{-1}$，相关系数 $R^2=0.989$。这些动力学参数说明，LiPF_6 与 $\text{Li}_{0.87}\text{C}_6$ 共存体系比单一嵌锂碳的热稳定性差，在低温度下（50℃）就容易发生放热反应，容易引起电池的热失控，对电池的安全不利。

5. 电解液种类对 Li_xC_6 热安全性的影响

图 6.23 为 $\text{Li}_{0.92}\text{C}_6$ 与 1.0mol/L LiPF_6/EC + DEC 电解液以及 $\text{Li}_{0.95}\text{C}_6$ 与 1.0mol/L LiPF_6/EC + DMC + EMC 电解液共存时的 C80 热流曲线。从中可以看出，两种电解液与嵌锂石墨共存升温时的热特性基本一致，都大致经历四个放热过程。但是在 $\text{Li}_{0.95}\text{C}_6$ 与 1.0mol/L LiPF_6/EC + DMC + EMC 共存时，前两个放热峰比较提前，反应开始温度在 70℃，并分别在 87℃、105℃、195℃ 和 228℃ 达到四个放热峰，放热量分别为 -87.9J/g、-279.8J/g、-867.1J/g 和 -404.6J/g。此过程的前两个放热过程可能是 SEI 膜分解的过程，而中间出现的低谷可能

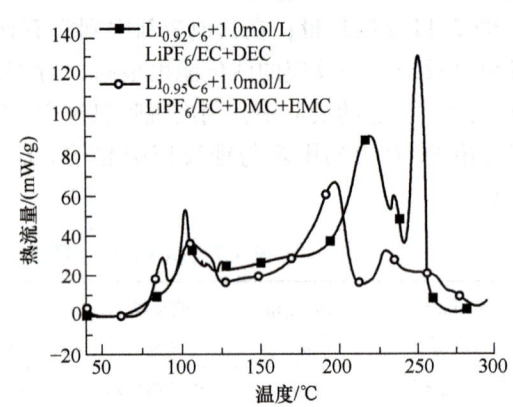

图 6.23　$\text{Li}_{0.92}\text{C}_6$ 与 1.0mol/L LiPF_6/EC + DEC 和 $\text{Li}_{0.95}\text{C}_6$ 与 1.0mol/L LiPF_6/EC + DMC + EMC 电解液共存的热流曲线

是由于 SEI 膜的成分不同，分解温度不同，导致出现两个放热峰。第三个放热峰与 $\text{Li}_{0.92}\text{C}_6$ 和 1.0mol/L LiPF_6/EC + DEC 共存体系热流曲线中的第二个放热过程一致，为电解液与嵌入锂之间的反应。在反应的后期只有一小的放热峰，可能是嵌入的锂已几乎消耗完毕，剩余少量的锂与 PVDF 等物质的反应，因此最后一个放热过程的反应热比较少。

同样基于动力学分析，可求得 $\text{Li}_{0.95}\text{C}_6$ 与 1.0mol/L LiPF_6/EC + DMC + EMC 共存体系的表观活化能为 296.0kJ/mol，指前因子为 $6.29\times10^{39}\text{s}^{-1}$。比 $\text{Li}_{0.92}\text{C}_6$ 与 1.0mol/L LiPF_6/EC + DEC 共存体系的表观活化能 96.2kJ/mol 要大，因此其反应活性小，热稳定性较好。此外，$\text{Li}_{0.95}\text{C}_6$ 与 1.0mol/L LiPF_6/EC + DMC + EMC 共存体系的反应开始温度为 70℃，比 $\text{Li}_{0.92}\text{C}_6$ 与 1.0mol/L LiPF_6/EC + DEC 共存体系的反应开始温度 59℃ 高 11℃，前者总反应热 -1639.4J/g 比后者总反应热 -2253.5J/g 少 614.1J/g。这也说明了 $\text{Li}_{0.95}\text{C}_6$ 与 1.0mol/L LiPF_6/EC + DMC + EMC 共存体系的热稳定性优于 $\text{Li}_{0.92}\text{C}_6$ 与 1.0mol/L LiPF_6/EC + DEC 共存体系的热稳定性。

6.1.5　辅助材料的热安全性

除了上述电解液、正极和负极，其他材料如黏结剂、隔膜、导电剂等也是锂离子电池的重要组成部分，尤其是对于商品化的锂离子电池。这些材料的热安全性也将对电池的热失控有一定的影响，而关于这些材料的热安全性的研究较少，Venugopal 等曾使用 DSC 研究了隔膜的热稳定性。为探究这些辅助材料对电池热安全性的影响，研究它们的热稳定性是主要而可靠的途径之一，因此本节主要使用 C80 微量量热仪研究典型辅助材料在空气和氩气氛围下的热稳定性。

1. 聚偏氟乙烯的热安全性

黏结剂是其中的一种重要辅助材料，其用量占正负极活性物质的 5%~8%，其黏结性

第6章 动力电池热失控

能对锂离子电池的正常生产和最终性能都有很大影响。目前，用于液态锂离子电池的黏结剂主要是有机氟聚合物，其主要成分是聚偏氟乙烯（PVDF），包括偏氟乙烯的均聚物、共聚物及其他改性物。黏结剂的主要作用是黏附活性物质，并使活性物质与集电极发生黏附，此外，在电池进行充放电时也能起到黏附作用，在电池生产过程中形成浆状，以利于涂布。这就要求黏结剂具有良好的耐热性、耐溶剂性和电化学稳定性，其中黏结剂的热稳定性将影响电池的安全性。

PVDE 是由偏二氟乙烯（VF_2）单体通过加聚反应合成的聚合体，其结构是—CH_2—和—CF_2—相间连接。该聚合体具有典型的含氟聚合物的稳定性，聚合物链上的交互基团能产生一个独特的极性。该极性可影响聚合物的溶解度以及锂离子、活性物质和金属集流体之间的相互作用力。

由于 PVDF 是正负电极材料中不可缺少的物质，PVDF 的稳定性也关系到电极的热稳定性。图 6.24 为锂离子电池中常用胶黏剂 PVDF 的热流曲线，从图中可以看出，PVDF 在空气和氩气氛围升温时，从 131℃ 开始吸热，并在 166℃ 达到吸热峰，吸热量分别为 390.5J/g 和 412.6J/g。该过程为 PVDF 熔融过程，气体氛围对其熔融过程几乎没有影响。随着温度升高，PVDF 在空气氛围下，可能由于少量氧气和痕量水的存在，在 248℃ 出现一放热峰，而在氩气氛围下并没有出现该过程，因此该放热

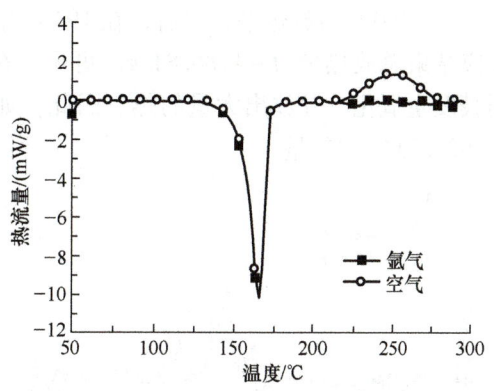

图 6.24　PVDF 在空气和氩气氛围下的热流曲线

过程可能有少量的氧气参与反应，当氧气耗尽时，反应终止，整个放热过程的放热量为 -58.6J/g。

以上研究说明，PVDF 具有很好的热稳定性，虽然其熔点在 131℃ 附近，但是并没有反应，PVDF 在氩气氛围中 300℃ 以下时都具有很好的热稳定性。

2. 乙炔黑的热安全性

由于活性材料的电导率低，一般加入导电剂以加速电子的传递，同时也能有效提高锂离子在电极材料中的迁移速率。常用的导电剂为石墨、乙炔黑和炭黑。乙炔黑和炭黑一般为烃热分解制备而成，表面为憎水性，在混合过程中，不能被电解液完全分散。乙炔黑是一种新型碳材料，其纳米级基本粒子呈链状结构排列，且微粒的表面由石墨状晶体组成，从而使其具有良好的导电性和较大的比表面积。

乙炔黑的热稳定性也比较好，图 6.25 为乙炔黑在空气和氩气氛围下的热流曲线。可以看出，乙炔黑在两种气体氛围下都很稳定，分别在 178℃ 和 183℃ 出现很小的放热峰，可能是反应池内部少量杂质引起的，而不是乙炔黑本身的放热过程。因此，乙炔黑具有很好的热稳定性，一般不会为电池的热失控贡献热量。

3. 隔膜的热安全性

隔膜的主要作用是隔离正、负极使电池内的电子不能自由穿过，并且能够让离子（电解质液中）在正、负极间自由通过。作为锂离子电池的隔膜，由于电解液溶剂为有机溶剂，误用时容易起火，为确保电池的安全，隔膜还应具有耐电解液、不吸水、电绝缘好、离子传

导性好、在50μm厚度以下仍能维持高的机械强度等特性。特别是其热可溶性具有特殊功能，如130℃左右，膜的微孔闭合，电池放电自动停止，能确保电池安全。

图6.26为Celgard2400隔膜在空气和氩气氛围下的热流曲线，由图可以看出，在氩气氛围下，隔膜在116～145℃有一吸热过程，吸热峰在133℃，吸热量为259.6J/g。该过程就是隔膜熔化的过程，当温度接近隔膜熔点（116℃）时，多孔的离子传导的聚合物膜变成了无孔的绝缘层，微孔闭合而产生自关闭现象。这时，电池阻抗明显上升，通过电池的电流也受到限制，因而可防止由过热引起的爆炸等现象。同时，隔膜熔化吸热，也减小电池热量的积累，从而保障电池的安全。而在空气氛围下，隔膜并没有明显的吸热峰，而是从113℃就开始放热，但是到132℃时，放热量明显增大，并在136℃和162℃之间形成放热平台，放热量为 -342.9J/g。在166℃有一小的吸热峰，吸热量仅为3.7J/g。随后又进入放热状态，在经历170～190℃的放热平台之后，在194℃有一尖锐的放热峰，随后是放热平台，从168℃到反应结束总放热量为 -1286.8J/g。可见，在空气氛围下，由于氧气和少量水分的存在，使隔膜发生氧化，并放出大量的热。因此，如果电池破裂并发生爆炸或着火时，隔膜约贡献 -1629.7J/g 的热量。

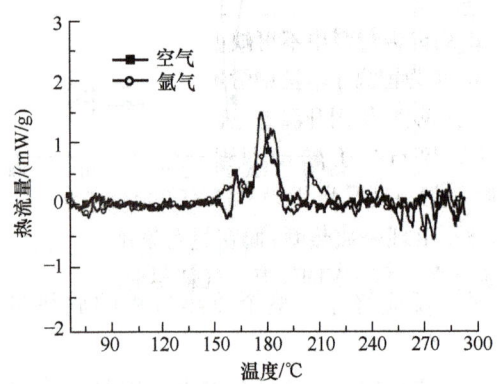

图6.25 乙炔黑在空气和氩气氛围下的热流曲线

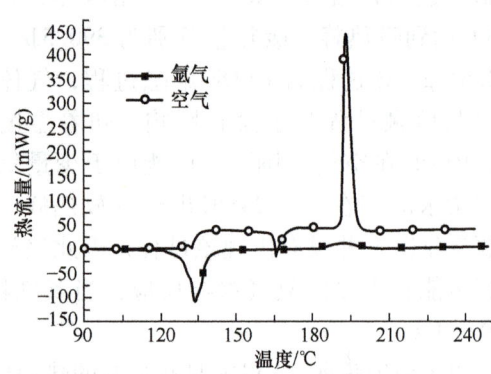

图6.26 Celgard2400隔膜在空气和氩气氛围下的热流曲线

以上实验研究说明，隔膜具有良好的热熔融性能，在电池中能隔断电流的通过，终止反应的进行，减少热量的产生，从而保证电池的安全。

6.2 电池热失控机制

关于锂离子电池引发的火灾爆炸事故屡见报道，从最初的手机电池、笔记本电脑电池起火事件到后期的Dell、Apple、Toshiba、Lenovo、Sony、Acer、Samsung等厂商的电池召回，再到近几年电动汽车动力电池的热自燃、起火爆炸事件，锂离子电池的安全性日渐成为人们关注的焦点。锂离子电池的安全性问题都与电池的滥用工况相关。当锂离子电池滥用或误用时会引发电池内部发生剧烈的化学反应，产生大量的热和气体，若热量来不及散失而在电池内部迅速积聚，电池可能会出现高压泄气、冒烟等现象，严重时电池发生剧烈燃烧，甚至发生爆炸。

6.2.1 电池热失控过程

1. 热失控原理

滥用条件（过温度、过充放、内外短路等）加速了锂离子电池内部热量产生，热量产生的速度随温度增加以指数函数上升，而散热速度随着温度的增加呈线性增长。热传输的滞后造成电池内部热量的快速积累，电池温度上升，而急剧上升的温度加剧了电池材料热解反应的进行，释放更多热量，最终导致电池热失控。电池的热失控反应模型可用 Semenov 模型来表示，如图 6.27 所示。

图 6.27 中曲线 4 表示电池的产热速率，由 Arrhenius 公式推导出；直线 1、2、3 表示不同环境温度下热损失速率，由牛顿冷却定律推导出。产热速率曲线和热损失速率曲线的每一个交点都表示放热体系的热生成速率与热损失速率刚好相等，即处于热"平衡"状态。但这种平衡是动态平衡，也就是说，体系虽处于平衡状态，但化学反应并没有停止。热平衡点 E 为温度热平衡点，即一旦体系温度由于某一小扰动而偏离平衡点，体系将具有自动返回平衡点

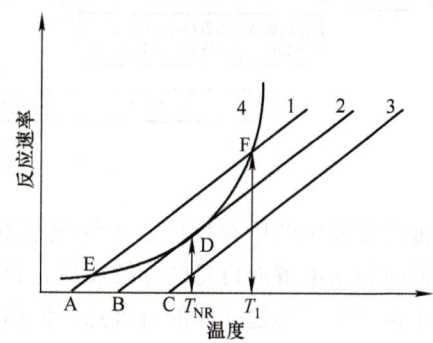

图 6.27 Semenov 模型下体系的热平衡示意图

的能力。点 F 是不稳定平衡点，即使体系在 F 点建立了平衡，只要有微小的扰动，体系的平衡将被打破。当环境温度升高至 B 点时，发热曲线和散热曲线有一个切点 D，该切点对应的温度为不归还温度 T_{NR}，此时散热曲线与温度轴的交点所对应的温度 B 为自反应性物质发生自加速分解（热自燃）的最低环境温度（SADT）。此时体系处于自发着火的临界状态。锂离子电池可视为一个电化学反应系统，热量来自电池各组分间的电化学反应。在不同放热工况和边界条件下，一旦电池温度达到 T_{NR}，电池将有发生热失控的危险。

2. 热失控过程

锂离子电池材料的热稳定性是安全性的基础，这主要与电池材料的热活性有关。当电池温度升高时，电池内部可能发生的放热反应包括：固体电解质界面（solid electrolyte interface，SEI）膜分解、正极材料的热分解、负极材料的热分解、正极上电解质的热分解，以及有机电解液在正、负极上的氧化还原反应。然而在热失控过程中，这些反应并非依次进行的，有些反应可能是同时发生的。锂离子电池在高温下的化学及其电化学反应是非常复杂的，以钴酸锂电池为例，其热失控过程可简单表示为图 6.28。

热失控发生的第一阶段是 SEI 膜的分解。嵌锂碳负极表面的 SEI 膜由稳定态物质（如 Li_2CO_3）和亚稳定态物质 [如 $(CH_2OCO_2Li)_2$] 部分构成。当电池温度升高时，SET 膜发生放热分解反应，即 SEI 膜中的亚稳定态物质向稳定态转化。Richard 的研究表明，SEI 膜的分解温度与电池储存温度、嵌锂碳的表面积以及电解液组成有关，亚稳定态物质的分解反应（90~120℃）如下：

$$(CH_2OCO_2Li)_2 \longrightarrow Li_2CO_3 + C_2H_4 + CO_2 + \frac{1}{2}O_2$$

随着 SEI 膜分解热的堆积，电池温度升高。当电池温度高到一定值时，电解液几乎参与

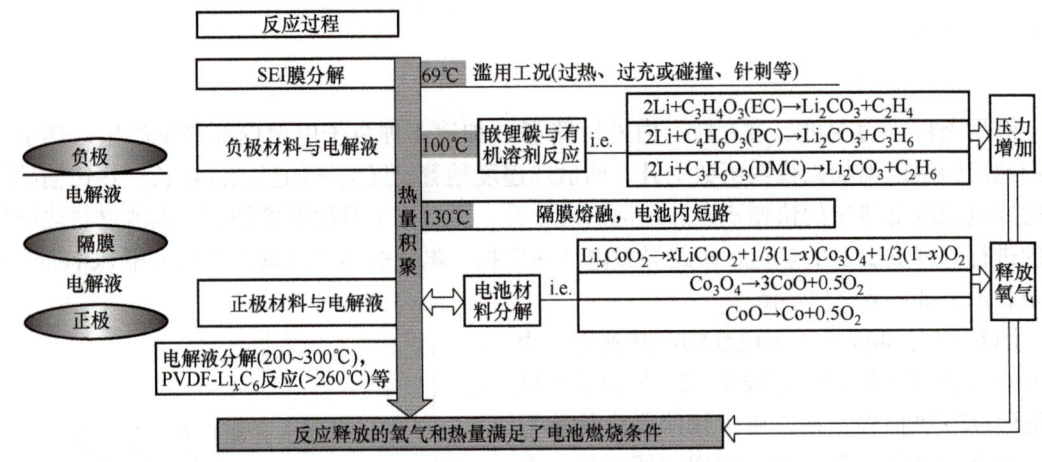

图 6.28 钴酸锂电池热失控过程

了电池内部发生的所有反应,不仅包括电解液与正极材料、嵌锂碳、金属锂之间的相互反应,同时包括电解液自身的分解反应,释放 C_2H_4、C_3H_6 等气体,致使电池内压增加。尽管此刻电池温度已超过气体的着火点,但由于缺少足够的氧气,电池并没有起火燃烧。

$$2Li + C_3H_4O_3(EC) \longrightarrow Li_2CO_3 + C_2H_4$$
$$2Li + C_4H_6O_3(PC) \longrightarrow Li_2CO_3 + C_3H_6$$
$$2Li + C_3H_6O_3(DMC) \longrightarrow Li_2CO_3 + C_2H_4$$

电池隔膜在 130℃ 左右发生熔融,引发电池内短路。电解液分解释放的热量堆积导致正极材料发生分解反应放出氧气,致使电解液和电池内气体燃烧。常用的正极材料有 $LiCoO_2$、$LiMn_2O_4$、$LiFePO_4$、$LiNiO_2$ 等,以 $LiCoO_2$ 材料为例,其发生的分解反应为:

$$Li_xCoO_2 \longrightarrow xLiCoO_2 + \frac{1}{3}(1-x)Co_3O_4 + \frac{1}{3}(1-x)O_2$$

$$Co_3O_4 \longrightarrow 3CoO + 0.5O_2, \quad CoO \longrightarrow Co + 0.5O_2$$

锂离子电池的有机电解液是极易燃烧的物质,当电池过热或过充电时,都可能引起电解液的燃烧或爆炸。有机电解液主要由锂盐、溶剂两部分组成。$LiPF_6$ 是目前最优良的锂离子电池电解质盐;常用溶剂为烷基碳酸酯,如碳酸乙烯酯(EC)、碳酸丙烯酯(PC)、碳酸二甲酯(DMC)、碳酸二乙酯(DEC)、碳酸甲乙酯(EMC)等。释放的氧气和电解液发生如下反应(以 EC 为例):

$$2.5O_2 + C_3H_4O_3(EC) \longrightarrow 3CO_2 + 2H_2O$$

金属锂在含 EC 的电解液中可能发生的反应如下:

$$2Li + 2EC \longrightarrow LiO(CH_2)_4OLi + 2CO_2$$
$$LiPF_6 \longrightarrow LiF + PF_5$$
$$LiO(CH_2)_4OLi + PF_5 \longrightarrow LiO(CH_2)_4F + LiF + POF_3$$

电解液不仅能与电极材料发生反应,在 200~300℃ 温度范围也能发生自分解反应,产生 CH_3CH_2F、FCH_2CH_2Y(Y 为 OH、F 等)、CO_2 等。

$$C_2H_5OCOOC_2H_5 + PF_5 \longrightarrow C_2H_5OCOOPF_4 + HF + C_2H_4$$

$$C_2H_4 + HF \longrightarrow C_2H_5F$$
$$C_2H_5OCOOPF_4 \longrightarrow PF_3O + CO_2 + C_2H_4 + HF$$
$$C_2H_5OCOOPF_4 \longrightarrow PF_3O + CO_2 + C_2H_5F$$
$$C_2H_5OCOOPF_4 + HF \longrightarrow PF_4OH + CO_2 + C_2H_5F$$

此时,电池内部已积满气体,内压急剧增大。当电池内部压力或温度达到设定值时,电池的防爆阀将自动开启泄压,达到预防内部气体积累过多而发生形变或爆裂的目的。一旦电池中的热气体释放到大气中,这些气体将在空气中发生燃烧或爆炸。

此外,当电池温度高于260℃时,还存在正极材料、嵌锂碳与黏结剂的反应,如充放电过程中,含氟黏结剂(PVDF)与负极作用产生的热量是无氟黏结剂的2倍。Markevich等指出对于含有PVDF黏结剂的钴酸锂正极材料,PVDF黏结剂能增加$LiCoO_2$的热分解反应活性,其反应过程如下:

$$4LiCo^{III}O_2 \longrightarrow Co^{IV}O_2 + Co^{II}Co_2^{III}O_4 + 2Li_2O \xrightarrow{4HF} 4LiF + 2H_2O$$

对于$PVDF\text{-}Li_xC_6$反应,其反应程度取决于嵌锂度。在电解质中,PVDF黏结剂与Li_xC_6材料反应如下:

$$—CH_2—CF_2— \xrightarrow{base} —CH=CF— + HF$$
$$—CH_2—CF_2— + Li \longrightarrow LiF + —CH=CF— + 0.5H_2$$

此外,Finegan等联用高速X射线同步加速器与红外热像仪研究了锂离子电池热失控过程中的结构破损过程。以18650卷绕式商用电池为例,其热失控过程是从内层结构向外层传播。在滥用工况下,电芯的内层材料结构最先变形,紧密卷绕的电极、集流体和隔膜虽总体保持相对位置不变,但局部区域已出现分离现象;随着电池内部温度积累,电化学反应和热分解反应加剧,电池内部气体和压力增加,迫使排气孔打开以释放压力;电池内部压力不均匀,致使正负极层状材料破裂,电池结构局部坍塌;伴随着电池材料的坍塌,空气逐渐渗入内部,致使坍塌区域扩大;材料坍塌和隔膜熔化导致电池内部短路,最终引起热失控。

6.2.2 电池热失控诱因

热失控是指电池放热反应引起电池自身温升速率急剧变化的过热、起火、爆炸现象。热失控的防控与抑制是锂离子电池热安全的一个重要方面,因此需要对锂离子电池热失控的诱因与机理进行研究。

热失控的诱因主要有机械滥用、电滥用和热滥用,如图6.29所示。机械滥用一般是由车辆的碰撞造成的,主要包括针刺、挤压、冲击等;电滥用一般是由电压管理不当或者电气元件故障造成的,主要包括过充电、过放电、内短路、外短路等;热滥用是由于温度管理不当造成的,电池周围环境过热可能会导致热滥用。这三种触发机理并非是完全独立的,它们之间相互影响,存在一定的内在联系。例如,当机械滥用发生时,电池会发生机械变形,机械变形可能会导致电池内部的隔膜破裂,正负极直接接触,发生内短路,即出现了电滥用。另外,在电滥用发生时,电池很可能会产生大量的热,产热量大于散热量,造成热量的积累以及温度的升高,也就导致了热滥用。

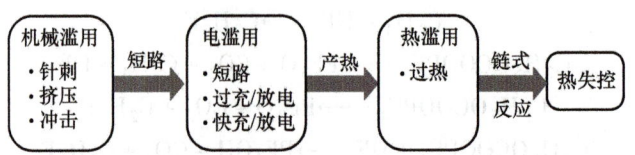

图 6.29　锂离子电池热失控的三种触发方式

当机械滥用、电滥用、热滥用发生时，电池自身会产热，热量的积累带来温度的上升，又会引起一系列的产热副反应发生，包括 SEI 膜的分解、负极与电解液反应、正极分解、电解液分解、电解液燃烧等。这些反应相继发生，放出大量的热量，形成链式反应。锂离子电池热失控机理如图 6.30 所示。

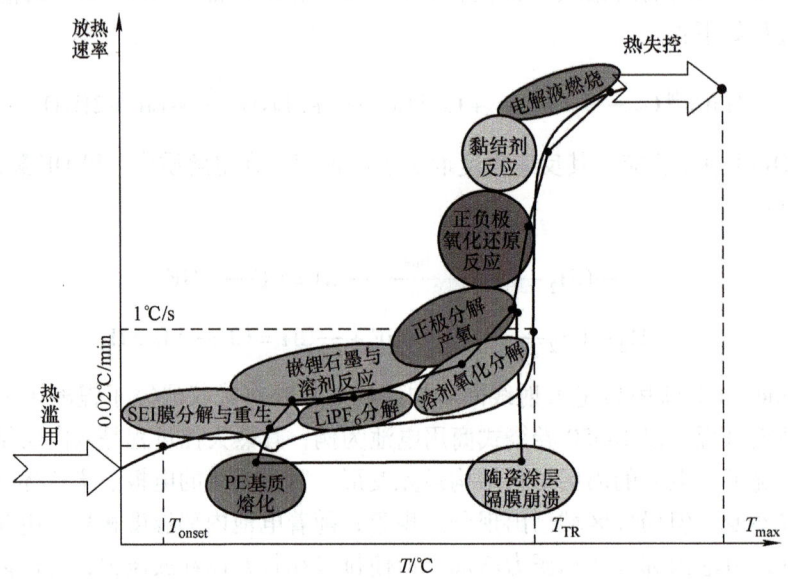

图 6.30　锂离子电池热失控机理

图 6.30 中标出了三个特征温度 T_{onset}、T_{TR}、T_{max}。T_{onset} 是电池的自产热起始温度，一般是自产热速率大于 0.02℃/min 时所对应的温度；T_{TR} 是电池的热失控起始温度，一般是自产热速率大于 1℃/s 时所对应的温度；T_{max} 是热失控过程中电池所能达到的最高温度。可以借助这三个特征温度来判断电池的安全性能，一般 T_{onset}、T_{TR} 越高，T_{max} 越低且到达 T_{TR} 的时间越晚的电池，其安全性能越好。

相比机械滥用和热滥用条件下的热失控，过充电是导致锂离子电池热失控的最常见的诱因之一。其主要原因是在高能量密度和高功率密度的市场需求下，实际应用到市场上的电池均以串并联的方式组合在一起，而电池组内各单体之间在出厂时就可能存在一致性差异，且一致性差异随着使用时间的增加而增大，这造成了潜在的安全隐患。

6.2.3　电池热失控预测

1. 模型方法

目前，锂离子电池在充放电过程中的温度分布模拟主要采用有限体积法和有限元法，这两种方法在该领域具有重要的研究价值和发展前途。

有限体积法是计算偏微分方程的一种方法，它将计算区域划分为一系列不重复的控制体积，并使每个网格点周围有一个控制体积，将待解的微分方程对每一个控制体积积分，进而解出一组离散方程。

计算流体动力学（CFD）方法是以电子计算机为工具，应用各种离散化的数学方法对流体力学的各类问题进行数值实验、计算机模拟和分析研究，以解决各种实际问题。Fluent 软件是目前国际上比较流行的商用 CFD 软件包，它采用基于完全非结构化网格的有限体积法，具有基于网格节点和网格单元的梯度算法。它具有丰富的物理模型、先进的数值方法和强大的前后处理功能，在航空航天、汽车设计、石油天然气和涡轮机设计等方面都有着广泛的应用。对于锂离子动力电池的热模拟，CFD 方法是非常耗时和不切实际的。

有限元法是以变分原理为基础，吸取差分格式的思想而发展起来的一种有效的数值解法。它是求解偏微分方程和积分方程的一种近似解法。有限元法也常用来构建锂离子电池三维热滥用模型。

2. 模拟案例分析

锂离子电池的热模拟可以进一步理解锂离子电池热失控的起因和过程，为提高锂离子电池的安全性提供依据。

孙秋娟等运用 C80 微量量热仪获得钛酸锂电池的 $Q_{ab\text{-}chem}$，用 COMSOL Multiphysics 软件模拟了 947mA·h 软包钛酸锂电池在绝热工况下充放电过程中的热失控行为（图 6.31），以及 50A·h 钛酸锂动力电池热失控瞬间电池温度分布（图 6.32）。

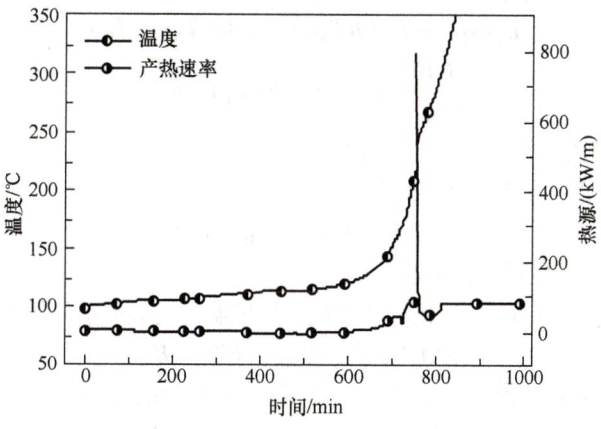

图 6.31　$LiNi_{1/3}Co_{1/3}Mn_{1/3}O_2$ - $Li_4Ti_5O_{12}$ 电池

由于单体电池的工作电压、供能有限，动力应用场合通常都需要若干个单体电池串联或并联在一起使用，以满足负载电压、能量供应的需求。成组的单体集合犹如木桶效应，如果任何一个单体损坏，则视同为整组损坏，即电池组的额外特性受单体电池特性的制约。孙秋娟等给出了由过热单体电池引起的电池模块的温度场变化，如图 6.33 所示。

3. 锂离子电池热失控的最低环境温度

根据锂离子电池 Semenov 热失控模型，由电池与包装材料所组成体系的热平衡方程可表示为：

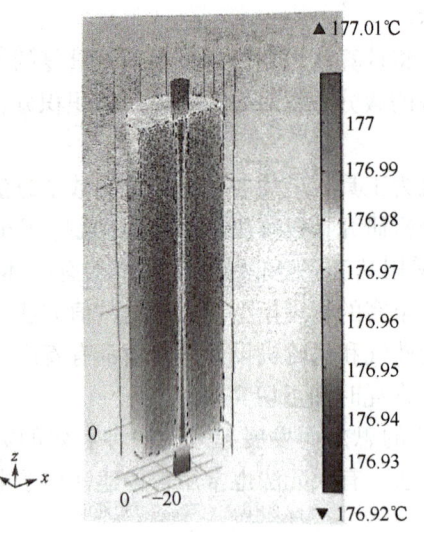

图 6.32　钛酸锂电池在循环倍率为 $1.0C$ 发生热失控时的温度分布

图 6.33　电池模块的温度场分布

$$c_p M_0 \frac{dT}{dt} = \Delta H M_0^n A \exp[-E_a/(RT)] - US(T - T_0) \quad (6.24)$$

式中，S 为表面传热系数，A 为表面积，T_0 为环境温度，M_0 为物质体系初始质量，n 为反应指前因子。在不归还温度点，由式（6.24）可得：

$$B_1 \exp[-E/(RT_{NR})] = B_2(T_{NR} - T_0) \quad (6.25)$$

$$\frac{B_1 E}{RT_{NR}^2} \exp[-E/(RT_{NR})] = B_2 \quad (6.26)$$

式中，B_1、B_2 均为常数，T_{NR} 为不归还温度。

将式（6.25）和式（6.26）相除得：

$$E/R = T_{NR}^2/(T_{NR} - T_0) \quad (6.27)$$

由式（6.27）可以计算出不归还温度。

根据 Semenov 模型（图 6.27），系统所对应的环境温度为该体系的最低环境温度（SADT）：

$$SADT = T_0 = T_{NR} - RT_{NR}^2/E_a \quad (6.28)$$

根据实验测量，磷酸铁锂电池体系样品质量为 0.1228g，活化能 = 78.56kJ/mol，磷酸铁锂电池热失控模拟结果得出 $T_{NR} = 120.2℃$，代入式（6.28）可得 $SADT = 103.8℃$，即在该类存储条件下，单个电池模组发生热失控的最低环境温度为 103.8℃。在实际使用过程中，可取 1.5 的安全系数，则电池的最高储存环境温度为 69.2℃。

6.3　电池火灾危险性

6.3.1　电池火灾的事故树分析

1. 事故树简介

事故树分析是一种逻辑分析工具，遵照逻辑学的演绎分析原则，通过分析所有事故的现象、原因、结果事件及其组合，找到避免事故的措施。事故树是从结果到原因描绘事故发生的有向逻辑树，是用逻辑门连接的树图。在事故树中使用的符号通常分为事件符号和逻辑门符号两大类。事件符号中用矩形符号（图6.34a）表示顶上事件或中间事件，代号分别为 T 和 A。顶上事件就是所要分析的事故，位于事故树的顶端；中间事件位于顶上事件和基本事件之间。圆形符号表示基本事件，也就是事件发生的最基本的原因，是不能再往下分析的事件，位于事故树的底部。

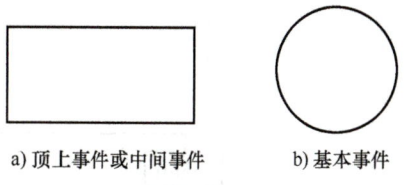

图6.34 事件符号

逻辑门符号用于表示层与层事件之间的逻辑连接关系。其基本的、应用最多的有与门、或门、条件与门和条件或门。与门（图6.35a）表示只有输入事件 B_1、B_2 都发生时，输出事件 A 才发生。或门（图6.35b）表示输入事件 B_1、B_2 中任一个发生时，输出事件 A 发生。条件门可分为条件与门和条件或门两种，如图6.35c 和图6.35d 所示。条件与门表示输入事件 B_1、B_2 不仅同时发生，而且还必须满足条件 a，才会有输出事件 A 发生，否则就不会发生。条件或门表示输入事件 B_1、B_2 至少有一个发生，在满足条件 a 的情况下，输出事件 A 才发生。

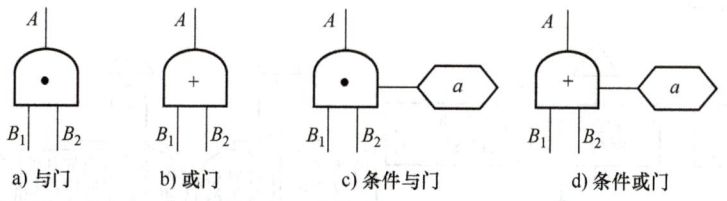

图6.35 事故树逻辑门符号

2. 锂离子电池火灾和爆炸的事故树演化分析

以锂离子电池火灾和爆炸作为顶上事件进行分析，考虑到助燃物、可燃物、点火源三个要素是火灾和爆炸发生的必要条件，因此与之进行一一对应，可知该顶上事件的发生是由于电池系统内部氧化剂、大量的燃料以及足够高的温度三者同时存在导致的，如图6.36所示。

氧化剂的来源有两种，一种是正极材料的分解，另一种是空气中的氧气。燃料的主要组成成分为电解液、烷烃气体、酯类醇类化合物等，其主要是由于电解液在足够高温度下的分

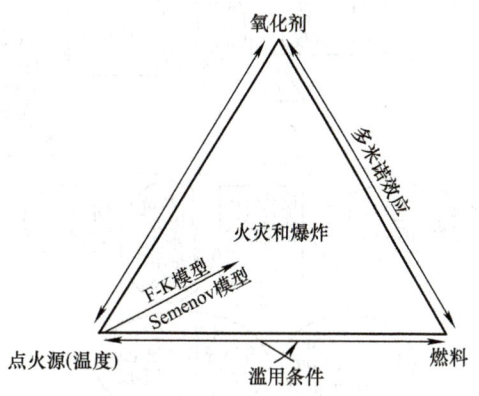

图6.36 电池火灾火三角模型

解反应和电解液与脱嵌锂的反应。电池体系的高温来源有两种，一种是电池本身暴露于火场或强的热辐射中，另一种是电池内部反应产热。氧化剂、燃料和点火源相互耦合、互相促进，如果有某一滥用条件在其中产生作用，将有可能促使电池内部体系发生多米诺效应，引发电池火灾甚至爆炸。将顶上事件作为主要分析对象，逐层往下分析，可以得到电池火灾的演化过程，并得到一系列诱使电池火灾和爆炸的基本事件。通过分析构建事故树，如图6.37所示。

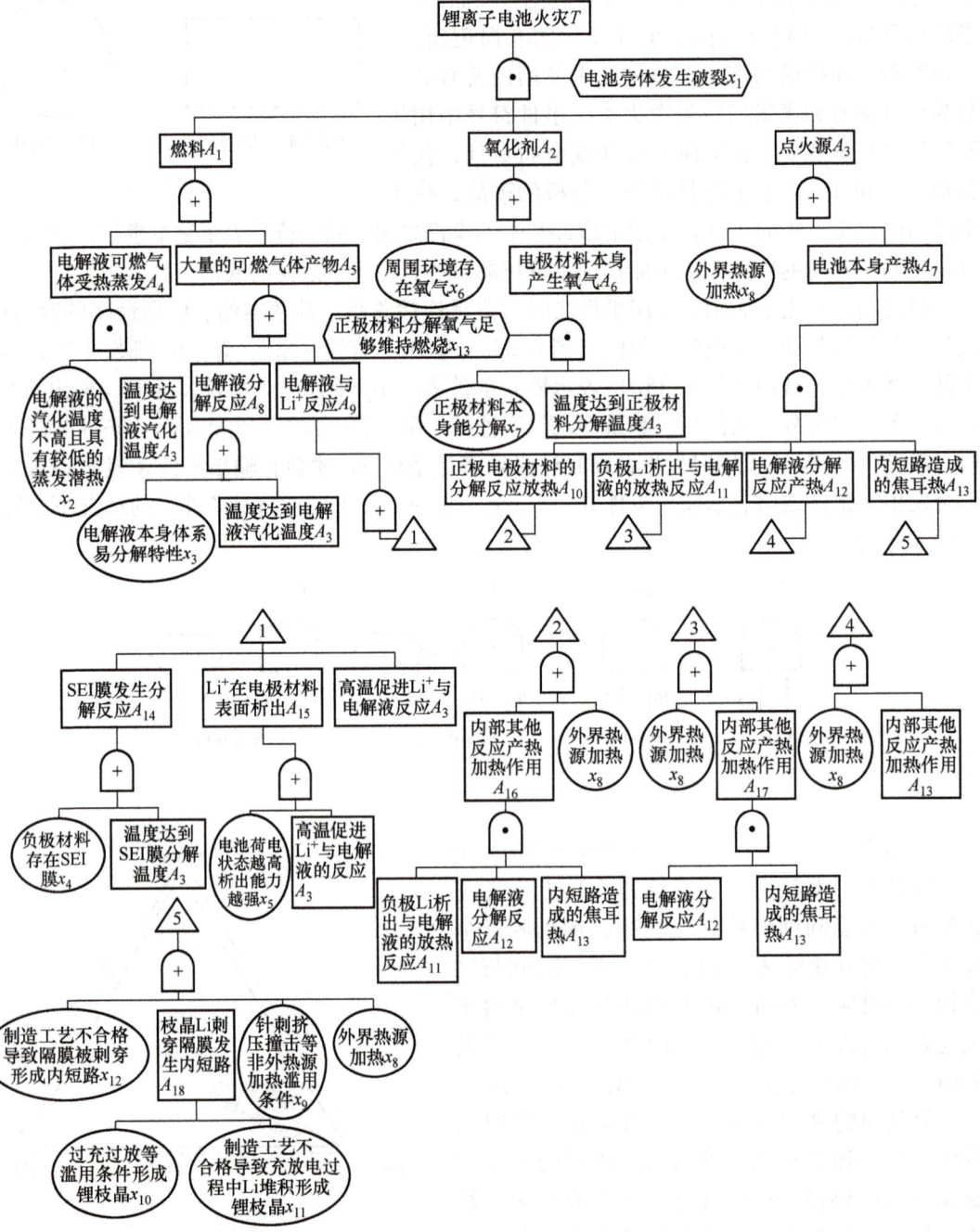

图 6.37 锂离子电池火灾事故树分析

将事故树根据布尔代数化简法进行化简：

$$T = (x_2 \cdot A_3 + A_8 + A_9) \cdot (x_6 + x_7 \cdot x_{13} \cdot A_3)$$
$$\cdot (x_8 + A_{10} \cdot A_{11} \cdot A_{12} \cdot A_{13}) \cdot x_1$$
$$= (x_2 \cdot A_3 + x_3 \cdot A_3 + x_4 \cdot A_3 \cdot x_5 \cdot A_3 \cdot A_3)$$
$$\cdot (x_6 + x_7 \cdot x_{13} \cdot A_3) \cdot (x_8 + A_{10} \cdot A_{11} \cdot A_{12} \cdot A_{13}) \cdot x_1$$

第6章 动力电池热失控

式中，

$A_{13} = x_8 + x_9 + x_{10} + x_{11} + x_{12}$

$A_{12} = x_8 + A_{13} = x_8 + x_9 + x_{10} + x_{11} + x_{12}$

$A_{11} = x_8 + A_{17} = x_8 + A_{12} \cdot A_{13} = x_8 + x_9 + x_{10} + x_{11} + x_{12}$

$A_{10} = x_8 + A_{16} = x_8 + A_{11} \cdot A_{12} \cdot A_{13} = x_8 + x_9 + x_{10} + x_{11} + x_{12}$

$A_3 = x_8 + A_7 = x_8 + A_{10} \cdot A_{11} \cdot A_{12} \cdot A_{13} = x_8 + x_9 + x_{10} + x_{11} + x_{12}$

代入计算公式中可以得到顶上事件：

$$T = (x_2 + x_3 + x_4 \cdot x_5) \cdot (x_6 + x_7 \cdot x_{13}) \cdot (x_8 + x_9 + x_{10} + x_{11} + x_{12}) \cdot x_1 \quad (6.29)$$

令 $K_1 = x_2 + x_3 + x_4 \cdot x_5$，$K_2 = x_6 + x_7 \cdot x_{13}$，$K_3 = x_8 + x_9 + x_{10} + x_{11} + x_{12}$，$K_4 = x_1$，可以看到顶上事件可以化简为 4 个中间事件 K_1、K_2、K_3、K_4 的与门。如果直接展开式（6.29）将得到数目较多的最小割集，这里根据范式的对称性，直接采用结构重要系数的定义式计算所有基本事件的结构重要系数：

$$I_\phi(i) = \frac{1}{2^{n-1}} \sum_i [\phi(1_i, x) - \phi(0_i, x)] \quad (6.30)$$

在 13 个基本事件中，两种状态的组合共有 2^{13} 种，x_i 作为变化对象，其他事件保持不变的对照组有 2^{12} 个，$\sum_i [\phi(1_i, x) - \phi(0_i, x)]$ 表示在这 2^{12} 个状态中，x_i 发生变化引起顶上事件发生变化的次数。

若 x_1 的变化能引起顶上事件发生变化，则中间事件 K_1、K_2、K_3 必须为 1。x_1 的结构重要系数为：

$$I_{x_1} = \frac{(2^4 - 3) \cdot (2^5 - 1) \cdot (2^3 - 3)}{2^{12}} = 0.492$$

x_2 与 x_3 具有对称性，若 x_2 或者 x_3 的变化能引起顶上事件发生变化，K_1 中另外两项都保持为 0，且 K_2、K_3、K_4 都必须为 1：

$$I_{x_2} = I_{x_3} = \frac{3 \cdot (2^5 - 1) \cdot (2^3 - 3)}{2^{12}} = 0.114$$

同理可以计算其余基本事件结构系数：

$$I_{x_4} = I_{x_5} = \frac{(2^5 - 1) \cdot (2^3 - 3)}{2^{12}} = 0.038$$

$$I_{x_6} = \frac{(2^4 - 3) \cdot (2^5 - 1) \cdot 3}{2^{12}} = 0.294$$

$$I_{x_7} = I_{x_{13}} = \frac{(2^4 - 3) \cdot (2^5 - 1)}{2^{12}} = 0.098$$

$$I_{x_8} = I_{x_9} = I_{x_{10}} = I_{x_{11}} = I_{x_{12}} = \frac{(2^4 - 3) \cdot (2^3 - 3)}{2^{12}} = 0.016$$

根据计算结果可以比较得到：

$$I_{x_1} > I_{x_6} > I_{x_2} = I_{x_3} > I_{x_7} = I_{x_{13}} > I_{x_4} = I_{x_5} > I_{x_8} = I_{x_9} = I_{x_{10}} = I_{x_{11}} = I_{x_{12}}$$

再将所有基本事件列出：

x_1：电池壳体发生破裂。

x_2：电解液的汽化温度不高且具有较低的蒸发潜热。

x_3：电解液本身体系易分解特性。

x_4：负极材料存在 SEI 膜。

x_5：电池的荷电状态越高析出能力越强。

x_6：周围环境存在氧气。

x_7：正极材料本身能分解。

x_8：外界热源加热。

x_9：针刺挤压撞击热源加热滥用条件。

x_{10}：过充过放等滥用条件形成锂枝晶。

x_{11}：制造工艺不合格导致充放电过程中 Li 堆积形成锂枝晶。

x_{12}：制造工艺不合格导致隔膜被刺穿形成内短路。

x_{13}：正极材料分解氧气足够维持燃烧。

如果将顶上事件的表达式 [式 (6.29)] 分解成最小割集，可以找出 30 种途径（最小割集）导致电池发生火灾，通过对基本事件的结构重要系数进行分析，可以得到电池壳体的抗压特性及周围环境中存在富足的氧气，如果对这两者进行控制，电池很难发生火灾。然而实际情况下，电池壳体在发生热失控后很难不破裂，一般大型电池都设计有泄压阀，在电池压力达到一定值时及时将内部气体泄放，可以有效防止电池发生火灾甚至爆炸。大部分电池都裸露在空气中使用，难以避免与氧化剂接触。x_2、x_3、x_4、x_7 这些基本事件与电池生产工艺有关。在严格控制生产流程的情况下，能使电池的均一性更好，总体安全性较好。x_8、x_9、x_{10}、x_{11}、x_{12} 都具有等同的结构重要系数，虽然它们数值排在最后，但其基本事件在现今的生产制造工艺和使用条件中是无法避免的，一旦事件成立，很容易导致电池发生火灾。因此，在使用中要尽量避免这些基本事件的发生。

该事故树从火三角模型的角度从事故推向原因，比较清晰地展示出电池整个火灾发生的主要致因，也比较系统地分析了电池发生火灾的诸多因素，并分析了各个因素的重要程度，为电池的结构设计和消防设计提供了新思路。

6.3.2 电池火灾行为

1. 锂离子电池火灾行为

当锂离子电池发生热失控时，它将迅速地释放出其存储的能量，电池存储的能量越多，释放的能量也越剧烈。电池之所以具有如此强烈的放热行为一方面是因其本身具有很高的比能量，另一方面根据 6.3.1 节的事故树分析可知，电池不仅存储电能，还具有可燃性电解液，当电池发生热失控时，电池内部就会发生大量化学反应，如电解液与嵌锂反应、正极分解反应等，迅速释放出大量的热能，具有引发电池火灾甚至爆炸的危险。即使是相对安全的电池体系，在外界热滥用条件作用下，也不可避免地有发生火灾甚至爆炸的危险。在电池发生热失控时，电池内部会形成热点，热点处隔膜发生熔化，正负极材料直接接触而发生短路。随着持续产热，电池整体温度持续升高，正负极材料和电解液发生化学反应，其中电解液分解产生大量可燃性气体，电池泄压阀破裂后，气体若遇到高温则会发生燃烧，致使火灾发生。电池的火灾行为主要可以分为以下几个阶段。

（1）电池温度升高　电池自发产热初始温度是在 70~90℃，当电池内部产热大于外部散热时，电池的温度将不断升高。通过 6.3.1 节的事故树分析可知，电池温度升高主要是由

第6章 动力电池热失控

电解液与电极中锂离子的反应和电解液、电极材料自身分解驱动的,随着温度的升高,隔膜会发生熔化和分解。电池发生热失控时,满电状态的电池可达到660℃以上,从图6.38中可以看到铝集流体发生熔化形成的铝珠,而铝的熔点在660℃左右。

(2) 电池内部压强增加　电池内部压强增加主要是由受热的电解液汽化和分解所致,一些正极材料在一定温度下也会发生分解,产生氧气。气体的产量与电池的荷电状态有关,一般情况下电池荷电状态越高,电解液分解越充分,电池内部压力也会越大;电池的容量越大,所产生的气体量也越多。对于软包电池,产生的气体将导致电池发生膨胀(图6.39),但对于圆柱形电池,由于壳体强度足够,一般不会发生膨胀,但如果压力过高,可导致电池直接发生爆炸。

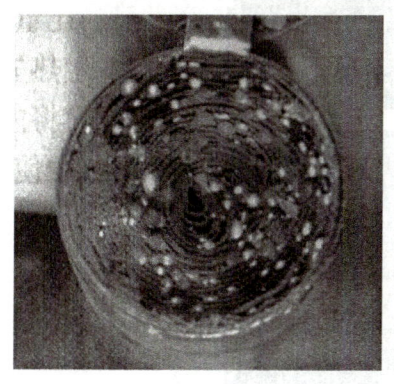
图6.38　一块热失控后18650电池的铝集流体熔化后重新固化

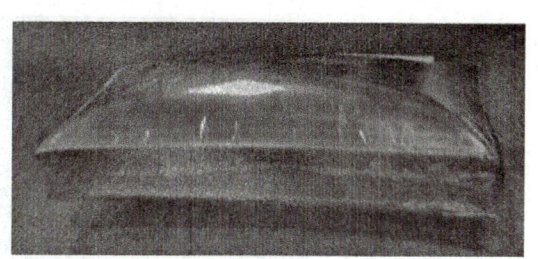
图6.39　受热膨胀的软包电池

(3) 电池气体压力泄放　对于一些软包电池,由于它不具备很好的隔热性能和耐压性能,在比较低的温度就会开始泄压。对于一些方形电池,一般会在电池边缘的某处位置设置线性泄压阀,当内部压力超过耐压极限时,气体就会从泄压阀处泄放并发出声音。对于小型圆柱形电池(如18650电池),若无泄压阀,则电池上下两端可能会发生破裂,气体从裂口喷出;对于大型圆柱形电池,一般都设计了泄压阀,当气体压强超过泄压阀压力极限时,泄压阀就会发生破裂,释放气体并发出尖锐的声音。由于高温下,黏结剂PVDF的黏滞作用失效,电极材料在电池喷出的气流的作用下发生脱落并随着气流喷出,所以很多情况下的气体是黑色的烟气。有时,电池喷气过程中会产生大量的火花从缺口喷出(图6.40)。由于电池内部温度在发生热失控时急剧上升,火花有可能是电池内部的铝或者铜发生熔化后从电池内部喷出,在空气中发生燃烧的结果。

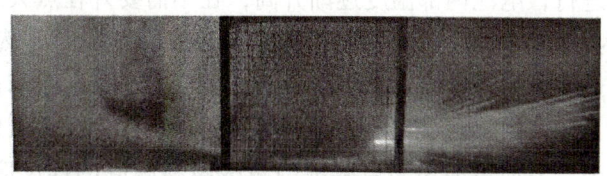
图6.40　满电状态下电池热失控两端泄放情况

(4) 电池燃烧　电池热失控产生的气体主要有 CO、CO_2、CH_4、C_2H_4、H_2 和电解液的蒸气，其中多数为可燃性气体，与空气发生混合后在高温作用下可能会发生燃烧。关于电池的点燃，电池内部的确会产生 O_2 作为氧化剂，但产生的氧不足以支持燃烧，然而电池在喷出气体时接触到空气中的 O_2，当温度达到其着火点时，便会形成火焰。图 6.41 是使用高速摄影机拍摄到的电池着火的过程，首先是电解液滴落到热源上，燃烧后再引燃电池，形成电池火焰。

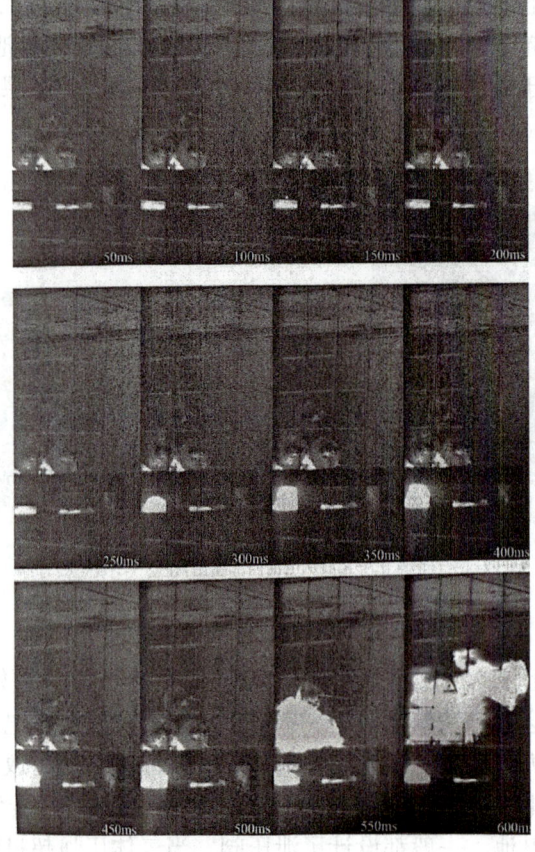

图 6.41　高速摄影机拍摄的电池着火过程

在气体燃烧的过程中由于电池内部的 O_2 无法完全满足气体燃烧本身所需要的量，需要从周围环境中卷吸空气作为氧化剂来维持燃烧，电池火焰周边因卷吸空气而形成旋涡，并出现火焰振荡现象（图 6.42）。

随着电池反应的进行，电池内部温度逐渐升高，在不需要外在点火源的情况下也能发生着火，图 6.43 所示为 50A·h 钛酸锂电池受下方电池热失控作用后自燃。对于大容量电池，在实验过程中能发生一次甚至多次射流火焰喷射的次数与电池荷电状态正相关，一方面可能由于随着时间的增长，电池内部温度逐渐升高，电池的反应也会发生变化，电池内部气体产量也会有一定变化，另一方面可能由于电解液与负极材料脱嵌的锂反应生成 Li_2CO_3，附着在负极材料表面重新形成 SEI 膜，阻止进一步的反应从而导致产气量变小。然后 SEI 膜再次发生分解，电解液继续与脱嵌的锂反应，产生大量的气体，形成第二次射流火焰。但如果气体生成速率过快，则出口处的气流速度大于火焰蔓延速度，会导致火焰吹熄。

图 6.42　电池燃烧火焰发生空气卷吸和火焰振荡

图 6.43　电池泄放自燃

（5）电池爆炸　爆炸一般都伴随着大量气体和热的产生。很多小型手机电池和大容量电池在热失控或者燃烧过程中可能会发生爆炸。如果电池内快速产生大量的热量，根据图 6.36 所示的火三角模型，热量会促进电池内部氧气和可燃性气体量的增加，此时分解的氧气又会与可燃气体混合，发生强烈的氧化还原反应，如果这些热量和气体没有得到及时散失，将有可能导致电池爆炸。电池在燃烧过程中发生多次射流火焰或者气体喷射可能是一种及时地散失气体与热量的过程，从而避免爆炸的发生。而电池热量的激增与电池的组成体系有很大关系，如电极材料 NMC 与电解液共存体系下（图 6.44），在 270.1~289.5℃ 有一个很强的放热峰，产热量为 481.4J/g，根据文献报道，NMC 材料在 236~350℃ 从层状结构转变为 LiM_2O_4 型尖晶石，之后又在 350~441℃ 转变为 M_3O_4 型尖晶石结构。

$$NCM(R3-m) \xrightarrow{\Delta T, 溶解} (Mn, Ni)O(Fm3m) + CoO + Ni + O_2$$

（6）火焰向周围电池蔓延　在锂离子电池的大规模应用中，一个单体电池很难达到很高的电压和容量，所以都会使用电池管理系统对多个单体电池进行串并联来实现高电压和容量。当单体电池发生热失控时，通过电池表面与表面之间的热传导会将热量传递给周围的电池，单体电池的燃烧火焰也会对周围电池有很强的加热作用。这样就会引发周围电池的热失控，导致电池火焰的蔓延。为了防止这类事故的发生，大都会在大规模电池模块中使用热管理系统甚至消防系统。

2. 多种电池体系下的火灾危险性分析

（1）多种电池体系下的火灾危险性实验　影响电池火灾危险性的因素主要有电池的容量、电池的组成体系、电池的荷电状态及电池构造（在电池中装有 PTC 和泄压阀）等。这些因素对电池火灾危险性起着至关重要的作用。而火灾危险性的评价方法有很多，目前主要有以下几种。

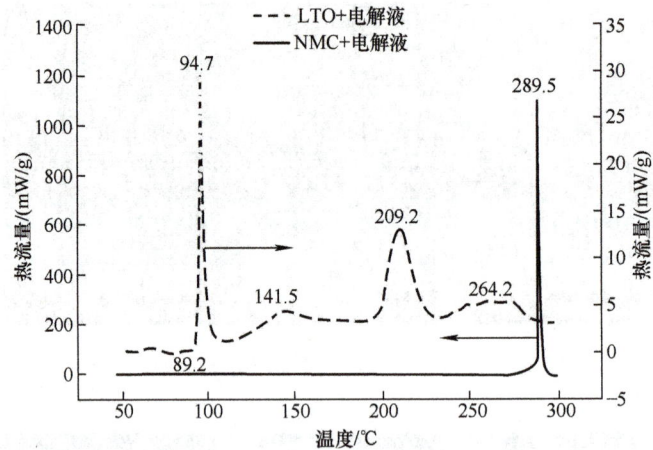

图6.44　NMC（完全脱嵌）与电解液以及LTO（完全嵌入）与电解液共存体系下的热流曲线

1）分析电池发生热失控过程中温度的变化。先将电池的温度变化转换为热焓：

$$\Delta H = C_{\text{total}} m_{\text{total}} \Delta T_{\text{ad}} \tag{6.31}$$

$$C_{\text{total}} = \frac{c_{\text{cell}} m_{\text{cell}} + c_{\text{can}} m_{\text{can}}}{m_{\text{cell}} + m_{\text{can}}} \tag{6.32}$$

$$\Delta T_{\text{ad}} = T_{\max} - T_{\text{ig}} \tag{6.33}$$

磷酸铁锂的热容一般为 0.73J/(g·K)，或者使用电池的燃烧热焓，再将热焓用 TNT 当量表示：

$$W = \frac{\Delta H}{H_{\text{TNT}}} \tag{6.34}$$

不同电池可以使用等效 TNT 当量来比较电池的热危险性。当今电池的最高可利用比能量约为 580W·h/kg，将近 TNT 比能量的一半（1282W·h/kg）。然而，当考虑到电池的燃烧热时，整体所释放出来的能量要超过相同质量的 TNT。

2）分析电池热失控的内部压力和压力变化速率。电池爆炸的发生一般都会产生大量的气体，不同的电池体系所产生的气体量不同，气体组成成分也不一样。固定空间中电池产生气体导致的压力变化程度能客观地反映出这种体系电池的危险程度。另外，对于大型锂离子电池的商业应用，对电池进行气体毒性评估也是不可缺少的一个环节。

3）分析电池热特性。关于热特性的测量方法有很多，其中包括使用 C80 微量量热仪或差示扫描量热仪测量电极材料的热滥用特性，通过测量可以得到电池发生热失控的主导因素；使用加速度绝热量热仪（ARC）可以测量电池在绝热条件下内部发生的自加速反应；使用热箱可以测量在线性升温下电池内部的自加速反应的起始温度；使用耗氧量热仪可以测量电池的燃烧产热。这些实验手段可以对电池从材料到整个电池模组进行热特性和燃烧特性的分析，是当下评估电池危险性的主要手段。

将多方面的相关研究成果进行整理，包括锰酸锂-石墨、磷酸铁锂-石墨、镍锰钴三元材料-钛酸锂等电池体系，从 1.15A·h 的 18650 钴酸锂电池到 200A·h 大容量电池满电状态下进行热力学参数统计，见表6.8。

第6章 动力电池热失控

表6.8 多电池体系满电状态下热力学参数统计

电池种类	学者	电池形状（体积V,受热面积S)	开始燃烧临界条件下表面中心温度/℃	最高（火焰）温度/℃	射流火焰次数	质量损失（损失质量/总质量）	加热时间/min	燃烧时间/min	备注
18650 锰酸锂（2.9A·h）	Chen 等	圆柱形 $V=16.532cm^3$ $S=11.7cm^2$	—	700	1	36%	5.75	0.67	使用2kW电炉加热
18650 钴酸锂（2.6A·h）	Fu 等	圆柱形 $V=16.532cm^3$ $S=2.54cm^2$	284.2	663.2	1	—	2.62	0.42	加热功率为$30kW/m^2$，电池在燃烧的最后发生爆炸
18650 钴酸锂（2.6A·h）	Fu 等	圆柱形 $V=16.532cm^3$ $S=2.54cm^2$	263.1	736.8	1	—	0.67	0.67	加热功率为$50kW/m^2$，电池在燃烧的最后发生爆炸
18650 钴酸锂（2.6A·h）	Fu 等	圆柱形 $V=16.532cm^3$ $S=2.54cm^2$	184.2	931.6	1	—	0.28	0.63	加热功率为$60kW/m^2$，电池在燃烧的最后发生爆炸
18650 磷酸铁锂（1.15A·h）	Summer	圆柱形 $V=16.53cm^3$ $S=11.7cm^2$	226.7~254.4	300~342.8	—	—	1	4	火盆直接加热，测试点最高温度约232℃
26650 磷酸铁锂（2.3A·h）	Summer	圆柱形 $V=34.49cm^3$ $S=16.9cm^2$	248.9~275	351~337	—	—	1	3.25	火盆直接加热，测试点最高温度约232℃
8A·h 钴酸锂聚合物	Summer	方形 $V=3.5cm^3$ $S=10.5cm^2$	171	393.9~420	—	—	0.75	2.75	火盆直接加热，测试点最高温度约232℃
10A·h 磷酸铁锂	研究课题组	方形 $V=160.1cm^3$ $S=88.96cm^2$	140.3	787.9	1	19.3%	5.77	约8	使用3kW电炉加热，喷出的气体被旁边燃烧的固体酒精引燃，电池裂口在外包装下的薄弱部位
50A·h 磷酸铁锂	研究课题组	方形 $V=988.4cm^3$ $S=353cm^2$	125.6	894	1	21.26%	16.05	20.87	使用3kW电炉加热，从减压阀处喷出气体，电解液滴落到电炉被点燃
50A·h 钛酸锂	研究课题组	圆柱形 $V=748.89cm^3$ $S=159cm^2$	146.6	747	2	28.14%	24.25	9.28	使用5kW电炉加热，电池在第二次出现强大射流火焰时附带强烈的黑色烟雾

(续)

电池种类	学者	电池形状(体积V,受热面积S)	开始燃烧临界条件下表面中心温度/℃	最高(火焰)温度/℃	射流火焰次数	质量损失(损失质量/总质量)	加热时间/min	燃烧时间/min	备注
50A·h 磷酸铁锂 (5块10A·h 串联)	研究课题组	方形 $V=800.5cm^3$ $S=125.1cm^2$	166.5(非受热表面中心平均温度)	1500	3	24.4%	25.06	9.51	使用3kW电炉加热,电池燃烧过程中呈扇形散开
200A·h 磷酸铁锂	研究课题组	方形 $V=3232.2cm^3$ $S=557.28cm^2$	—	—	5	25.26%	39.27	41.12	使用3kW电炉加热,电池在第一次射流火焰后有很长时间的稳定燃烧,又发生4次强烈的射流火焰

对比在不同功率作用下的18650钴酸锂电池,发现在30kW/m^2、50kW/m^2、60kW/m^2功率作用下,电池燃烧状况存在很大的不同。加热功率越高,燃烧的开始温度越低,电池表面最高温度越高,加热时间也越短。可见,外界环境的恶劣程度对电池起火、燃烧有着十分重要的影响。另外,由于电池的可燃物包含电解液、包装材料、隔膜、电极材料的黏结剂等,其质量随着电池容量增加而增加,但是对于一个体系,其质量分数相差却不大。图6.45所示为磷酸铁锂电池体系中各个成分的质量分布,可燃物约占总质量的26%。所以,对于磷酸铁锂电池,电池燃烧过程中可能燃烧不完全,如果电极材料没有被喷出,燃烧后测量的质量损失会有所偏离但不会超过26%。

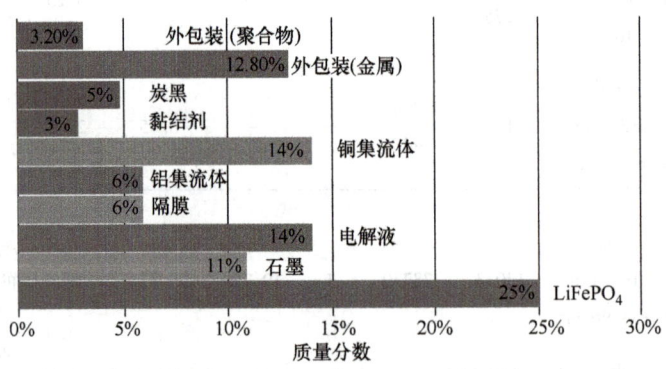

图6.45 50A·h LiFePO$_4$-石墨电池质量分布

此外,电池容量越大,燃烧过程中形成的射流火焰次数也越多,这可能与电池可燃物的质量含量以及电池体积直接相关。根据之前关于电池爆炸原因的描述,电池多次射流火焰一方面可能是由电池内部温度分布不均所致,当某部分温度达到一定值时,电极材料发生剧烈反应,而温度的差异使得不同部位在不同时间段达到相关反应温度,从而致使多次射流火焰的产生。另一方面可能是由电池内部复杂反应达到不同阶段所致,电池从刚开始加热到发生着火的时间(加热时间)和燃烧的时间影响因素有很多,包括电池的外包装形状、泄压阀的压力控制范围、外界热射作用面积等，但总体对于相同的外界热滥用条件，电池容量越大，发生着火所需的时间越长。对比磷酸铁锂/石墨和镍锰钴三元材料/钛酸锂两种电池体系，后者的火焰温度更高，点燃时间更长但燃烧时间更短，反应程度要比前者更加剧烈。可见电极材料体系本身的安全性是影响电池火灾危险性的关键因素。另外，火焰区域的温度测量值与所使用的热电偶粗细有关。热电偶越细，响应时间也越短，能探测到很短时间内出现的最高温度。根据表6.8，使用1mm的热电偶探测到的火焰区域最高温度在700～1000℃，但采用0.5mm的热电偶则能捕捉到短时间内的高温，如由50A·h磷酸铁锂电池组（5块10A·h磷酸铁锂电池组成）探测到的火焰区域最高温度在1500℃。

（2）荷电状态对电池火灾危险性影响分析　荷电状态（SOC）的大小取决于Li^+在电极材料中的分布。满电状态下（100%SOC），Li^+主要嵌入在负极材料中；反之，完全放电下（0%SOC），Li^+则嵌入正极中。Gachot课题组提出了在100～250℃之间电解液的分解机理。如图6.46所示，电解液的分解主要有两步反应：线形和环形碳酸盐的还原反应；Li^+自由基团发生亲核反应。

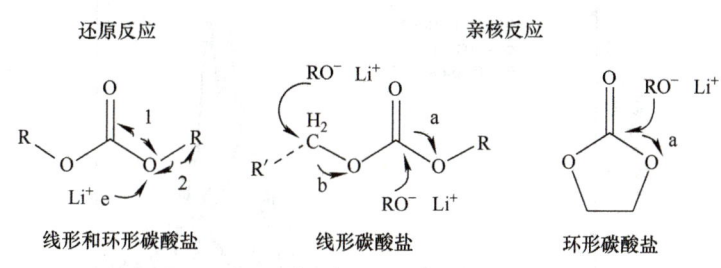

图6.46　电解液分解过程反应

电解液在分解过程中会产生H、CH_3、C_2H_5，这些基团有可能会形成一些可燃性碳氢化合物，如CH_4、C_2H_6、C_3H_6、C_3H_8等。这些反应产物是电池发生喷气燃烧的主要成分。由此可见，Li^+在电极材料中的析出及其与电解液反应的速度直接影响电池的燃烧行为，因而荷电状态对电池火灾行为会产生很大影响。

锥形量热仪常用于检测物体燃烧热释放速率，评估物体的火灾危险性。热释放速率的测量和计算通常使用"氧消耗"原理。根据Thorton的发现，只要能精确测量到燃烧系统中所耗用掉的氧气，就能计算得到燃烧热释放速率，而不用关心这些热是通过何种传热方式散失到何处，所需关心的只是氧气被消耗的量。采用这一原理进行燃烧热释放速率的测量就称为氧消耗（oxygen consumption）原理法。诸多学者也使用锥形量热仪测量了电池燃烧的热释放速率。下面分别对100%、50%和0%SOC下2.9A·h软包锰酸锂/石墨电池体系、50A·h方形磷酸铁锂/石墨电池体系（由五块10A·h电池组成）和50A·h圆柱形镍锰钴三元材料/钛酸锂电池体系火灾危险性进行比较分析。

根据相关文献报道，0%、50%和100%SOC下2.9A·h软包锰酸锂/石墨电池热释放速率如图6.47所示，对应的电池燃烧热释放速率峰值分别为2.6kW、13kW和21kW。0%、50%和100%SOC下50A·h方形磷酸铁锂/石墨电池热释放速率如图6.48所示，对应的电池燃烧热释放速率峰值分别为12.9kW、30kW和49.4kW。

另外，0%、50%、65%、70%和100%SOC下18650钴酸锂电池燃烧热释放速率如图6.49所示，对应的电池燃烧热释放速率峰值分别为1.1kW、1.5kW、5.8kW、6.5kW和

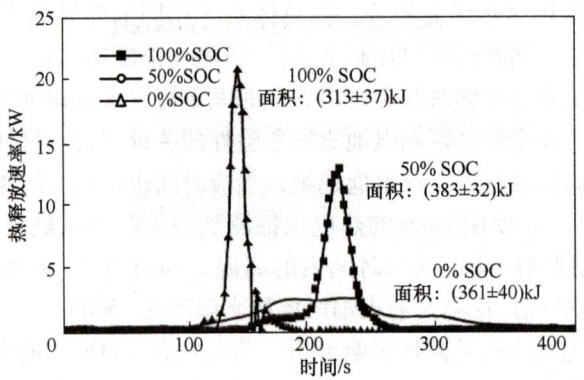

图6.47　0%、50%和100%SOC下2.9A·h锰酸锂/石墨电池燃烧热释放速率比较

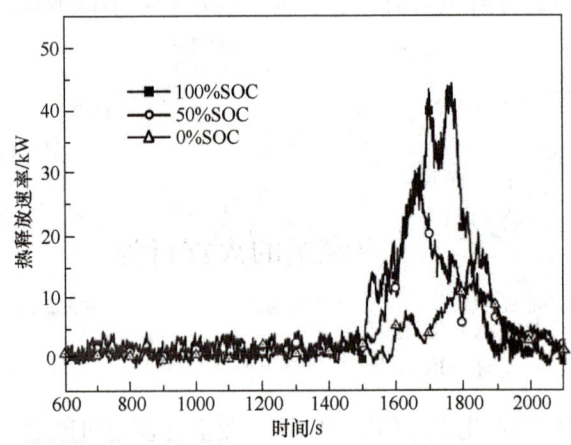

图6.48　0%、50%和100%SOC下50A·h磷酸铁锂/石墨电池燃烧热释放速率比较

6.8kW。可以发现，无论哪种电池体系，燃烧剧烈程度随着荷电状态和电池容量的增高而增高。根据以上关于荷电状态对电池燃烧行为的影响分析可以发现，负极端主导的反应速率随着Li含量的增加而增加，而正极端则减少。但是如果对热释放速率进行积分得到燃烧热值，可以发现，虽然100%SOC电池燃烧的热释放速率最高，但其燃烧释放的能量却不是最高的。此外，在之前提到电池中的可燃物主要为电解液、包装材料、隔膜、电极材料的黏结剂。图6.50给出了2.9A·h锰酸锂/石墨电池的组成分布，其中包装材料、隔膜和电极材料黏结剂总共组成为10%，而100%SOC电池的单位质量燃烧热为4.03MJ/kg，将其与电池组分中有机成分贡献的单位质量燃烧热对比，可以发现后者稍微偏大。这是由燃烧不完全导致的，而其中聚合物燃烧对总燃烧热的贡献在一半以上。

3. 电池组的火灾行为

在电动汽车应用中，电池系统由多个电池排列构成，当其中一块电池发生热失控，若不及时采取消防措施，将导致电池与电池之间热失控的传递。这里讨论毗邻电池组热失控传递行为。

单块电池在挤压、针刺、冲撞等滥用条件的作用下，可能会发生热失控现象。对于单个电池如何影响大而复杂的电池系统，有研究者设计了将10块2.2A·h 18650钴酸锂电池进行串并联并围成一个等边三角形，对最中间的 6 号电池进行针刺的实验，如图 6.51 所示。

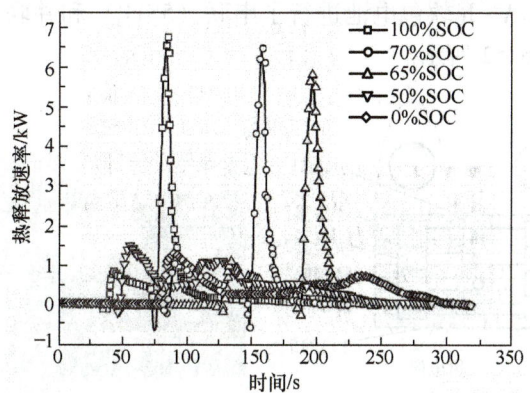

图 6.49　0%、50%、65%、70% 和 100% SOC 下 2.6A·h 钴酸锂电池燃烧热释放速率比较

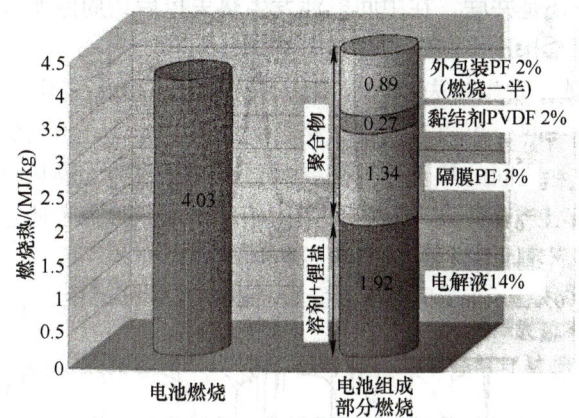

图 6.50　2.9A·h 锰酸锂电池最大单位质量燃烧热与其组成部分中有机成分计算单位质量燃烧热对比

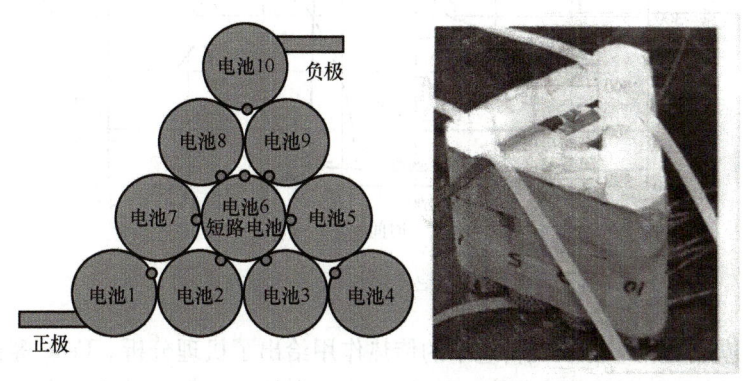

图 6.51　18650 电池排列和热电偶布置图解

实验发现电池串联（10S1P）时仅有被针刺的 6 号电池发生热失控，周围电池并没有出现此现象，在对并联的电池组（1S10P）进行相同测试时，电池组中所有电池均发生了热失控现象。电池在发生针刺时，内部会发生短路，致使整个电池系统的其他并联电池也会发生

外短路。电池的热失控传递既受电池与电池之间热传递的作用,也受失效电池造成的外短路作用。研究者还对 5 块 3A·h 软包电池进行了串联(5S1P)和并联(1S5P)情况下的针刺引发热失控测试,如图 6.52 所示。

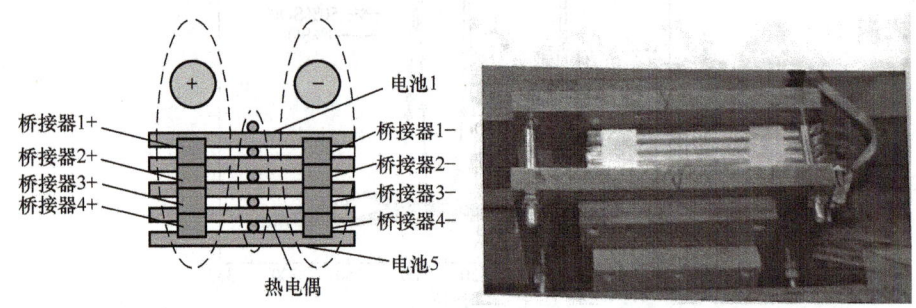

图 6.52　软包电池排列和热电偶布置图解

实验发现无论串联还是并联,在中间电池发生热失控后,周围所有电池在 60~80s 均发生了热失控,但是并联结构比串联结构燃烧要更加猛烈。

图 6.53 所示为电池组发生热失控过程中所有测量温度点的变化,展示了热失控的传递过程。对于短路造成的产热,可以在连接线路之间加入二极管,当电流过大时,起到保护其他电池的作用。对于电池之间的热传导,主要还要在电池间加入隔热材料或者散热装置,来减小电池之间传热的影响,以有效抑制热失控传递。另外,研究者还进行了边缘电池的针刺实验,发现与中间电池针刺具有相同的热失控传递现象。

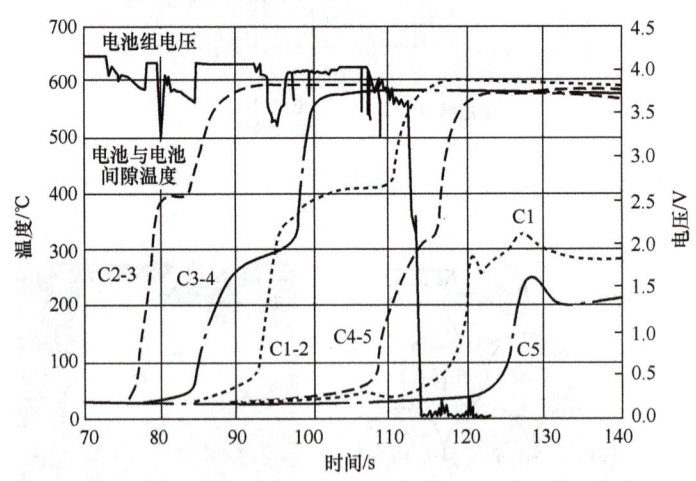

图 6.53　电池之间温度随时间变化

许多研究人员对电池组热失控传递中的传热作用给出了机理分析。Feng 等将 6 块 25A·h 电池并排放在一起,通过针刺引发第一块电池的热失控,在第一块电池的热失控行为影响下,接连引发第二块、第三块直至第六块电池热失控,如图 6.54 所示。

在整个火焰的传递过程中,电池之间的热量传递可以通过热阻进行表达:

$$R = 2 \cdot (R_{jr} + R_{Ap,1} + R_{Ap,2} + R_{shell} + R_{k}) \tag{6.35}$$

通过热阻表达式,可以看到毗邻电池间的温度差主要由凝胶、外包装、铝壳和胶带四部

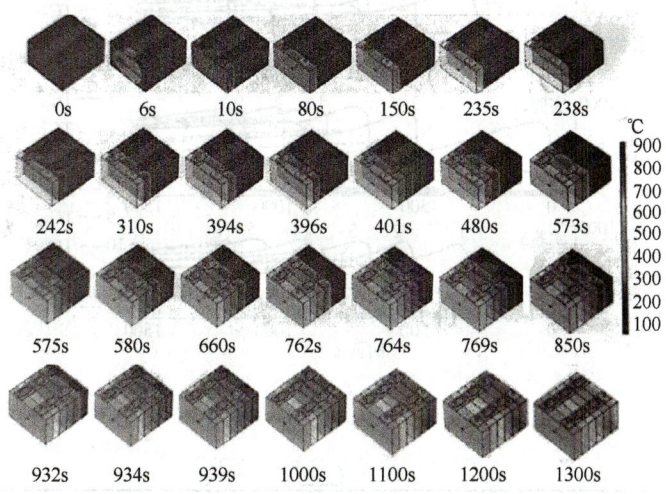

图 6.54 针刺引发电池组之间热失控传递

分的热阻作用引起，如图 6.55 所示。两块电池之间的温度差表示为：

$$\alpha = \frac{R_{shell} + R_{Ap,1} + R_{jr} + R_{Ap,2}}{R} \quad (6.36)$$

式中，α 为转换因子，R_{shell} 为壳体的电阻，$R_{Ap,1}$ 为第一个气隙的电阻，R_{jr} 为铝壳的电阻，$R_{Ap,2}$ 为第二个气隙的电阻，R 为总电阻。

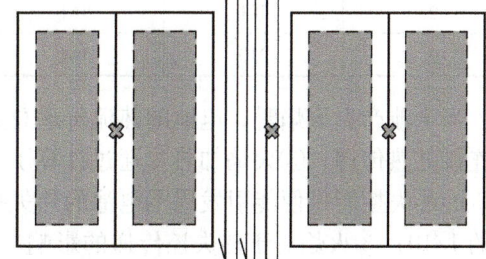

图 6.55 电池之间的传热阻分布

图 6.56 所示为针刺电池的热失控通过接触热传导引发邻近电池发生热失控的过程。当邻近电池由于受到热失控电池加热作用达到一定温度（由 ARC 测得）时，旁边电池温度急剧上升而发生热失控。而由于热阻作用，电池间热电偶测量的燃烧开始温度，会小于 ARC 所测量的开始温度。实际测量的电池热失控传递过程中，电池表面温度曲线如图 6.57 所示，测量到的热失控传递所需时间见表 6.9。

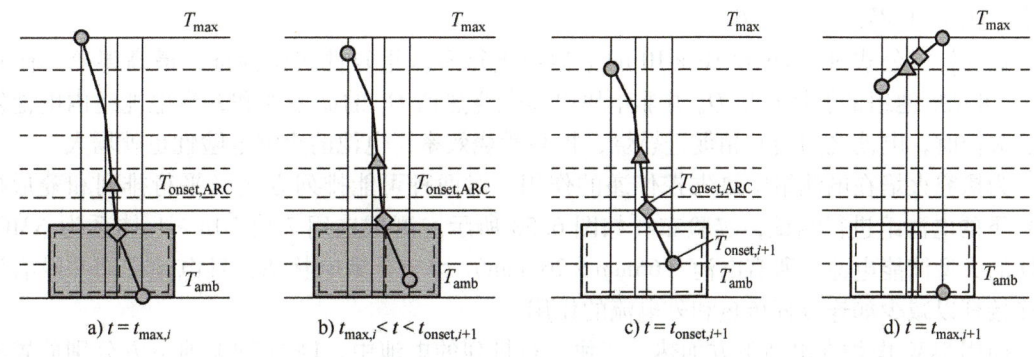

图 6.56 热失控传递过程中在不同阶段的温度分布

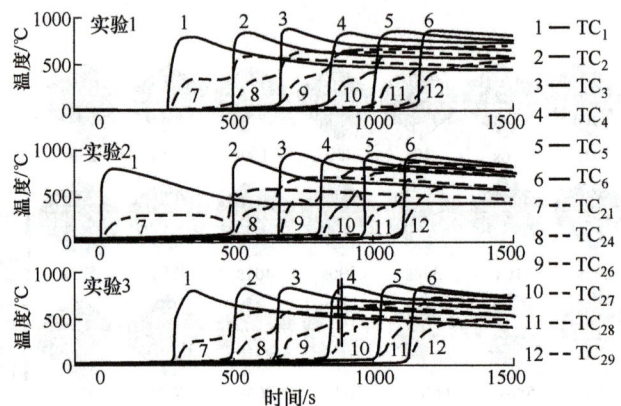

图 6.57 三次针刺引发热失控传递实验温度响应图

表 6.9 电池热失控传递时间

实验序号	$D_{1,2}/s$	$D_{2,3}/s$	$D_{3,4}/s$	$D_{4,5}/s$	$D_{5,6}/s$
1	245	163	186	164	159
2	481	161	156	157	137
3	210	164	183	181	113

当电池产生火焰时，电池的热流传递总共有三条路线：①电池壳间的热传递；②电池极耳连接处热传递；③火焰加热。通过计算了三种传热形式的能量比例，得出：①电池只需要 12% 的热失控能量便能引发周围电池的热失控；②通过极耳所传递的能量只有壳之间传递能量的 1/10；③火焰对于热失控传递的影响非常小，火焰虽然可能未直接对热失控传递产生很大的影响，但其间接提高了发生热失控电池的整体温度，提高了电池壳间的传热，从而间接增强了热失控传递的热量。火焰的温度一般超过 1000℃，无论是直接加热作用还是辐射作用，在电池组火灾中，火焰对电池热失控传递都具有很大的影响。

在电池组火灾中，由于各电池燃烧互相促进，提高了电池内反应速率，其危险性比单块电池更大。相关文献中分别对一块、两块、四块和九块 18650 电池使用 2kW 电炉加热，测量它们的热释放速率并计算出燃烧热值，通过对实验数据拟合得到燃烧热值的公式：

$$Q_n = Q_1 n^a \qquad (6.37)$$

式中，$Q_1 = 31.8$ kJ；$a = 1.26$。

根据拟合公式对 6×6 和 10×10 的电池组进行多次重复性实验验证，最高误差不超过 5%。可见电池组的燃烧热值 Q_n 并非单块电池燃烧热值 Q_1 的简单加和，当电池组内电池发生热失控时，电池之间会互相促进燃烧，提高燃烧效率，电池的火灾危险性也就增大。

为探究火焰在电池组中热失控传递的作用，对两种可能排列方式（平行排列和菱形排列）下的电池组进行测试，实验布置如图 6.58 所示。测试选用 7 块 50A·h 体系为 NMC/LTO 的大型储能电池，所有电池（66mm×260mm）均充至满电状态，且电池之间并没有添加连接杆以减少如连接杆传热和外电流的作用。

使用 5kW 电炉在电池下方加热，三块平行排列的电池中，1# 与 3# 电池下方分别放置有 9mm 厚的石膏板和 12mm 厚的防火板来减少火源加热作用。电池为 50A·h 容量的 NMC/LTO 电池，所有电池均为满电状态（100% SOC）。在加热条件下，三块电池表面温度变化如

第6章 动力电池热失控

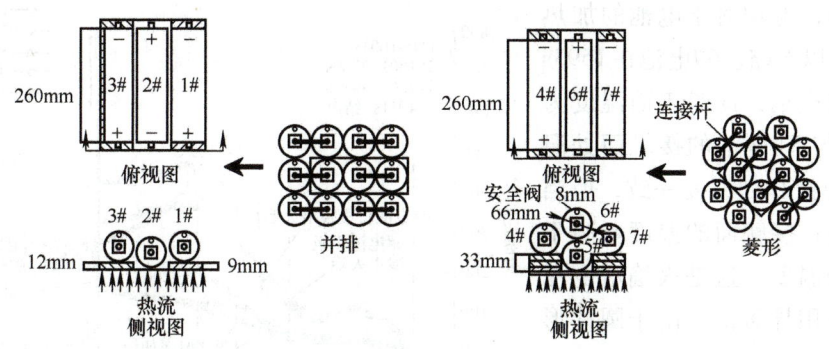

图6.58 锂离子电池组热失控传递实验排列方式

图6.59所示。

根据图6.59中的温度曲线和燃烧行为记录,在第一阶段中,1#、2#、3#电池表面平均升温速率分别为2.26℃/min、3.85℃/min、3.31℃/min。可见1#、3#电池在受到相同强度的辐射传热下,石膏板(1#)和防火板(3#)起到很好的阻挡效果,且石膏板具有更好的阻隔效果。在第二阶段中,2#电池首先开始燃烧,在2288.9s时,1#电池在2#电池的火焰影响下也开始燃烧,表面温度急剧上升,平均升温速率变为76℃/min。而3#电池在1#和2#电池的燃烧火焰热辐射以及温度热传导作用下,升温速率加快也致使其发生燃烧。若无火焰影响,在正常的热传递作用下,3#电池会先于1#电池燃烧,可见火焰随机性与实验设计结构对热失控传播具有很大的影响。在加热时间进行到2687.3s时,1#和3#电池依次产生很强的射流火焰和烟气流,这也符合之前叙述的电池火灾行为。最终,1#和3#电池表面最高温度分别达到384.4℃和443.1℃。

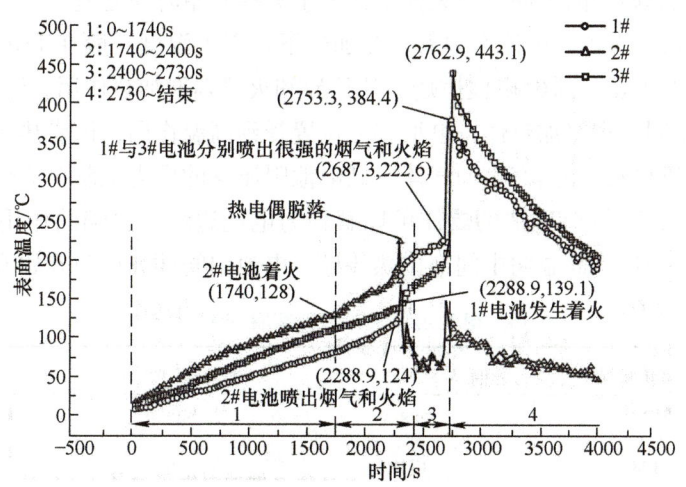

图6.59 三块锂离子电池并排排列的表面温度变化曲线

在四块菱形排列的电池组中,4#与7#电池分别用两块12mm厚的防火板和一块9mm厚的石膏板与火源相隔,6#电池直接受到火源加热,而5#电池与其紧密相连。图6.60所示为电池组在受到5kW电炉辐射加热下的电池表面温度变化。

由于石膏板和防火板的阻挡作用,4#与7#电池温升速率仅为1.53℃/min,该温度与环境温度相似，电炉对于电池的加热作用几乎可以忽略。6#电池在1593s时正极喷出火焰，此时表面温度为118℃。6#与5#电池的接触面处温度与6#电池极耳处温度一致，但当正极着火时，接触面的温度要高于负极极耳处温度，这是火焰对电池本身加热作用导致的。由于圆柱形电池的电极材料是卷绕型，其两端是对称结构，所以在1953s时负极极耳热电偶的温度迅速从158℃升至峰值588℃。6#电池的负极火焰

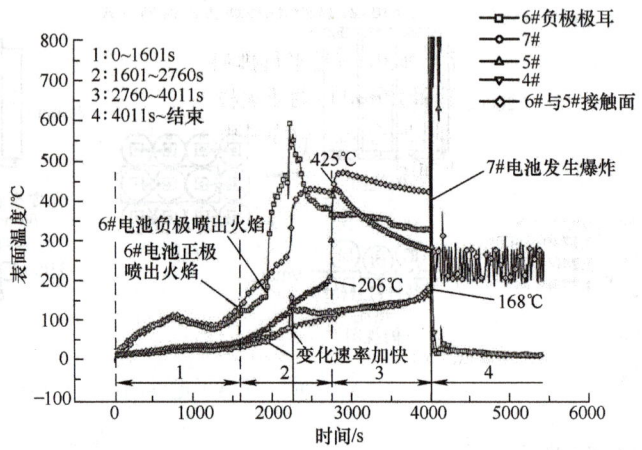

图6.60 四块锂离子电池菱形排列的表面温度变化曲线

转变为射流火焰，并伴随着浓烈的黑烟。此间位于6#电池上方的5#电池在火焰辐射和热传导的作用下温升速率加快。火焰的作用使得7#电池在2220s时发生着火，但火焰比较小，在2626s时5#电池也自发着火，如图6.60所示。

在第三阶段1251s的时间段中无任何燃烧现象发生，但在第四阶段时，7#电池发生爆炸，之后4#电池也发生爆炸。在第三阶段中，5#与6#电池的表面温度都出现了下降，但4#和7#电池表面温度仍然上升，说明此阶段这两个电池内部仍然发生强烈的化学反应，且表面温度上升曲线十分相近。探测到的7#电池爆炸时的温度为168℃，即使与燃烧的温度对比也是比较低的。对这两组实验的一些参数进行统计，见表6.10，其中热失控传递时间定义为受热电池热失控起始时间与周围未失控电池发生失控起始时间之差。

通过表6.10可以看出，电池在辐射直接加热下，着火温度一般在110~130℃。但是其中4#、5#和7#电池主要受到6#电池燃烧后热传导和火焰辐射加热作用，致使5#与7#电池着火温度有很大的不同。火焰加热使得电池部分位置受到高温作用，该受热部位在高温作用下会出现强烈的化学反应，突然产生的气体突破电池限压阀的压力限制在火焰点燃下而发生着火。根据这个特点，7#与4#电池的爆炸可以解释为电池边缘在火焰的作用下已经发生了强烈的化学反应，电池边缘高温向中间部位热传导，电池中间部分逐渐开始升温。

表6.10 电池组热失控传递实验相关参数列表

电池编号	点燃温度/℃	点燃时间/s	热失控传递时间/s	质量损失比（%）
1	139.1	2288.9	548.9	26.1
2	128	1740	0	41.6
3	139.1	2326	586	29
4	—	—	—	59.47
5	206	2626	1033	30.79
6	118	1593	0	20.9
7	78.5	2220	613	—

第6章 动力电池热失控

根据图 6.27 所示 Semenov 原理，电池内部温度达到某一点时，电池会自发发生放热反应，如第三阶段中即使没有外界火源作用，电池内部温度仍然持续上升。当温度上升至 168℃（表面温度）时，内部产热突然急剧增加，发生爆炸。本次实验中的热失控传递时间与类似实验区别在于，火焰对电池组中热失控传递影响非常大，在四块菱形排列的电池中 7#电池相比于 5#电池并没有受到 6#电池的热传递作用，但其着火时间却更短，然而，4#电池在整个热失控实验过程中一直没有发生燃烧现象，可见火焰在热失控传递中发挥关键作用。

6.4 电池安全对策

6.4.1 电池本质安全对策

锂离子电池具有比能量大、输出电压高、循环寿命长、环境污染小等优点，已被广泛应用于微电子领域；同时，在电动汽车、光伏工程、军事、空间技术等领域也有广阔的应用前景。如果电池的比能量、比功率、循环稳定性、环境适应性、可靠性等技术指标，以及单位瓦时价格等经济指标是影响其商业化应用程度的关键性因素，那么大容量锂离子电池的安全性则是其能否在动力与储能领域应用的决定性因素。锂离子电池在正常使用条件下通常是安全的，但是其耐热扰动能力差，在各种复杂的应用条件下，存在发生爆炸和燃烧的危险，有着严重的安全隐患。近年来，锂离子电池爆炸、着火等事件屡有发生，在很大程度上制约了动力与储能用锂离子电池的发展，所以安全问题成为锂离子电池深入大型化亟待解决的问题之一。

锂离子电池产生安全问题可以归结为两大方面的原因：一是由锂离子电池自身特点决定的；二是由极端条件或电池使用不当造成的。锂离子电池内部存在着一系列潜在的化学放热反应，这是引发锂离子电池安全问题的根源。锂离子电池在过充时，正极材料会出现脱锂，结构上的巨大变化使其具有强氧化能力；正极材料也有可能直接放出氧，从而氧化电解液中的溶剂。还有负极表面固体电解质界面（SEI）膜的分解，负极析出的金属锂与电解液的反应，这些过程放出的热量如果不能及时散出，都可能会引发锂离子电池的热失控。锂离子电池电解液大多为低闪点的有机碳酸酯类溶剂，当电池处于过充状态时有机溶剂容易在正极表面产生不可逆的氧化分解，在放出大量热量的同时伴随着大量可燃性气体的产生，导致电池内部温度及压力急剧上升，从而引起燃烧爆炸，同时电解液高度易燃，若出现泄漏等情况，会发生剧烈的燃烧，甚至导致爆炸。锂离子电池中黏结剂的晶化、锂枝晶的形成以及活性物质剥落等均易造成电池内部短路，带来安全隐患。在一些极端条件，如电池过充电、针刺穿透、挤压，以及高温环境等情况下，正负极和有机电解液容易发生化学反应，这些反应产生的热量如果不能及时散失到周围环境中，必将导致热失控的产生，最终导致电池的燃烧甚至爆炸等。

针对锂离子电池的安全问题，一般从三个方面提高其安全性。一方面是改善正负极电极材料的热稳定性，从而提高锂离子电池本质安全性能。在高温条件下，正极材料和电解液之间的反应是引起电池安全问题的主要原因之一。目前，常用的锂离子电池正极材料中，$LiFePO_4$ 的热稳定性比 $LiCoO_2$、$LiNiO_2$ 和 $LiMn_2O_4$ 都要高，其在充电状态下与电解质在

340℃以下没有表现出明显的吸热或放热现象。为了提高正极材料的热稳定性，目前主要通过正极材料的改性，如优化合成条件、改进合成方法和改性电极材料等方法来实现。电极材料改性是提高锂离子电池热稳定性的有效措施，常用的改性方法主要是表面包覆和掺杂改性。表面包覆能减少活性材料与电解液之间的反应，并且在过充中能够减少正极材料释放的氧气，稳定基体材料的相变，从而提高锂离子电池热稳定性。

另一方面是改进锂离子电池电解液，使其难燃甚至不燃，以此提高电解液的安全性。锂离子电池的电解液是由锂盐和有机溶剂组成的混合溶液，可以通过提高电解液的纯度、加入功能添加剂、使用新型锂盐、使用新型溶剂和使用离子液体等手段来提高锂离子电池电解液的安全性，目前研究最多的是通过加入阻燃添加剂来提高锂离子电池电解液的安全性。一种理想的阻燃添加剂应该不仅能够有效降低电解液可燃性，还能保证它与正、负极材料之间的稳定性。目前常用的阻燃添加剂主要包括有机磷化物、有机卤化物，以及磷-卤、磷-氮复合有机化合物。

最后是通过外部手段优化锂离子电池的设计和管理，对锂离子电池充放电过程进行实时监控，出现异常问题能够及时处理，保证锂离子电池的使用安全，如电芯的安全设计、绝缘处理、设置安全阀、提高锂离子电池制作的工艺水平等。

1. 电极材料改性

（1）正极材料的改性　以 $LiCoO_2$ 为例进行讨论，尽管其循环性能比其他正极材料优越，但是仍会发生衰减。透射电镜（TEM）可以明显观察到 $LiCoO_2$ 在 3.50～4.35V 循环时受到不同程度的破坏，如产生严重的应变、缺陷密度增加和粒子发生偶然破坏。应变导致两种类型得到的阳离子无序：八面体位置层缺陷引起的无序和部分八面体结构转变为尖晶石结构引起的无序。因此，对于长寿命需求的探索还有待于进一步提高其循环性能。同时，研究过程发现，$LiCoO_2$ 经过长时期循环后，从层状结构转变为立方尖晶石结构，特别是位于表面的离子。另外，降低 $LiCoO_2$ 的成本和提高在较高温度（<65℃）下的循环性能也是目前研究的方向之一。采用的主要方法有掺杂和包覆。

1）$LiCoO_2$ 的掺杂。$LiCoO_2$ 常见的掺杂元素有 Li、B、Al、Mg、Cr、Ni、Mn、Cu、Sn、Zn 和稀土元素等。锂的过量也可以称为掺杂。由于锂的过量，为了保持电中性，Li_xCoO_2 中含有氧缺陷，用高压氧处理可以有效降低氧缺陷结构。可逆比容量与锂的量有明显关系：当 Li/Co=1.10 时，可逆比容量最高（140mA·h/g）；当 Li/Co>1.10 时，由于 Co 的含量降低，所以比容量降低，当然，如果提高充电的终止电压到 4.52V，比容量可达 160mA·h/g。但是过量的锂并没有将 Co^{3+} 还原，而是产生了新价态的氧离子，其结合能提高，周围电子密度小；而且空穴结构均匀分布在 Co 层和 O 层，提高 Co—O 的键合强度。

硼离子的掺杂主要是降低极化，减少电解液的分解，提高循环性能。例如，掺杂硼后的可逆比容量大于 130mA·h/g；掺杂量为 10% 时，100 次循环后比容量还在 125mA·h/g 以上。

镁离子的掺杂对锂的可逆嵌入容量影响不大，而且也表现出良好的循环性能。这主要是镁掺杂后形成固溶体，而不是多相结构。Tukamoto 等在 $LiCoO_2$ 中掺杂微量二价元素 Mg，可以在不改变晶体结构的前提下，使材料的电导率从 $1×10^{-3}$ S/cm 提高到 0.5S/cm，同时在充放电循环过程中材料呈单相结构。他们认为，掺杂的 Mg 占据了 $LiCoO_2$ 晶格中 Co 的位置，从而按照平衡机理产生了 Co^{4+}，即空穴。因此，半导体 $LiCoO_2$ 的电导率在 Mg 掺杂后能够大幅提高。李畅等用柠檬酸配位聚合法合成的 $LiAl_{0.3}Co_{0.7-x}Mg_xO_2$ 粉体，通过对几组衍射峰的标定，确定材料保持了六方层状结构，在800℃下材料具有良好的结晶性。镁的掺杂既提高了电导率，又保持了晶格的结构完整。但 Levasseur 等通过 Li MAS-NMR 联用的方法，观察到镁掺杂后的相结构存在缺陷：氧空位和中间相 Co^{3+}。

采用铝进行掺杂主要考虑如下因素：①铝价格低廉，毒性低，密度小；②α-$LiAlO_2$ 与 $LiCoO_2$ 的结构类似，且 Al^{3+}（53.5pm）和 Co^{3+}（54.5pm）的离子半径基本上相近，能在较大范围内形成固溶体 $LiAl_yCo_{1-y}O_2$；③Al 的掺杂可以提高电压；④掺杂后可以稳定结构，提高比容量，改善循环性能。Yoon 等采用丙烯酸作为载体的溶胶-凝胶法制备掺杂的 $LiAl_yCo_{1-y}O_2$，在600℃热处理温度时，比容量和循环性能较好，初始可逆比容量达160mA·h/g，10次循环后主体结构没有明显变化。郝万君等将适量的硝酸铝、硝酸钴和碳酸锂溶于一定量的水中，边搅拌边加入一定量的柠檬酸，反应得到溶胶，而后将溶胶在120℃下烘干，形成凝胶，研细在800℃下烧结10h 后得到正极材料 $LiAl_yCo_{1-y}O_2$。研究表明，$y≤0.5$ 时，材料呈单相；$0.6≤y≤0.9$ 时，材料呈两相，为 Li（Al_yCo_{1-y}）O_2、γ-$LiAlO_2$ 相共存状态；$y=1$ 时，材料又呈单相，为 γ-$LiAlO_2$ 相。材料中值的上限即 Al 最大固溶度在0.5左右。在单相区（$y≤0.5$），随着 Al 掺杂的增多，材料晶格结构参数发生变化，a 轴缩短，c 轴变长，c/a 基本呈线性增加，材料的层状属性更加明显。

用 Cr 取代制备的 $LiCo_{1-y}Cr_yO_2$（$0≤y≤0.20$）为六方形结构，随 y 的增加，由于 Cr^{3+} 的半径大于 Co^{3+}，晶体参数 a 和 c 增加。循环伏安法表明，当 $y=0.05$ 和 $y=0.10$ 时，$Li_{1-x}(Co_{1-y}Cr_y)O_2$ 在 $x=0.5$ 时发生的相变得到抑制；对于给定的 x 值，$y=0.05$ 时的电压高于 $y=0.10$ 时的电压。增加 Cr 的含量，可减少能发生可逆脱嵌的锂量。$y=0.05$ 和 $y=0.10$ 时不理想的循环性能可能归结于层状结构中存在轻微的阳离子无序。

理论上，镍酸锂的容量比钴酸锂容量高，因此可通过部分 Ni 取代 $LiCoO_2$ 中的 Co 来提高 $LiCoO_2$ 正极材料的容量。由于钴和镍是位于同一周期的相邻元素，具有相似的核外电子排布，且 $LiCoO_2$ 和 $LiNiO_2$ 同属于 α-$NaFeO_2$ 型化合物，因此可以将钴、镍以任意比例混合并保持产物的层状结构，制得的 $LiNi_{1-x}Co_xO_2$ 兼备 Co 系和 Ni 系材料的优点。镍取代后的 $LiCo_{1-x}Ni_xO_2$ 可以采用软化学法制备成纳米粒子。该方法在低至330℃时就可以得到层状结构。但是，在合成纳米粒子时必须避免高温，特别是金属与甘油醇形成络合物的分解。镍的取代抑制晶体的生长，在400℃时进行热处理后，制备的纳米颗粒大小为 10~15nm。

在镍掺杂的基础上可以进行进一步掺杂，如铝、镍共同掺杂的 $LiNi_{0.5-y}Al_yCo_{0.5}O_2$（$0<y<0.3$）；铝的掺杂可提高锂离子的扩散系数。

将锰取代部分钴后，可得到尖晶石 $LiCoMnO_4$，表现为5V左右的电压。但是，如果采用 $Na_xCo_{0.5}Mn_{0.5}O_2$ 作为前驱体，然后进行离子交换可合成 $Na_xCo_{0.5}Mn_{0.5}O_2$；得到的材料为层状结构，电位处于 4.0~5.0V，而且可逆容量随 x 的增加而增加，最大值位于 $x=0.8$ 处。

稀土元素的掺杂主要包括 Y、La、Tm、Gd 和 Ho。掺杂量为1%（摩尔分数）时，初始可逆比容量比没有掺杂的 $LiCoO_2$ 平均增加 20mA·h/g，而且放电平台更好。这主要是由于稀土元素取代部分 Co，尽管 a 轴和 b 轴略有减少，但是层间距 c 增大，总的晶胞体积增大率在0.7%左右。因此，锂的嵌入和脱嵌能力更好，有利于提高可逆比容量。但是随着掺杂量的增加，初始充放电容量反而减少，这有待于进一步研究。

其他方面的掺杂包括 LiF、Ni、Cu、Mg、Sn、Zn 等。

2）$LiCoO_2$ 的包覆。$LiCoO_2$ 表面包覆的材料比较多，主要为无机氧化物，如 MgO、$LiMn_2O_4$、SnO_2、Al_2O_3、TiO_2ZrO_2。1999 年，Cho 等率先通过在 $LiCoO_2$ 表面进行氧化物或磷酸盐包覆，将 $LiCoO_2$ 的比容量提高到了 170mA·h/g。比容量的提高是因为包覆后的材料在充电状态下 Co^{4+} 与电解液中 HF（$LiPF_6$ 与水反应的产物）的反应活性大大降低。Cho 等认为，包覆层与 $LiCoO_2$ 反应生成了 $LiCo_{1-x}M$（Al、Zr、Ti 或 B）$_xO_2$，$LiCo_{1-x}M_xO_2$ 薄层能够抑制材料在 2.75～4.4V 循环时 $LiCoO_2$ 晶格膨胀，因为氧化物的断裂韧度按照 ZrO_2 > Al_2O_3 > TiO_2 > B_2O_3 的顺序递减，所以 ZrO_2 包覆效果最好。Chen 和 Dahn 则认为，$LiCoO_2$ 充电至 4.5V 时的比容量衰减的原因是在 $LiPF_6$ 基电解液中 $LiCoO_2$ 表面阻抗增大。因此，可以通过氧化物包覆、研磨（或在空气中进行简单的热处理）以获得新鲜的 $LiCoO_2$ 表面或者用 LiBOB 替代 $LiPF_6$ 来抑制阻抗增大。

（2）负极碳材料的改性　石墨具有很多优异特性，是锂离子电池的理想碳负极材料。但石墨本身的结构，使其表面存在很多缺陷，导致首次放电效率低、循环性能差等问题。所以，需要对天然石墨不断进行表面改性及修饰，以期降低首次循环的不可逆容量，提高可逆容量。目前研究较多的有包覆法、掺杂元素法、氧化还原法、机械研磨等多种表面改性方法。

1）引入非金属元素。在石墨体系中，添加合适的元素可能会改变碳原子的原子环境，使碳材料的嵌锂行为发生明显的改变。掺杂方式有两种：一种是先用非碳元素化合物浸渍或混入碳材料中，经过热处理制备掺杂碳；另一种是采用化学气相沉积，将掺杂的非碳元素气相热解沉积于石墨体系中。

目前，引入的非金属元素主要有磷、硼、硅、氮、硫、氧等。其中，磷、硅、氮元素虽然对锂没有活性，但是有利于石墨材料结晶性能的提高，进而有助于提高可逆容量。

硼元素在众多的掺杂元素中最为活跃。硼具有缺电子性，为电子受体，能增加锂与碳材料的结合能，减少锂离子与周围已嵌入的锂离子的排斥力，提高可逆容量，有利于石墨化过程，同时减少位错的端面数，降低层间距 d_{002}。它对充电电压的影响主要在 1.1～1.6V。碳材料的容量随硼含量的增加而线性增加，甚至碳材料中硼的含量可高达 13%，而且能降低不可逆容量的大小。

氮在碳材料中的存在形式主要有三种：石墨烯氮、共轭氮和氨基氮。前两者对可逆容量的提高起着有利的作用，后者比较活泼，与锂发生反应，能导致不可逆容量的增加。在聚合物裂解碳中不存在氨基氮，而通过化学气相沉积法制备的碳材料再进行热处理后，也没有氨基氮的存在。

硅在碳材料中的分布为纳米级，引入量在 0～6% 范围内时，可逆比容量的增加幅度约为 30mA·h/g/1% Si，即引入的每一个硅原子可以与 1.5 个锂离子发生可逆作用，其影响的电压范围为 0.1～0.6V，而且其比容量在多次循环以后没有衰减。研究发现，用竹子为前驱体进行低温热处理制备无定形碳中含有硅，其可逆比容量高达 600mA·h/g 以上。硅与碳的复合物也能提高可逆比容量，主要原因在于硅的引入能促进锂在碳材料内部的扩散，有效防止枝晶的产生。但是硅的化学状不是一般认为的游离态硅，而是以 Si—O—C 化合物形式存在，因此其比容量提高的机理并不完全是通常认为的硅与锂形成合金，还有待于进一步研究。

磷引入碳材料以后对碳材料的电化学行为的影响随前驱体的不同而有所不同。由于磷原

第6章　动力电池热失控

子的半径（0.155nm）比碳原子（0.077nm）大，其掺杂增加了碳材料的层间距，有利于锂的嵌入和脱出；另外，还影响碳材料的结构，如促进石墨烯分子的有序排列、软化碳结构及有利于石墨化过程的进行等，导致可逆比容量提高，可高达550mA·h/g，首次充放电效率达83%。

硫原子的引入对提高碳材料的电化学性能有一定的作用，在碳材料中的存在形式有三种，即C—S、S—S和硫酸酯。硫的引入对碳材料的结构有明显的影响，它们均有利于可逆容量的提高，但后者还会导致不可逆容量的提高。充电曲线表明，硫引入以后在0.5V以前的平台性能更为优越。

2）引入金属元素。碳材料中引入的金属元素有主族和过渡金属元素，其中主族元素有钾、镁、铝和镓，过渡金属元素有钒、镍、钴、铜、铁等。

钾在碳材料中的引入是通过首先形成插入化合物KC_8，然后组装成电池。由于钾脱出以后可逆插入的不是钾，而是锂，加之钾脱出以后碳材料的层间距（0.341nm）比纯石墨的层间距（0.336nm）要大，有利于锂的快速插入，可形成LiC_6的插入化合物，可逆比容量达372mA·h/g。另外，用KC_8为负极，正极材料的选择余地比较宽，如一些低成本的、不含锂的化合物。

镁在碳材料中的引入是被偶然发现的，将咖啡豆在低温进行热处理发现所得碳材料的可逆比容量高达670mA·h/g，从X射线衍射发现有镁的衍射峰，但是具体原因并没有得到说明。

铝和镓的引入之所以能提高碳材料的可逆比容量，主要是因为它们与碳原子形成固溶体，在组成的平面结构中，由于铝和镓的P_z轨道为空轨道，因而可以储存更多的锂，提高可逆比容量。

过渡金属钒、镍和钴的引入主要是以氧化物的形式加入前驱体中，然后进行热处理。由于它们在热处理过程中起着催化剂的作用，有利于石墨化结构的生成以及层间距的提高，所以提高了碳材料的可逆比容量，改善了碳材料的循环性能。

铜和铁的掺杂过程比较复杂，先将它们的氧化物与石墨反应，形成插入化合物，然后用$LiAlH_4$还原。经过这样的处理，一方面提高了层间距，另一方面改善了石墨的端面位置，使碳材料的电化学性能提高，首次循环的可逆比容量大于372mA·h/g。

3）表面处理。天然石墨在PC电解质中容易剥离，同时快速充放电能力不如其他碳材料，因此对其表面进行涂覆以期改善电化学性能。由于碳材料表面存在着一些不规则结构，而这些不规则结构又容易与锂发生不可逆反应，造成碳材料的电化学性能劣化，所以对表面进行处理，改善表面结构，可提高电化学性能。主要的表面处理方法有氟化、气相氧化、液相氧化、等离子处理、碳包覆、金属包覆、聚合物包覆等。

2. 安全电解液

（1）锂离子电池电解液安全问题　锂离子电池的电解液是由锂盐和有机溶剂组成的混合溶液。其中常见的商用锂盐为$LiPF_6$，它在高温下容易发生热分解。Sloop等比较分析了相同条件下电解液1mol/L $LiPF_6$/EC+DMC与混合体系PF_5+EC/DMC的热反应情况，发现两者的反应现象、气体产物均吻合。Nagasubramanian也对电解液在高温下进行了储存测试，发现了类似的反应现象。Campion等认为，在微量水的存在下，锂盐不仅会分解释放出路易斯酸物质，还会在水的影响下释放出HF，生成POF_3。Gachot等基于气相色谱-质谱（GC/

MS），分析了电解液 $LiPF_6$/EC + DMC 体系在高温下的分解产物，提出了与 Campion 等一致的看法，并给出了锂盐分解释放出 PF_5，并与水反应产生 HF、POF_3，与溶剂反应生成 CH_3F 等物质的过程。

基于以上研究结果，可以认为 $LiPF_6$ 在高温下容易分解，它与微量的水以及有机溶剂之间的热化学反应降低了电解液的热稳定性。电解液中的链状碳酸酯的沸点、闪点较低，在高温下容易与锂盐释放的 PF_5 反应，易被氧化。环状碳酸酯中 PC 会在石墨类负极物质表面共嵌，降低负极稳定性；EC 的熔点较高，会使电解液在低温下析出锂盐，降低电池的低温性能。Kawamura 等对基于 EC + DEC、EC + DMC、PC + DEC、PC + DMC 混合溶剂的 $LiPF_6$ 和 $LiClO_4$ 电解液进行了 DSC 热分析，并探讨了水分、金属锂对电解液体系热行为的影响。Wang 等采用 C80 微量量热仪比较分析了不同混合溶剂及其 $LiPF_6$ 电解液的热稳定性，研究发现，加入 $LiPF_6$ 以后，电解液的热危险性高于溶剂体系；而且，含有 DMC 的电解液比含有 DEC 的放热峰温度更高。Eshetu 等针对 EC、DMC、PC、DEC、EMC 等单一溶剂或以上溶剂的混合物，对基于溶剂体系的电解液的闪点、点燃难易度、热释放速率、有效产热等进行了实验测试，给出了从计算预测角度以及实验结果角度的溶剂安全性排序，在计算参数和实验参数的基础上认为安全性最高的溶剂是 EC；对于其他溶剂，从不同衡量参数考虑，其安全性排序不同。

(2) 提高电解液热稳定性的途径

1) 提高电解液的纯度。电解液中微量杂质的存在，尤其是含有质子的杂质如 H_2O、HF、CH_3OH、CH_3CH_2OH 等对电池性能的影响非常大，即使是 10^{-6} 级的含水量，也能使电解液中的溶质水解，特别是当溶质是 $LiBF_4$ 和 $LiPF_6$ 时，水解反应会产生 LiF 沉淀从而减少电解液中的活性锂。由于电解液一般采用碳酸酯作为溶剂，具有较强的吸水能力，所以电解液在包装运输及使用过程中应严禁与空气接触以免引入水分。O_2 是电解液中危害较大的另一种杂质，电解液在过充状态下电极的电位很高，O_2 的存在容易引发电解液的氧化分解，产生气体及热量。除此之外，N_2 也能与锂反应放热，所以设法脱除电解液中的 O_2 和 N_2 也能提高电池的安全性。

2) 加入功能添加剂。根据功能的不同，添加剂主要可以分为以下几种：安全保护添加剂、SEI 成膜添加剂、保护正极添加剂、稳定锂盐添加剂、促锂沉淀添加剂、集流体防腐蚀添加剂、增强浸润性添加剂等。由于添加剂种类庞多，功能繁复，这里只探讨能够提高电池安全性能的安全保护添加剂，主要包含阻燃添加剂和防过充电添加剂。

一种理想的阻燃添加剂应该不仅能够有效降低电解液可燃性，还能保证它与正、负极材料之间的稳定性。目前有很多研究提出了多种阻燃添加剂，能够降低电解液的可燃性，其中大多数阻燃添加剂都为有机磷化合物，或者它们的卤化衍生物。另外，不含磷的一些添加剂，如氟化丙烯碳酸酯和甲基全氟丁醚（MFE）也被作为阻燃添加剂以改善电解液的可燃性。作为添加剂的一种，含氮类物质如丁二腈被认为能够减少电池的产气量，而且可以在高温下降低放热起始温度和产热量。

添加阻燃剂是直接降低电解液易燃性的便捷途径之一，但是阻燃剂一般含磷，而含磷化合物的引入大部分是以电池其他性能的降低为代价的，如电解液电导率的下降、电池阻抗的增加、电池循环容量的衰减严重等。氟化物的引入会显著增加电解液的生产成本，难以普及应用，而其他含氮类物质一般有剧毒，并且对电池燃烧性的影响较弱。另外，需要注意的是，为了测定电解液的阻燃性能，研究者采用了多种不统一的测试方法，这些评估测试方法的区别，使得相同电解液的测试结果具有较低的重复性和一致性。

另外，电池的过度充电会引起负极表面的锂沉积，形成枝晶，使正极物质的结构产生不可逆变化，电解液被氧化分解。这些电池材料由于过充电发生的各种反应会产生大量热量、气体，引起电池的温度、压力急剧增加，引发安全问题。为了防止过充电，研究者提出了多种防过充电添加剂。根据各自的功能性，防过充电添加剂可以分为氧化还原类和聚合阻断类。前者可以在电池过充时，在正极被氧化，然后迁移到负极被还原，再到正极被氧化，不断穿梭于电池中，吸收多余电量，抑制电池电压急剧增加，使得电池的可逆性仍能维持。但是这种机制仅对防止电压升高有效，电池体系电压被控制，仍然可能有大量产热产气，因此该类添加剂的作用比较片面。后者是在过充时发生聚合，聚合物增大电池阻抗而形成类似阻断电流的作用。这种作用对电池的性能有不可逆影响，可以终止电池内的电化学过程但是也造成了电池的破坏。

对于氧化还原类防过充电添加剂，代表性物质有二茂铁衍生物、多硫化物，还有 2,5-二叔丁基-1,4-甲基丁子香酚，4-特丁基-1,2-甲基丁子香酚，以及茴香苯衍生物、聚三苯胺、3-氯苯甲醚等物质。对于聚合阻断类防过充电添加剂，代表性物质有环己基苯、联苯和焦碳酸酯等物质。

3）使用新型锂盐。为了改善商用锂盐 $LiPF_6$ 的性能，研究者对其进行了原子取代，得到了许多衍生物，其中采用全氟烷基取代 F 原子得到 $LiPF_3(C_2F_5)_3$（LiFAP），实验结果表明，LiFAP 的闪点比 $LiPF_6$ 高，基于 LiFAP 的电解液与 $LiPF_6$ 电解液电导率近似；LiFAP 的耐水性增强，在 LiFAP 电解液中加入 0.1% 水之后，未在 60h 内发现 HF 的生成。

除了 $LiPF_6$ 类型的锂盐，Takata 等认为 $LiBF_4$ 化学稳定性较高，对水、热都比较稳定，安全性高于 $LiClO_4$。Zhang 等认为，基于 $LiBF_4$ 电解液，电池的界面电荷转移阻抗在低温区较低。Takami 等认为，$LiBF_4$ 的高温性能比 $LiPF_6$ 优异，但是由于 $LiBF_4$ 的阴离子体积较小，在溶液中，BF_4^- 与锂离子的结合作用比较强，使得电解液的离子电荷传输能力较弱。

为了改善阴离子体积小、离子电荷传输能力不高等问题，研究者对以 B 为中心原子的锂盐进行了扩展研究，得到了以 B 为中心原子、与氧配体螯合的阴离子锂盐。这些锂盐的大螯合阴离子能够分散电荷密度，减弱阴离子与锂离子的结合能力，利于提高锂盐解离度，增大了阴离子的稳定性。在这些锂盐中，受到人们关注的有双乙二酸硼酸锂（LiBOB）、二氟乙二酸硼酸锂（LiDFOB）等。Xu 等报道了基于 LiBOB 电解液的 $LiNiO_2/C$ 电池不仅在室温下循环性能优异，而且在 60℃ 高温下循环 77 周后仍然保持远高于基于 $LiPF_6$ 电解液电池的容量。Zhang 等发现基于 LiBOB 电解液的电池能够保持升温小于 100℃，而基于 $LiPF_6$ 电解液的电池则发生了爆炸，因此 LiBOB 电解液的抗过充性能高于 $LiPF_6$ 电解液。但是，研究发现，LiBOB 在碳酸酯类溶剂中的溶解度较低，电池中 LiBOB 的浓度达不到 1mol/L；基于 LiBOB 电解液的电池低温性能、界面阻抗均不理想。

Li 发现，LiDFOB 在碳酸酯溶剂中的溶解度高于 LiBOB，其电解液中的锂离子浓度较高，且电解液黏度较低，研究表明，基于 LiDFOB 和 EC、PC、DMC 体系的电解液电导率为 8.25mS/cm（25℃），相应的 $LiFePO_4$ 电池循环性能优异。但是由于 LiDFOB 的热分解温度低于 LiBOB，所以电解液的安全性不如 LiBOB 电解液优异。

4）使用新型溶剂。为了提高电解液的安全性等性能，一系列新型的有机溶剂，如羧酸酯、有机醚类有机溶剂等被作为电解液的添加剂。

羧酸酯型有机溶剂中，链状羧酸酯如甲酸甲酯（MF）、乙酸甲酯（MA）、丙酸甲酯（MP）等熔点较低，因此常被应用于改善电解液的低温性能。环状羧酸酯如 γ-丁内酯（GBL）的沸点、闪点、介电常数较高，黏度较低，Takami 等提出将其与 EC 一起作为 $LiBF_4$ 的溶剂，得到的电解液安全性很高，相应石墨半电池的低温、高温性能均较理想。但是由于 GBL 容易水解、表面张力较高，所以其与隔膜和电极的浸润性不理想；并且 GBL 与 $LiPF_6$ 的溶液与石墨负极兼容性不佳，电池容量衰减严重，因此 GBL 不常应用于锂离子电池中。

有机醚类溶剂的黏度较低，也常作为共溶剂或者添加剂引入电解液体系。链状醚如乙二醇二甲醚（DME）、二甘醇二甲醚（DG）、二甲氧基甲烷（DMM）、甲基九氟丁基醚（MFE）都有应用于电解液溶剂中。其中，MFE 能够提高 LiBETI 在 EMC 中的溶解度，得到的电解液能够保证 $LiCoO_2$ 电池较理想的低倍率循环性能。DME 可以与 $LiPF_6$ 形成较为稳定的复合物，增大 $LiPF_6$ 在电解液中的溶解度，提高电解液的电导率；但是，DME 的电化学稳定性不太理想。另外，四氢呋喃（THF）或 2-甲基四氢呋喃（2-Me-THF）等环状醚也可以作为电解液溶剂。因为 $LiAsF_6$ 有毒性，所以已基本不再将其作为商用电解液锂盐，但 $LiAsF_6$ 与 2-Me-THF 的溶液是已有研究中性能非常好的单组分溶剂电解液之一。

5）使用离子液体。离子液体又称室温离子液体或室温熔融盐，也称为非水离子液体、液态有机盐等。离子液体的定义目前尚不明确，一般认为它是完全由阳离子和阴离子组成的液体，在室温或室温附近呈现为液态的有机盐类。1914 年开发出了第一个离子液体硝基乙胺，对离子液体展开实质性的研究是从 1980 年后开始的，离子液体应用于电池体系开始于 1970 年。一般来说，离子液体应用于锂离子电池体系中时，并非以单一体系作为电解液，而是与其他锂盐、溶剂或者电解液混合成为电解液。

离子液体具有以下特性：离子液体被称为"设计者溶液"，组成离子液体的阴、阳离子可以根据使用者的需要或使其具有某种特种性质而自由组合；不易挥发、不易燃、蒸气压低，热稳定性达到 300℃ 以上；具有良好的溶解性，可以作为许多有机物和无机盐的反应溶剂；电化学窗口都大于 3V，一些特殊的离子液体电化学窗口甚至超过 5V，对开发高电位的锂离子电池电解液具有重要的意义；离子液体是一种绿色溶剂，能稳定地存在于水和空气中而不发生分解，便于反应操作处理和易于回收，具有避免大量易挥发有机溶剂使用所带来的环境污染和对人的危害的优点；因其含有弱配合离子，所以具有一定的非配合能力；有些离子液体表现出一定的酸性；有些有机溶剂与离子液体不互溶，可以将离子液体作为在化学分离中的萃取剂使用。

离子液体按照阴、阳离子的不同排列组合，可达 10^{18} 种之多，其分类方法也各不相同。可以将离子液体分为 $AlCl_3$ 型离子液体、非 $AlCl_3$ 型离子液体和特殊离子液体三类。也可以按照构成阳离子的不同，将离子液体分为季铵盐类、季磷盐类、含氮杂环类，其中含氮杂环类又包括咪唑盐类、吡咯烷类、哌啶类。此外，还包括一些含功能基团（—CH_2OCH_3、—NH_2、—SH、—$NHCONH_2$、—OH 和—SO_3H）引入阳离子侧链的离子液体。构成离子液体的阴离子包括四氟硼酸、六氟磷酸、双三氟甲基磺酰亚胺、三氟甲磺酸等。这些阳离子和阴离子可以自由组合，形成不同的离子液体。图 6.61 和图 6.62 给出了构成离子液体阳、阴离子的结构。

当离子液体用作锂离子电池电解质时，具有以下几个特点：蒸气压低，不易挥发；不易燃烧，安全性好；热稳定性好，分解温度一般都高于300℃；可以很好地与锂盐和有机溶剂相容；具有较高的电导率，一般在$10^{-2} \sim 10^{-3}$S/cm；具有较宽的电化学窗口，一般都高于5V。由于离子液体本身所具备的优点，将其作为锂离子电池电解质具有非常大的应用前景。目前离子液体的应用情况主要分两种：一是直接用作液态电解液；二是将室温离子液体引入聚合物中复合得到离子液体/聚合物电解质。后者兼具了离子液体和聚合物电解质的优点，使得电池的稳定性和安全性都得到很大的提高。

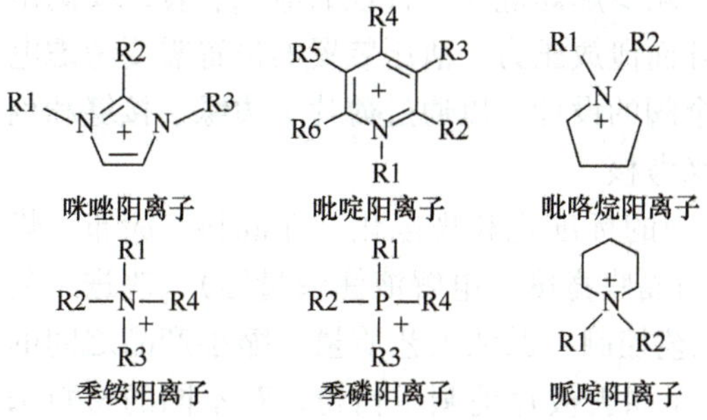

图6.61　离子液体阳离子

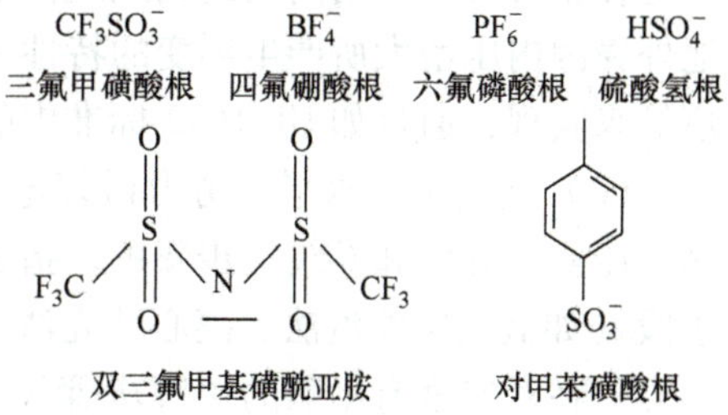

图6.62　离子液体阴离子

离子液体中研究较早且较多的是咪唑、季铵盐类。咪唑类离子液体的阳离子以EMI^+和BMI^+为主，具有高电导率、低黏度等特性，但是咪唑环C(2)上的H电化学活性较高，易于在负极表面分解，不利于形成稳定的SEI膜。季铵盐类的电化学稳定性较高，但是黏度较大，熔点常高于室温。Tsunashima等提出将有机溶剂EC/DEC与离子液体1mol/L的LiTFSI/TMHA [TFSI]混合，可以降低电解液黏度，应用于$LiCoO_2$、$Li_4Ti_5O_{12}$半电池后，电池的容量维持率较高。但离子液体的黏度对于商用电解液高1~2个数量级，电导率、离子自扩散系数较低，阳离子在电解液中的迁移会导致锂离子迁移速率降低，引起电化学极化，离子液体应用于锂离子电池仍需要进一步的研究。

3. 其他本质安全技术

电芯是将电池各种物质组合起来的纽带，是正极、负极、隔膜、极耳和包装膜等系统的集成。电芯结构设计，不仅影响各种材料性能的发挥，还会对电池的整体化学性能、安全性能产生重要的影响。材料的选择与电芯结构设计正是一种局部与整体的关系，在电芯设计上，应结合材料特性来制定合理的结构模式。另外，在锂电池结构上还可以考虑一些额外的保护装置，常见的保护机构设计有以下几种：采用开关组件，当电池内的温度上升时它的阻值随之上升，当温度过高时会自动停止供电；设置安全阀（即电池顶部的放气孔），电池内部压力上升到一定数值时，安全阀自动打开，保证电池的使用安全性。

（1）电芯的安全设计

1）正负极容量比和设计大小片。根据正负极材料的特性来选择合适的正负极容量比，电芯正负极容量的配比是关系锂离子电池安全性的重要环节。正极容量过大，金属锂将会在负极表面沉积，而负极过大，电池的容量会有较大的损失。一般情况下，负极容量/正极容量=1.05~1.15较为合适，但应根据实际的电池容量和安全性要求进行适当的选择。设计大小片使负极活性物质所占尺寸稍大于正极活性物质，将其覆盖。一般来说，宽度应大1~5mm，长度应大5~10mm。

2）绝缘处理。内短路是锂离子电池存在安全隐患的重要因素，在电芯的结构设计中存在很多引发内短路的潜在危险部位，因此应在这些关键位置设置必要的措施或者绝缘，以防止在异常情况下发生电池内短路。例如，正负极极耳之间保持必要的间距；收尾单面没有膏体的位置需贴绝缘胶带，并将裸露部分全部包住；正极铝箔和负极活性物质之间贴绝缘胶带；应用绝缘胶带将极耳焊接部分全部包住；电芯顶部采用绝缘胶带等。

3）设置安全阀（泄压装置）。锂离子电池发生危险，常常是因其内部温度过高或压力过大而引发爆炸、起火，应设置合理的泄压装置，减少爆炸危险。合理的泄压装置，要满足电池在正常工作中当内压达到危险极限时自动打开而泄放压力。泄压装置的位置需要考虑电池外壳因内压增大所产生形变的特性来设计；安全阀的设计可以通过薄片、边缘、接缝和刻痕等来实现，通过如 UL 1642 标准中的喷射测试来考核。

（2）提高工艺水平　努力做好电芯生产过程中的标准化和规范化。在混料、涂布、烘烤、压实、分切和卷绕等步骤中，指定标准化（如隔膜宽度、电解液注液量等），改进工艺手段（如低气压注液法、离心装壳法等），做好工艺控制，保证工艺质量，缩小产品之间的差异；在对安全有影响的关键步骤设置特殊工步（如去极片毛刺、扫粉、对不同的材料采用不同的焊接方法等），实施标准化质量监控，消除缺陷部位，排除有缺陷产品（如极片变形、隔膜刺破、活性材料脱落和电解液泄漏等）；保持生产场所的整洁、清洁，防止生产中混入杂质和水分，尽量减少生产中的意外情况对安全性的影响。

（3）使用功能性隔膜材料　锂离子电池的隔膜具有两种基本功能：一是避免正极和负极活性物质相互接触并使电池内部电子不能自由传导，防止电池内部短路；二是在电化学反应时，能够保持电池内部有足够的电解液，让电解液中的离子在正负极间自由通过，从而完成电池充放电过程中正负极间锂离子的传输。用于锂离子电池的隔膜应满足以下需求：优良的电子绝缘性；足够的化学稳定性，耐湿耐腐蚀，且与正负极不发生副反应；对电解液有足够的吸液保湿能力；有一定的机械强度和防振能力；在保证隔膜强度的前提下要尽量薄；成本低，适用于大规模工业化生产。

目前，用于锂离子电池的隔膜大体上分为三大类：微孔聚烯烃膜、无纺布隔膜及无机复合隔膜。这三种类型的隔膜的特点分别为膜厚度适中、孔隙率高、热稳定性优良。其中，微孔聚烯烃膜因其在机械强度、化学稳定性和成本等方面的综合优势而被大规模应用于液态电解液锂离子电池中。

6.4.2　电池消防安全对策

与其他可燃物不同，锂离子电池是一个电能储存、转换载体；又由于电池自身的物理化学构成，在滥用情况下，电池材料会产热、产气，进而引起燃烧甚至爆炸。即使锂离子电池处于惰性环境中，其自身仍具备着火条件，即可燃物、氧化剂和火源。这里的可燃物是指电池自身成分及可燃性包装材料，氧化剂来自电池材料高温条件下释放的氧，火源主要是电池受到的外界热、明火以及电池内部反应的放热。

锂离子电池的热失控由电池内部的链式反应所致，当产生的热量和可燃性气体积聚到一定程度时，电池发生多次强烈射流火焰现象。这种与一般可燃物或爆炸物具有本质不同的特殊物体，是消防安全面临的一大挑战。

由于锂离子电池的化学体系及物理组成方式是多样的，不同电池体系及其模组的火灾行

第6章 动力电池热失控

为可能不同,对于不同类型的电池及其模组,应采用不同的灭火方式。这是消防安全设计需要考虑的问题。

1. 锂离子电池安全检测

(1) 传感器类型　在工业生产工程及安全监测中,为了对各种工业参数(如温度、压力、流量、物位、气体成分等)进行监测与控制,首先要把这些参数转换成便于传送的信息,这就要用到各种传感器,把传感器与变送器和其他装置组合起来,组成一个监测系统或控制系统,完成对工业参数的安全监测。安全监测常用的传感器有温度传感器、压力传感器、流量传感器和气体传感器。

(2) 基于锂离子电池特性的探测方法　无论是锂离子电池过充、过放、散热不良还是过热引起的热失控,主要诱因是电池内部发生了氧化还原反应,所以如果能有效地探测电池内部的温度,就有可能在电池发生热失控前做出预警,将损失降至最小。

电化学阻抗谱(EIS),也称为交流阻抗谱,是一种以小振幅的正弦波电位(电流)为扰动信号的电化学测量方法。以小振幅的电信号对体系扰动,一方面可避免对体系产生较大的影响,另一方面扰动与体系的响应呈线性关系,这就使测量结果的数学处理非常简单。同时,电化学阻抗谱是一种频域的测量方法,它以测量得到的频率范围很宽的阻抗谱来研究电极系统,因此能比其他常规方法得到更多的动力学信息及电极界面结构的信息。电化学阻抗谱测量方法的主要参数是正弦电压的幅值以及扫描频率的范围,不同的电极在不同频率下的信息不同,因此有必要对特定的电化学系统选择适当的频率范围。

目前国内外研究者使用 EIS 方法研究电池主要是从内部电化学机理和外部环境改变对电池 EIS 的影响两个方面进行。电化学机理的揭示主要是通过研究不同正极材料的半电池 EIS 随电极电位的变化,而全电池的 EIS 随外部环境改变的研究对电池的实际应用也非常必要。

电化学反应的各个步骤随温度和 SOC 的变化不同,而各个步骤的反应对 EIS 各参数的影响也不同。研究结果表明,基于全电池在 0.01Hz 时阻抗幅值随 SOC 的变化,可以为电池 SOC 提供估算依据。通过找出电池由电荷转移过程向扩散过程过渡处的频率变化值,以及温度和该频率之间的函数关系来估计电池的内部温度。

由于阻抗谱的测试需要电化学工作站等硬件设施,这些设备一般比较昂贵,所以当前这种方法仅限于用在实验室中对电池的研究,在电池实际应用中尚存在一定难度。

(3) 锂离子电池安全监测存在的问题　针对锂离子电池热失控后、火灾发生初期,温度传感器、气体传感器都是不错的选择,可根据实际需要选择相应的传感器。然而,这些传统的传感器普遍存在一个问题,就是无法明确给出在将要发生热失控时的探测标准,这意味着很难提前预警。因此,有一些厂商设定了"当电池达到一定高温自动断电"的功能,但这只能降低事故发生概率。如何在电池发生热失控前发出预警,这对传统安全监测而言尚是一个挑战。

2. 锂离子电池火灾探测

如上所述,传统安全监测技术现阶段仅能对锂离子电池热失控后、火灾发生初期做出警报动作,这与专门针对火灾发生的火灾探测器相比缺乏竞争力。火灾探测器功能专一,结构相对简单,价格及维护费用更为低廉。对场所及空间要求不敏感的大中型区域,可使用火灾探测器。

发生火灾时,火灾探测器通过把火灾发生时产生的各种非电量参数(如烟、气体浓度、温度等）转化成电量参数从而得到统一测量参数，然后传送给控制器。其特点是实时、准确，能够实时跟随各种非电量参数的变化而变化。火灾探测器根据火灾发生时所产生的物理现象可以分为感温型、感烟型、烟温一体型、图光型、感声型、气敏型六大类。但在实际应用中，考虑到测量的方便性和实用性，常用的火灾探测器主要是感烟探测器、感温探测器、火焰探测器、烟温一体探测器这四类。

传统感烟、感温火灾探测器在火灾探测中起到了重要的作用，也在不断发展完善，但是还并不能让人满意。它们本质上以火灾的烟雾浓度和温度等物理特性作为测量的对象，而燃烧的材料种类、燃烧状况、灰尘、水汽和热源等很多因素都会显著地影响这些参数，从而影响常规探测器的可靠性，使之容易产生误报，甚至对特定的火灾不响应。例如，针对温升的探测器对阴燃火没有响应，某些感烟探测器对酒精火也没有响应。

3. 灭火基本原理

灭火的技术关键就是破坏维持燃烧所需的条件，使燃烧不能继续进行。灭火方法可归纳为隔离法、窒息法、冷却法和化学抑制法四种。前三种灭火方法是通过物理过程灭火，最后一种方法是通过化学过程灭火。不论是采用哪种方法灭火，火灾的扑救都是通过上述四种方法的一种或综合几种方法的作用来灭火的。

（1）隔离法 隔离法的原理在于将空气和燃烧物质进行隔离或者移开，使得燃烧物质缺少必要的燃烧条件，燃烧区就会因缺乏燃料不能蔓延而停止。在消防灭火技术中，隔离法的具体做法有使用泡沫或者石墨粉，在燃烧的物体和空气之间形成有效的隔断。当可燃物与空气隔离开时，火焰就失去了燃料来源，氧气供给也会减少，可以达到燃烧自动阻断的效果。采用隔离法时，疏散火场的可燃物质有造成新的火灾隐患的可能，应对搬离火场的可燃物质进行有效处理，避免二次火灾的发生。

（2）窒息法 在消防灭火中，窒息法是通过阻断空气流入燃烧区或者利用不可助燃的惰性气体来稀释空气，使得燃烧时燃烧物因氧气减少而熄灭。在窒息法中，一种行之有效的方法就是利用氮气或者二氧化碳对空气中氧气的浓度进行有效的稀释。一般空气中氧气浓度约为20%，当出现氧气不足时，整个燃烧的过程便会遇到阻碍。窒息法的主要方式还有利用石棉毯、黄沙、泡沫等难燃物覆盖燃烧物，另外也可对起火的船舱、设备、坑道进行封闭来实现。

（3）冷却法 燃烧物在燃烧时必须要达到其燃烧所需要的燃点，这是一个必备的条件。假如能够把可燃物的温度降低到燃点之下，那么燃烧也可以被终止。冷却法就是利用这个原理，其主要做法是将可燃物的温度降到其燃烧所必需的燃点以下，不具备充分的温度，燃烧过程便被终止。

（4）化学抑制法 化学抑制法主要是基于连锁反应的原理，将化学灭火剂喷入燃烧区使其参与燃烧反应，可以销毁燃烧过程中产生的游离基，形成稳定分子或低活性游离基，从而使燃烧反应停止，达到灭火的目的。该方法能够有效地抑制物体的燃烧，在消防灭火的过程中得到了有效的推广。在实际的消防灭火技术中，燃烧物中含有的氢对维持可燃物的有效燃烧起到十分重要的作用，碳氢化合物在燃烧时的火焰中，其连锁反应的维持主要靠 H·、OH·、O·这些自由基来完成。在实际的灭火过程中，可以使用卤代烷灭火剂，由于卤代烷灭火剂在火焰的高温作用下会产生 Br、Cl 和粉粒，这些物质可以对火焰的产生起到抑制作用，能够实现高效灭火。

第6章 动力电池热失控

4. 锂离子电池灭火系统

（1）系统组成　自动灭火系统主要由灭火剂储瓶、瓶头阀、启动气瓶、气瓶阀、电磁控制头、选择阀、液体单向阀、气控单向阀、集流管、安全阀、低压泄压阀、压力继电器、瓶组架、喷嘴、管道系统等设备组成。根据使用要求，可组成单元独立系统、组合分配系统和无管网柜式装置等多种形式，可实现对单区或多区的消防保护。

（2）全淹没灭火系统　在规定时间内向防护区喷射一定浓度的灭火剂，并使其均匀地充满防护区的灭火系统。自动灭火系统一般采用全淹没方式灭火。

（3）组合分配系统　由一套公用的灭火剂储存装置对应几套管网系统，保护两个或两个以上防护区域的构成形式。

（4）单元独立系统　由一套灭火剂储存装置对应一套管网系统，保护一个防护区域的构成形式；根据需要，可分为单瓶组独立系统和多瓶组独立系统。

5. 锂离子电池灭火技术展望

由于电池本身特殊的物理化学构成，即使一个锂离子电池处于密闭甚至窒息的环境中，它自身仍然具备着火条件。火灾既有自然属性，又有人为属性：火灾不仅是一个自然过程，还受到人的影响，火灾的绝大多数是人为因素引起的，人为因素是火灾系统的组成部分之一。在严格的管理条件下，我们可以有效地将绝大多数火灾事故扼杀在摇篮之中。另外，通过被动防治与主动防治等手段也可以减少财产损失，保护人身安全。

然而在现阶段，传统安全监测的传感器普遍存在一个问题，就是无法明确给出锂离子电池将要发生热失控时的探测标准。如何在电池发生热失控前发出预警，有效规避危险，对于传统安全监测是一个挑战。

另外，传统安全监测技术现阶段仅能对锂离子电池热失控后、火灾发生初期做出警报动作，但是这与专门针对火灾发生的火灾探测器相比缺乏竞争力，因为火灾探测器功能专一，结构相对简单，价格及维护费用更为低廉。实验结果表明，感烟探测器与复合探测器均能快速有效地在锂离子电池热失控后、火灾发生初期做出警报动作。

水基灭火剂、二氧化碳灭火剂等以窒息、冷却作用为主导的灭火剂不能快速有效地扑灭锂离子电池火灾；而哈龙灭火剂、七氟丙烷灭火剂以及 Novec 1230 灭火剂等以化学抑制作用为主导的灭火剂均可以有效地扑灭锂离子电池火灾。综合考虑各自优缺点，可采用七氟丙烷作为防治锂离子电池火灾的灭火剂，但是对于人员密集以及压力敏感的场所，可采用 Novec 1230 灭火剂。

目前对锂离子电池消防系统的研究仍很不足，随着锂离子电池的规模化生产和应用，相应的消防技术亟须得到先行发展，这对于保障锂离子电池的安全应用具有重要的现实意义。

第7章 动力电池流体传热仿真分析

7.1 动力电池系统仿真分析原理

7.1.1 有限元分析方法

有限元分析（Finite Element Analysis，FEA）是利用数学近似的方法对真实物理系统（几何和载荷工况）进行模拟。利用简单而又相互作用的元素（即单元），就可以用有限数量的未知量去逼近无限未知量的真实系统。

有限元分析是用较简单的问题代替复杂问题后再求解。它将求解域看成由许多被称为有限元的小的互连子域组成，对每一单元假定一个合适的近似解，然后推导求解这个域的满足条件，从而得到问题的解。因为实际问题被较简单的问题所代替，所以这个不是准确解，而是近似解。由于大多数实际问题难以得到准确解，而有限元不仅计算精度高，而且能适应各种复杂形状，因此成为行之有效的工程分析手段。

有限元是那些集合在一起能够表示实际连续域的离散单元。有限元的概念早在几个世纪前就已产生并得到了应用，如用多边形逼近圆求得圆的周长，但其作为一种方法被提出，则是最近的事。有限元法最初被称为矩阵近似方法，应用于航空器的结构强度计算，并由于其方便性、实用性和有效性而引起从事力学研究的科学家的浓厚兴趣。随着计算机技术的快速发展和普及，经过短短数十年的努力，有限元方法迅速从结构工程强度分析计算扩展到几乎所有的科学技术领域，成为一种丰富多彩、应用广泛并且实用高效的数值分析方法。

有限元方法与其他求解边值问题近似方法的根本区别在于它的近似性仅限于相对小的子域中。20世纪60年代初首次提出结构力学计算有限元概念的克拉夫（Clough）教授形象地将其描绘为"有限元法 = Rayleigh Ritz 法 + 分片函数"，即有限元法是 Rayleigh Ritz 法的一种局部化情况。不同于求解满足整个定义域边界条件的允许函数的 Rayleigh Ritz 法，有限元法将函数定义在简单几何形状（如二维问题中的三角形或任意四边形）的单元域上（分片函数），且不考虑整个定义域的复杂边界条件。这是有限元法优于其他近似方法的原因之一。

7.1.2 计算流体力学

1. 计算流体力学概述

计算流体力学（Computational Fluid Dynamics，CFD）是通过计算机数值计算和图像显

第7章 动力电池流体传热仿真分析

示,对包含有流体流动和热传导等相关物理现象的系统所做的分析。CFD 的基本思想可以归结为:把原来在时间域及空间域上连续的物理量的场,如速度场和压力场,用一系列有限个离散点上的变量值的集合来代替,通过一定的原则和方式建立起关于这些离散点上场变量之间关系的代数方程组,然后求解代数方程组获得场变量的近似值。CFD 可以看作是在流动基本方程控制下对流动的数值模拟。通过这数值模拟,得到极其复杂问题的流场内各个位置上的基本物理量的分布,以及这些物理量随时间的变化情况,确定旋涡分布特性、空化特性及脱流区等。还可据此算出相关的其他物理量,如旋转式流体机械的转矩、水力损失和效率等。

理论分析方法的优点在于所得结果具有普遍性,各种影响因素清晰可见,是指导实验研究和验证新的数值计算方法的理论基础。但是,它往往要求对计算对象进行简化,才有可能得出理论解。对于非线性情况,只有少数流动才能给出解析结果。

实验测量方法所得到的结果真实可信,它是理论分析和数值方法的基础。然而,实验往往受到模型尺寸、流场扰动、人身安全和测量精度的限制,可能很难通过实验方法得到结果。此外,实验还会遇到人力、物力和经费的巨大投入及周期长等困难。而 CFD 方法恰好克服了前面两种方法的弱点,在计算机上实现一个特定的计算,就好像在计算机上做一次物理实验。例如,机翼的绕流,通过计算并将其结果在屏幕上显示,就可以看到流场的各种细节,如激波的运动、强度,以及涡的生成与传播、流动的分离、表面的压力分布等。

2. 计算流体力学特点

CFD 的长处是适应性强、应用面广。首先,流动问题的控制方程一般是非线性的,自变量多,计算域的几何形状和边界条件复杂,很难求得解析解,而 CFD 方法则有可能找出满足工程需要的数值解;其次,可利用计算机进行各种数值实验;最后,它不受物理模型和实验模型的限制,省钱省时,灵活性高,能给出详细和完整的资料,很容易模拟特殊尺寸、高温、有毒等真实条件和实验中只能接近而无法达到的理想条件。

CFD 也存在一定的局限性。首先,数值解是一种离散近似的计算方法,依赖于物理上合理、数学上适用、适合于在计算机上进行计算的离散的有限数学模型,且最终结果不能提供任何形式的解析表达式,只是有限个离散点上的数值解,并有一定的计算误差;其次,CFD 模拟往往需要原体观测或物理模型实验提供某些流动参数,并需要对建立的数学模型进行验证;最后,程序的编制及资料的收集、整理与正确利用,在很大程度上依赖于经验与技巧。此外,由于数值处理方法等原因有可能导致计算结果的不真实,并且,CFD 因涉及大量数值计算,常需要较高的计算机软硬件配置。

CFD 有自己的原理、方法和特点,数值计算与理论分析、实验观测相互联系、相互促进,但不能完全替代,三者各有各的适用场合。在实际工作中,需要注意三者有机的结合,争取做到取长补短。

3. 流体与流动的基本特性

流体是 CFD 的研究对象,流体的性质及流动状态决定着 CFD 的计算模型及计算方法的选择,决定了流场各物理量的最终分布结果。本节将介绍 CFD 所涉及的流体及流动的基本概念和术语。

(1) 理想流体与黏性流体　流体在运动时,相邻两层流体间的相对滑动速度是有抵抗的,这种抵抗力称为黏性应力。流体所具有的这种抵抗两层流体间相对滑动速度,或抵抗变形的性质，称为黏性。黏性大小依赖于流体的性质，随温度而显著变化。黏性应力的大小与黏性及相对速度成正比。当流体的黏性较小（如空气和水），运动的相对速度也不大时，所产生的黏性应力比起其他类型的力（如惯性力）可忽略不计。此时，我们可以近似地把流体看成是无黏性的，称为无黏流体（inviscid fluid），也叫理想流体（perfect fluid）。对于有黏性的流体，则称为黏性流体（viscous fluid）。理想流体对于切向变形没有任何抗拒能力，真正的理想流体在客观实际中是不存在的，它只是实际流体在某种条件下的一种近似模型。

（2）牛顿流体与非牛顿流体　依据内摩擦剪应力与速度变化率的关系不同，黏性流体又分为牛顿流体（Newtonian fluid）与非牛顿流体（Non-Newtonian fluid）。观察近壁面处的流体流动，可以发现，紧靠壁面的流体黏附在壁面上，静止不动。而在流体内部之间的黏性所导致的内摩擦力的作用下，靠近这些静止流体的另一层流体受迟滞作用速度降低。流体的内摩擦剪切力 τ 由牛顿内摩擦定律决定：

$$\tau = \mu \lim_{\Delta n \to 0} \frac{\Delta u}{\Delta n} = \mu \frac{\partial u}{\partial n} \tag{7.1}$$

式中，Δn 为沿法线方向的距离增量；Δu 为对应于 Δn 的流体速度的增量，即法向距离上的速度变化率；μ 为比例系数。

所以，牛顿内摩擦定律表示：流体内摩擦应力和单位距离上的两层流体间的相对速度成比例。比例系数 μ 称为流体的动力黏度，常简称为黏度，它的单位是 $N \cdot s/m$。若 μ 为常数，则称该类流体为牛顿流体；否则，称为非牛顿流体。对于牛顿流体，通常用 μ 和质量密度 ρ 的比值来代替动力黏度 μ：

$$\nu = \frac{\mu}{\rho} \tag{7.2}$$

式中，ν 为运动黏度，单位是 m^2/s。

（3）流体热传导及扩散　当流体中存在温度差时，热量将从温度高的地方传向温度低的地方，这种现象称为热传导。同样，当流体混合物中存在组分的浓度差时，该组分物质将从浓度高的地方被输送到浓度低的地方，这种现象称为扩散。

组分的不规则运动，导致在各层流体间交换着质量、动量和能量，使不同流体层内的平均物理量均匀化。这种性质称为分子运动的输运性质。质量输运在宏观上表现为扩散现象，动量输运表现为黏性现象，能量输运则表现为热传导现象。理想流体忽略了黏性，即忽略了分子运动的动量输运性质，由于具有相同的微观机制，因此在理想流体中也不考虑质量和能量输运性质——扩散和热传导。

（4）可压流体与不可压流体　根据密度 ρ 是否为常数，流体分为可压和不可压两大类。当密度 ρ 为常数时，流体为不可压流体，否则为可压流体。空气为可压流体，水为不可压流体。在可压流体的连续方程中含密度 ρ，因而可把 ρ 视为连续方程中的独立变量进行求解。由于没有直接求解压力的方程，不可压流体的流动方程的求解有特殊的困难。

（5）定常与非定常流动　根据流体流动的物理量是否随时间变化，将流动分为定常与非定常两大类。当流动的物理量不随时间变化，即 $\frac{\partial(\ )}{\partial t} = 0$ 时，为定常流动；当流动的物理量随时间变化，即 $\frac{\partial(\ )}{\partial t} \neq 0$ 时，则为非定常流动。定常流动也称为恒定流动，或稳态流动；非定常流动也称为非恒定流动、非稳态流动，或瞬态流动。

(6) 层流与湍流　自然界中的流体流动状态主要有两种形式,即层流和湍流(紊流)。层流是指流体在流动过程中两层之间没有相互混掺,而湍流是指流体不是处于分层流动状态。一般来说,湍流是普遍的,而层流则属于个别情况。

对于圆管内流动,定义雷诺数(Reynolds 数)为:

$$Re = ud/\nu$$

式中,u 为液体流速;ν 为运动黏度;d 为管径。

当 $Re \leqslant 2300$ 时,管流为层流;$Re \geqslant 8000 \sim 12000$ 时,管流为湍流;当 $2300 < Re < 8000$ 时,流动处于层流与湍流间的过渡区。对于一般流动,在计算雷诺数时,可用水力半径 R 代替上式中的 d。这里 $R = A/x$,A 为通流截面积;x 为周界长度,不包括自由液面以上的气体与固体接触的部分,对于气体,它等于通流截面的周界长度。

4. 流体动力学控制方程

流体流动受物理守恒定律的支配,基本的守恒定律包括质量守恒定律、动量守恒定律、能量守恒定律。如果流动包含有不同组分的混合或相互作用,系统还要遵守组分守恒定律。如果流动处于湍流状态,系统还要遵守湍流输运方程。

(1) 质量守恒方程　任何流动问题都必须满足质量守恒定律。该定律可表述为单位时间内流体微元体中质量的增加,等于同一时间间隔内流入该微元体的净质量。按照这一定律,可以得出质量守恒方程:

$$\frac{\partial \rho}{\partial t} + \frac{\partial (\rho u)}{\partial x} + \frac{\partial (\rho v)}{\partial y} + \frac{\partial (\rho w)}{\partial z} = 0 \tag{7.3}$$

引入矢量符号 $\mathrm{div}(a) = \partial a_x/\partial x + \partial a_y/\partial y + \partial a_z/\partial z$,式(7.3)写成

$$\frac{\partial \rho}{\partial t} + \mathrm{div}(\rho \boldsymbol{u}) = 0 \tag{7.4}$$

有的文献使用符号 ∇ 表示散度,即 $\nabla \cdot a = \mathrm{div}(a) = \partial a_x/\partial x + \partial a_y/\partial y + \partial a_z/\partial z$,这样,式(7.4)写成

$$\frac{\partial \rho}{\partial t} + \nabla \cdot (\rho \boldsymbol{u}) = 0 \tag{7.5}$$

在式(7.3)~式(7.5)中,ρ 是密度;t 是时间;$\boldsymbol{u}$ 是速度矢量;u、v 和 w 是速度矢量 $\boldsymbol{u}$ 在 x、y 和 z 方向的分量。

上面给出的是瞬态三维可压流体的质量守恒方程。若流体不可压,密度 ρ 为常数,式(7.3)变为

$$\frac{\partial u}{\partial x} + \frac{\partial v}{\partial y} + \frac{\partial w}{\partial z} = 0 \tag{7.6}$$

若流动处于稳态,则密度 ρ 不随时间变化,式(7.3)变为

$$\frac{\partial (\rho u)}{\partial x} + \frac{\partial (\rho v)}{\partial y} + \frac{\partial (\rho w)}{\partial z} = 0 \tag{7.7}$$

质量守恒方程[式(7.3)或式(7.7)]常称作连续方程,本书后续章节均使用连续方程这个名称。

(2) 动量守恒方程　动量守恒定律也是任何流动系统都必须满足的基本定律。该定律可表述为微元体中流体的动量对时间的变化率等于外界作用在该微元体上的各种力之和。该定律实际上是牛顿第二定律。按照这一定律,可导出 x、y 和 z 三个方向上的动量守恒方程:

$$\frac{\partial(\rho u)}{\partial t} + \mathrm{div}(\rho u \boldsymbol{u}) = -\frac{\partial p}{\partial x} + \frac{\partial \tau_{xx}}{\partial x} + \frac{\partial \tau_{yx}}{\partial y} + \frac{\partial \tau_{zx}}{\partial z} + F_x$$

$$\frac{\partial(\rho v)}{\partial t} + \mathrm{div}(\rho v \boldsymbol{u}) = -\frac{\partial p}{\partial y} + \frac{\partial \tau_{xy}}{\partial x} + \frac{\partial \tau_{yy}}{\partial y} + \frac{\partial \tau_{zy}}{\partial z} + F_y$$

$$\frac{\partial(\rho w)}{\partial t} + \mathrm{div}(\rho w \boldsymbol{u}) = -\frac{\partial p}{\partial z} + \frac{\partial \tau_{xz}}{\partial x} + \frac{\partial \tau_{yz}}{\partial y} + \frac{\partial \tau_{zz}}{\partial z} + F_z \quad (7.8)$$

式中，p 是流体微元体上的压力；τ_{xx}、τ_{xy} 和 τ_{xz} 等是因分子黏性作用而产生的作用在微元体表面上的黏性应力 τ 的分量；F_x、F_y 和 F_z 是微元体上的体力，若体力只有重力，且 z 轴竖直向上，则 $F_x = 0$，$F_y = 0$，$F_z = -\rho g$。

式（7.8）是对任何类型的流体（包括非牛顿流体）均成立的动量守恒方程。对于牛顿流体，黏性应力 τ 与流体的变形率成比例，有

$$\tau_{xx} = 2\mu \frac{\partial u}{\partial x} + \lambda \mathrm{div}(\boldsymbol{u}); \quad \tau_{yy} = 2\mu \frac{\partial v}{\partial y} + \lambda \mathrm{div}(\boldsymbol{u}); \quad \tau_{zz} = 2\mu \frac{\partial w}{\partial z} + \lambda \mathrm{div}(\boldsymbol{u})$$

$$\tau_{xy} = \tau_{yx} = \mu\left(\frac{\partial u}{\partial y} + \frac{\partial v}{\partial x}\right); \quad \tau_{xz} = \tau_{zx} = \mu\left(\frac{\partial u}{\partial z} + \frac{\partial w}{\partial x}\right); \quad \tau_{yz} = \tau_{zy} = \mu\left(\frac{\partial v}{\partial z} + \frac{\partial w}{\partial y}\right) \quad (7.9)$$

式中，μ 是动力黏度；λ 是第二黏度，一般可取 $\lambda = -2/3$。

将式（7.9）代入式（7.8），得：

$$\frac{\partial(\rho u)}{\partial t} + \mathrm{div}(\rho u \boldsymbol{u}) = \mathrm{div}(\mu \mathrm{grad} u) - \frac{\partial p}{\partial x} + S_u$$

$$\frac{\partial(\rho v)}{\partial t} + \mathrm{div}(\rho v \boldsymbol{u}) = \mathrm{div}(\mu \mathrm{grad} v) - \frac{\partial p}{\partial y} + S_v$$

$$\frac{\partial(\rho w)}{\partial t} + \mathrm{div}(\rho w \boldsymbol{u}) = \mathrm{div}(\mu \mathrm{grad} w) - \frac{\partial p}{\partial z} + S_w \quad (7.10)$$

在式（7.10）中，$\mathrm{grad}() = \partial()/\partial x + \partial()/\partial y + \partial()/\partial z$；符号 S_u、S_v 和 S_w 是动量守恒方程的广义源项，$S_u = F_x + S_x$，$S_v = F_y + S_y$，$S_w = F_z + S_z$，而其中的 S_x、S_y 和 S_z 的表达式如下：

$$S_x = \frac{\partial}{\partial x}\left(\mu \frac{\partial u}{\partial x}\right) + \frac{\partial}{\partial y}\left(\mu \frac{\partial v}{\partial x}\right) + \frac{\partial}{\partial z}\left(\mu \frac{\partial w}{\partial x}\right) + \frac{\partial}{\partial x}(\lambda \mathrm{div}\boldsymbol{u}) \quad (7.11)$$

$$S_y = \frac{\partial}{\partial x}\left(\mu \frac{\partial u}{\partial y}\right) + \frac{\partial}{\partial y}\left(\mu \frac{\partial v}{\partial y}\right) + \frac{\partial}{\partial z}\left(\mu \frac{\partial w}{\partial y}\right) + \frac{\partial}{\partial y}(\lambda \mathrm{div}\boldsymbol{u}) \quad (7.12)$$

$$S_z = \frac{\partial}{\partial x}\left(\mu \frac{\partial u}{\partial z}\right) + \frac{\partial}{\partial y}\left(\mu \frac{\partial v}{\partial z}\right) + \frac{\partial}{\partial z}\left(\mu \frac{\partial w}{\partial z}\right) + \frac{\partial}{\partial z}(\lambda \mathrm{div}\boldsymbol{u}) \quad (7.13)$$

（3）能量守恒方程　能量守恒定律是包含有热交换的流动系统必须满足的基本定律。该定律可表述为微体中能量的增加率等于进入微元体的净热流量加上体力与面力对微元体所做的功，该定律实际是热力学第一定律。

流体的能量 E 通常是内能 i、动能 $K = \frac{1}{2}(U^2 + V^2 + W^2)$、势能 P 三项之和，可针对总能量 E 建立能量守恒方程。内能 i 与温度 T 之间存在关系，即 $i = C_P T$，其中 C_P 是比热容。这样我们可得到以温度 T 为变量的能量守恒方程：

$$\frac{\partial(\rho T)}{\partial t} + \mathrm{div}(\rho \boldsymbol{u} T) = \mathrm{div}\left(\frac{k}{C_P} \mathrm{grad} T\right) + S_\mathrm{r} \quad (7.14)$$

第7章 动力电池流体传热仿真分析

式（7.14）可写成展开式：

$$\frac{\partial(\rho T)}{\partial t} + \frac{\partial(\rho u T)}{\partial x} + \frac{\partial(\rho v T)}{\partial y} + \frac{\partial(\rho w T)}{\partial z} = \frac{\partial}{\partial x}\left(\frac{k}{C_P}\frac{\partial T}{\partial x}\right) + \frac{\partial}{\partial y}\left(\frac{k}{C_P}\frac{\partial T}{\partial y}\right) + \frac{\partial}{\partial z}\left(\frac{k}{C_P}\frac{\partial T}{\partial z}\right) + S_r \quad (7.15)$$

式中，C_P 是比热容；T 为温度；k 为流体的传热系数；S_r 为流体的内热源及由于黏性作用流体机械能转换为热能的部分，有时简称 S_r 为黏性耗散项。

式（7.14）或式（7.15）简称为能量方程。

综合上述基本方程，发现有 u、v、w、P、T 和 ρ 六个未知量，还需要补充一个联系 P 和 ρ 的状态方程，方程组才能封闭：

$$P = P(\rho, T) \quad (7.16)$$

该状态方程对理想气体有

$$P = \rho R T \quad (7.17)$$

式中，R 是摩尔气体常数。

虽然能量方程［式（7.17）］是流体流动与传热问题的基本控制方程，但对于不可压流动，若热交换量小到可以忽略时，可不考虑能量守恒方程。

（4）组分质量守恒方程　存在物质交换的系统中，每一种组分都需要遵守组分质量守恒定律。组分质量守恒定律可表述为系统内某种化学组分质量对时间的变化率，等于通过系统界面净扩散流量与通过化学反应产生该组分的生产率之和。根据组分质量守恒定律，可写出组分 S 的组分质量守恒方程：

$$\frac{\partial(\rho C_S)}{\partial t} + \mathrm{div}(\rho \boldsymbol{u} C_S) = \mathrm{div}(D_S \mathrm{grad}(\rho C_S)) + S_S \quad (7.18)$$

式中，C_S 为组分 S 的体积浓度；ρC_S 是该组分的质量浓度；D_S 为该组分的扩散系数；S_S 为系统内部单位时间内单位体积通过化学反应产生的该组分的质量，即生产率。

式（7.18）左侧第一项、第二项及右侧第一项和第二项，分别称为时间变化率、对流项、扩散项和反应项。各组分质量守恒方程之和就是连续方程，由于 $\sum S_S = 0$，因此，如果共有 Z 个组分，那么只有 $Z-1$ 个独立的组分质量守恒方程。

将组分质量守恒方程各项展开，可写为

$$\frac{\partial(\rho C_S)}{\partial t} + \frac{\partial(\rho C_S u)}{\partial x} + \frac{\partial(\rho C_S v)}{\partial y} + \frac{\partial(\rho C_S w)}{\partial z} = \frac{\partial}{\partial x}\left(D_S \frac{\partial(\rho C_S)}{\partial x}\right) + \frac{\partial}{\partial y}\left(D_S \frac{\partial(\rho C_S)}{\partial y}\right) + \frac{\partial}{\partial z}\left(D_S \frac{\partial(\rho C_S)}{\partial z}\right) + S_S$$

$$(7.19)$$

组分质量守恒方程常简称为组分方程。一种组分的质量守恒方程实际就是一个浓度传输方程。

（5）湍流的控制方程　湍流是自然界非常普遍的流动类型，湍流运动的特征是在运动过程中液体质点具有不断的互相混掺的现象，速度和压力等物理量在空间和时间上均具有随机性质的脉动值。三维瞬态 Navier-Stokes 方程如下：

$$v_i = \sum_{i=0}^{N} W_1 b_i I \quad (7.20)$$

式中，$b_i I$ 为待定系数，N 为权函数的线性组合，无论对层流还是湍流都是适用的。

但对于湍流如果直接求解三维瞬态的控制方程，需要采用对计算机内存和速度要求很高的直接模拟方法，目前还不可能在实际工程中采用此方法。工程中广为采用的方法是对瞬态

Navier Stokes 方程做时间平均处理，同时补充反映湍流的其他方程。

（6）非守恒型控制方程 近年来，在许多文献中还常见到非守恒型控制方程，将式（7.3）的瞬态项和对流项中的物理量从微分符号中移出，通用控制方程可写成

$$\phi \frac{\partial \rho}{\partial t} + \rho \frac{\partial \phi}{\partial t} + \phi \frac{\partial (\rho u)}{\partial x} + \rho u \frac{\partial \phi}{\partial x} + \phi \frac{\partial (\rho v)}{\partial y} + \rho v \frac{\partial \phi}{\partial y} + \phi \frac{\partial (\rho w)}{\partial z} +$$

$$\rho w \frac{\partial \phi}{\partial z} = \mathrm{div}(\Gamma \mathrm{grad}\phi) + S \tag{7.21}$$

式中，ϕ 为通用变量，可代表 u、v、w、t 等求解变量；Γ 为广义扩散系数；S 为广义源项。

对于特定的方程，ϕ、Γ、和 S 具有特定的形式。从微元体的角度看，控制方程的守恒型与非守恒型是等价的，都是物理守恒定律的数学表示。但对有限大小的计算体积，两个形式的控制方程是有区别的，非守恒型控制方程便于对由此生成的离散方程进行理论分析，而守恒型控制方程更能保持物理量守恒的性质，便于克服对流项非线性引起的问题，且便于采用非矩形网格离散。本书主要使用守恒型控制方程来建立基于有限体积法的离散方程。

7.2 流体传热仿真分析技术

7.2.1 流体传热仿真方案概述

在电池流体仿真方向，主要有热管理、电化学、水管理、热失控、短路和降阶模型等问题，如图 7.1 所示。

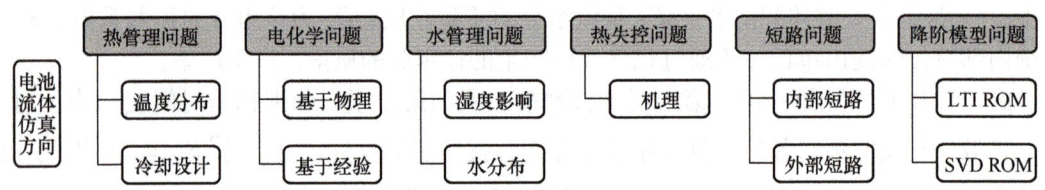

图 7.1 电池流体仿真方向

电化学问题主要是研究电池工作过程中内部电化学反应带来的宏观量变化，如产热、电流、电压、SOC 等，一般有基于物理的电化学模型和基于经验的电化学模型两种方法。热管理问题是电池设计过程中的重点，最终得到的结果往往是温度分布、压降等信息，但本质上考察的是电池的冷却设计，其中温度场的一致性会对电池性能有非常大的影响。若热管理设计有缺陷，可能会导致锂电池热失控发生，热失控的机理有很多，如电器滥用、热滥用和机械滥用，但绝大多数直接引起热失控的原因往往来自短路。电池短路又可分为内部短路和外部短路两种类型。在电池仿真过程中，热管理仿真往往会占用较长的时间，尤其是在计算电池包级别不同循环工况时，如 NEDC 等，此时模型的网格量往往比较大，再加上计算物理时间长，往往需要几天甚至几周的时间。为解决这个问题，ANSYS 提供了降阶模型技术，可在保证与三维 CFD 仿真相同的准确度前提下，以近乎实时的速度完成电池模组或者电池包的共轭传热仿真。此外，虽然燃料电池不存在热失控和降阶问题，但为了避免膜脱水或者水淹电极的发生，会多出一个水管理的问题。针对电池流体方向的仿真，优先推荐使用 Fluent，其内包含了电池模块和燃料电池模块，可高效解决流体方向的仿真问题，当然也有部

第7章 动力电池流体传热仿真分析

分客户使用 CFX 或 Icepak 来针对特定电池问题进行仿真，但其专业性和功能覆盖度均无法与 Fluent 相比。ANSYS 可用于电池仿真的软件及其简要功能介绍见表 7.1。

表 7.1 ANSYS 电池仿真软件列表

产品名称	功能简述
ANSYS LS-DYNA	非线性有限元分析程序，适用于冲击、振动、碰撞等非线性动力学问题
ANSYS LS-DYNA HPC	LS-DYNA 高性能计算，提高计算效率
ANSYS Ncode	疲劳仿真工具，用于电池疲劳寿命等计算
ANSYS Mechanical Enterprise	结构/热效应建模工具，用于电池应力、应变、模态、传热、噪声等
ANSYS CFD Premium	流体仿真工具，用于电池流动、传热、电化学仿真
ANSYS Ensight	初始几何模型的预处理、表面网格处理，生成体网格
ANSYS Icepak	结构/流体后处理器工具
ANSYS Geometry Interface for MCAD	CAD 软件专业接口
HPC	高性能计算，用于提高大规模计算效率，缩短计算时间
ANSYS Design Xplorer	设计优化分析，用于电池参数优化
ANSYS OptiSLang	设计优化分析，用于电池参数优化
ANSYS Twin Builder	多域系统建模与仿真工具，用于电池系统级仿真、降阶模型等
SCADE	嵌入式软件开发工具，满足 ISO 26262 标准，为 4 级代码安全
Medini	功能安全开发平台工具，满足 ISO 26262 标准，为 4 级代码安全
ANSYS Discovery Live	面向设计工程师的结构/流体实时快速仿真工具，电池流动、传热、结构、优化
ANSYS MAXWELL	电磁辐射、电磁兼容仿真工具
Granta	材料数据库

Fluent 针对电池设计仿真设置了相应的模块，目前主要有两大类：电池模块和燃料电池模块。电池模块自 2021R1 版本开始，从原来的附加模块转变为内置模块，更加方便进行二次开发，同时名称也由原来的 MSMD Model 更改为 Battery Model。如图 7.2 所示，目前 Battery Model 主要可以做 CHT Coupling、FMU-CHT Coupling、Circuit Network 和 MSMD 4 个子模块，分别对应共轭传热、通过 FMU 文件与第三方联合共轭传热、基于 Circuit Network 的电化学和完全热电耦合电化学模块。在仿真过程中只需要使用此中一个模块即可实现绝大多数电池仿真场景的仿真工作。同时 Battery Model 还内置了两种热失控模型，可独立或与上述 4 个子模块耦合使用。

7.2.2 电池共轭传热仿真

目前电池热管理设计很大一部分工作量是使用 CFD 软件对电池共轭传热进行计算（CHT），本节主要阐述在 ANSYS Fluent 中如何进行共轭传热仿真计算。

本节主要从网格划分以及共轭传热计算两方面展开，前半部分介绍 Fluent Meshing 最新的几何网格划分流程，这是自 2019R1 版本开始有的新功能，使用流程化的方式生成网格，避免了 Fluent Meshing 经典模式的高门槛，可大幅度提升工作效率；后半部分主要围绕共轭传热仿真来展开，重点讲述整体实现流程。

图 7.3 所示为本书所用的电池模组几何模型之一的示意图，它是 1P12S（1 并 12 串）

水冷结构,模型中保留了工业电池模组的绝大多数特征,如电池本体、极柱(pole)、母排(busbar)、隔热材料(硅胶)、箱体、冷板。在接下来锂电池的共轭传热、ECM、NTGK、热失控等仿真过程中均以此模型为模拟对象。

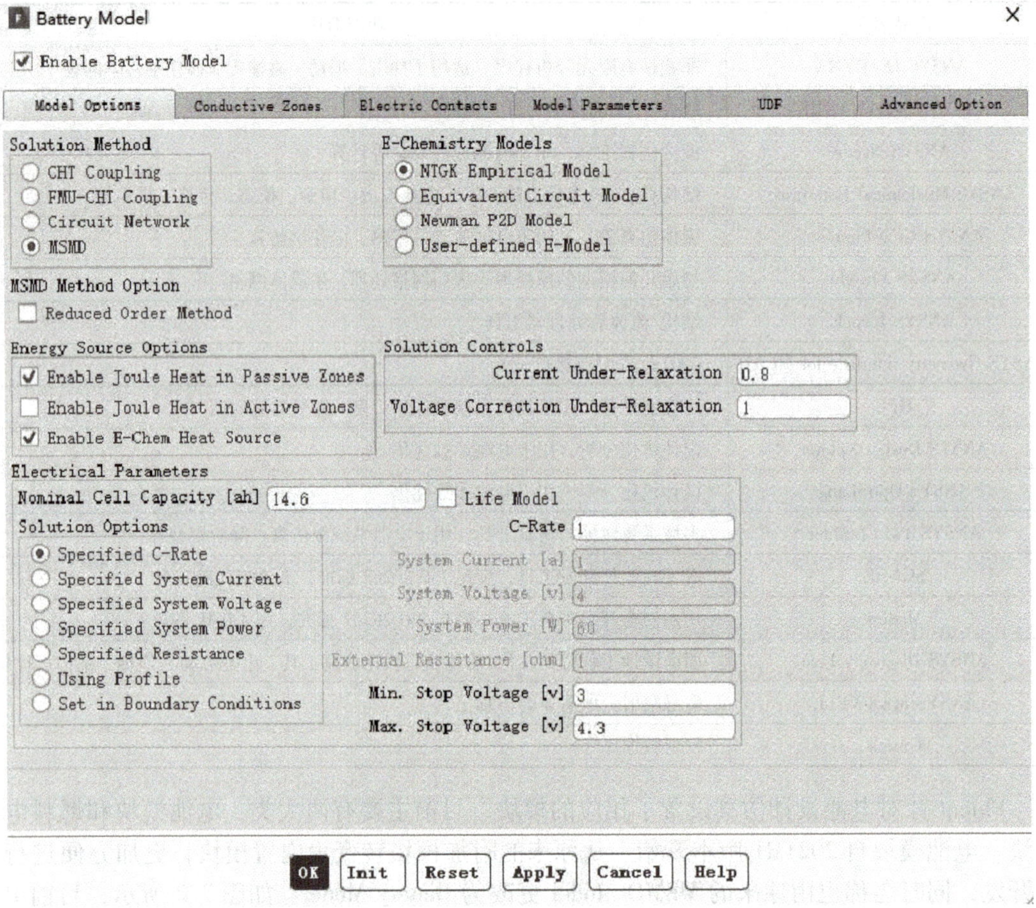

图 7.2 Fluent Battery Model

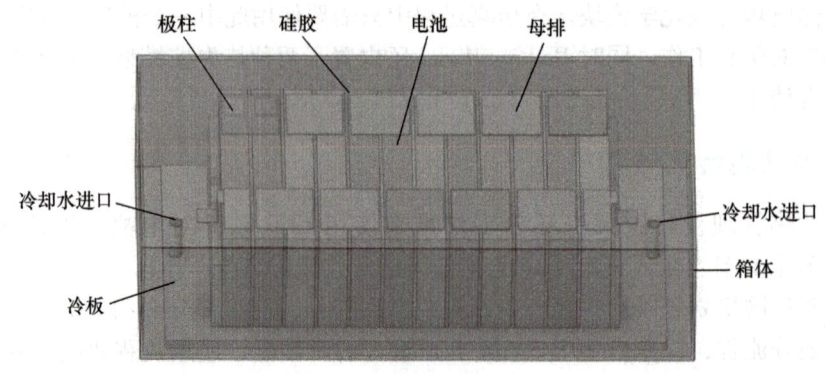

图 7.3 电池模组几何模型示意图

第7章 动力电池流体传热仿真分析

1. 网格划分部分

基于 2021R1 版本的 Fluent Meshing 几何网格划分流程（Watertight Meshing Workflow，WTM）步骤如下。

1）启动 Fluent Meshing。启动 Fluent Launcher，在界面中 Dimension 处勾选 3D，Options 中勾选 Double Precision，勾选 Meshing Mode，在 Processing Options 中设置并行或者串行；设置好工作文件夹路径，单击"OK"按钮，如图7.4所示。

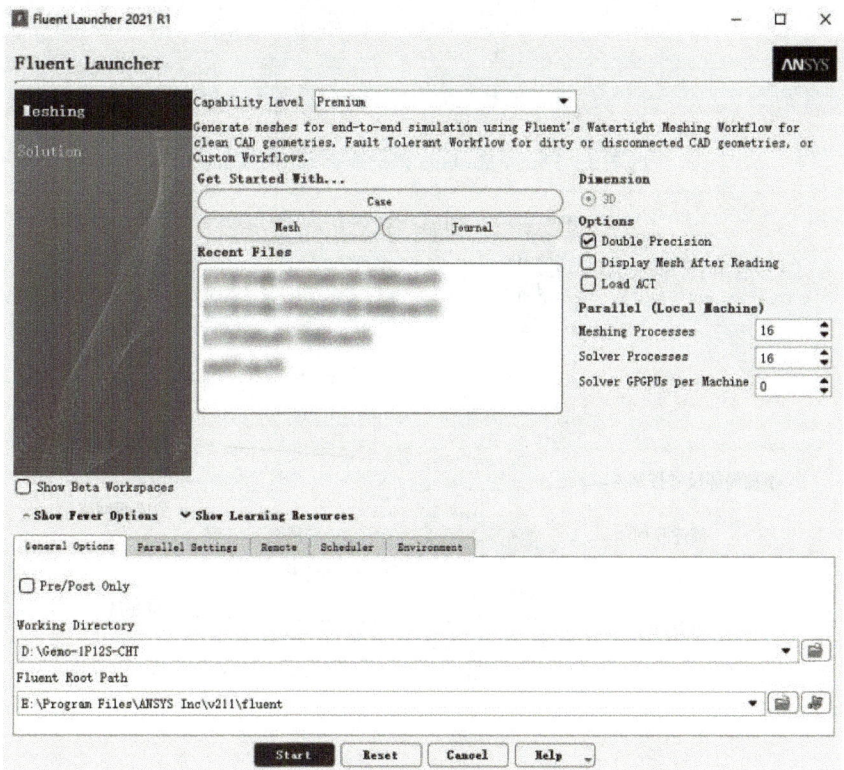

图7.4 启动 Fluent Meshing

在打开的 Fluent Meshing 界面左侧，可以看到有 Workflow 和 Outline View 两种网格划分方法，在 Workflow 标签下，Select Workflow Type 下拉菜单中选择 Watertight Geometry，如图7.5所示。

Fluent Meshing 几何网格划分流程集成了网格划分过程所需的各个子步骤，用户只需要按照步骤提示进行相关输入或操作即可，如图7.6所示，主要分为以下7个子步骤：导入几何；添加局部尺寸控制；生成面网格；描述几何；更新域；添加边界层；生成体网格。当然 Fluent Meshing Workflow 也支持在特定步骤中通过右键添加特定功能的子步骤，如提升面/体网格质量，或添加用户自定义脚本等。

2）WTM 导入几何。建议导入几何模型的为 .scdoc 格式文件；其他类型的几何文件可先导入 ANSYS SCDM 中进行前处理后保存为 .scdoc 格式。如图7.7所示，导入之前可选择几何模型创建时使用的单位，这样生成网格后通过 switch-to-solution 将网格传递到 fluent solver 中可自动缩放到所需的单位。

227

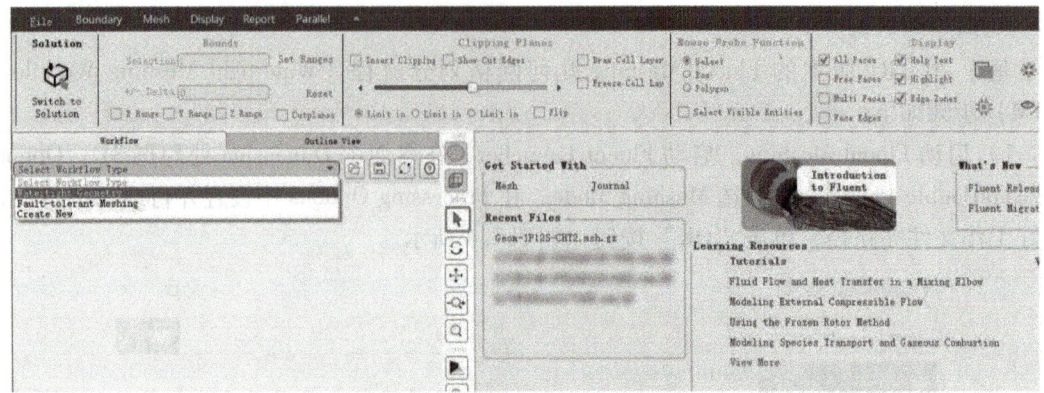

图 7.5 Fluent Meshing 启动界面及 Workflow

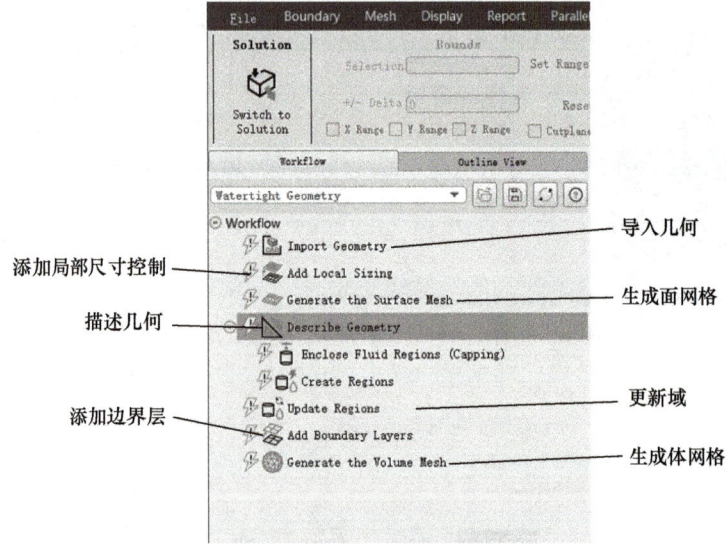

图 7.6 WTM 流程各子步骤

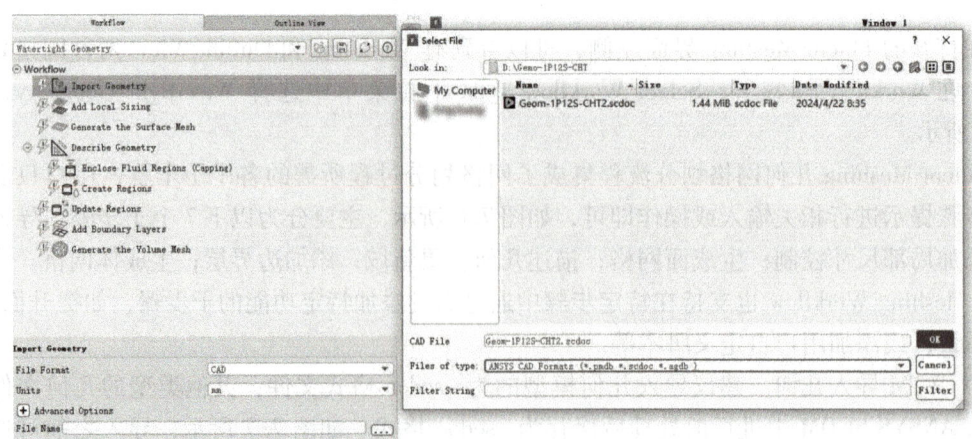

图 7.7 WTM 导入几何

第7章 动力电池流体传热仿真分析

3）WTM 添加局部尺寸控制（Add Local Sizing）。添加局部尺寸控制，可为几何模型不同部位的不同细节特征添加不同的尺寸控制方式，可有针对性地保留或不保留某些局部特征。目前可添加的局部尺寸控制类型有：Face Size（面尺寸控制），作用于所选中的面区域上；Body Size（体尺寸控制），作用于所选择的体区域上；Body of Influence（影响域尺寸控制），作用于 BOI 体区域上；Curvature（曲率尺寸控制）；Proximity（邻近度尺寸控制）。本算例使用全局尺寸控制即可，故在此环节选择 no，然后单击"Update"按钮，如图 7.8 所示。

4）WTM 全局尺寸控制及生成面网格。此环节一是设置全局尺寸控制，二是控制生成面网格。与上一步骤添加局部尺寸不同，此处的尺寸控制设置作用在全部几何模型上，如图 7.9 所示，主要包括：①Minimum Size（全局最小尺寸）；②Maximum Size（全局最大尺寸）；③Growth Rate（网格生长率）；④Size Functions（尺寸函数），里面包括 Curvature（曲率函数）、Proximity（邻近度函数）、Curvature & Proximity（曲率和邻近度函数），一般选用第三种；⑤Curvature Normal Angle（曲率法向角），以特征圆为例，360 除以曲率法向角即为圆周网格数；⑥Cells Per Gap（间隙处网格层数）；⑦Scope Proximity To（作用域于），包括 face、edges、face and edges 三种，一般选用 edges，避免过度加密。

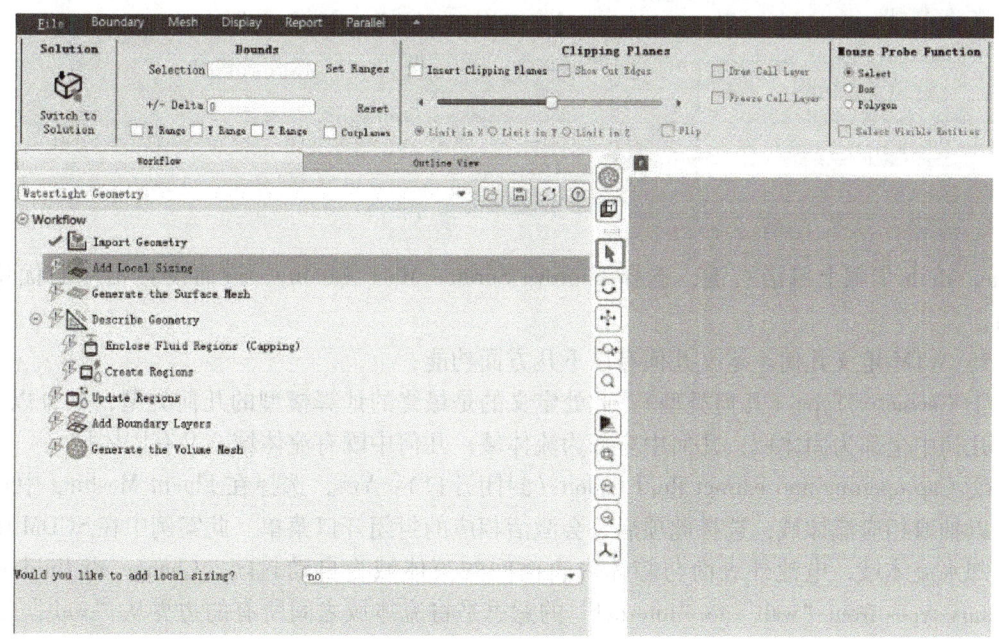

图 7.8 WTM 添加局部尺寸控制

在 Advanced Options 中还有不少网格生成过程中控制的参数，其中若要保留 SCDM 中的几何特征，则在 Invoke Zone Separation by Angle 中一定选择 no，其余保留默认即可。

在本模型网格划分中，最小尺寸设置为 0.56；最大尺寸设置为 14.5；Size Functions 设置为 Curvature & Proximity；Cells Per Gap 设置为 3；勾选 Advanced Options，然后 Invoke Zone Separation by Angle 设置为 No；单击 Create Surface Mesh，如图 7.9 所示。

生成完面网格后，需要检查网格质量 Max Skewness，一般建议将面网格的 Max Skewness 控制在 0.7 以内以保证生成较好的体网格。若面网格质量较大，比如 0.85，则可在 Create

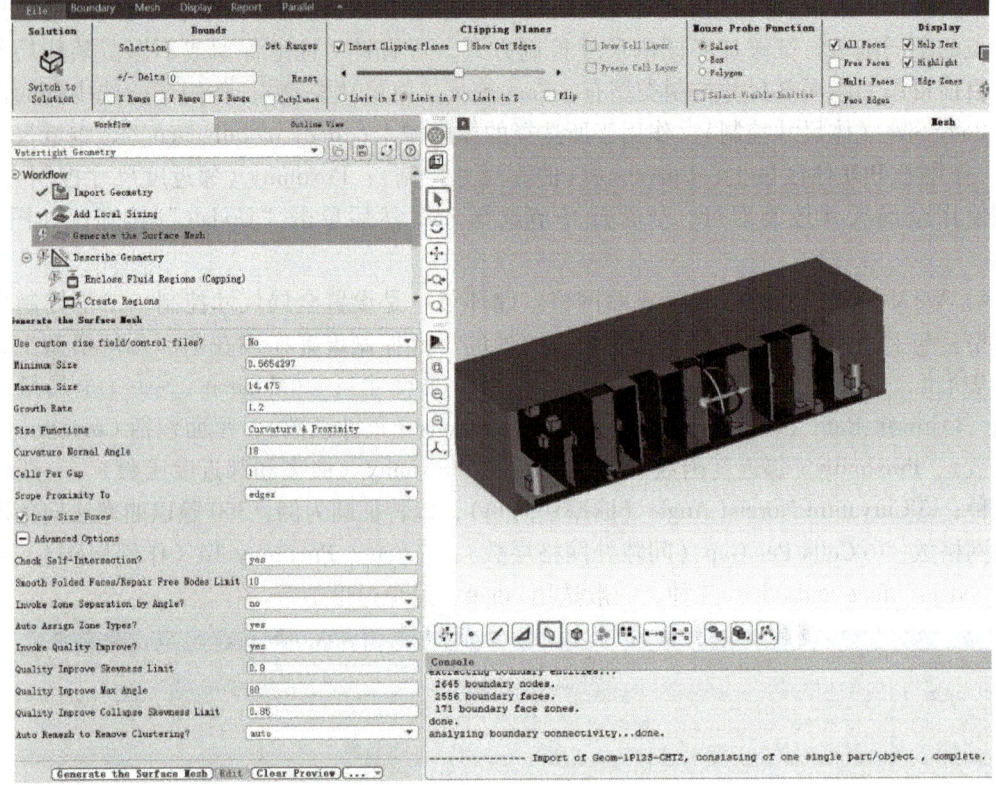

图 7.9　WTM 全局尺寸控制

Surface Mesh 步骤上单击右键，选择 Improve Surface Mesh Quality，进而设置相应的优化目标值。

5）WTM 定义几何。定义几何有以下几方面功能：

① Geometry Type（几何类型）：此处定义的是最终的计算模型的几何类型，共分以下 3 类：几何中全部为固体域；几何中全部为流体域；几何中既有流体域，又有固体域。

② Cap opening and extract fluid region（封闭开口）：Yes，选择在 Fluent Meshing 中封闭开口以抽取相应流体域；选择此项后，会激活相应的封闭开口菜单。此案例中在 SCDM 中抽取冷却水流体域，电池外表面与箱体内表面间的流体域为自动封闭；Change all fluid-fluid boundary types from "wall" to "internal" 的意思是将流体域之间所有的边界从"wall"变为"internal"。

6）Apply Share Topology（共享拓扑）。此功能的应用场景为几何模型在 SCDM 中没有进行共享拓扑或部分共享拓扑失败。在 Fluent Meshing 中进行共享拓扑的时间会比较长，建议尽可能在 SCDM 中进行，实在完成不了的共享拓扑在 Fluent Meshing 中完成。共享拓扑可确保在 Interface 处生成共节点网格（Conformal Mesh）。对于本案例，请按照图 7.10 所示进行此步骤设置，单击"Describe Geometry"选项。

7）WTM 定义边界条件。系统会自动检测几何模型中 Named Selection 命名中的关键词，并自动为其设置相应边界条件。最常见的关键词有 inlet、outlet、fluid、air 等。需要在此步骤检查边界条件是否正确合理，将鼠标放置在 Boundary Name 上会在图形窗口对相应区域高

第7章 动力电池流体传热仿真分析

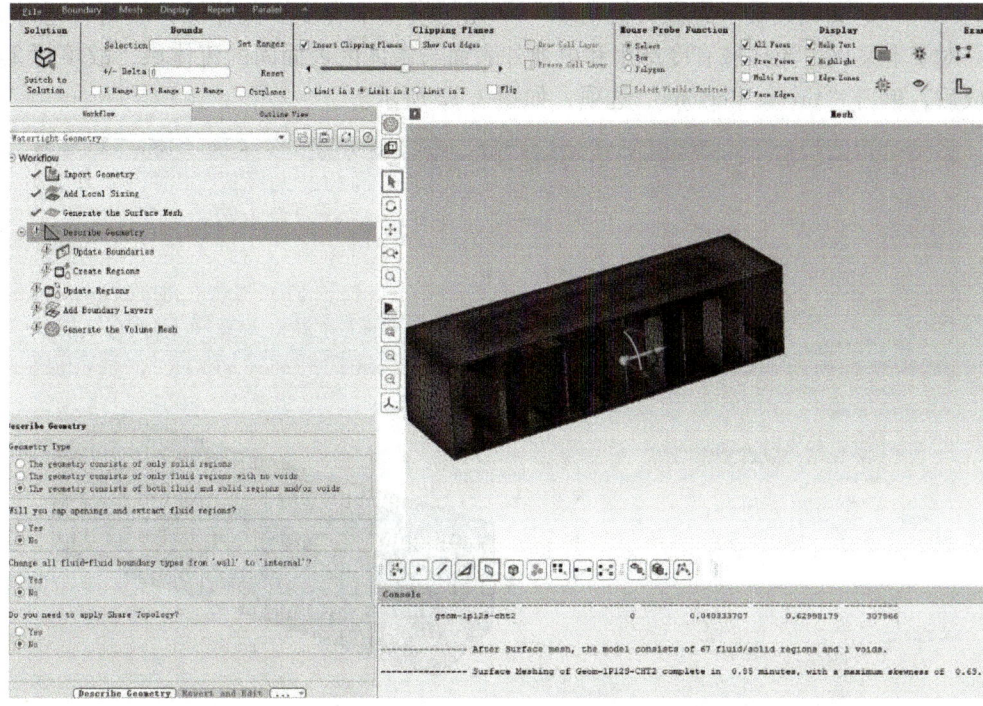

图 7.10　WTM 定义几何

亮显示，用户也可以在 Boundary Name 上右键选择 draw selection，以单独显示选中的边界条件。检查无误后，单击"Update Boundaries"选项，如图 7.11 所示。

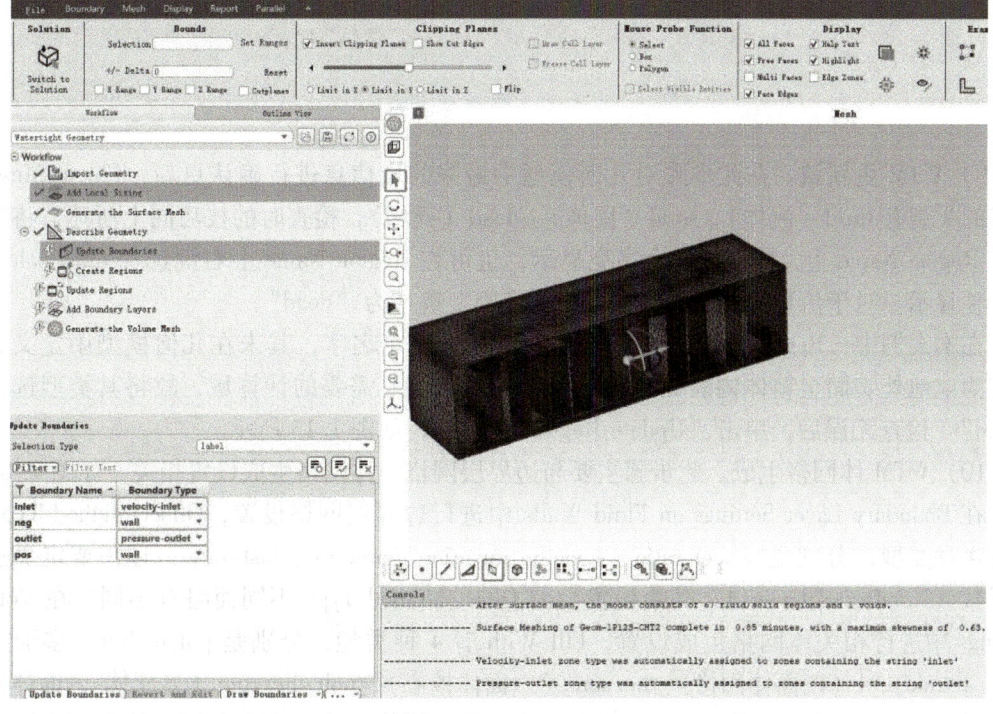

图 7.11　WTM 定义边界条件

8）WTM 定义域数量。需要大概估算一下几何模型中有多少流体域，填写合适的数字即可。对于本案例，流体域有冷却水和电池外表面与箱体内表面间的流体域，故填写 2。操作完成后，单击"Create Regions"选项，如图 7.12 所示。

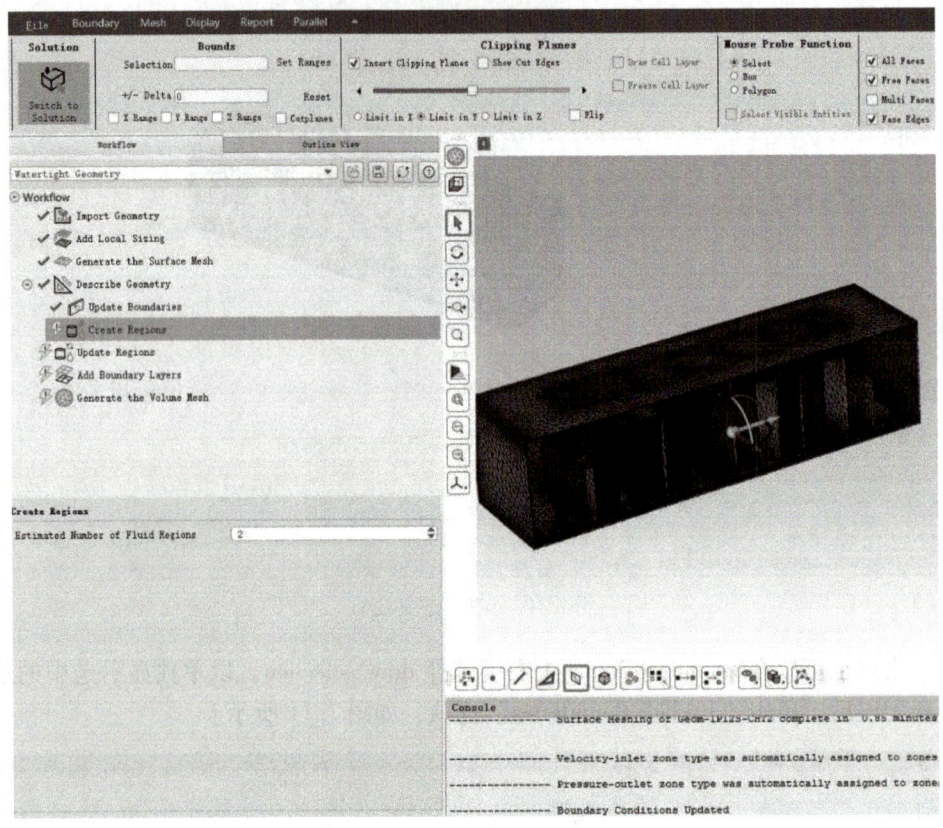

图 7.12　WTM 定义域

9）WTM 更新域。在此步骤对几何模型中最终的域信息进行确认更新。Fluent Meshing 中域的类型有 fluid（流体）、solid（固体）、dead（死域），检查时的技巧同上所述，将鼠标放在 Region Name 上，相应区域会高亮显示，也可在 Region Name 上右键选择 draw selection 来单独显示。对于仿真中不需要的域，可将其类型选择为"dead"。

在本案例中，Region Name 出现了"fluid：1"这个名字，其未在几何模型中定义，检查它为电池外表面至箱体内表面的流体域，为本案例不需要的计算域，故将其类型选择为"dead"。检查无误后，单击"Update Regions"选项，如图 7.13 所示。

10）WTM 体网格生成。此步骤主要与边界层网格、体网格生成设置相关，如图 7.14 所示。在 Boundary Layer Settings on Fluid Walls 中进行边界层网格设置，Offset Method Type 目前有 4 种类型，分别是 aspect ratio、smooth-transition、uniform、last-ratio；还需要定义边界层层数（Number of Layers）；其余设置会因 Offset Method Type 不同而略有不同。在 Volume Settings 中进行相关体网格生成设置，Fill With 有 4 种类型，分别是 polyhedral（多面体网格）、tetrahedral（四面体网格）、hexcore（六面体核心）、poly-hexcore（多面体-六面体核心混合网格）。此外还需要设置 Max Cell Length（最大网格长度）和其他因网格类型不同而不同的设置。

在本案例中,边界层网格采用 smooth-transition 类型,3 层网格,其余默认设置;体网格采用 poly-hexcore 类型,Max Cell Length 设置为 5,勾选 Enable Parallel Meshing,其余保持默认设置。检查无误后,单击"Create Volume Mesh"选项。

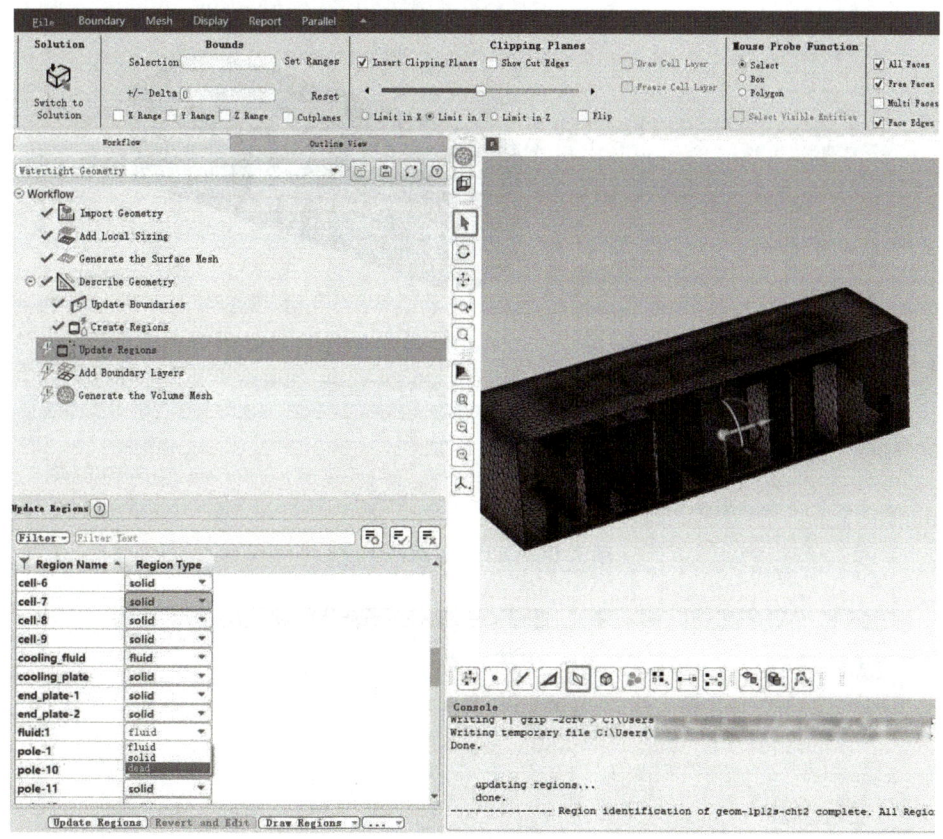

图 7.13　WTM 更新域

11) WTM 检查网格。Fluent Meshing 会自动将网格数量、质量在 console 中显示出来,一般需要将 max skewness 控制在 0.9,最好 0.85 以内,如图 7.15 所示。在本案例中,生成的体网格数量为 382454 个 cell,max skewness 为 0.85。若生成的体网格质量大于 0.9,最好在 create volume mesh 上右键选择 improve volume mesh,进行体网格质量的优化提升。

当生成的体网格满足计算要求后,WTM 流程结束。在实际工作中,需要经常对模型进行修改迭代设计,但每次迭代的几何模型之间差异往往较小。为减少类似几何模型划分网格时的重复工作量,WTM 支持将流程进行保存,单击在 Watertight Geometry 右侧的保存按钮即可。对几何模型进行修改并满足可复用此流程的前提下,通过打开按钮找到保存好的 WTM 流程即可一键生成所需网格。

2. 电池共轭传热仿真流程

1) 启动 Fluent。启动 Fluent Launcher,勾选 3D Dimension,勾选 Display Mesh After Reading,勾选 Double Precision,Processing Options 选择并行,且 Solver Processes 选择 16(按照计算机实际选择计算线程),在 Working Directory 中设置工作路径。

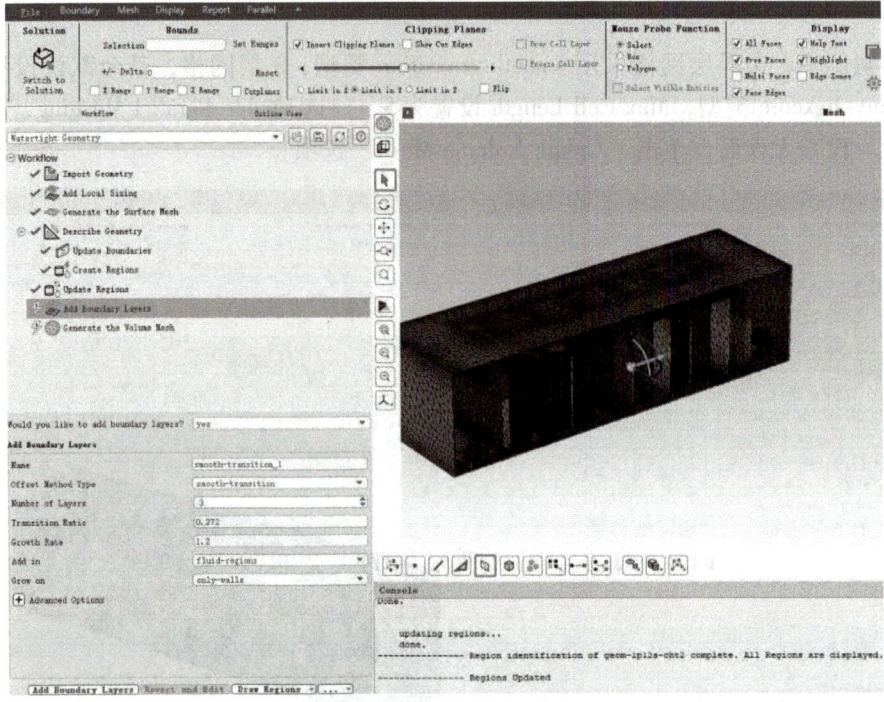

图 7.14　WTM 体网格生成

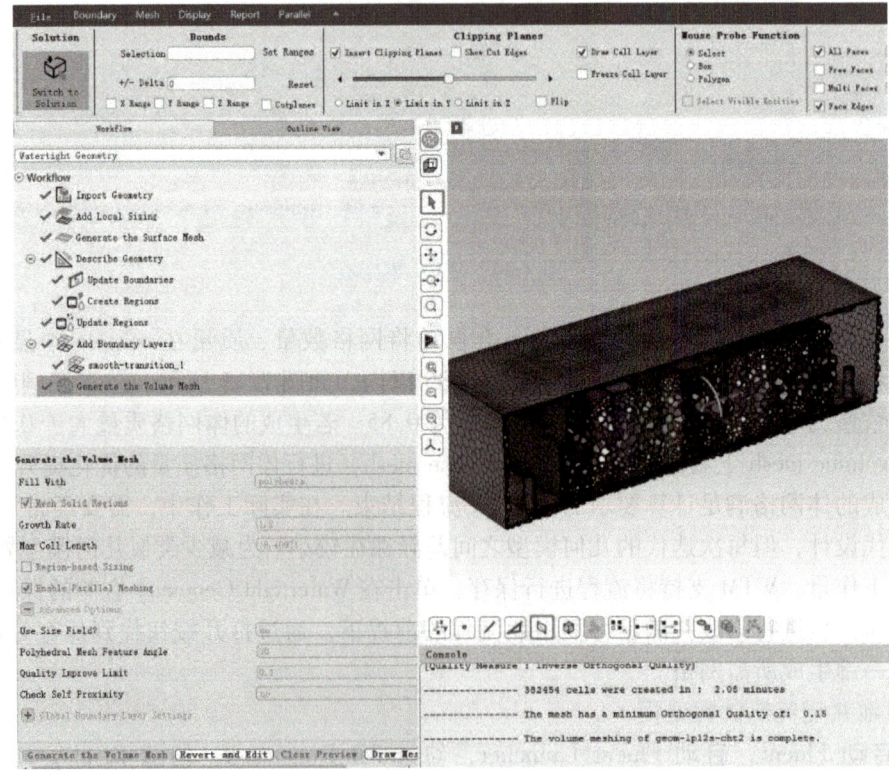

图 7.15　WTM 检查网格

第7章 动力电池流体传热仿真分析

2）读入网格。在菜单 File→Read Mesh 中，选中 Geom-1P12S-CHT2.msh.gz 网格，导入完成后软件会自动显示网格（因为在启动界面勾选了 Display Mesh After Reading）。

3）Fluent 网格检查。在进行具体设置求解之前，对导入的网格一定要进行检查，主要检查以下3方面：计算域尺寸检查，确认计算的范围与计算模型范围是否相符，主要是通过 x，y，z 坐标最大最小值来判断，如若范围不符，往往需要通过 scale 来缩放到合理范围；最小体积检查，不可为负；网格正交质量，Orthogonal Quality 一般建议大于 0.1，最好大于 0.15。

网格检查功能通过 General-Check & Report Quality 来实现。本案例检查结果如下：框注的部分分别为计算域尺寸范围、最小体积、网格正交质量和最大的 Aspect Ratio，在 Fluent Console 会显示，如图 7.16 所示。

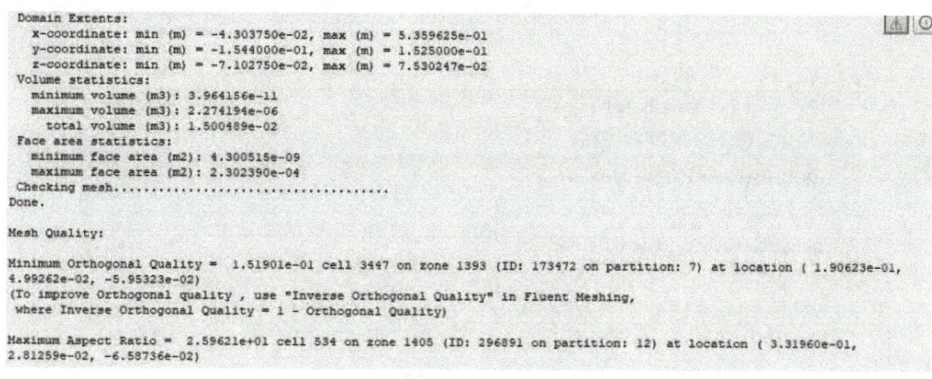

图 7.16　Fluent 中网格质量检查

4）通用设置。电池模组内流动速度较低，故选择压力基求解器，本案例为展示设置流程，为简单起见选择稳态求解，其余保持默认，如图 7.17 所示。

5）相关物理模型选择。打开能量方程；湍流模型选择 Realizable k-e 模型及标准壁面函数，如图 7.18 所示。如需切换其他湍流模型，可右键或双击 Viscous 模块即可，对于少数特定的湍流模型，则需要 TUI 命令来激活。

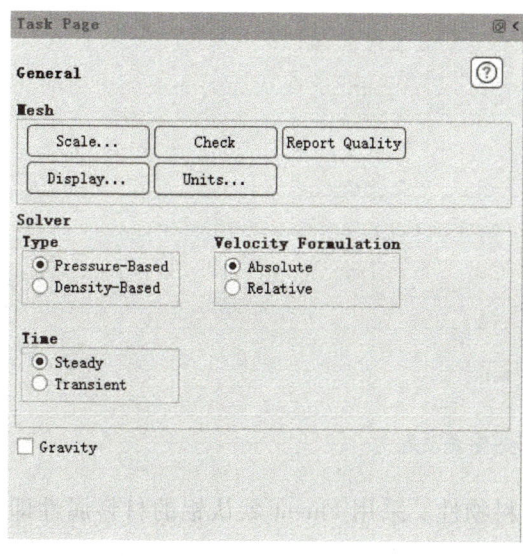

图 7.17　通用设置　　　　　　　　图 7.18　相关物理模型选择

6）设置电池材料物性。在 Materials-Solid 中右键选择 New，在弹出的面板中按照以下步骤进行设置：Name 为 cell；Chemical Formula 为 cell；Density 为 2194kg/m³；C_p 为 906J/(kg·K)；Thermal Conductivity：下拉菜单中选择 orthotropic，在 Conductivity 0/Conductivity 1/Conductivity 2 中分别填入 0.5/12/12W/(m·K)，按照 Direction 0 Components 和 Direction 1 Components 的规定，以上 Conductivity 0/1/2 分别对应 X、Y、Z 方向的热导率，如图 7.19 和图 7.20 所示。

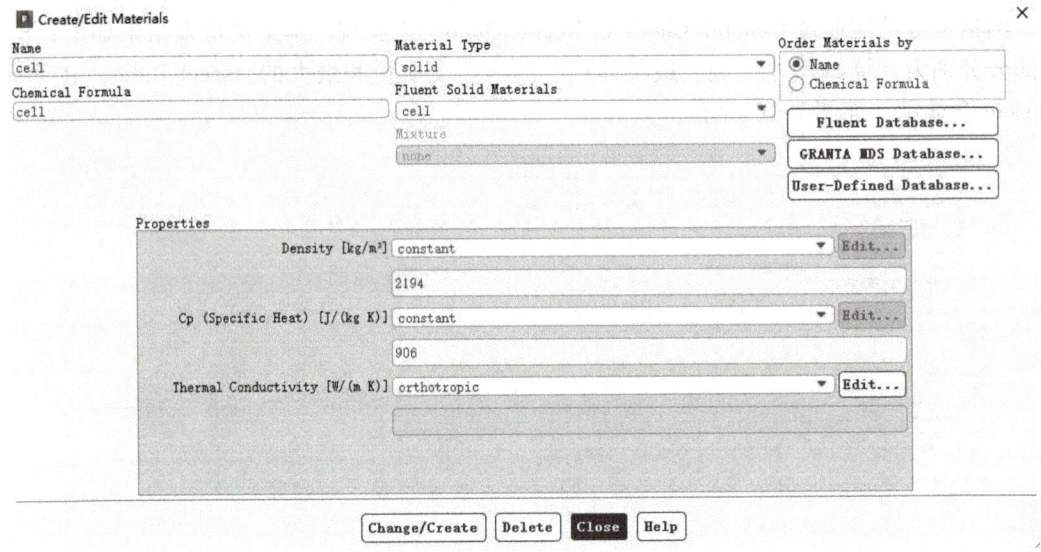

图 7.19　电池材料物性

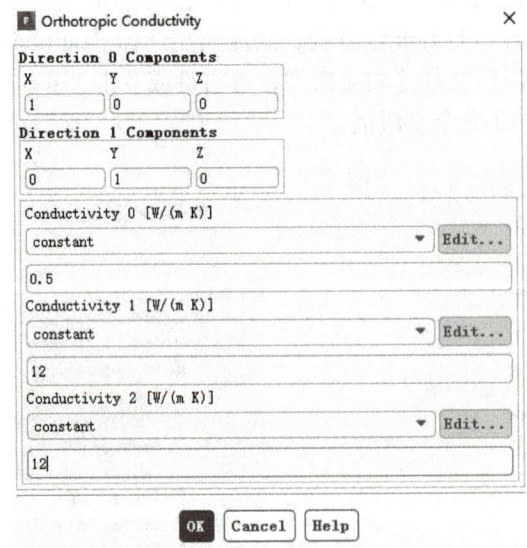

图 7.20　电池材料热导率设置

7）设置母排、极柱、箱体、端板和冷板材料物性。采用 Fluent 默认铝的材料属性即可，如图 7.21 所示。

第7章 动力电池流体传热仿真分析

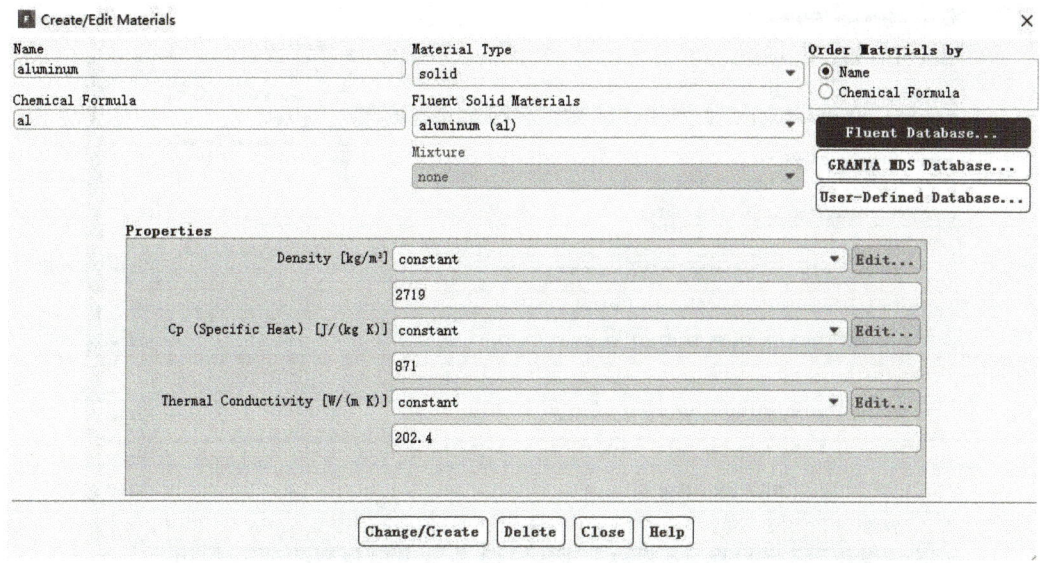

图 7.21 母排、极柱、箱体、端板和冷板材料物性

8）设置硅胶材料物性。电池之间的隔热材料为硅胶。在结构树 Materials→Solid 中右键，选择 New，在弹出的设置面板中进行如下设置：Density 为 $1450 kg/m^3$；C_p 为 $1700J/(kg·K)$；Thermal Conductivity 为 $0.1W/(m·K)$。单击"Change/Create"按钮，完成硅胶材料设置，如图 7.22 所示。

9）设置冷却液材料物性。使用液态水作为冷却媒质。在结构树 Materials→Fluid 中右键，选择 New，在弹出的设置面板中单击 Fluent Database，在 Fluent Fluid Materials 中选择 water-liquid（h2o<l>），单击"Copy"按钮，完成冷却液材料物性设置，如图 7.23 所示。

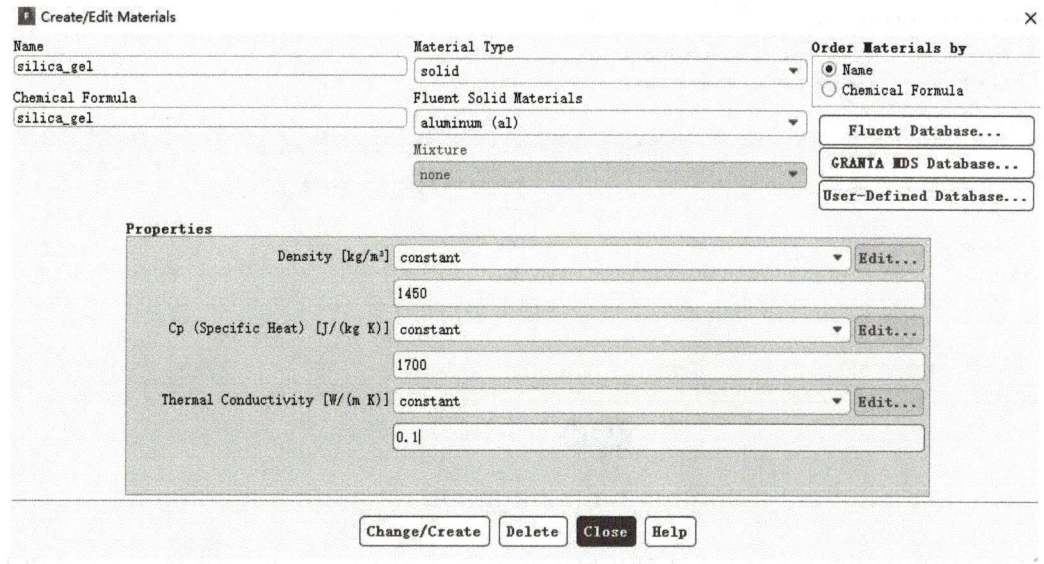

图 7.22 硅胶材料物性

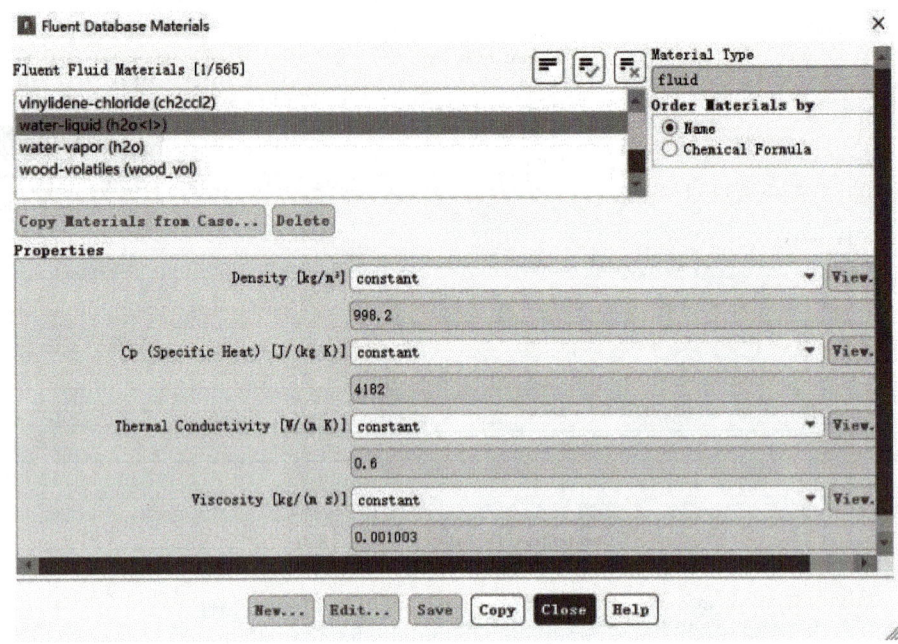

图 7.23　冷却液材料物性

10）流体域设置 Cell Zone Condition 冷却液区域。在结构树 Cell Zone Conditions→Fluid 中，双击 cooling_fluid 流体域，从 Material Name 下拉菜单中选择之前定义的 water-liquid，其余保持默认，如图 7.24 所示。

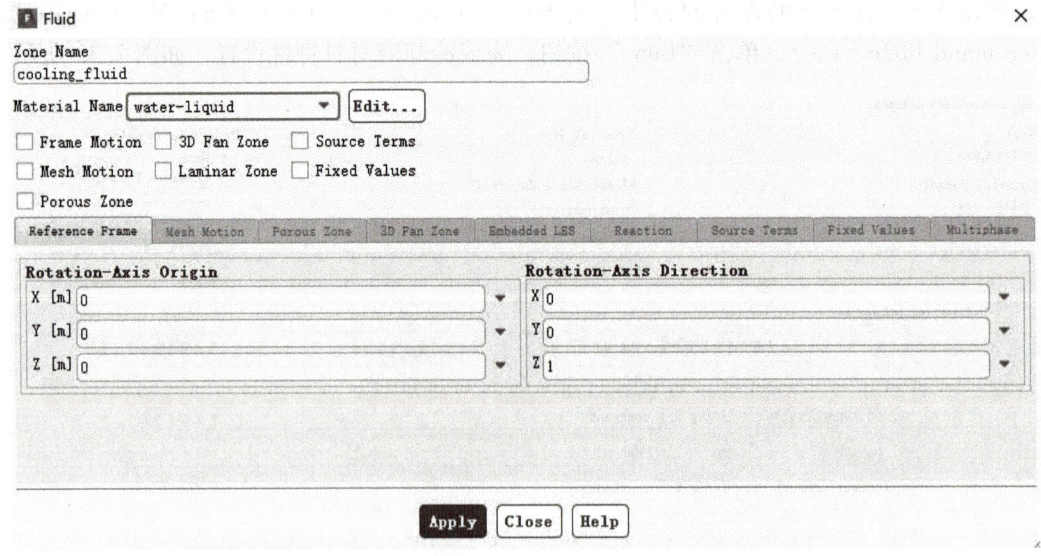

图 7.24　流体域设置

11）设置固体域电池部分。在结构树 Cell Zone Conditions→Solid 中选择 cell-1 并双击，在 Material Name 下拉菜单中选择 cell，将电池材料赋值于电池几何；勾选 Source Terms，在

第7章 动力电池流体传热仿真分析

Source Terms 标签下的 Energy 中单击 Edit，设置电池发热功率密度 6000W/m³，完成电池发热功率设置，如图 7.25 和图 7.26 所示。在 cell-1 中右键"Copy"按钮，将 cell-1 设置复制到其余电池，如图 7.27 所示；若电池发热功率不相同，需要分别设置。

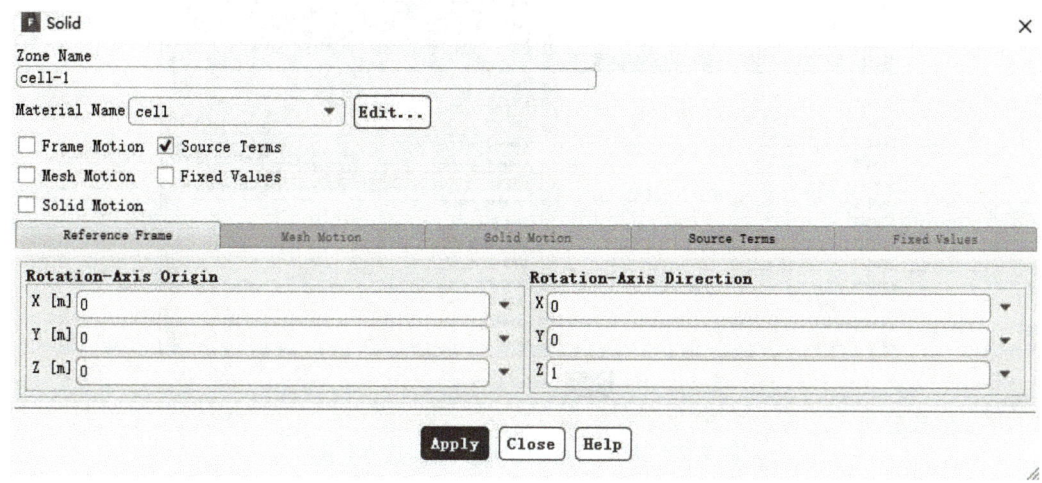

图 7.25 电池计算域设置

图 7.26 电池发热功率密度设置

2021R1 之前版本请使用上述方法，以下方法仅适用于 2021R1 及以后版本。Fluent 自 2021R1 开始提供了在 Battery Model 中为电池设置源项的选项，具体操作如下：

① 双击 Battery Model，勾选 Enable Battery Model，在 Model Options 标签下 Solution Method 中选择 CHT Coupling，其余保持默认，如图 7.28 所示。

② 在 Conductive Zones 标签下，Active Components 中选择电池域，在 Passive Components 中选择只导电无电化学反应的域，如图 7.29 所示。

③ 在 Electric Contacts 标签下，Negative Tab 中选择 neg（总负），在 Positive Tab 中选择 pos（总正），如图 7.30 所示。

④ 在 Model Parameters 标签下，Energy Source 下面，可为每个电池设置不同功率，单位

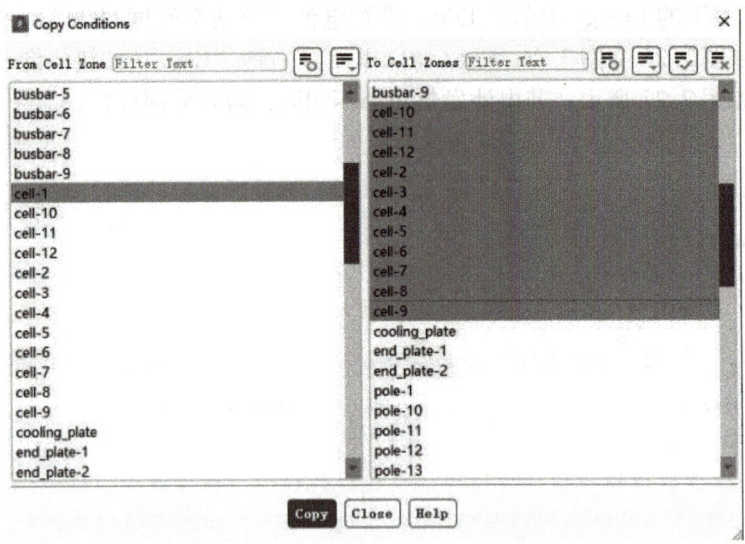

图 7.27 将 1 号电池设置复制到其他电池

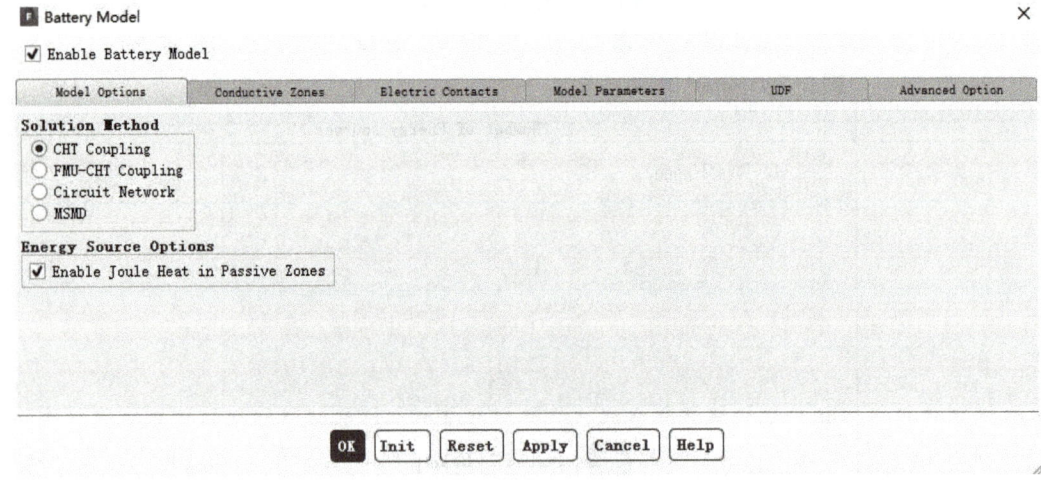

图 7.28 Model Options 设置

为 W。若所有电池发热功率相同,勾选 Use Same Setting for All Zones,以简化输入工作量;在 Tab Electric Current 后的输入框中输入工作电流,将其焦耳热考虑在内,如图 7.31 所示。

12)设置固体域电池部分。在结构树 Cell Zone Conditions→Solid 中选择 cell-1 并双击,在 Material Name 下拉菜单中选择 cell,将电池材料赋值于电池几何,其余保持默认,如图 7.32 所示。在 cell-1 右键 "Copy" 按钮,将 cell-1 设置复制于其余电池,如图 7.33 所示。电池的极柱默认为铝,在此不做修改。

13)设置固体域其余部分。在结构树 Cell Zone Conditions→Solid 中选择 silica_gel-1 并双击,在 Material Name 下拉菜单中选择 silica_gel,将硅胶材料赋值于硅胶几何,其余保持默认,如图 7.34 所示。在 silica_gel-1 右键 "Copy" 按钮,将 silica_gel 设置复制于其余硅胶。母排、箱体、端板和冷板默认为铝,在此不做修改。

第7章 动力电池流体传热仿真分析

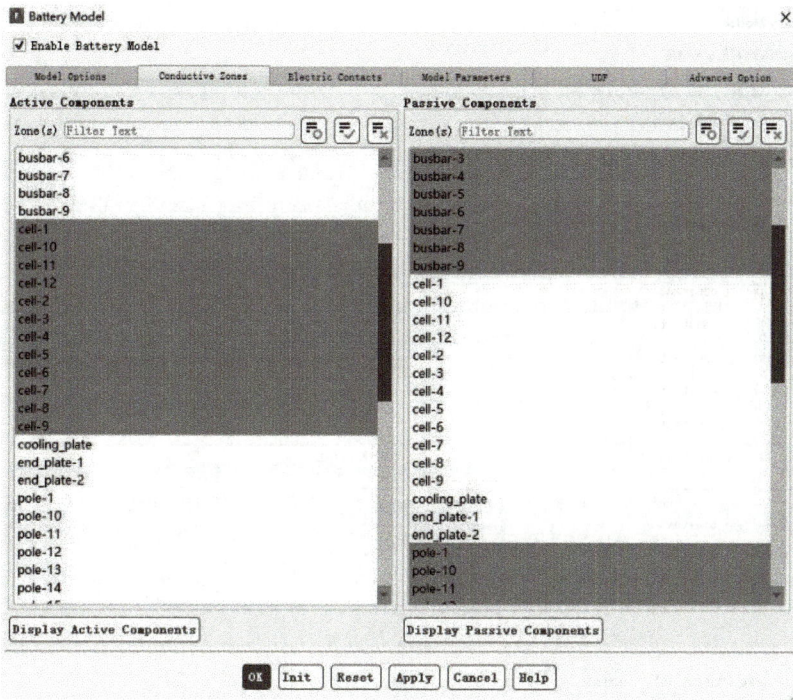

图 7.29 Conductive Zones 设置

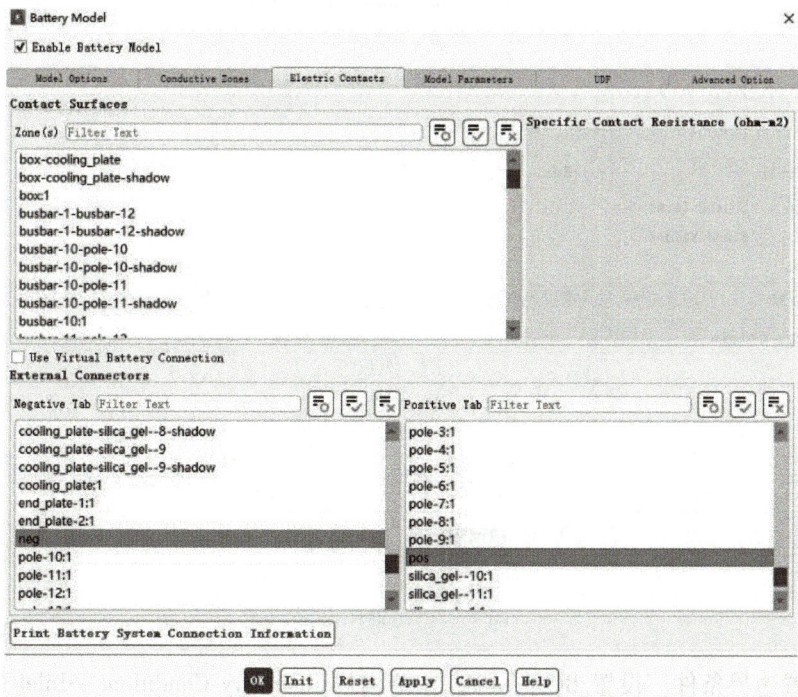

图 7.30 Electric Contacts 设置

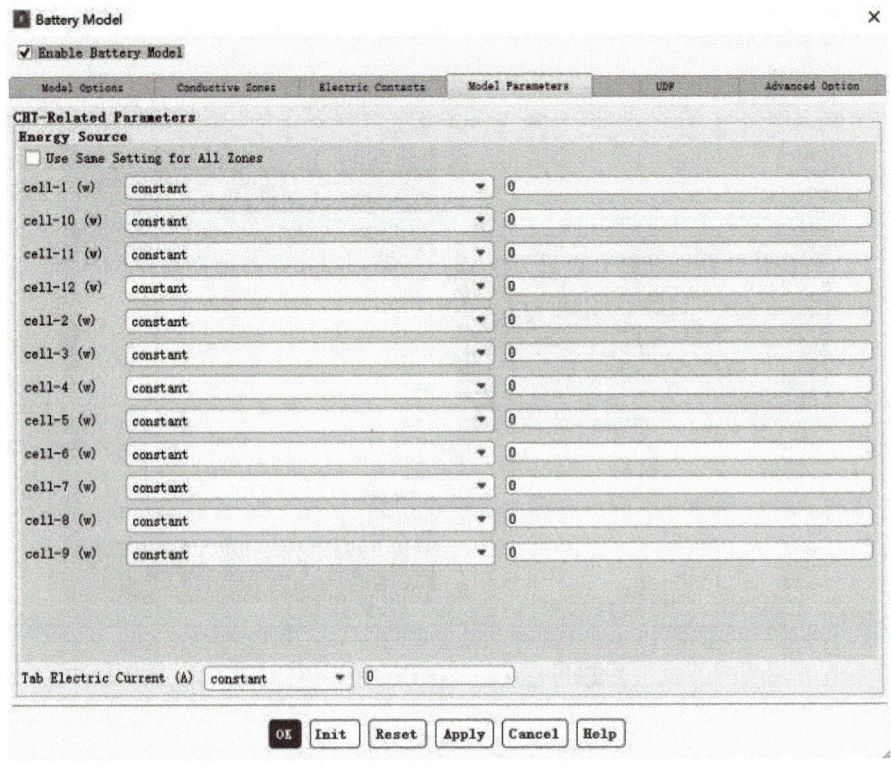

图7.31 Model Parameters 设置

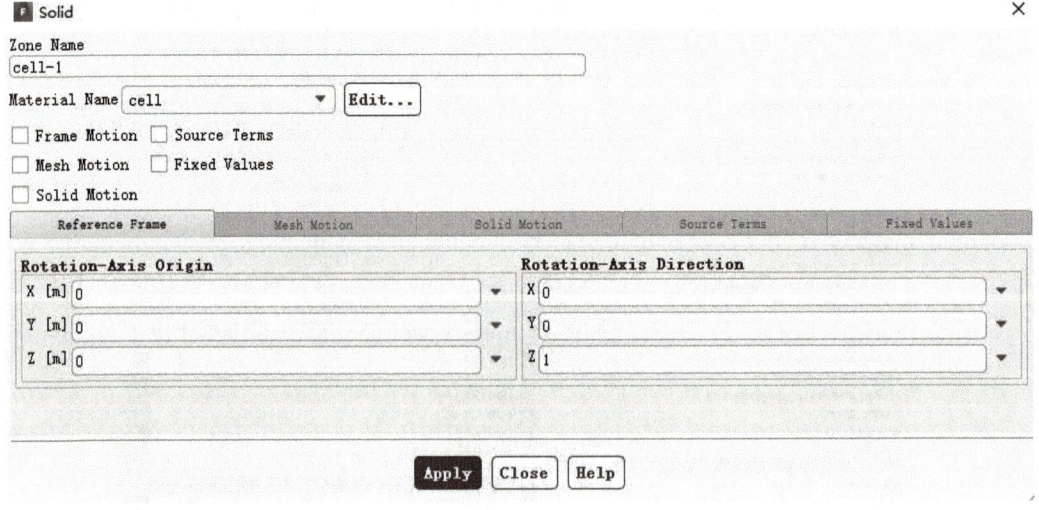

图7.32 电池域设置

14）设置边界条件。设置 BC—Inlet，在结构树 Boundary Conditions→Inlet 中双击 inlet，打开的面板 Momentum 标签设置 Velocity Magnitude 为 0.53m/s，其余保持默认，如图 7.35 所示；在 Thermal 标签下设置冷却水的温度为 300K。设置 BC—outlet，在结构树 Boundary Conditions→Outlet 中双击 outlet，在打开的面板 Momentum 标签下设置 Gauge Pressure 为 0Pa，其

第7章 动力电池流体传热仿真分析

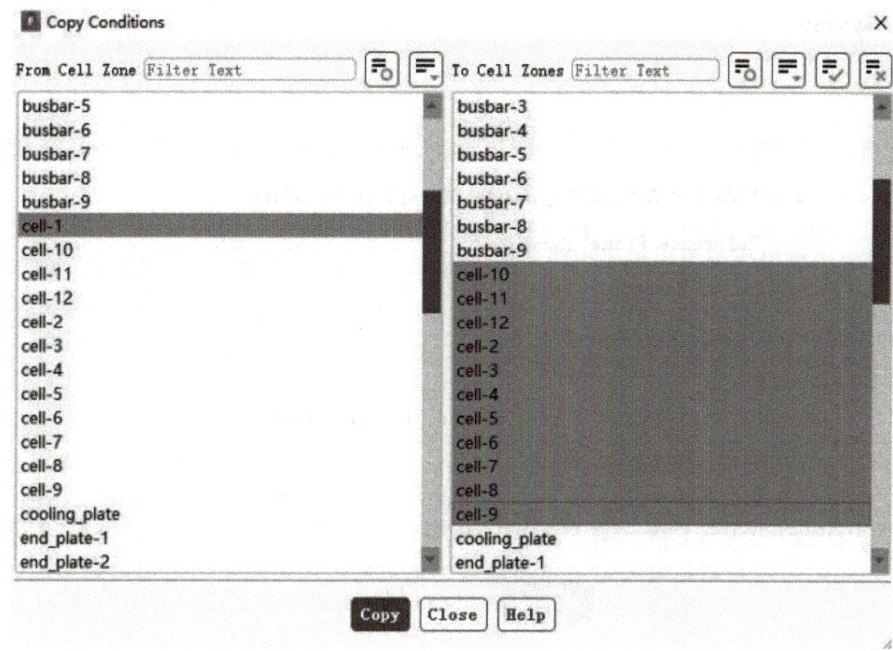

图7.33 将cell-1设置复制到其他电池域

图7.34 硅胶域设置

余保持默认；在Thermal标签下设置冷却水的温度为300K，如图7.36所示。

设置BC—壁面，在结构树Boundary Conditions→Wall中双击"box:1"，在打开的面板Thermal标签下设置，如图7.37所示。选择Convection热边界，在Heat Transfer Coefficient中设置$5W/m^2 \cdot K$，在Free Stream Temperature中设置300K，其余保持默认设置；在box:1右键"Copy"按钮，复制到其他通过自然对流散热的壁面，如图7.38所示。在Wall列表中凡是以xxx和xxx-shadow结尾的壁面均为Coupled面，上述壁面边界条件无须对其进行相关设

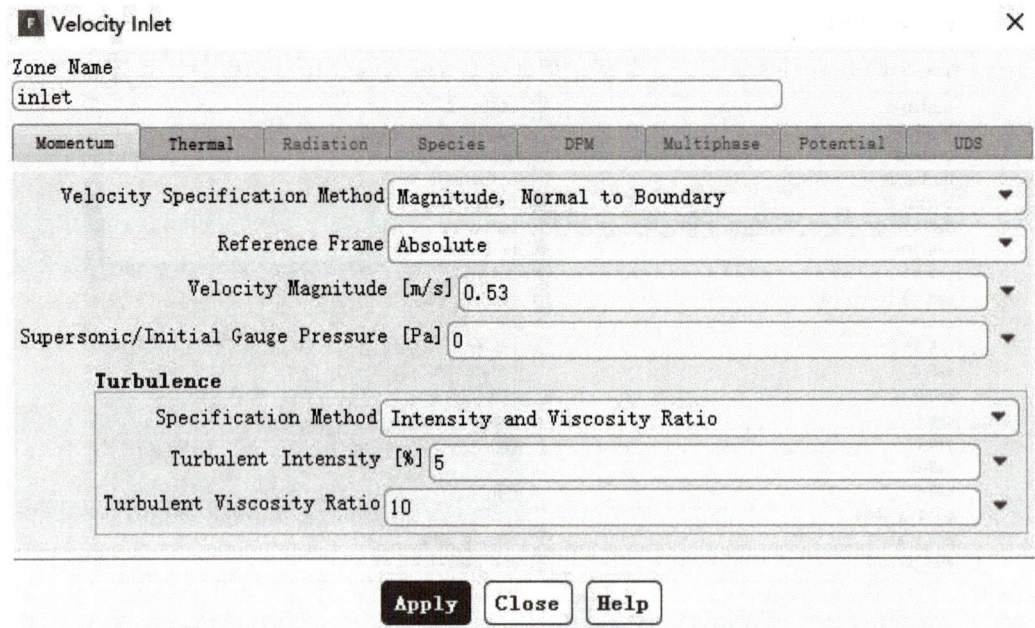

图 7.35　冷却液入口边界条件设置

图 7.36　冷却液出口边界条件设置

置，壁面通过对流与外界进行热交换，壁面传热系数为 $5W/m^2·K$，外界环境温度为 300K。

15) Method 和 Control 设置。在 Solution→Methods 和 Solution→Controls 中设置，如图 7.39 所示。为监测计算过程中电池温度的变化趋势以及收敛判断考虑，在此对电池平均

第7章 动力电池流体传热仿真分析

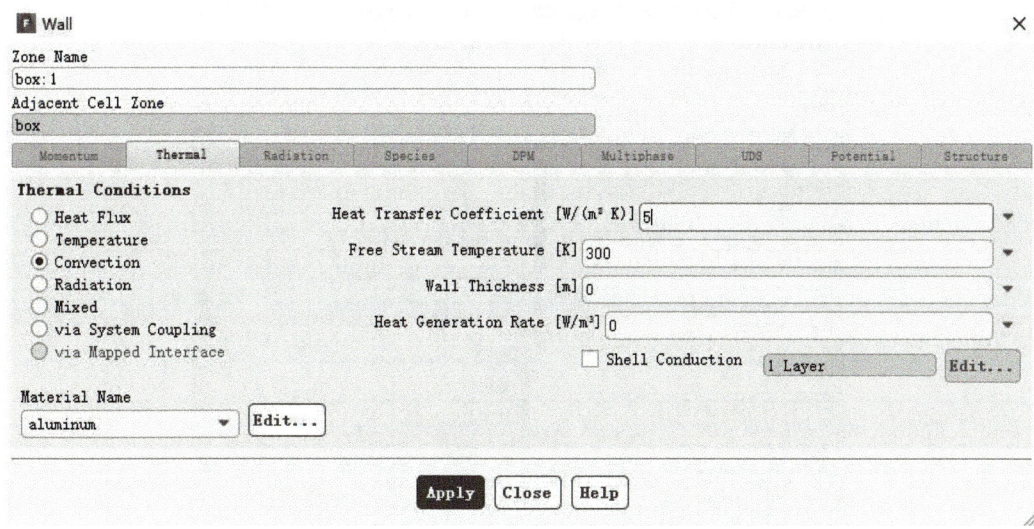

图 7.37 壁面边界条件设置

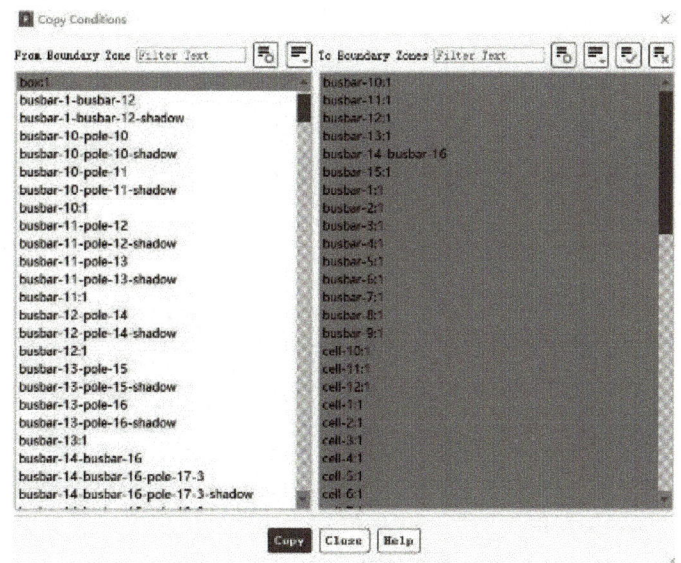

图 7.38 将 box:1 的设置复制到其他壁面

温度进行监测,设置过程如下:在结构树 Solution→Report Definitions 中右键,选择 New→Volume Report→Volume-Average;在弹出的面板中修改 Name 为 report-def-avetemp;Options 勾选 Per Zone,Field Variable 选择 Temperature,Cell Zones 选择所有的电池,Create 勾选 Report Plot,单击"OK"按钮,如图 7.40 所示。

收敛准则设置在结构树 Solution→ Report Plots→ Convergence Conditions 中,单击 Residuals,Convergence Criterion 设置为 none,如图 7.41 所示。

16)初始化及求解设置。设置到此处,推荐保存一下 case,使用 .gz 或 .h5 文档格式。

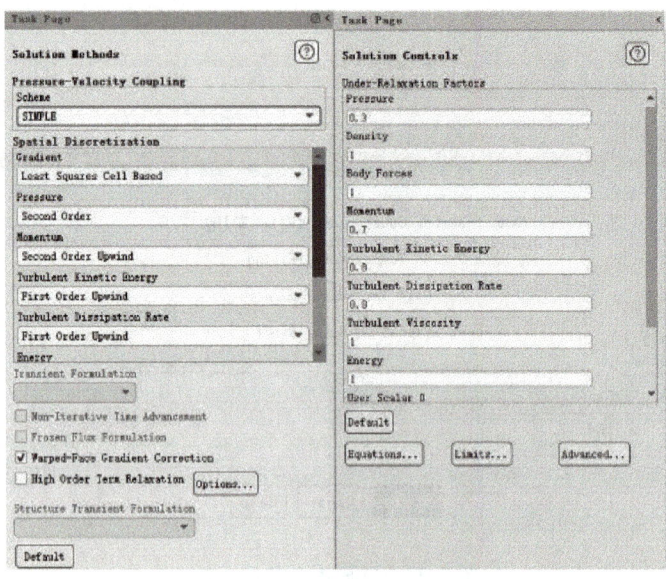

图 7.39　Method 和 Control 设置

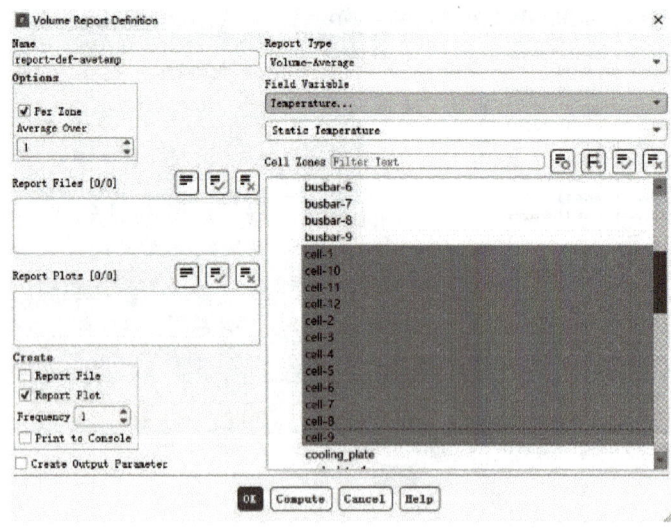

图 7.40　设置电池平均温度监测点

在结构树 Solution→Initialization 中双击，在设置面板中选择 Hybrid Initialization 方法，如图 7.42 所示；在结构树 Solution→Run Calculation 中双击，在设置面板中 Number of Iterations 设置为 200，其余保持默认设置，单击"Calculate"按钮进行仿真求解，如图 7.43 所示。

17）后处理。一般来说，后处理分为两大类，即定性的后处理和定量的后处理。其中常见的定性后处理有云图、矢量图、流线图、动画、粒子图等；定量的后处理有监测点值、积分、XY 线图等。

第7章 动力电池流体传热仿真分析

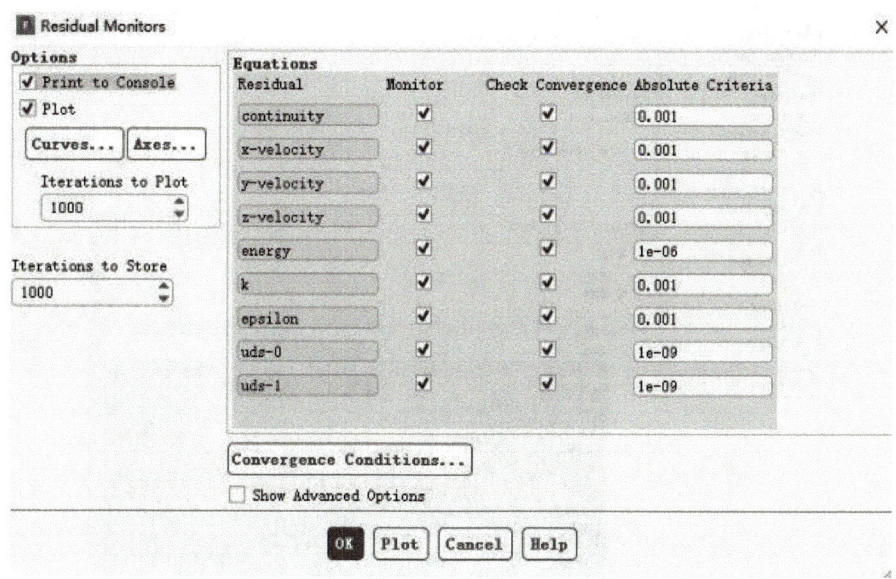

图 7.41 Residual Monitors 设置

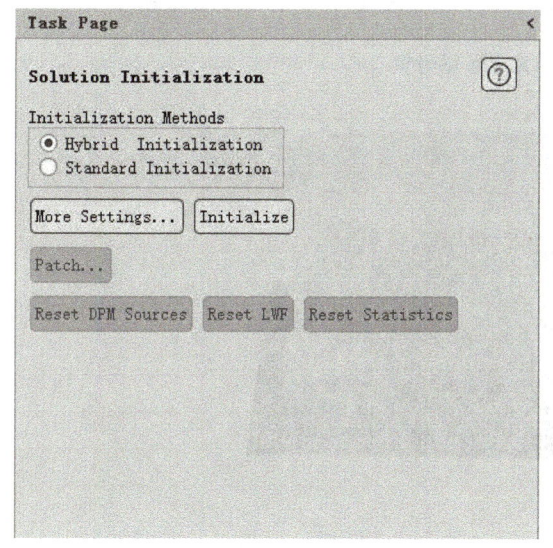

图 7.42 初始化及求解设置（一）

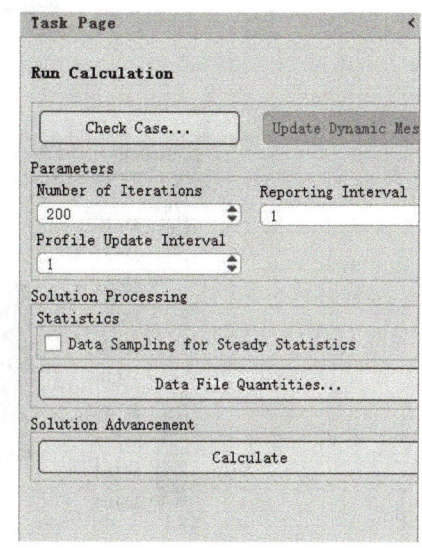

图 7.43 初始化及求解设置（二）

① 模组温度分布。在结构树 Result→Graphics→Contours 中右键，选择 New，设置如图 7.44 所示，修改名称为 contour-temp，Contours of 选择 Temperature；在 Surfaces 中首先通过 surface type 方法选中所有的 wall type，然后在 Filter Text 中输入 box，取消所有包含 box 的面，单击"Save/Display"按钮。模组内部温度分布如图 7.45 所示。

云图是很好的宏观分析物理现象的工具，定性研究变化趋势较好。由图 7.45 可见，由于采用了液冷冷却方式，模组在靠近冷板处的温度较低，还可以从单体电池温差、整体温差、电池温度一致性等多个角度来进行后处理分析。

② 冷却液流线图。在结构树 Results→Graphics→Pathlines 中右键，选择 New，在设置面

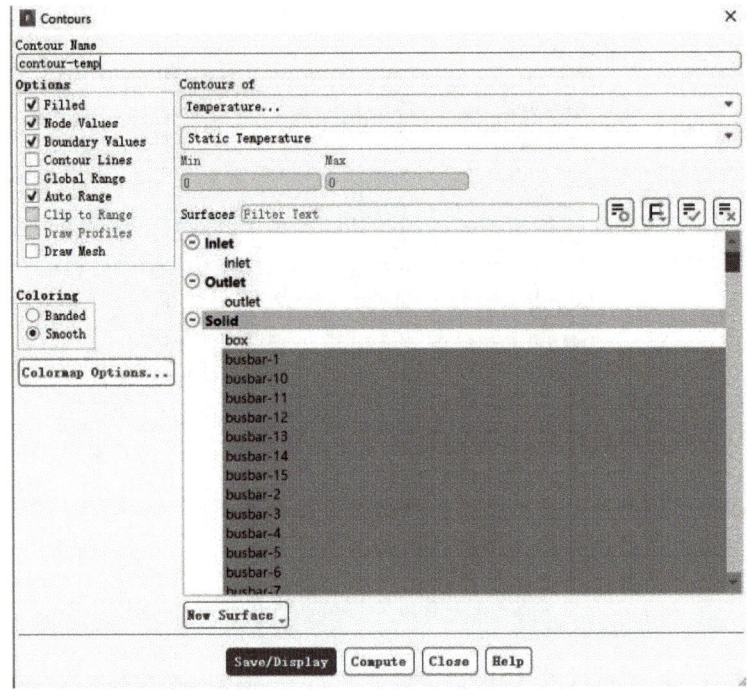

图 7.44　模组温度云图设置

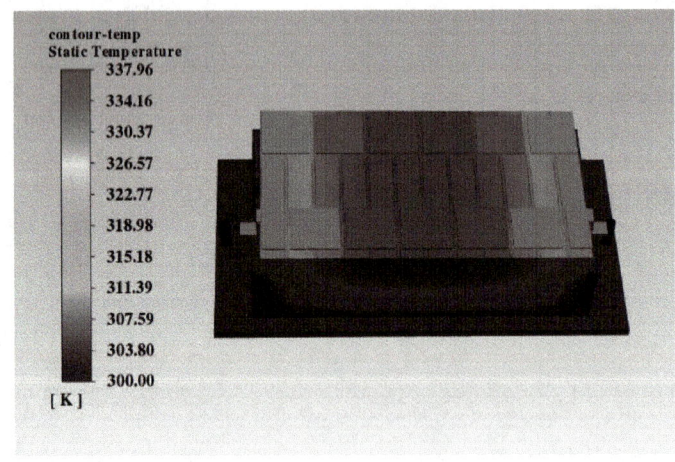

图 7.45　模组内部温度云图

板上设置,如图 7.46 所示；Release from Surfaces 中选择 inlet-water,Color by 选择 Velocity,其余保持默认,单击"Save/Display"按钮,结果如图 7.47 所示。

流线是分析流动路径及状态的好工具,通过分析流线可以很方便地得出诸如流动拥塞、旋涡、回流区、混合度等信息。Fluent Pathline 工具还有诸如 Reverse、Continue 等多种流线设置方式来辅助检查流动状态。

③ 冷却通道矢量图。为察看冷却液在某平面的矢量图,需要首先在 Fluent 设置一个后处理平面。在结构树 Results→Surfaces 中右键,选择 New-Plane,选择 Iso-Surface,连续平面

第7章 动力电池流体传热仿真分析

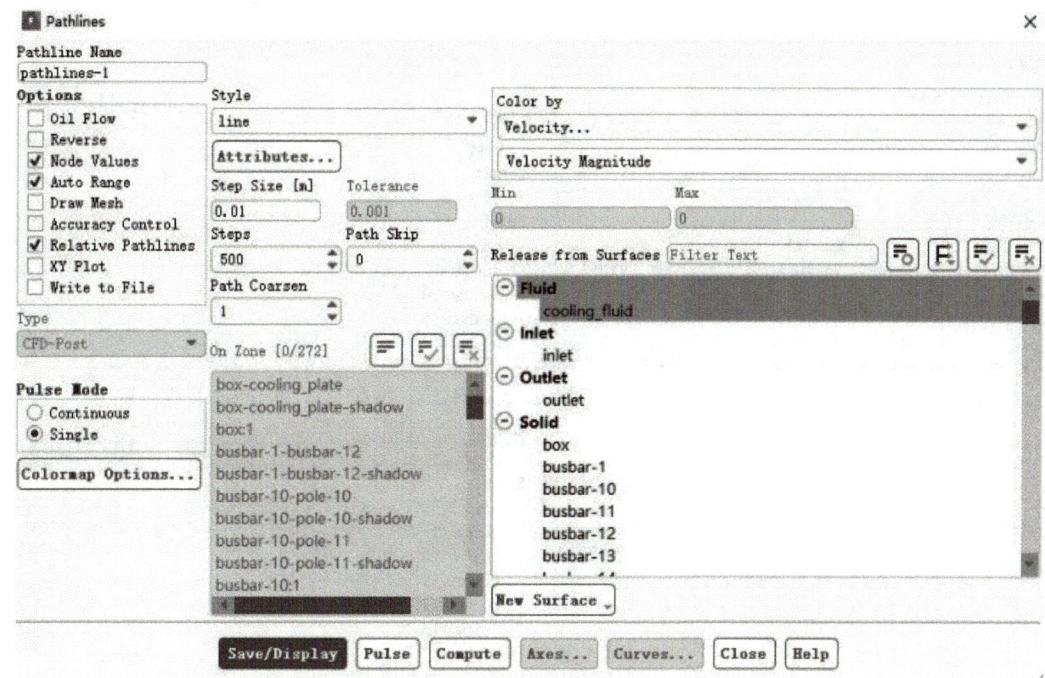

图7.46 冷却液流线图设置

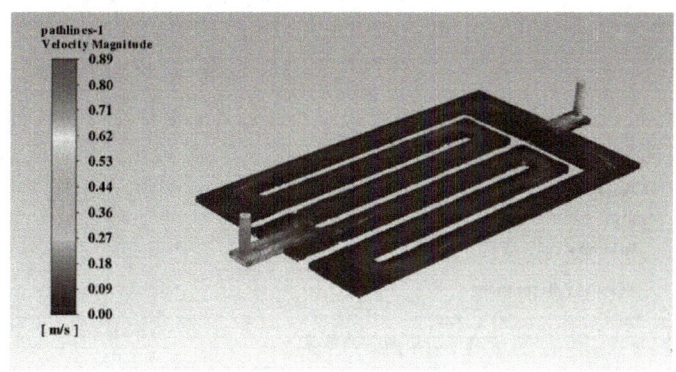

图7.47 冷却液流线图

选择Z向的网格，如图7.48所示。

在结构树Results→Graphics→Vectors中右键，选择New，在弹出的设置面板中，Surfaces中选择刚刚创建的平面，单击Vector Options，勾选Fixed Length和In Plane，单击"Apply"按钮；在Vectors面板Scale设置为0.005，其余保持默认，如图7.49所示。单击"Save/Display"按钮，结果如图7.50所示。通过分析矢量图可以很方便地得出诸如流动拥塞、旋涡、回流区、混合度等信息。

④ 监测点温度随时间变化及残差图。图7.51所示为电池监测点平均温度随时间变化曲线，可较为清楚地看出电池温度变化趋势、不同电池间温度差异以及是否达到平衡状态。图7.52所示为计算过程中迭代残差。

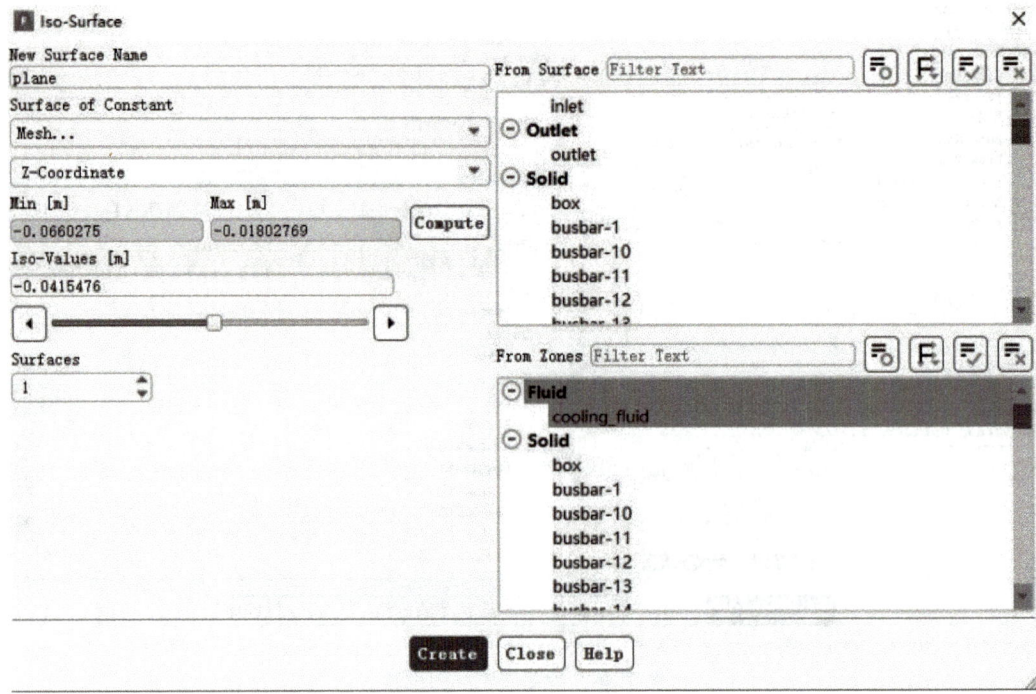

图 7.48 设置后处理平面

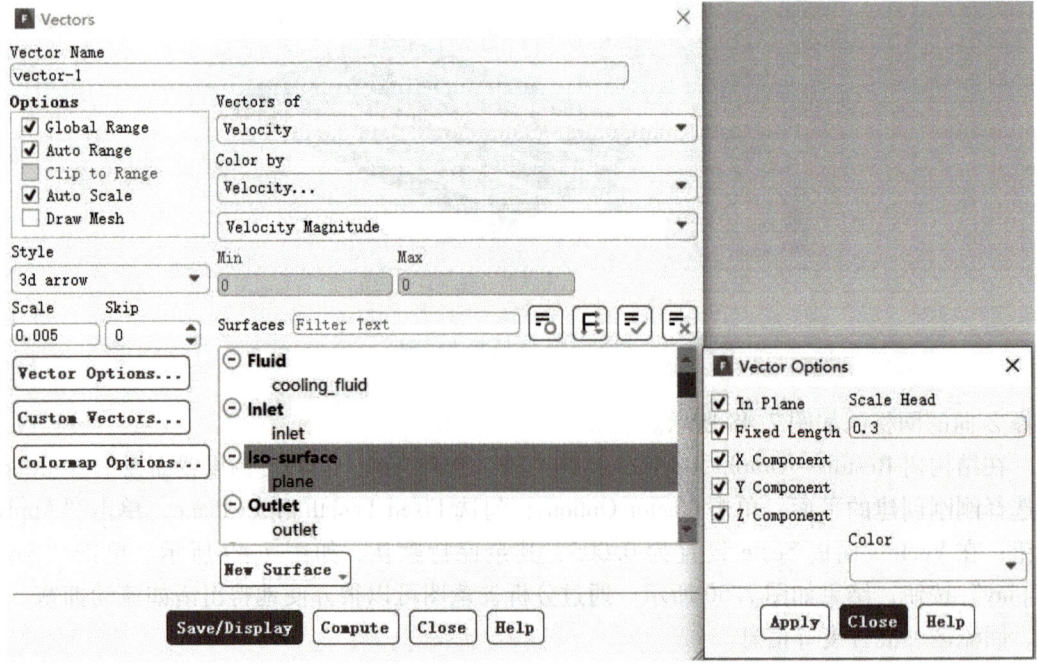

图 7.49 冷却通道速度矢量图设置

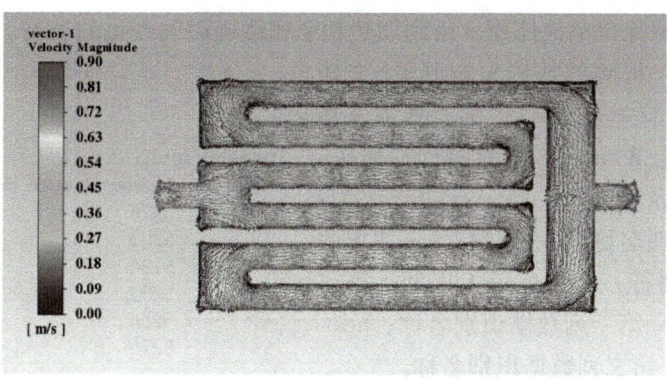

图 7.50　冷却通道速度矢量图

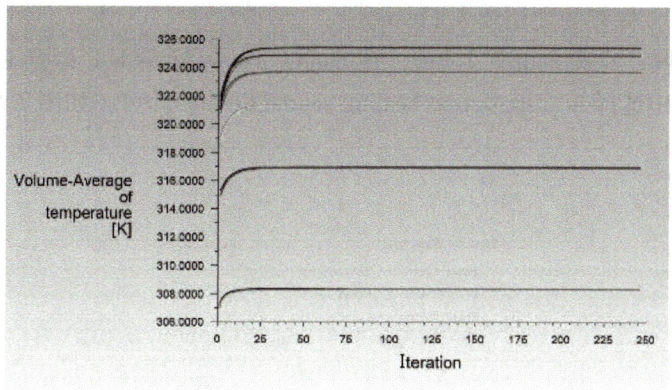

图 7.51　电池平均温度变化图

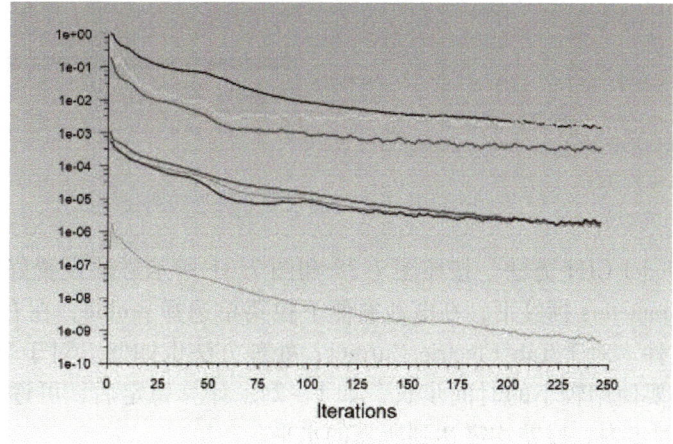

图 7.52　残差变化图

3. 设置共轭传热瞬态源项方法

在实际工作中绝大多数情况都是瞬态计算，在 Fluent 进行瞬态源项的设置方法有很多，如使用 Named Expression、UDF、Transient Profile 以及 Battery Model。在这里只讲述 Transient Profile 和 Battery Model 两种方法。

（1）Transient Profile 方法　在结构树 General-Time，勾选 Transient。

1）获得电池发热功率随时间变化的数据，一般为表格文档。

2）将发热功率除以电池体积，得到发热功率密度随时间变化的表格。

3）将步骤2）得到的数据复制到 txt 文档中，第一列为时间（单位为 s），第二列为发热功率密度（单位为 W/m³），在前两行写表头，格式如图 7.53 所示。其中，第一行中依次为：heating source—表头名称；2—列数；5—数据的行数（不包含前两行）；0—表示无周期。第二行中依次为：time—第一列数据识别别名称；heating source density—第二列数据识别名称。

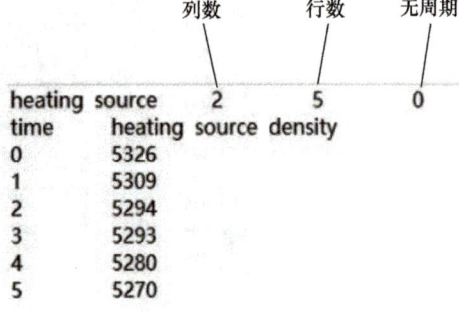

图 7.53　Transient Profile 文档格式

4）使用 TUI 命令：/file/read-transient-table xx.txt 将步骤3）保存的文档读入 Fluent。

5）双击电池域，勾选 Source Terms，在 Source Terms 标签下，设置 Energy Source 数量为1，在下拉菜单中选择 heating source heating source density 即可，如图 7.54 所示。

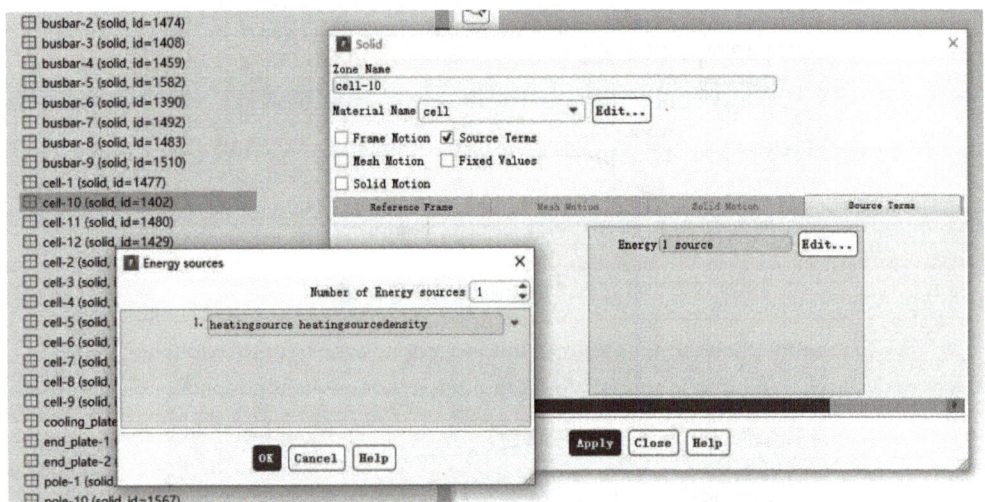

图 7.54　Transient Profile 方法设置共轭传热瞬态源项

（2）Battery Model CHT 方法　按照图 7.28 和图 7.31 所示方法设置好后，在图 7.55 所示界面中 Model Parameters 标签下，在电池右侧下拉菜单选择 profile，在右侧 Browse 选择事先写好的 profile 文件。对于 Tab Electric Current，处理方法也如此。对于瞬态仿真，一般初始的几步计算中需要使用较小的时间步长，如 1~2s；计算稳定后，可逐步增加时间步长，如 30s。在每个时间步内，残差均需达到所需的水平。

电池共轭传热还有一类场景需要特别注意，即在计算过程中会出现自然对流带来的传热计算。典型的场景是在冬天或寒冷地区，电池包从工作温度 30℃ 自然冷却到 -30℃ 整个过程的仿真，这个过程中一般的冷却媒介已经不再工作，传热基本上是通过辐射、自然对流和热传导来进行的。针对这类包含自然对流的场景仿真有以下几个注意点：

1）流体域网格一定要设置至少 3 层边界层网格，且最大长宽比（Aspect Ratio）不宜超过 40。Fluent Meshing WTM 流程中可以规定生成网格的最大长宽比，如图 7.56 所示，一般在设置边界层网格或生成体网格步骤。

第7章 动力电池流体传热仿真分析

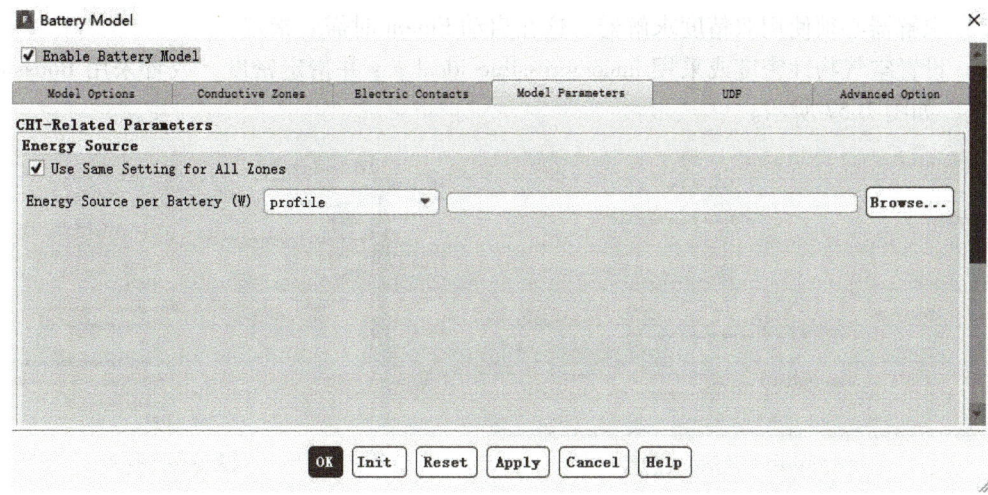

图 7.55　在 Battery Model 中设置 CHT 瞬态热源项

图 7.56　在 Fluent Meshing WTM 中设置网格最大 Aspect Ratio

2）求解器必须使用双精度求解器。这在启动 Fluent 时需要指定。

3）设置空气物性密度或采用 imcompressible ideal gas 并指定密度，或者采用 Boussinesq 的假定，如图 7.57 所示。

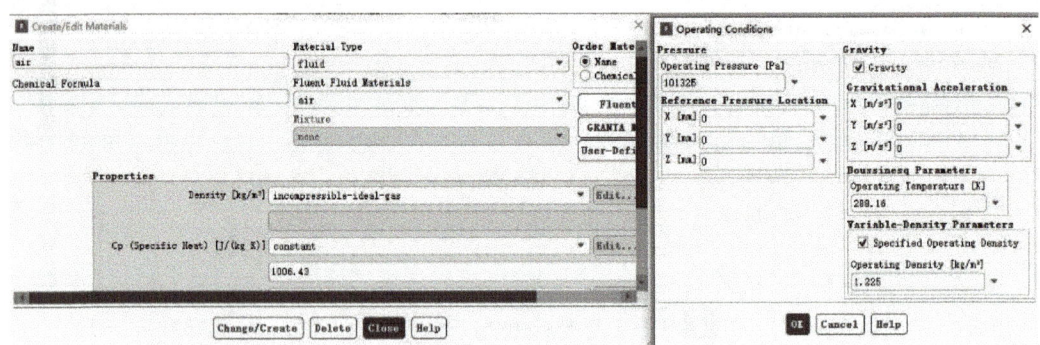

图 7.57　设置空气物性

4）压力空间离散格式必须选择"Body Force Weighted"或"PRESTO!"，其他格式极可能产生近壁面非物理解，如图 7.58 所示。

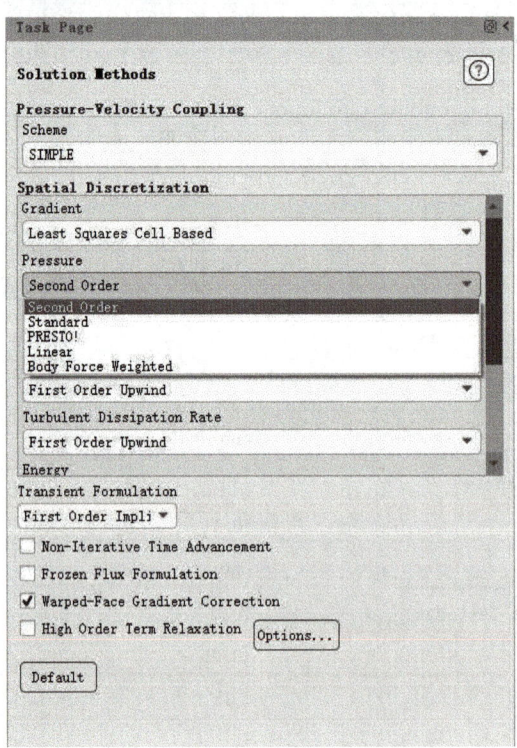

图 7.58　设置压力空间离散格式

5）时间步长选取需要提前计算系统的瞬态时间常数，一般取时间常数的 1/4 左右。时间常数计算公式如下：

$$\tau = \frac{L}{U} \approx \frac{L^2}{\alpha \sqrt{RaPr}} = \frac{L}{\sqrt{\beta g L \Delta T}}$$

第7章 动力电池流体传热仿真分析

式中，β 是热膨胀系数；L 是特征长度；ΔT 为最大温差；g 为重力加速度。

6）压力速度耦合推荐使用 Coupled 算法，CFL 设置在 100，密度松弛因子为 0.8 左右 Body Forces 松弛因子不宜大于 0.5，如图 7.59 所示。

7）必要时需要关闭温度的二阶梯度，在 Fluent Console 中输入 TUI 命令：（rpsetvar 'temperature/secondary-gradient? #f）。

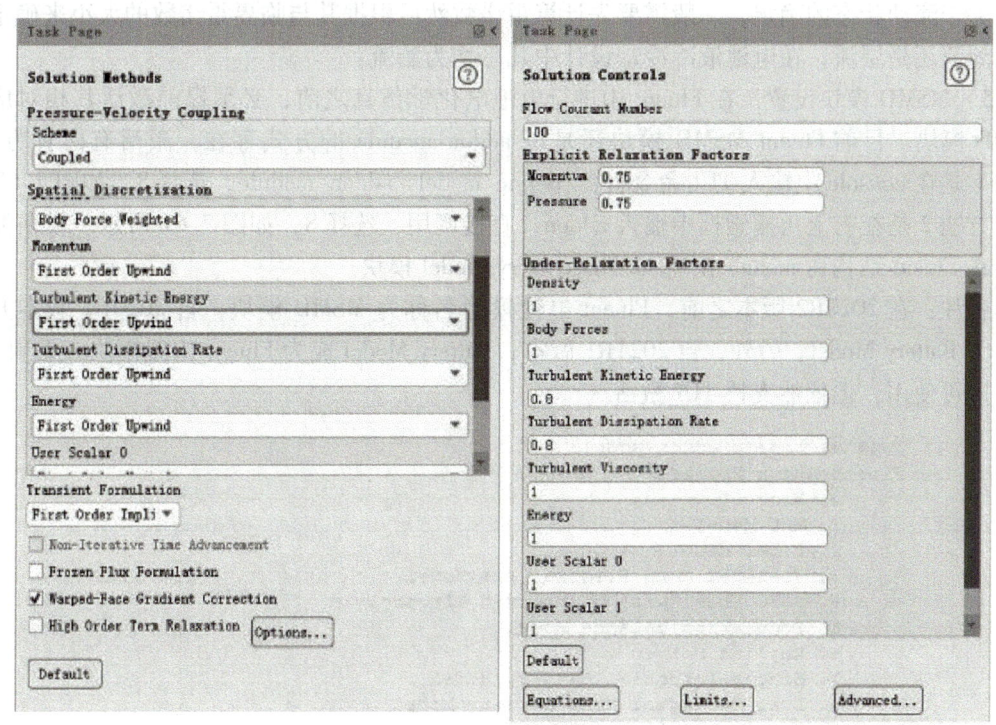

图 7.59 压力速度耦合设置

7.2.3 电池等效电路模型（ECM）仿真

ECM 模型是用电路中的电气元件，如电阻、电容、电压源、电流源等构建电路，模拟电池的电性能。由于 ECM 模型是基于经验，所以需要相关试验数据进行参数拟合。ECM 模型计算量很小，求解效率很高，同时 ECM 等效电路中存在 RC 并联结构，其对负载剧烈变化工况的跟随性较好。

在 Fluent 中关于 ECM 模型在参数拟合的时候有 4 参数（4P）和 6 参数（6P）两种选项，区别在于 4P ECM 电路中只有一组 RC 并联结构，6P ECM 电路中有两组 RC 并联结构。在绝大多数工程应用中，6P ECM 模型在鲁棒性、计算准确度等方面是最好的，所以无特殊情况，建议以 6P ECM 来进行相关仿真。

1. ECM 模型仿真流程

电池 ECM 仿真步骤中部分设置环节与 7.2.2 节共轭传热部分相同，为节省篇幅，在此只列出与之前不同部分的设置，用户需要参考之前章节完成相同环节的设置。

1）启动 Fluent。启动过程同 7.2.2 节。

2）读入网格并检查。菜单 File→Read mesh 中，选中 Geom-1P12S-CHT2.msh.gz，网格导入完成后软件会自动显示网格，检查网格质量。

3）通用设置。选择压力基求解器；本案例需要计算电池性能随时间的变化，故选择瞬态求解，其余保持默认。

4）相关物理模型选择。打开能量方程；湍流模型选择 Realizable k-e 模型及标准面函数。关于流动状态的确定，一般需要先计算雷诺数然后根据其与临界雷诺数的大小来确定流动为湍流还是层流，在电池液冷冷却设计中几乎均为湍流。

5）MSMD 模块设置。在 Fluent 中进行电池电化学仿真之前，必须提前激活其相对应的 MSMD 模块。目前 Fluent MSMD 模块还是以 addon-module 的方式存在，激活有两种方式。方法 1 是在 console 中输入 TUI 命令行：/define/models/addon-module，选择 8，如图 7.60 所示；方法 2 是在右上角搜索框中输入 addon，直接调用，选择 8，如图 7.61 所示。模块激活后会在 Fluent 结构树 models 出现 MSMD Battery Model 模块。

备注：在 2020R2 版本之前，Fluent 电池模型名称为 MSMD 模块，自 2020R2 版本开始改名为 Battery Model。另外，自 2021R1 版本，Battery Model 成为 Fluent 内置模块，无须 TUI 激活即可使用，但依然支持 TUI 激活。

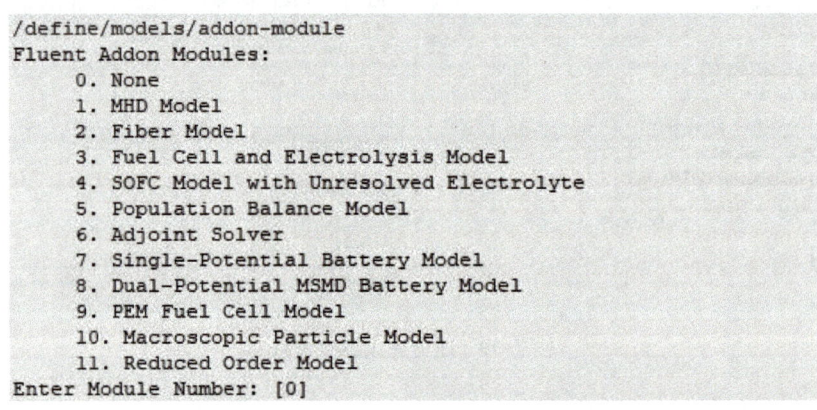

图 7.60 使用命令行激活 MSMD 模块的方法

6）设置 MSMD 模型选项。在结构树 Models 中双击 MSMD Battery Model，在弹出的面板勾选 Enable Battery Model。在 E-Chemistry Models 下选择电化学子模型 Equivalent Circuit Model（ECM）；在 Electrical Parameters 下面的 Nominal Cell Capacity 中填写电池的标称容量，本案例为 60A·h；Solution Options 中选择 Specified C-Rate（特定倍率），在右侧 C-Rate 框中填入 1，即 1C 倍率放电。其余保持默认，单击"Apply"按钮，如图 7.62 所示。

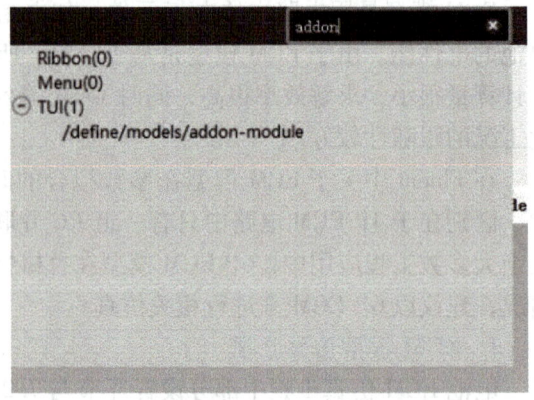

图 7.61 使用搜索框激活 MSMD 模块的方法

若电池的正电势电导率和负电势电导率均在 $1×10^6$ S/m 及以上量级时，则可采用 Solution Method for E-Field 下面的 Circuit Network Method，这个方法会比目前默认的 Solving Transport Equation 速度快 2~10 倍，同时有相同的准确度。其余设置 Circuit Network Method 与 Solving Transport Equation 完全一致。

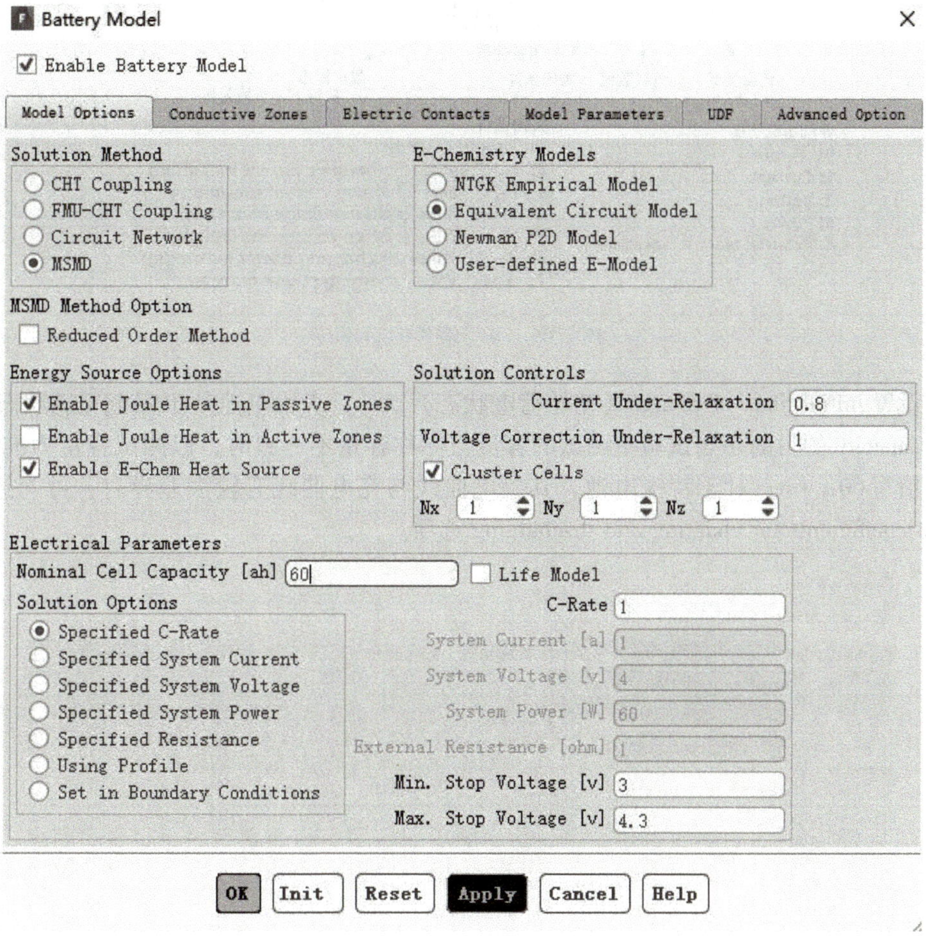

图 7.62 MSMD 模块 Model Option

电池真实运行过程往往是多种工况的组合，使用 profile 比较合适。Fluent 提供两种格式的 profile 文件，一种为基于时间的 profile，如图 7.63 所示；另一种为基于事件的 profile，如图 7.64 所示。需要提示的一点是，所有基于时间的 profile 都可以写为基于事件的 profile，反之则不成立。

7）设置 Model Parameters。在 MSMD Battery Model 的第四个标签 Model Parameters 中进行如图 7.65 所示

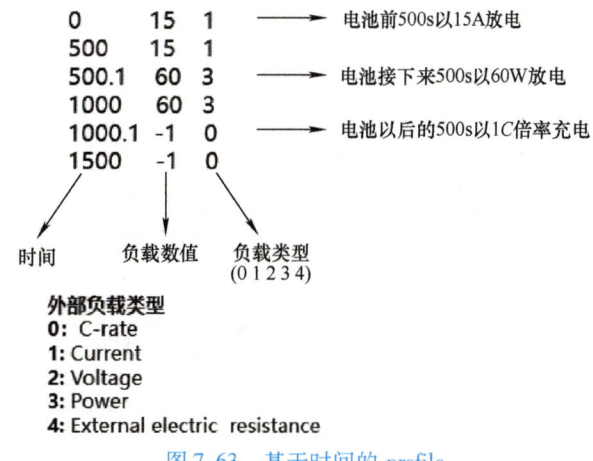

图 7.63 基于时间的 profile

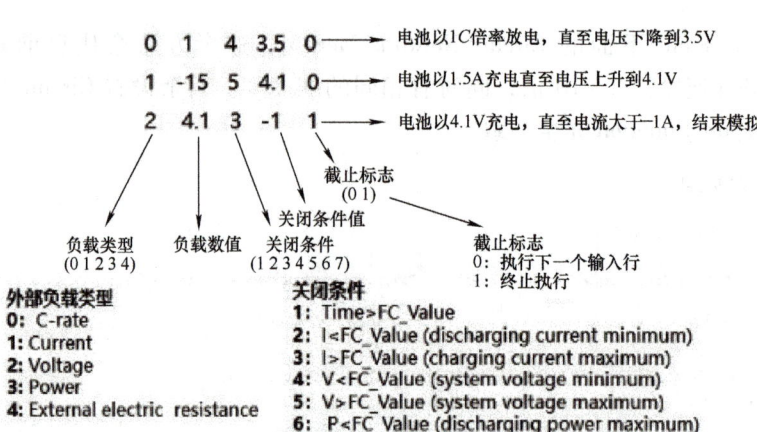

图 7.64　基于事件的 profile

设置：设置 initial State of Charge（初始荷电状态）为 1，表示电池处于完全充满状态；Reference Capacity 的目的是当试验室测试的容量与标称容量不一致时，以测试容量为准，在本案例中填写 60A·h；对于特殊电池，其放电曲线与充电曲线有较大差异时，可勾选 Using different coefficients for charging and discharging 选项。

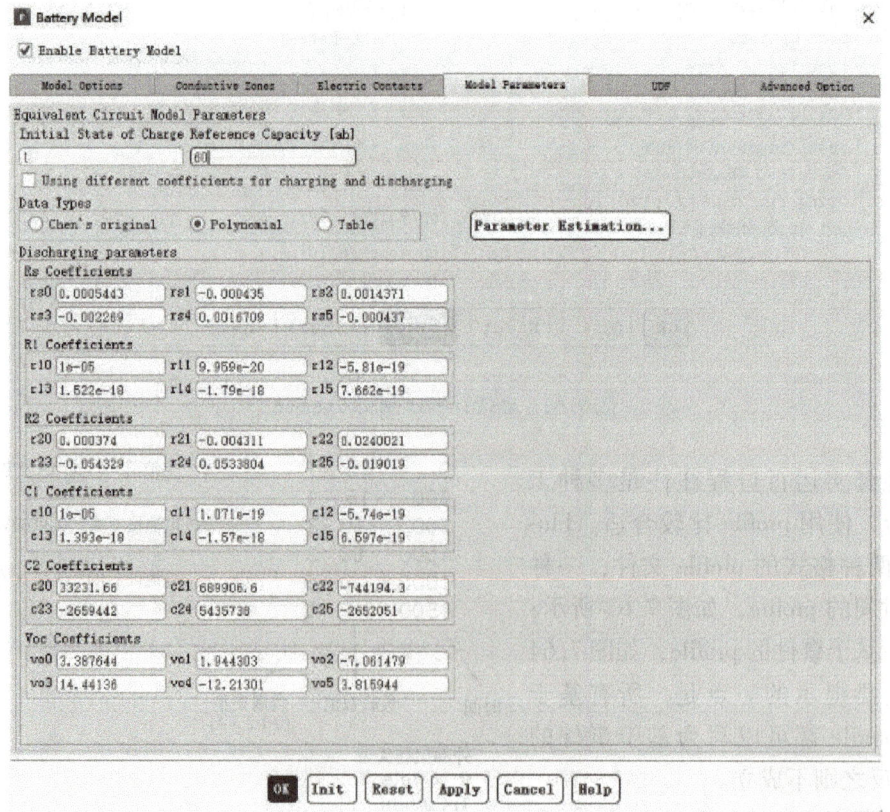

图 7.65　MSMD 模块 Model Parameters

目前 ECM 方法的 Data types 有 3 种：

① Chen's original：拟合关系是以指数形式实现的，一般使用较少。

② Polynomial：拟合关系是用 5 阶多项式来实现的，使用的比较多，尤其是只有单一温度下的 HPPC 数据时。

③ Table：在多温度 HPPC 条件下使用，通过在不同温度下拟合关系生成 table，再在计算中通过查表来获取数据。在使用 Fluent 自带的参数拟合工具以后，建议单击一下"Reset"按钮，来确认拟合后的参数填充到相应的位置。

8）在上述面板中 ECM 设置参数时，我们需要使用 HPPC 数据拟合出各参数与 SOC 的函数关系，拟合过程需要使用 Fluent 自带的参数拟合工具，在 console 中输入以下命令//define/models/battery-model > parameter-estimation-tool，来激活参数拟合工具，如图 7.66 所示。

```
//define/models/battery-model>
ecm-parameters                         parameter-estimation-tool
electric-field-model/                  run-echem-model-standalone
enable-battery-model?                  solution-method
enable-capacity-fade-model?            thermal-abuse-model
model-parameters                       udf-hooks

//define/models/battery-model>  parameter-estimation-tool
Parameter Estimation for Model:
     1: NTGK Model
     2: ECM Model
     3: Thermal Abuse Model
Model option:  [2] 2
Number of temperature levels: [1] 1
Number of different SOC-level curves per temperature level: [9] 9

-- Make sure every input file has this format --
       SOC          0.6
       I            3.153
       Temperature    300.0
       time_1       voltage_1
       time_2       voltage_2
       ...          ...
------------------------------------------------
  where SOC: soc level
          I: pulse current
```

```
Temperature (K) [300] 298.15
  file name for curve 1 [] 25du-JB3-0.txt
  file name for curve 2 [] 25du-JB3-0.05.txt
  file name for curve 3 [] 25du-JB3-0.1.txt
  file name for curve 4 [] 25du-JB3-0.15.txt
  file name for curve 5 [] 25du-JB3-0.2.txt
  file name for curve 6 [] 25du-JB3-0.6.txt
  file name for curve 7 [] 25du-JB3-0.9.txt
  file name for curve 8 [] 25du-JB3-0.95.txt
  file name for curve 9 [] 25du-JB3-0.97.txt
Battery capacity (Ah) [14.6] 14.6
Circuit Model:
     1: 4P parameter model (one RC loop)
     2: 6P parameter model (two RC loops)
 Circuit model option:  [1] 1
Fitting Method:
     1: Jiang-Hu Method (JH)
     2: Levenberg-Marquardt Method (LM)
 Fitting method option:  [2] 2
Include Capacity Fade Effect? [no] no
```

图 7.66　MSMD 模块 ECM 参数拟合

测试数据文件与算例需要在同一个文件夹内。完成上述操作后，Fluent 会将拟合结果打印在 console 中，如图 7.67 和图 7.68 所示。一般情况用户需要从 Curve-fitting Results 中检查数据的一致性，着重检查其中的 Rs、R1 * C1、R2 * C2。在图 7.68 中显示了 5 阶多项式的拟合结果，建议用户单击 MSMD Battery Model 面板上的 Reset 按钮并检查 Model Parameters 中的参数是否与 5 阶多项式系数相同，如图 7.69 所示。

CURVE-FITTING RESULTS

******** Table of Voc, Rs, R1, C1, R2, C2 as a function of SOC **********

SOC	Voc	Rs	R1	C1	R2	C2	(R1*C1)	(R2*C2)	sqrt(chi^2)/N
0.000000e+00	3.385000e+00	5.394385e-04	1.000000e-05	1.000000e-05	4.265535e-04	2.750916e+04	1.000000e-10	1.173413e+01	1.298449e-06
5.000000e-02	3.477000e+00	5.283884e-04	1.000000e-05	1.000000e-05	2.095116e-04	5.360033e+04	1.000000e-10	1.122989e+01	7.922427e-07
1.000000e-01	3.519000e+00	5.210122e-04	1.000000e-05	1.000000e-05	1.541024e-04	7.422224e+04	1.000000e-10	1.143782e+01	7.641123e-07
1.500000e-01	3.560000e+00	5.209684e-04	1.000000e-05	1.000000e-05	1.342149e-04	1.002188e+05	1.000000e-10	1.345085e+01	7.537680e-07
2.000000e-01	3.595000e+00	5.021835e-04	1.000000e-05	1.000000e-05	1.151674e-04	1.020375e+05	1.000000e-10	1.175139e+01	7.273558e-07
6.000000e-01	3.845000e+00	5.057311e-04	1.000000e-05	1.000000e-05	1.405031e-04	9.076552e+04	1.000000e-10	1.275284e+01	7.375842e-07
9.000000e-01	4.187000e+00	5.082557e-04	1.000000e-05	1.000000e-05	1.356466e-04	9.383135e+04	1.000000e-10	1.272790e+01	7.415040e-07
9.500000e-01	4.246000e+00	5.131288e-04	1.000000e-05	1.000000e-05	1.239617e-04	9.066615e+04	1.000000e-10	1.123913e+01	7.438770e-07
9.700000e-01	4.276000e+00	5.177853e-04	1.000000e-05	1.000000e-05	1.311299e-04	9.535555e+04	1.000000e-10	1.250396e+01	7.480481e-07

图 7.67　MSMD 模块 ECM 参数拟合结果（一）

拟合之后在工作目录下会生成一个"fitting result"文件夹，文件夹下面会有各个 soc 下的拟合数据与试验数据对比文件 .dat 和 .xy（图 7.70），用户可以在 excel 或者数据分析软件中进行画图分析对比。Fluent 提供了更便捷的对比方法，文件夹下会有一个 .scm 文件，

图 7.68 MSMD 模块 ECM 参数拟合结果（二）

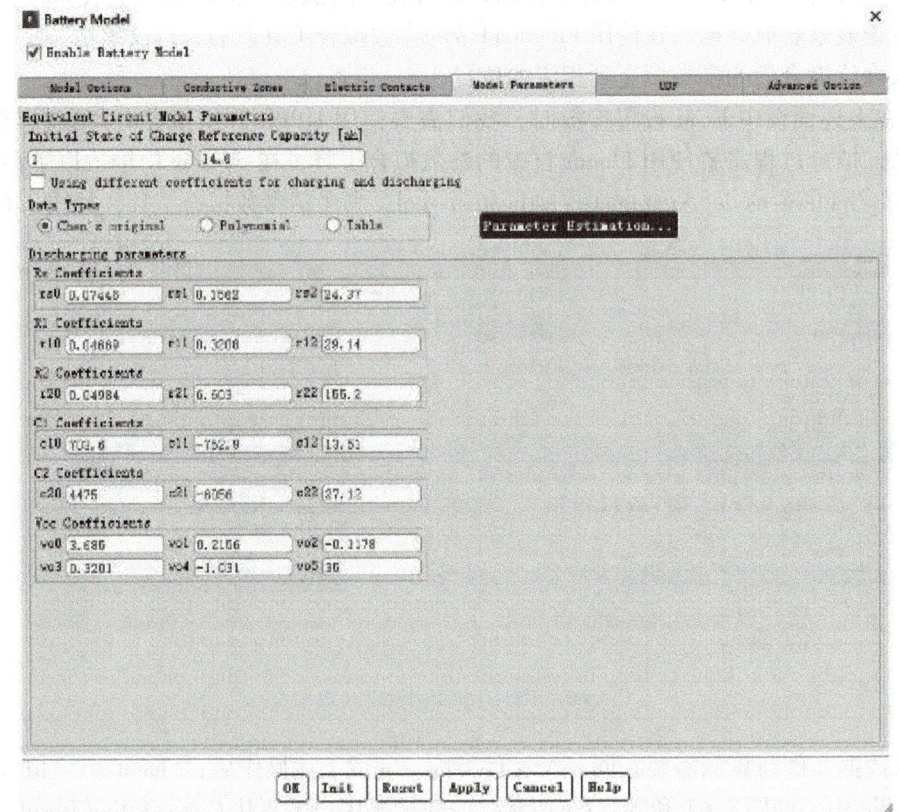

图 7.69 单击 Reset 之后 ECM 参数

可在 Fluent 中通过 file→read→scheme 选中此文件，Fluent 会在文件夹下自动生成不同 soc 下拟合数据与试验数据的对比图片，如图 7.71 所示。通过这些便捷工具，用户可以迅速判断参数拟合是否合理。

Fluent 从 2020R1 版本开始，内置了通过图形界面来进行参数拟合的方法，大大简化了此步骤的工作量。如图 7.72 所示，用户可方便选取 4P 还是 6P 的 ECM 模型，以及是 JH 或 LM 的拟合方法。当然为区分不同温度对应的 HPPC 数据，使用图形界面的参数拟合工具前需要将温度信息添加在 HPPC 数据中，如图 7.73 所示。

9）设置 MSMD 模块导电区域。在 MSMD

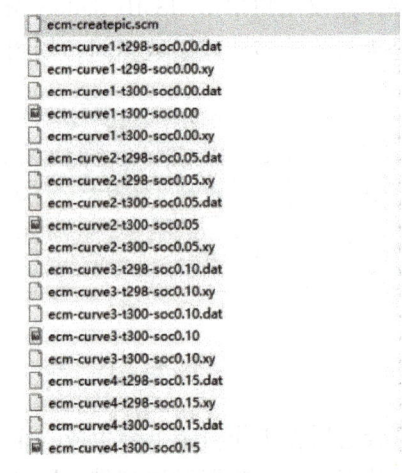

图 7.70 通过读取 .scm 文件生成的对比文件

第7章 动力电池流体传热仿真分析

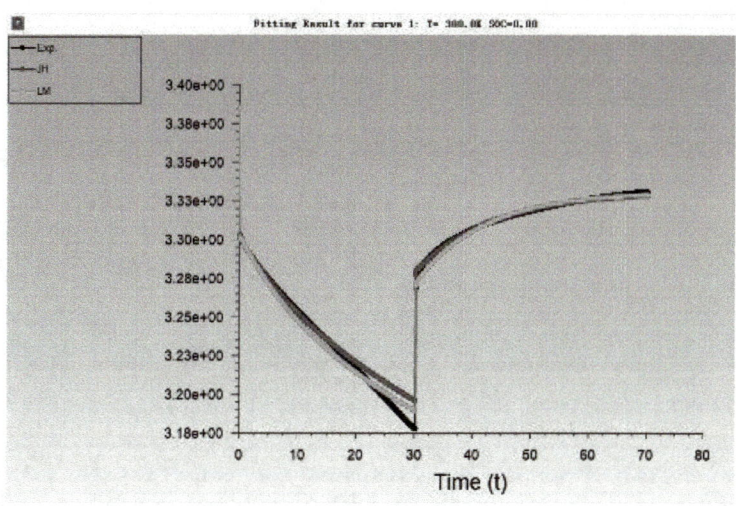

图 7.71 在某一个 soc 下试验数据与拟合数据的对比图

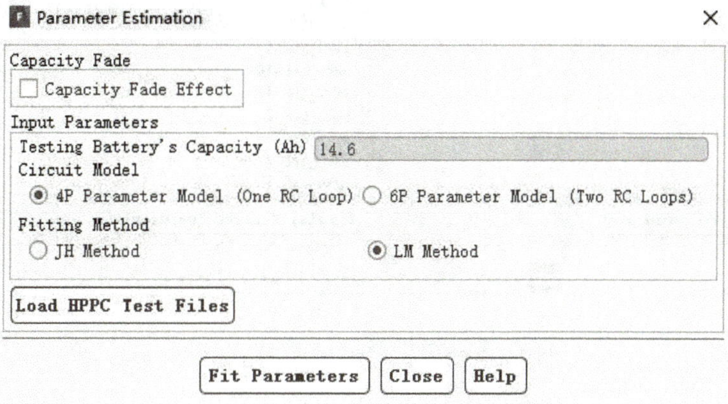

图 7.72 参数拟合工具的图形界面

Battery Model 的 Conductive Zones 需要定义电池模组的内部区域以及连接关系，在 Active Components 中选择所有电池本体部分，在 Passive Components 中选择所有的极柱（pole）和母排（busbar），如图 7.74 所示。

10）设置正负极及检查电池连接性。在定义完电池各部分外，还需要在 MSMD Battery Model 的 Electric Contacts 标签下定义内部或外部的接触面（图 7.75），主要有 3 个功能：最主要的功能是在 External Connectors 中定义电池与外部连接时的总正极面（Positive Tab）和总负极面（Negative Tab）；另一个功能是定义虚拟连接（Virtual Connection）；最后一个功能是在 Contact Surfaces 中选择相应的面后赋予其相应的接触阻抗（Specific Contact Resist-

图 7.73 使用图形界面的参数拟合工具对应的 HPPC 数据格式

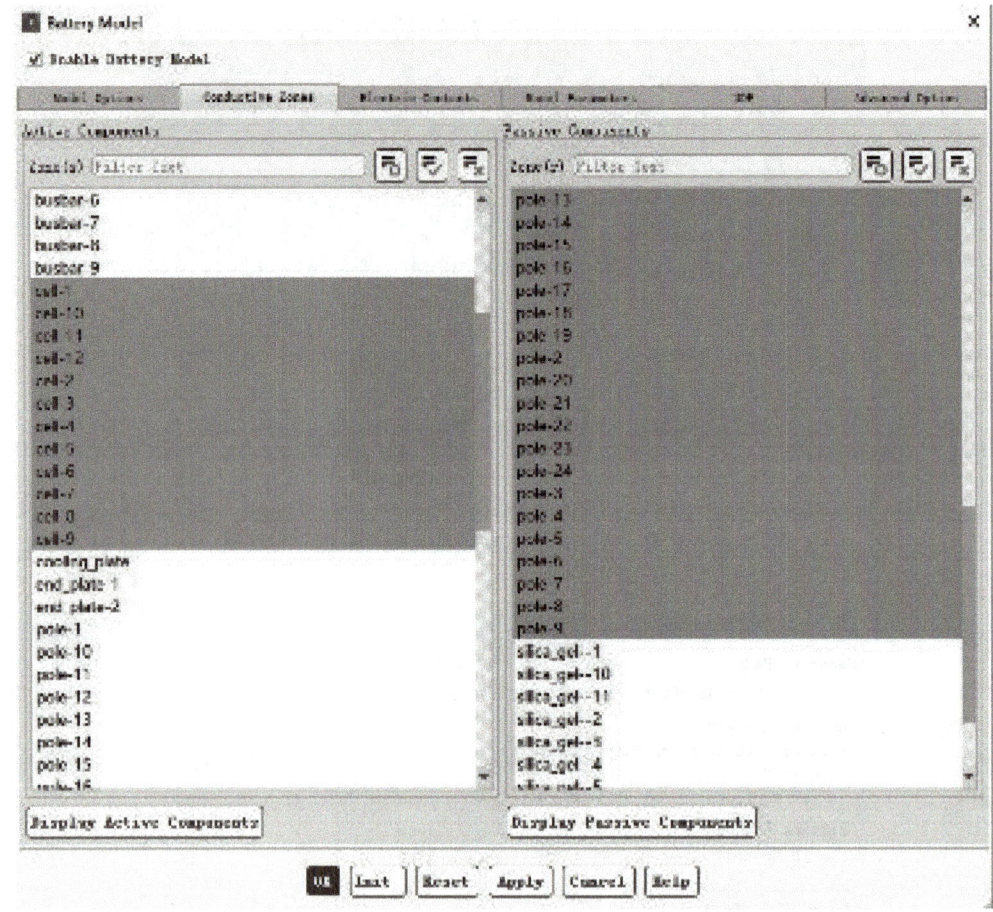

图 7.74　MSMD 模块 Conductive Zones

ance）。完成此步骤设置后，最好单击面板左下方的"Print Battery System Connection Information"按钮，Fluent 会在 console 里面打印出基于当前设置下电池间的连接关系，用户可以在进行下一步之前进行设置检查，如图 7.76 所示。

11）standalone 模式。在设置 MSMD 模块之后，求解计算之前，Fluent MSMD 模块提供 standalone 模式，用于初步检查电化学设计是否合理正确，其功能在 MSMD Battery Model 面板的 Advanced Option 中，单击 Run Echem Model Standalone 即可，如图 7.77 所示。在此模式下，Fluent 仅求解电势方程，不考虑温度对其影响，进行简单设置并计算后，单击"Draw Profile"按钮可以近乎实时得到结果。Standalone 还可以将 soc、voltage、current、power 随时间的趋势展示处理，如图 7.78 和图 7.79 所示。

12）设置材料物性。在 Materials→Solid 中右键，选择 New，在弹出的面板中按照以下进行设置：Name 改为 cell；Chemical Formula 改为 cell；Density 为 $2194kg/m^3$；C_p 为 $906J/(kg \cdot K)$。UDS Diffusivity：在下拉菜单中选择 defined-per-uds，设置 uds-0 为 1.19e6，uds-1 为 9.83e5。Thermal Conductivity：下拉菜单中选择 orthotropic，Conductivity 0、Conductivity 1、Conductivity 2 分别填入 0.5、12、12，按照 Direction0 Components 和 Direction 1 Components 的规定，以上 Conductivity 0/1/2 分别对应 X、Y、Z 方向的热导率，如图 7.80 和图 7.81 所示。

第7章 动力电池流体传热仿真分析

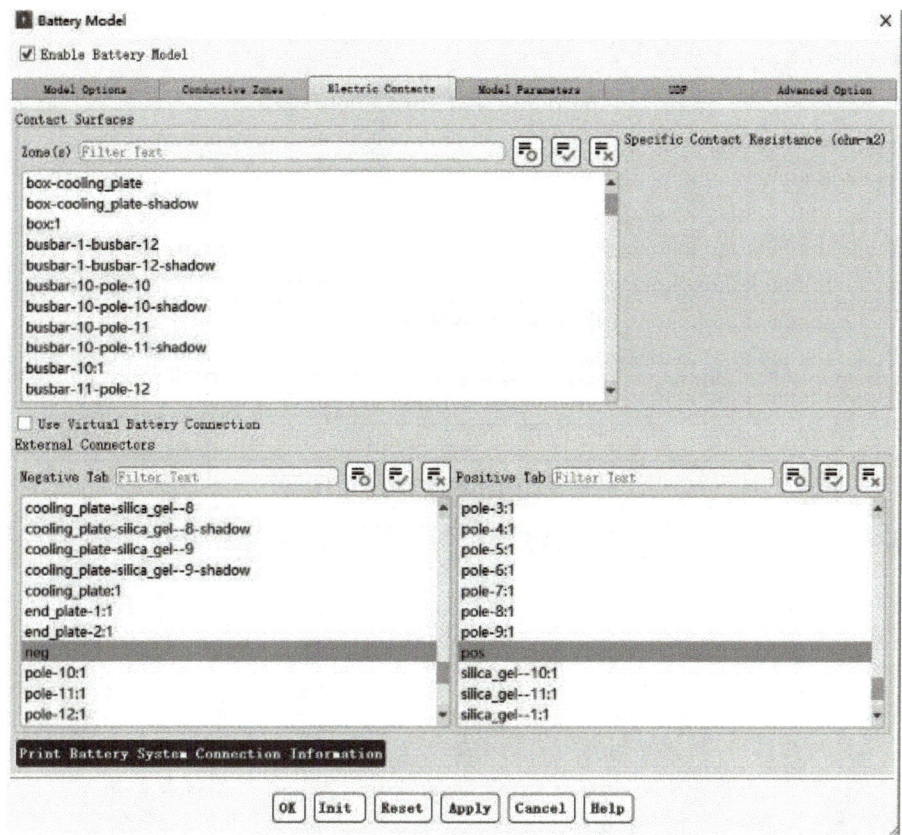

图 7.75 MSMD 模块 Electric Contacts

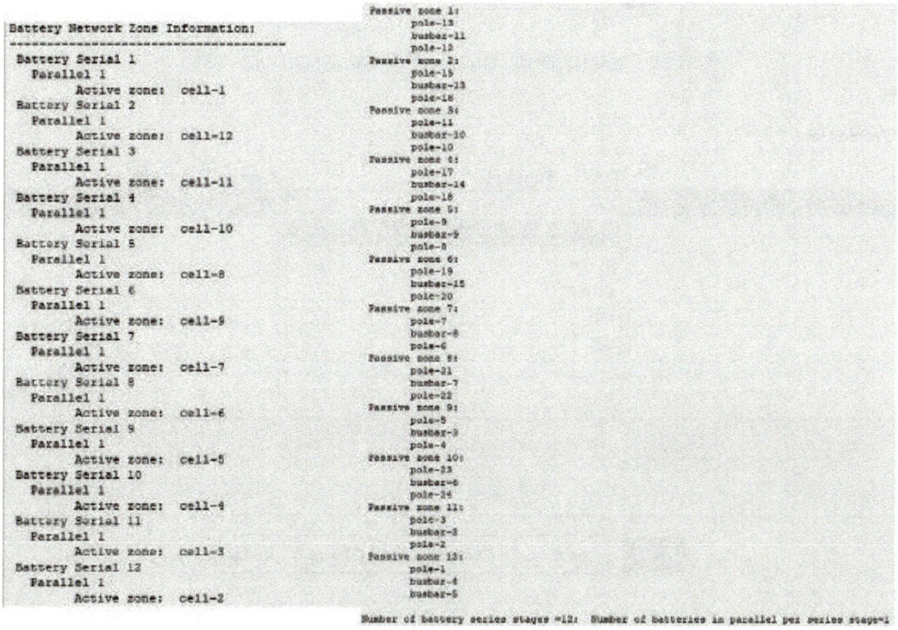

图 7.76 电池系统连接信息

新能源汽车动力电池系统

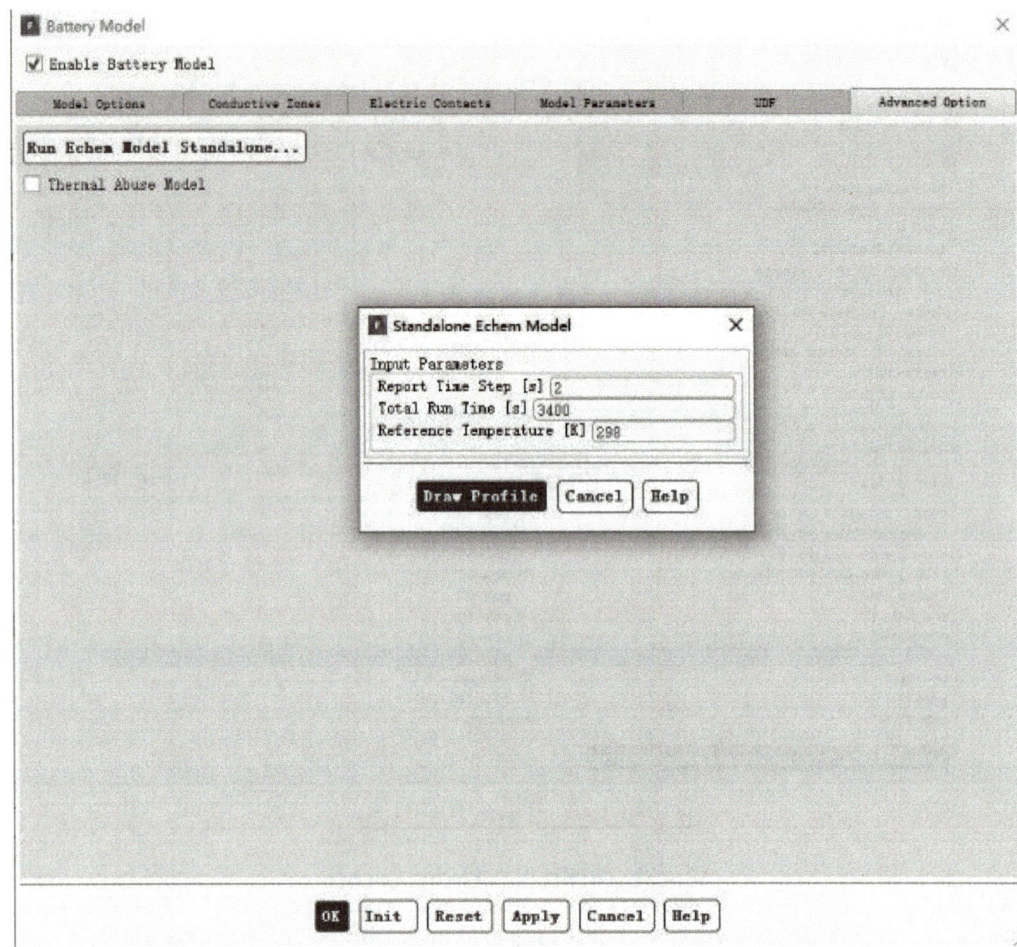

图 7.77　MSMD 模块 Advanced Option-Standalone 模式

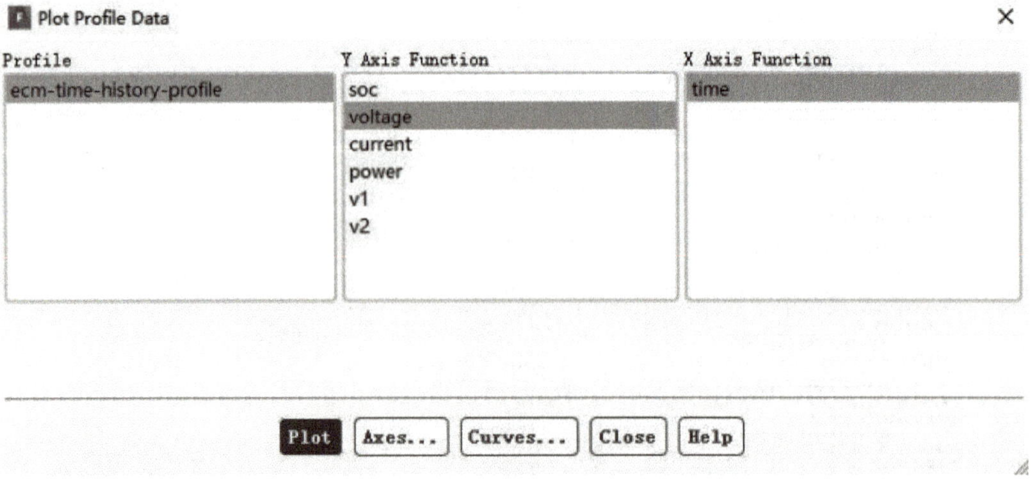

图 7.78　MSMD 模块 Advanced Option-Standalone 设置

第7章 动力电池流体传热仿真分析

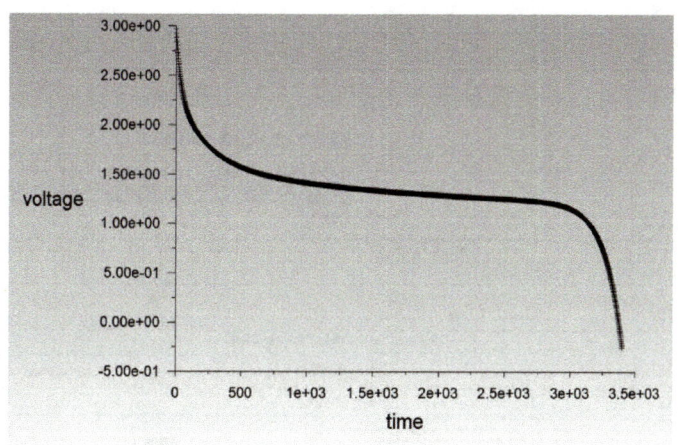

图 7.79　MSMD 模块 ECM 模型 Advanced Option-Standalone 结果处理

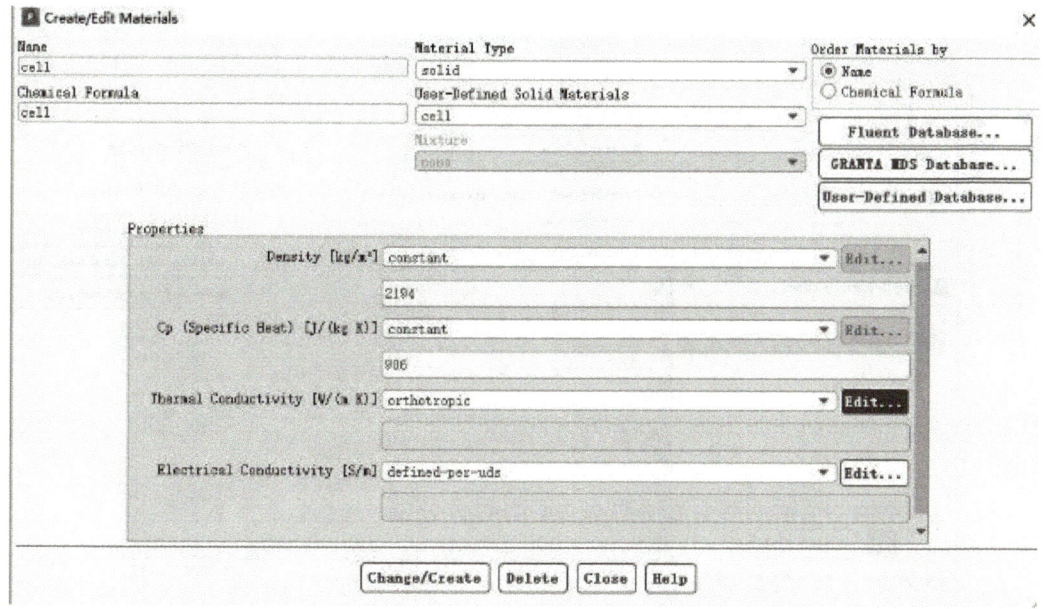

图 7.80　电池材料物性设置（一）

13）设置母排、极柱、箱体和端板材料物性。默认使用铝的材料属性，修改 UDS Diffusivity 为 user-defined，并选择图示的 UDF，如图 7.82 所示。

14）设置硅胶材料物性。在结构树 Materials→Solid 中右键，选择 New，在弹出的设置面板中进行如下设置：Density 为 1450kg/m³；C_p 为 1700J/(kg·K)；Thermal Conductivity 为 0.1W/(m·K)。修改 UDS 为 user-defined，并选中 battery_e_cond：smdbatt，最后单击"Change/Create"按钮，完成硅胶材料设置，如图 7.83 所示。

15）设置冷却液材料物性。使用液态水作为冷却媒质，详细设置过程见 7.2.2 章节图 7.23，完成冷却液材料物性设置。

16）设置计算域。设置流体域 Cell Zone Condition，在结构树 Cell Zone Conditions→Fluid

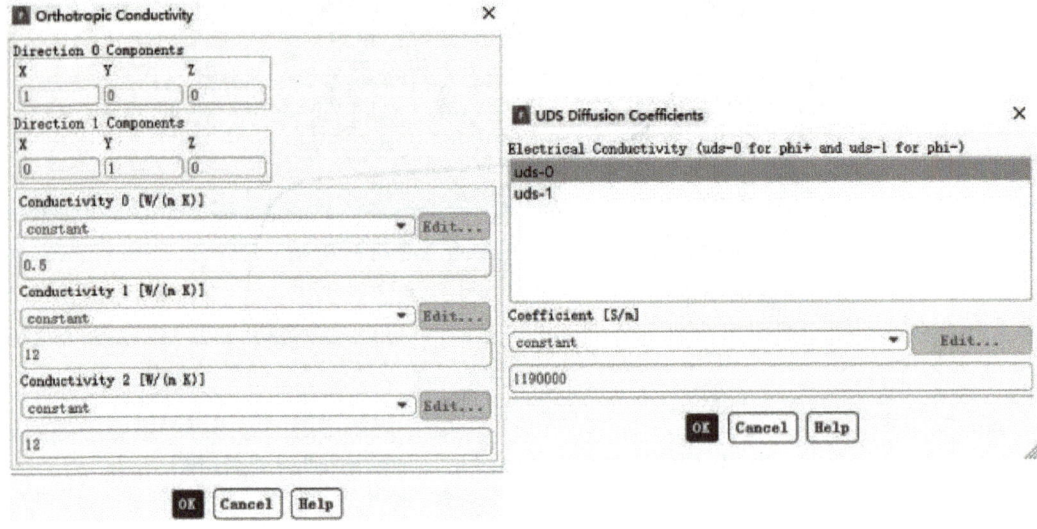

图 7.81　电池材料物性设置（二）

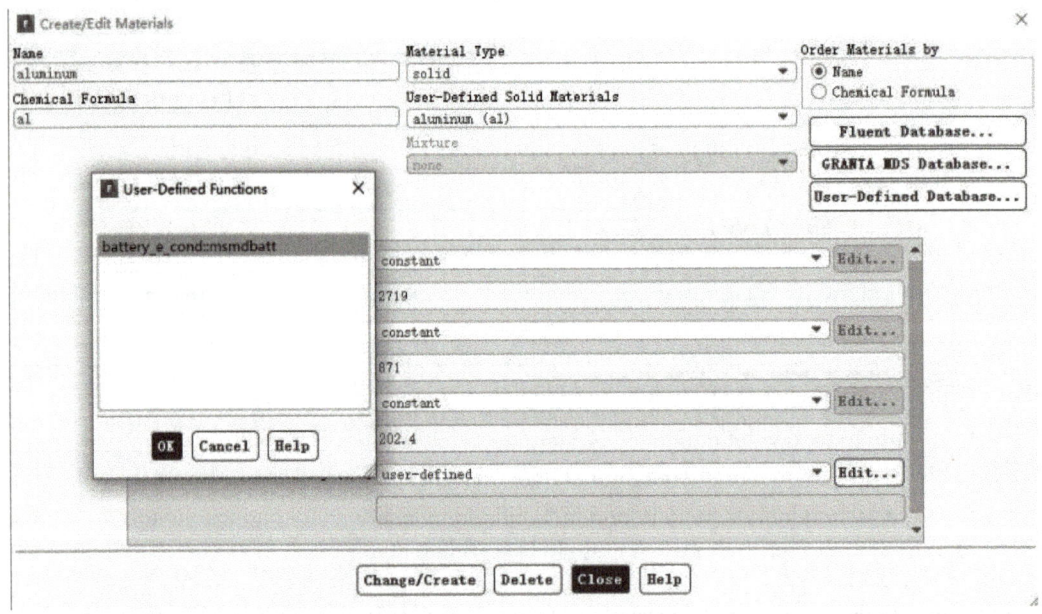

图 7.82　母排、极柱、箱体和端板材料物性设置

中，双击 cooling_fluid 流体域，从 Material Name 下拉菜单中选择之前定义的 water-liquid，其余保持默认。然后设置固体域电池部分。在结构树 Cell Zone Conditions→Solid 中选择 cell-1 并双击，在 Material Name 下拉菜单中选择 e-mat，将电池材料赋值于电池几何；在 cell-1 右击"Copy"按钮，将 cell-1 设置复制到其余电池，设置过程参照 7.2.2 节的图 7.32 和图 7.33。最后设置固体域硅胶部分。在结构树 Cell Zone Conditions→Solid 中选择 silica_gel-1 并双击，在 Material Name 下拉菜单中选择 silica_gel，将硅胶材料赋值于硅胶几何；对 silica_gel-2 固体域重复上述操作。在 silica_gel-1 右键"Copy"按钮，将 silica_gel-1 设置复制到其

第7章 动力电池流体传热仿真分析

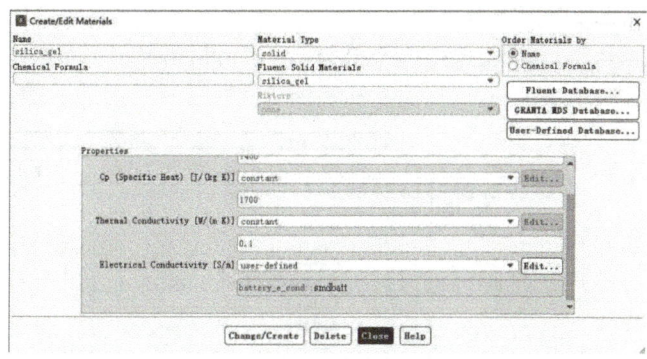

图7.83 硅胶材料物性设置

余硅胶。电池的极柱、母排、箱体、端板和冷板默认设置为铝，在此不做修改。

17）设置边界条件。设置BC-inlet：在结构树Boundary Conditions→Inlet中双击inlet-water，在打开的面板Momentum标签下设置Velocity Magnitude为0.53m/s，其余保持默认；在Thermal标签下设置冷却水的温度为300K。设置BC-outlet：双击outlet-water，在打开的面板Momentum标签下设置Gauge Pressure为0 pascal，其余保持默认；在Thermal标签下设置冷却水的温度为300K。设置BC—壁面：在Wall中双击box:1，在打开的面板Thermal标签下设置（参照图7.37），其余保持默认设置；在box:1右键"Copy"按钮，复制到其他通过自然对流散热的壁面。

18）在Solution→Methods中和Solutions→Controls中设置（参照图7.39）。

19）设置report和monitor。设置电池平均温度监测过程参照7.2.2节图7.40。

20）设置电池电压监测。在结构树Solution-Report Definitions中右键，选择New-Surface Report→Area-Weighted Average；在弹出的面板中修改Name为report-def-v，Options勾选Per Zone，Field Variable选择Battery Variables→Cell Voltage，Surfaces选择pos，Create勾选Report Plot，单击"OK"按钮，设置如图7.84所示。

21）设置电池SOC监测。在结构树Solution-Report Definitions右键，New-Volume Report→Volume-Average；在弹出的面板中修改Name为report-def-soc，Options勾选Per Zone，Field Variable选择Battery Variables→State of Charge，Cell Zones选择所有的电池，Create勾选Report Plot，单击"OK"按钮，设置如图7.85所示。

22）设置后处理动画模组内部固体温度分布。对于定性的云图、矢量图，制作成动画瞬态计算的展示效果会更好。制作动画的步骤如下：

① 单击Solution→Initialization，确保算例中有后处理所需数据。
② 单击Result→Graphics→Contour，设置过程如图7.86所示。
③ 单击Solution→Calculation Activities→Animation Definition，设置如图7.87所示，单击"OK"按钮。

23）设置收敛准则。一般锂电池的电导率较大，电势的均匀性较好，因此要求其残差一般要小于1×10^{-9}，在此不以残差作为收敛判据，通过内迭代步数来控制UDS残差达到要求。

在结构树Solution→Report Plots→Convergence Conditions中，单击Residuals，如图7.88所示。在弹出的操作面板中将Convergence Criterion设置为none，如图7.89所示。

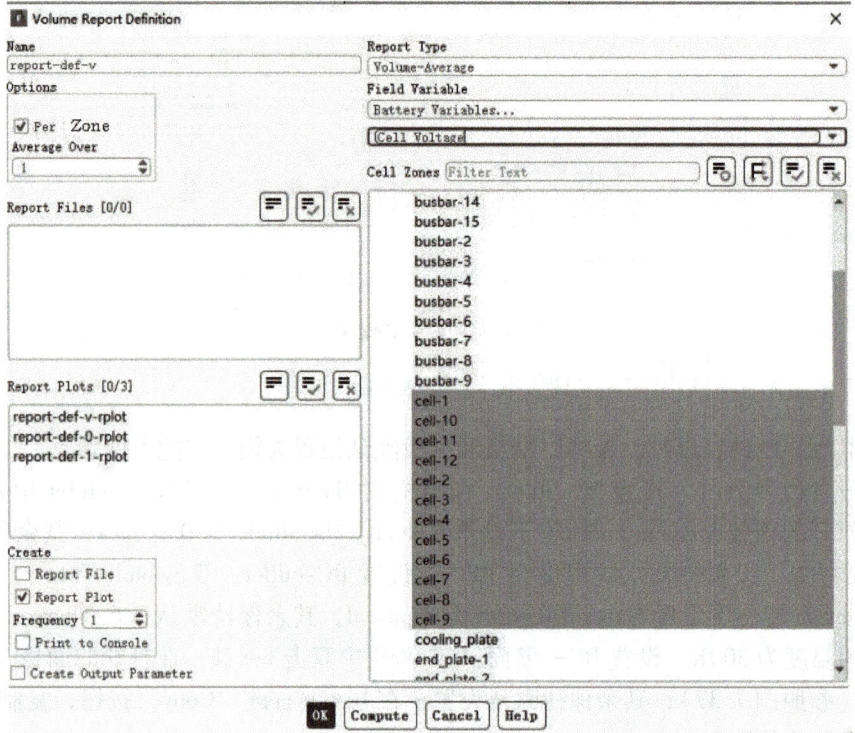

图 7.84 电池电压监测设置

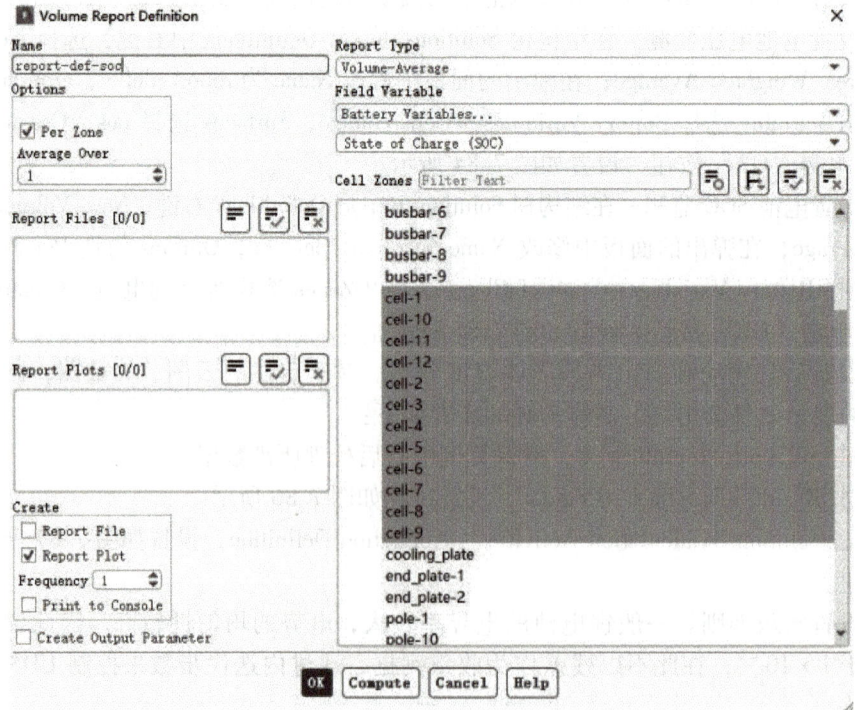

图 7.85 电池 SOC 状态监测设置

第7章 动力电池流体传热仿真分析

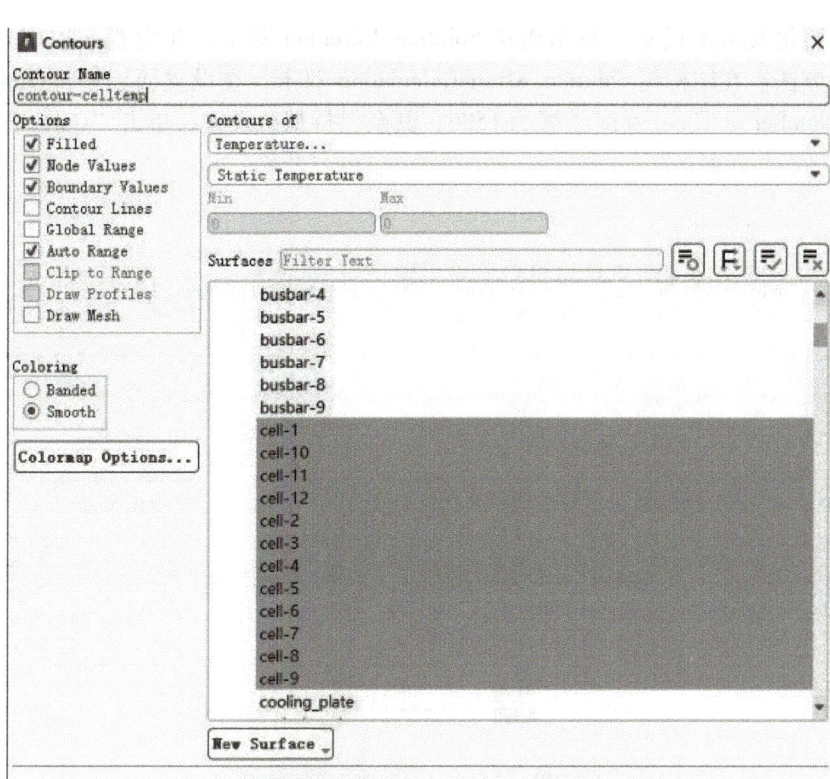

图 7.86 电池温度云图设置

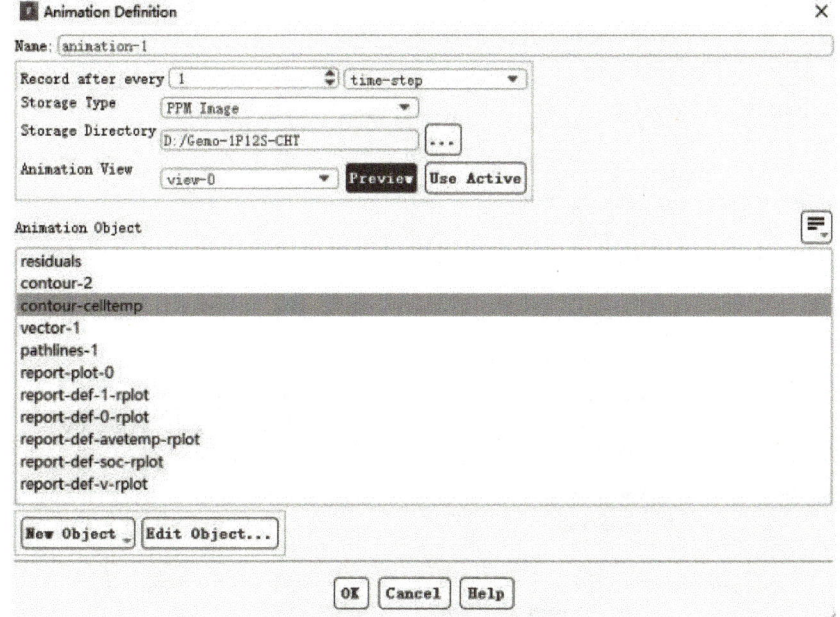

图 7.87 温度云图动画 Animation Definition 设置

24）初始化及求解设置。在结构树 Solution-Initiation 双击，在设置面板中选择 Hybrid Initialization 方法。在结构树 Solution→Run Calculation 双击，在设置面板中将 Time Step Size 设置为 2，Number of Time Steps 设置为 1500，其余保持默认设置，单击"Calculate"按钮进行仿真求解。

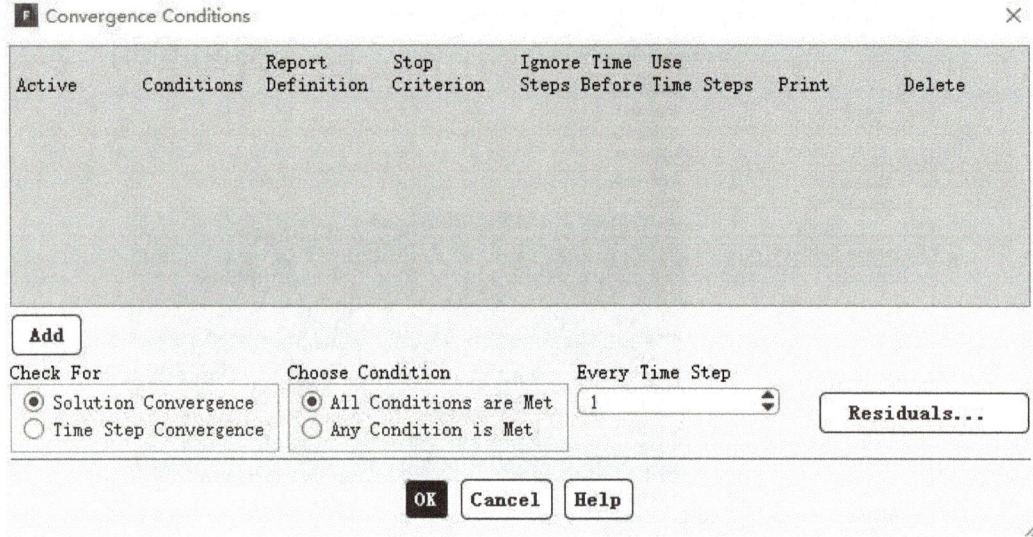

图 7.88　Convergence Conditions 面板

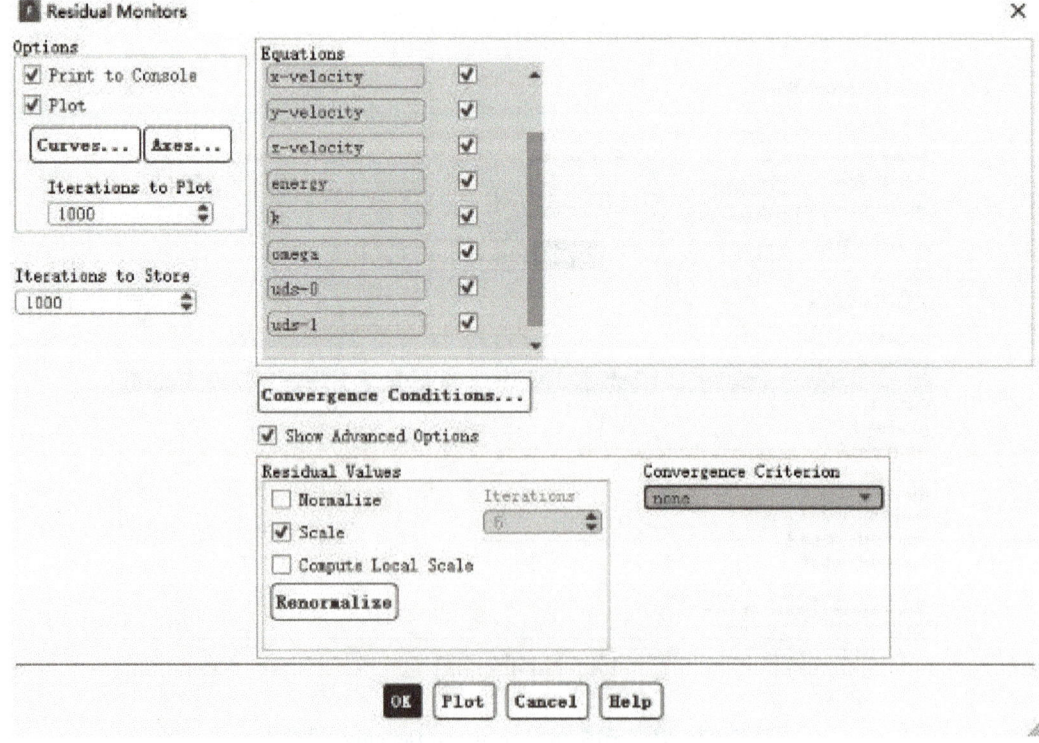

图 7.89　Residual Monitors 设置

第7章 动力电池流体传热仿真分析

2. 后处理

1）模组内部温度场分布后处理。具体操作方法如下：在结构树 Result→Graphics→Contours 中，右键选择 New，修改名称为 contour-celltemp，在 Contours of 中选择 Temperature，选择所有的 cell，单击"Save/Display"按钮，得到模组内部温度分布，设置如图 7.90 所示，结果如图 7.91 所示。

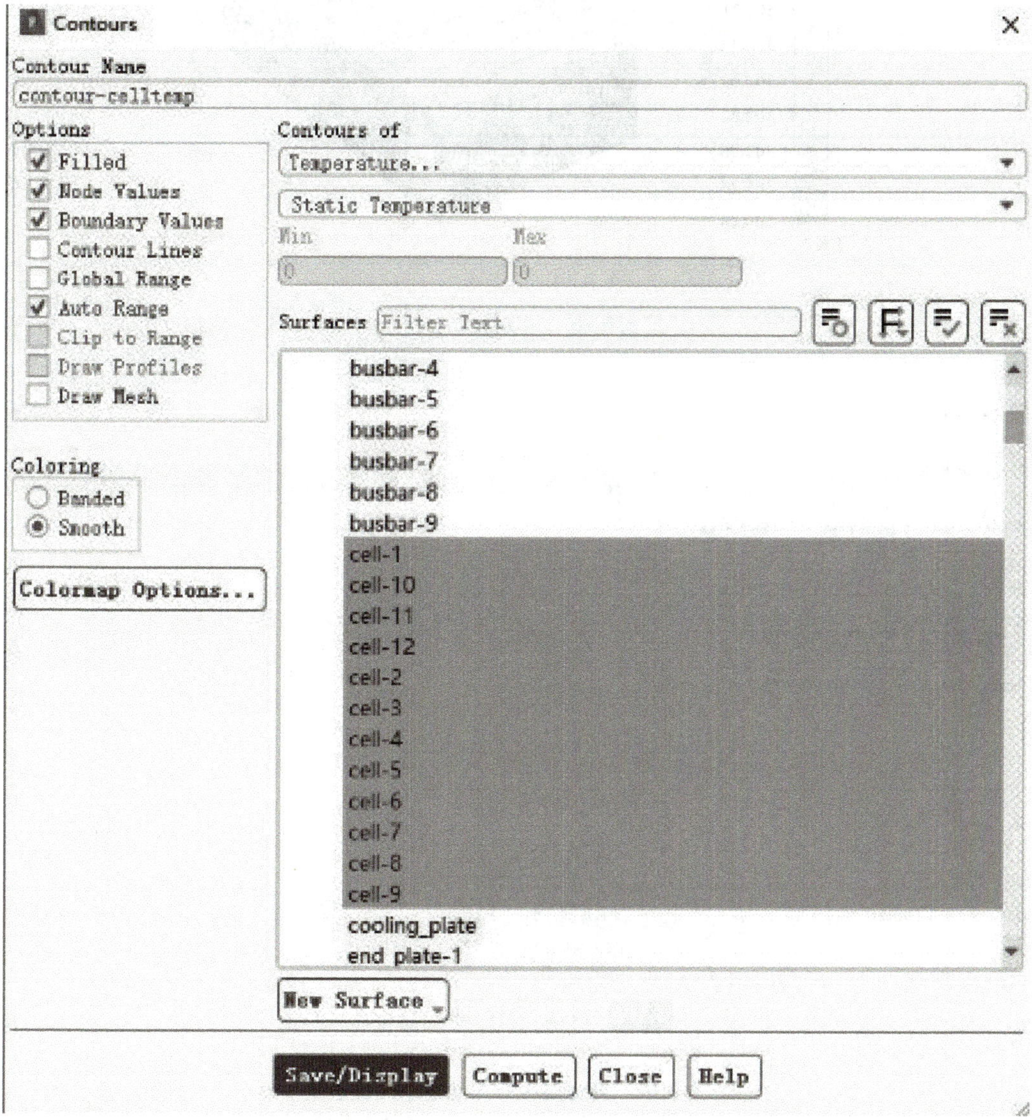

图 7.90 电池温度云图设置

2）模组内部温度分布动画。在结构树 Result→Animations 中，双击 Solution Animation Playback→Animation Sequences，选择 animation-1，单击播放按钮查看动画，通过调整 Replay Speed 来调整播放速度；可通过 Write/Record Format→MPEG→Write，将动画输出，如图 7.92所示。

3）模组内部电流矢量分布图后处理。操作方法如下：在结构树 Result→Graphics→Con-

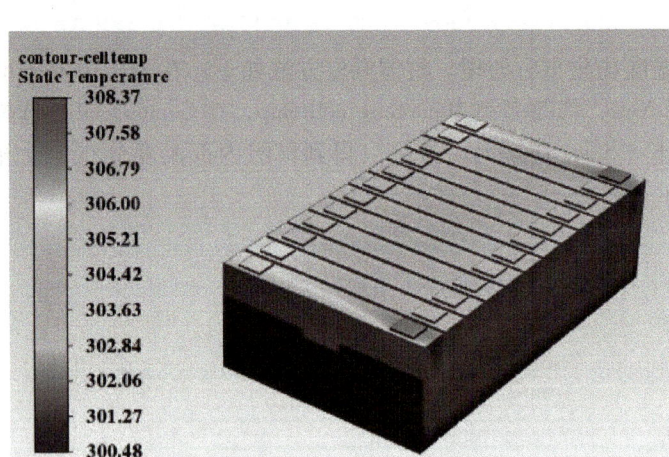

图7.91 电池温度云图

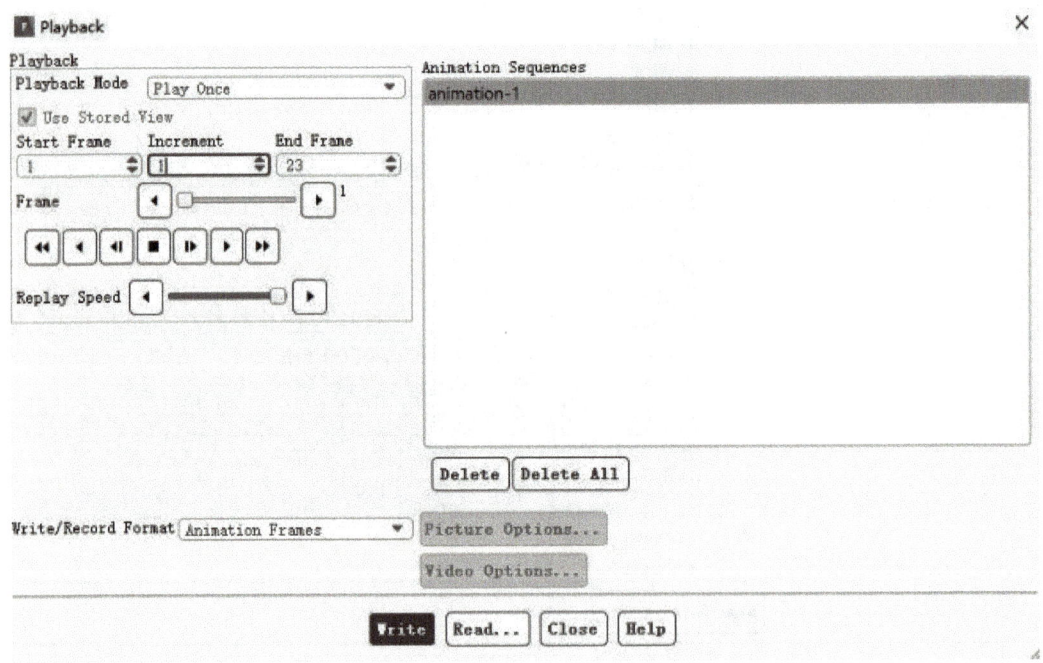

图7.92 电池温度云图动画输出设置

tours 中，右键选择 New，设置如图 7.93 所示，Color by 选择 Battery Variables→Current Magnitude，在 Surfaces 中选中所有的 busbar 和 pole；单击 Custom Vectors，设置如图 7.94 所示；单击 Vector Options，勾选 Fixed Length 并设置为 0.3，如图 7.95 所示；最后修改 Scale 值为 0.004，单击"Save/Display"按钮。模组内部电流矢量图分布如图 7.96 所示。

4）模组冷却通道流线图后处理。操作方法如下：在结构树 Result→Graphics Pathlines 中右键，选择 New，保持默认名称为 pathlines-1，Color by 选择 Velocity→Velocity Magnitude，

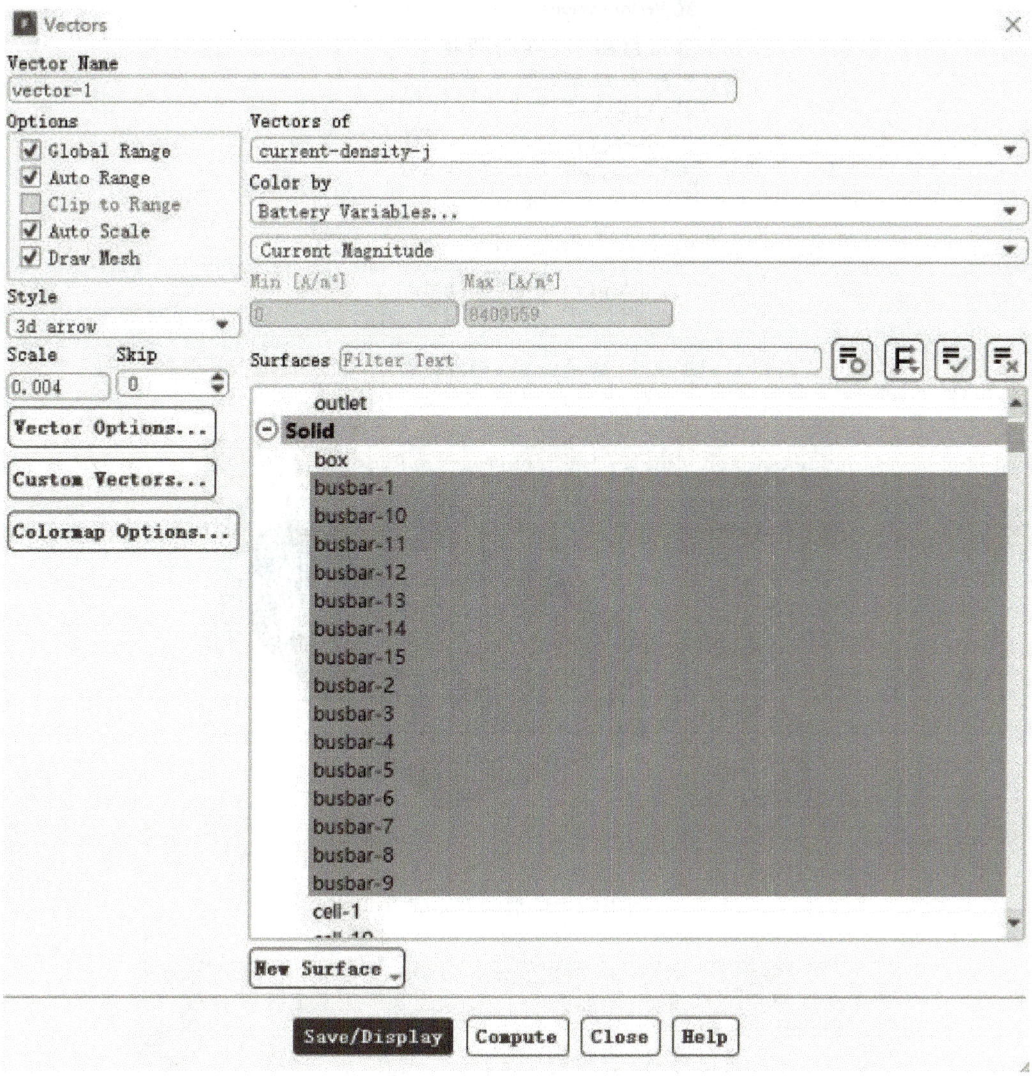

第7章　动力电池流体传热仿真分析

图 7.93　电池电流矢量图设置（一）

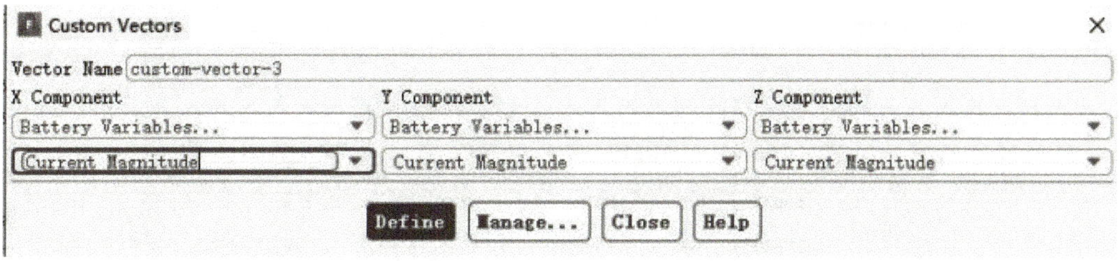

图 7.94　电池电流矢量图设置（二）

在 Release from Surfaces 中选择 inlet-water，其余保持默认，单击"Save/Display"按钮。图 7.97 所示为模组电压随时间变化曲线，图 7.98 所示为电池平均温度监测点随时间变化曲线，可较为清楚地看出电池温度变化趋势、不同电池间温度差异以及是否达到平衡状态。

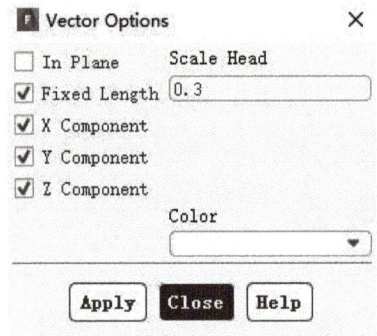

图7.95　电池电流矢量图设置（三）

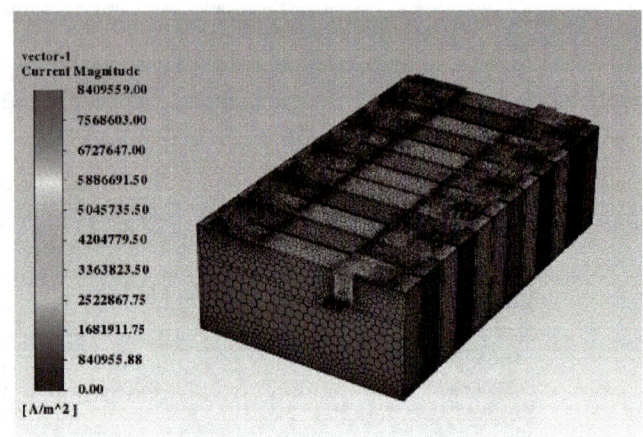

图7.96　电池电流矢量图

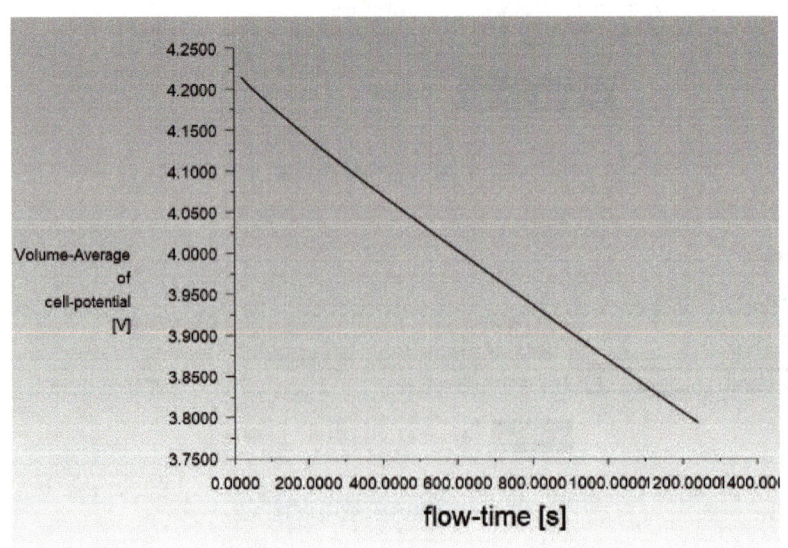

图7.97　电池模组电压随时间变化曲线

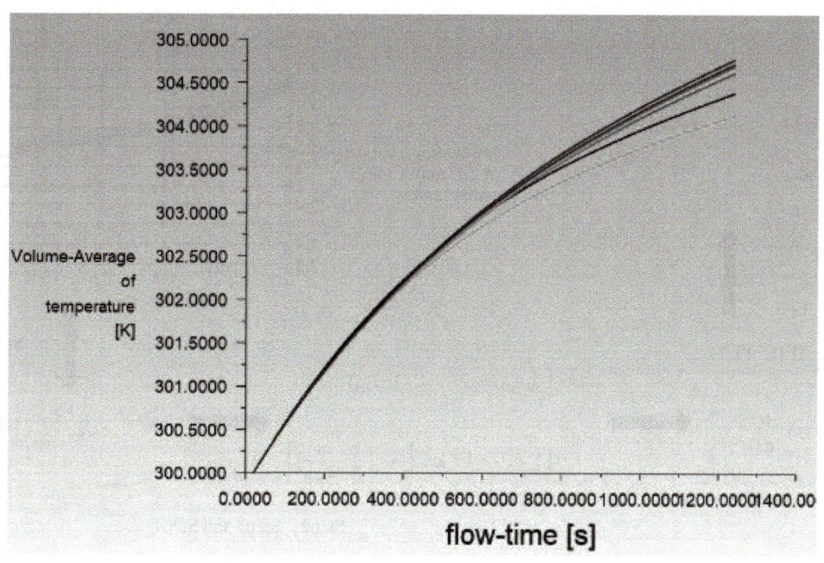

图 7.98　电池平均温度监测点随时间变化曲线

7.2.4　电池 NTGK 模型仿真

NTGK 模型是基于经验的电化学子模型，它也需要试验测试数据来标定模型中的相关参数。NTGK 模型需要的试验测试数据为倍率放电测试曲线。NTGK 模型使用非常简单，求解效率高；但由于模型假设的限制，当负载变化剧烈时，其跟随性有可能失真。从本质上来讲，NTGK 模型是 ECM 模型的一个真子集，从工程应用的角度来讲，当客户只有倍率放电测试曲线时，可以尝试使用 NTGK 模型，同时谨记其限制。

NTGK 模型工作原理如图 7.99 所示。在图 7.99 左上角为电池电化学反应中的控制方程，分别为能量守恒以及电流守恒方程，但此方程并不封闭，其中的 q（发热量）和 j（迁移电池）需要使用其他方程来获得，Fluent MSMD 模型中所有的子电化学模型都是以不同方式来封闭上述 q 和 j。对于 NTGK 模型来说，Fluent 软件可以从倍率放电曲线中提取信息，将 Y 和 U 拟合为放电深度 DOD 的函数，在左下角通过 Y 和 U 即可得到 q 和 j，至此方程封闭。

NTGK 模型参数拟合过程，需要 4 个步骤从试验数据中得到拟合参数，如图 7.100 所示。

第一步将倍率放电曲线从电压随时间变化转换为电压随 DOD 变化曲线；第二步将 DOD 从 0 至 1 均分为若干区间，得到不同 DOD 对应的电压值；第三步将此倍率放电曲线第二步的信息放置于图 7.100 中 Step3 所在的相应位置；第四步对另一条倍率放电曲线重复第一步至第三步，得到如 Step3 的图，将同一 DOD 数据点连线，连线在纵轴的截距即为此 DOD 下的 U（电流为 0，U 即开路电压），连线的斜率即为此 DOD 下的电阻，即 NTGK 模型中的 $1/Y$。最后通过程序使用 Step3 得到的数据点矩阵拟合出 Y 和 U 分别与 DOD 的关系式。

1. 几何模型说明

电池 NTGK 仿真与 CHT 以及 ECM 仿真使用同一套几何模型和网格模型（参阅图 7.3）。

2. NTGK 模型仿真流程

电池 NTGK 仿真步骤中部分设置环节与之前章节相同，为节省篇幅，在此只列出与之前

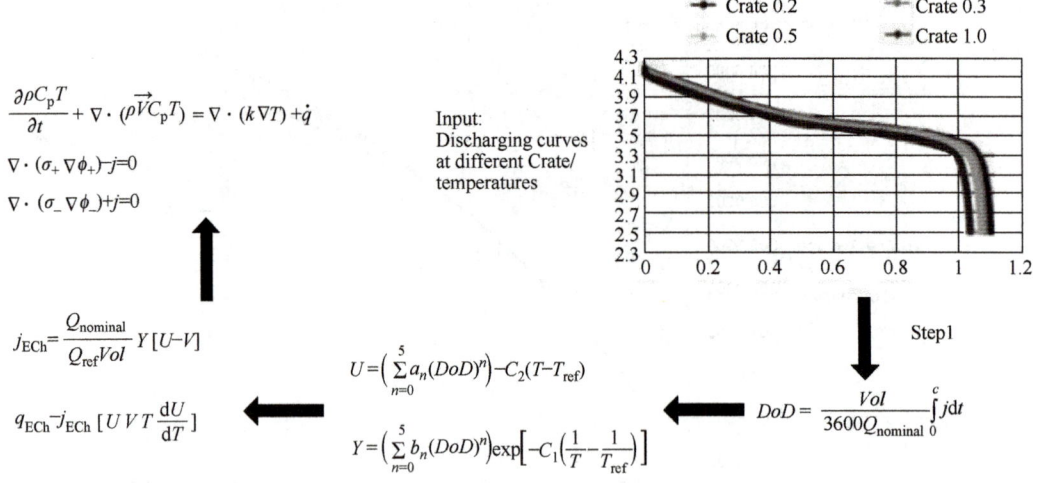

图 7.99 NTGK 模型工作原理

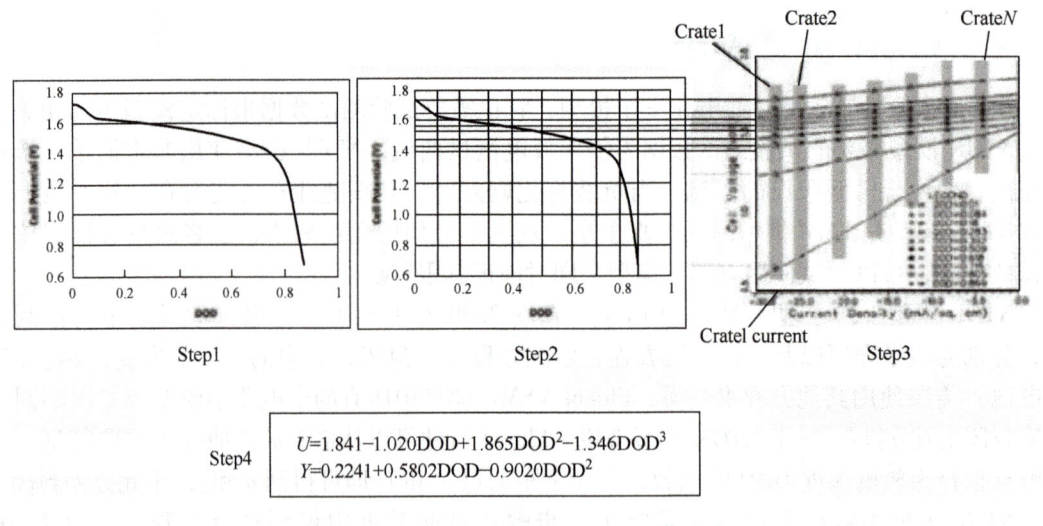

图 7.100 NTGK 模型参数拟合 4 个步骤

不同部分的设置,用户需要参考之前章节完成相同环节的设置。

1)启动 Fluent Launcher。

2)读入网格并检查。菜单 File→read mesh,选中 Geom-1P12S-CHT2.msh.gz,网格导入完成后,软件会自动显示网格。

3)Fluent 网格检查,通用设置中选择压力基求解器,瞬态求解,其余保持默认。详见图 7.17 及相应章节。

4)打开能量方程,湍流模型选择 Realizable k-e 模型及标准面函数。

5)激活 MSMD 模块,在 Fluent 中进行电池电化学仿真之前,必须提前激活其相对应的模块。目前 Fluent MSMD 模块还是以 addon-module 的方式存在,激活有两种方式,详见

第7章 动力电池流体传热仿真分析

图 7.60、图 7.61 及相应章节。

6）设置模型选项。在结构树 Models 中双击 MSMD Battery Model，在弹出的面板中勾选 Enable Battery Model。在 E-Chemistry Models 下选择电化学子模型 NTGK Empirical Model；在 Electrical Parameters 下面的 Nominal Cell Capacity 中填写电池的标称容量，本案例为 60A·h；Solution Options 中选择 Specified C-Rate，在右侧 C-Rate 框中填入 1，即 1C 倍率放电；其余保持默认，单击"Apply"按钮，如图 7.101 所示。

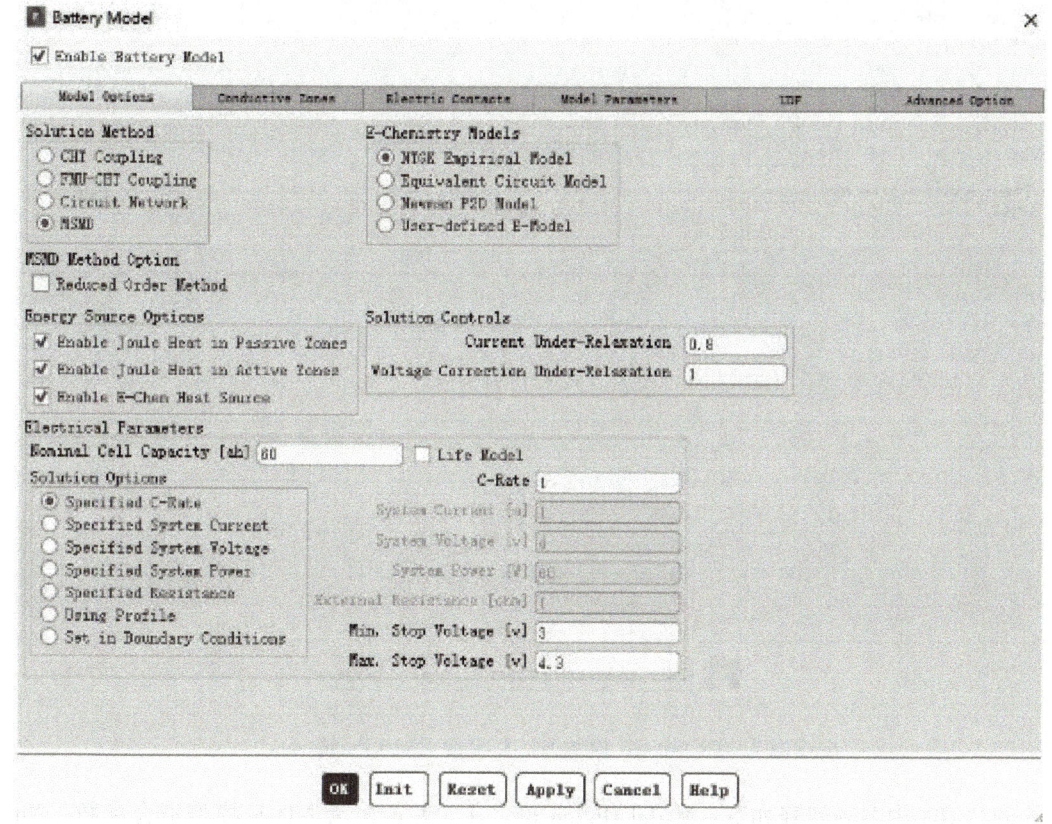

图 7.101　MSMD 模块 Model Options

7）设置 Model Parameters。如图 7.102 所示，在 MSMD Battery Model 的第四个标签 Model Parameters 中进行如下设置：设置 Initial DoD 为 0，表示电池处于完全充满状态；Reference Capacity 的目的是当试验室测试的容量与标称容量不一致时，以测试容量为准，在本案例中填写 60A·h。

目前 NTGK 方法的 Data Type 有两种：第一种是 Polynomial，拟合关系是用 5 阶多项式来实现的，使用的比较多，尤其是只有单一温度下的 HPPC 数据时；第二种是 Table，在多温度倍率放电曲线条件下使用，先通过不同温度下拟合关系生成 table，再在计算中通过查表来获取数据。

8）在 NTGK 设置参数时，我们需要使用倍率放电数据拟合出 Y/U 与 DOD 的函数关系，拟合过程需要使用 Fluent 自带的参数拟合工具，在 console 中输入以下命令 define/models/battery model/parameter-estimation-tool，来激活参数拟合工具，如图 7.103 所示。

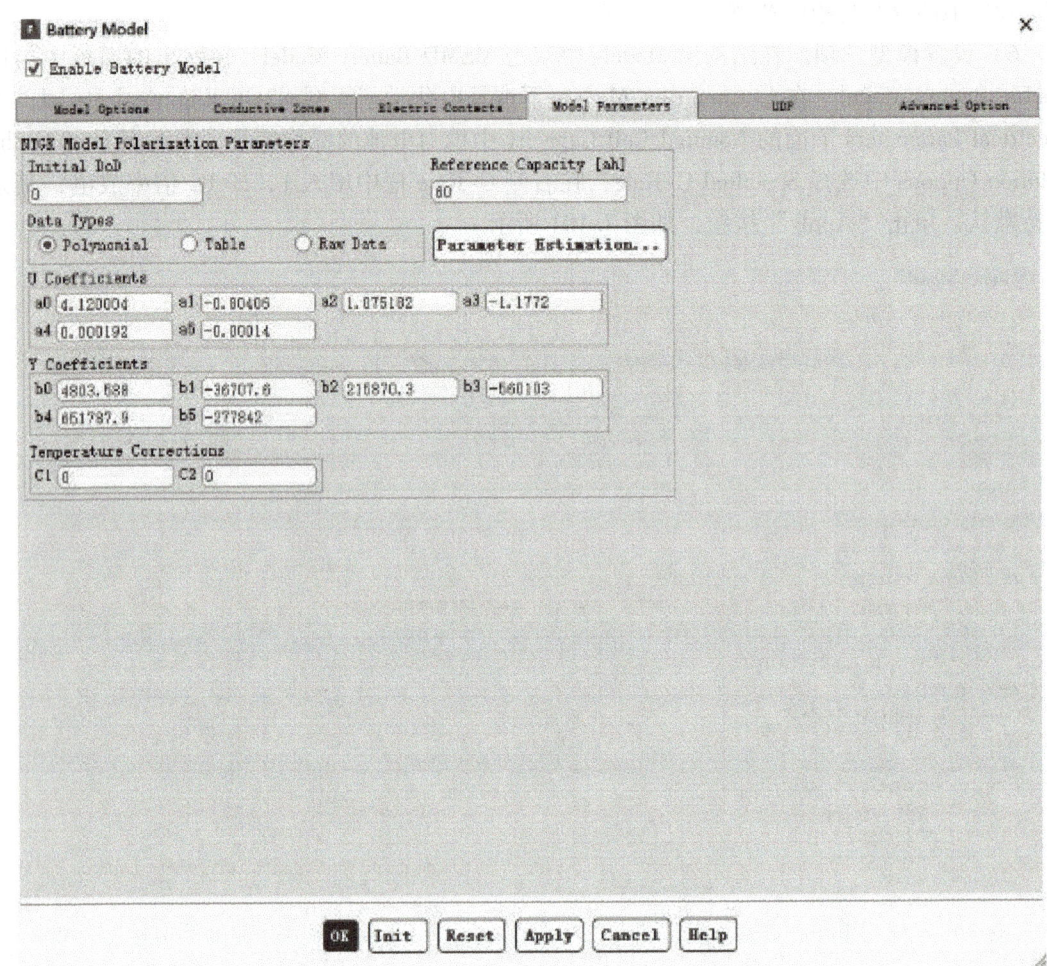

图 7.102　MSMD 模块 NTGK 模型 Model Parameters

图 7.103 中各项解释如下：Model Option 输入 1，表示要为 NTGK 模型拟合参数；Number of Temperature levels 输入 1，表示目前的放电曲线是在同一个温度下获取的；Number of discharging curves per temperature level 输入 6，表示在一个温度下测试了 6 条倍率放电数据；file name for curve 1/2/3/4/5/6 为对应 300K 温度下的 6 条测试数据文件名称。

9）拟合之后在工作目录下会生成一个"fitting result"文件夹，文件夹下面会有不同放电倍率下的拟合数据与试验数据对比文件 dat 和 xy，如图 7.104 所示。用户可以在 excel 或者数据分析软件中进行画图分析对比。当然 Fluent 提供了更简单的对比方法，文件夹下面会有一个 scm 文件，可在 Fluent 中通过 file→read→scheme 选中此文件，Fluent 会在文件夹下自动生成不同放电倍率下拟合数据与试验数据的对比图片，如图 7.105 所示。通过这些便捷工具，用户可以迅速判断参数拟合是否合理。

Fluent 从 2020R1 版本开始，内置了通过图形界面的方法来进行参数拟合，大大简化了此步骤的工作量，如图 7.106 和图 7.107 所示。

10）设置 MSMD 导电区域。在 MSMD Battery Model 的 Conductive Zones 需要定义电池模组的内部区域以及连接关系，在 Active Components 中选择所有电池，在 Passive Components

第7章　动力电池流体传热仿真分析

```
Parameter Estimation for Model:
    1: NTGK Model
    2: ECM Model
    3: Thermal Abuse Model
Model option: [1] 1
Number of temperature levels: [1] 1
Number of discharging curves per temperature level: [6] 6

-- Make sure every input file has this format --
        Crate       1.0
        Temperature 300.0
        time_1      voltage_1
        time_2      voltage_2
        ...         ...
------------------------------------------------

Temperature (K) [300] 300
 file name for curve 1 [] ntgk_05C.txt
 file name for curve 2 [] ntgk_1C.txt
 file name for curve 3 [] ntgk_2C.txt
 file name for curve 4 [] ntgk_3C.txt
 file name for curve 5 [] ntgk_4C.txt
 file name for curve 6 [] ntgk_5C.txt
Battery capacity (Ah) [60] 60
Number of DOD-levels [20] 30
Include Capacity Fade Effect? [no] no
```

图 7.103　NTGK 模型参数拟合

图 7.104　NTGK 模型参数拟合后生成的文档

中选择所有的母排（busbar）和极柱（pole）。

11）设置正负极并检查电池连接性。在 MSMD Battery Model 的 Electric Contacts 中定义内部或外部的接触面，主要有 3 个功能：最主要的功能是在 External Connectors 中定义电池与外部连接时的总正极面（Positive Tab）和总负极面（Negative Tab）；另一个功能是定义虚拟连接（Virtual Connection）；最后一个功能是在 Contact Surfaces 中选择相应的面并给其赋

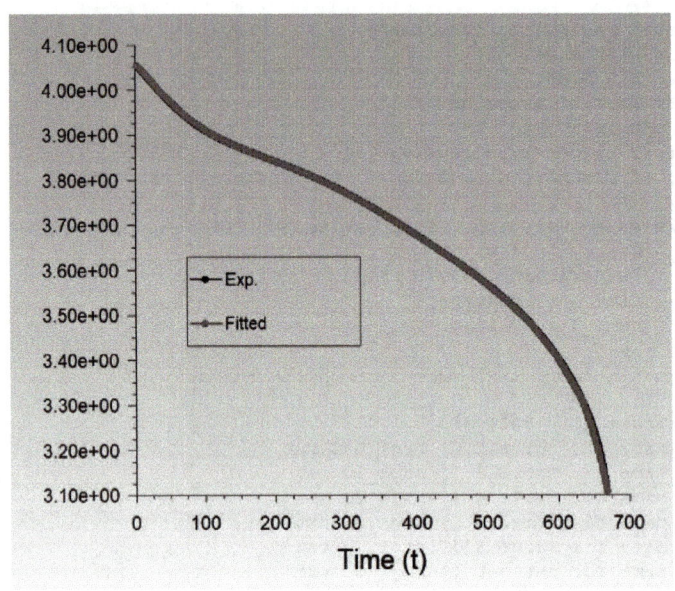

图 7.105　NTGK 模型在某一倍率下试验数据与拟合数据的对比图

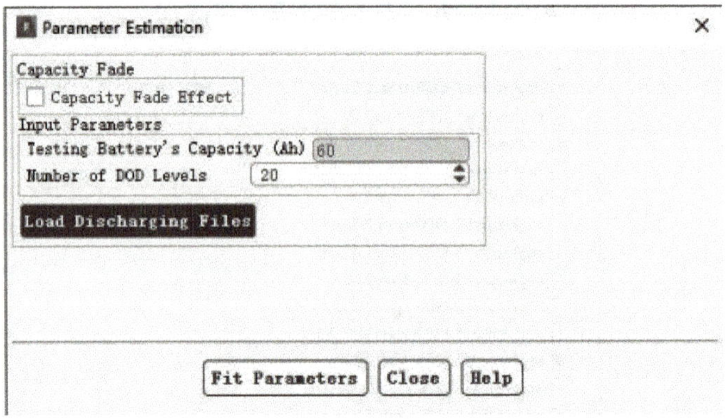

图 7.106　NTGK 图形界面参数拟合工具

予相应的接触阻抗（Specific Contact Resistance）。完成此步骤设置后，最好单击面板左下方的 Print Battery System Connection Information，Fluent 会在 console 里面打印出基于当前设置下电池间的连接关系，如图 7.108 和图 7.109 所示。

12）在设置 MSMD 模块之后，真正求解计算之前 Fluent MSMD 模块提供了 Standalone 模式，详见图 7.78、图 7.79 及相应章节。

13）设置电池材料物性。在 Materials-Solid 中右键，选择 New，在弹出的面板中进行设置，详见图 7.80、图 7.81 及相应章节。

14）设置母排、极柱、箱体和端板材料物性。选择 New，在弹出的面板中进行设置，详见图 7.82 及所在章节描述。

15）电池之间的隔热材料为硅胶。在结构树 Materials→Solid 中右键，选择 New，详见图 7.83 及所在章节描述。

第7章 动力电池流体传热仿真分析

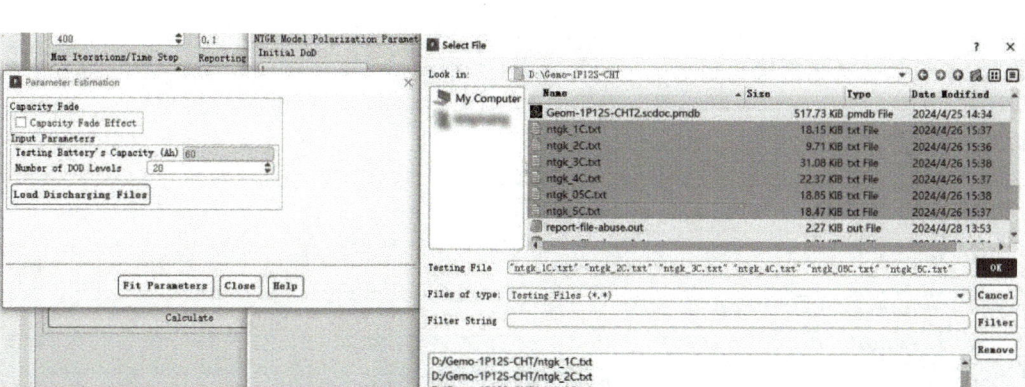

图 7.107　NTGK 图形界面参数拟合设置

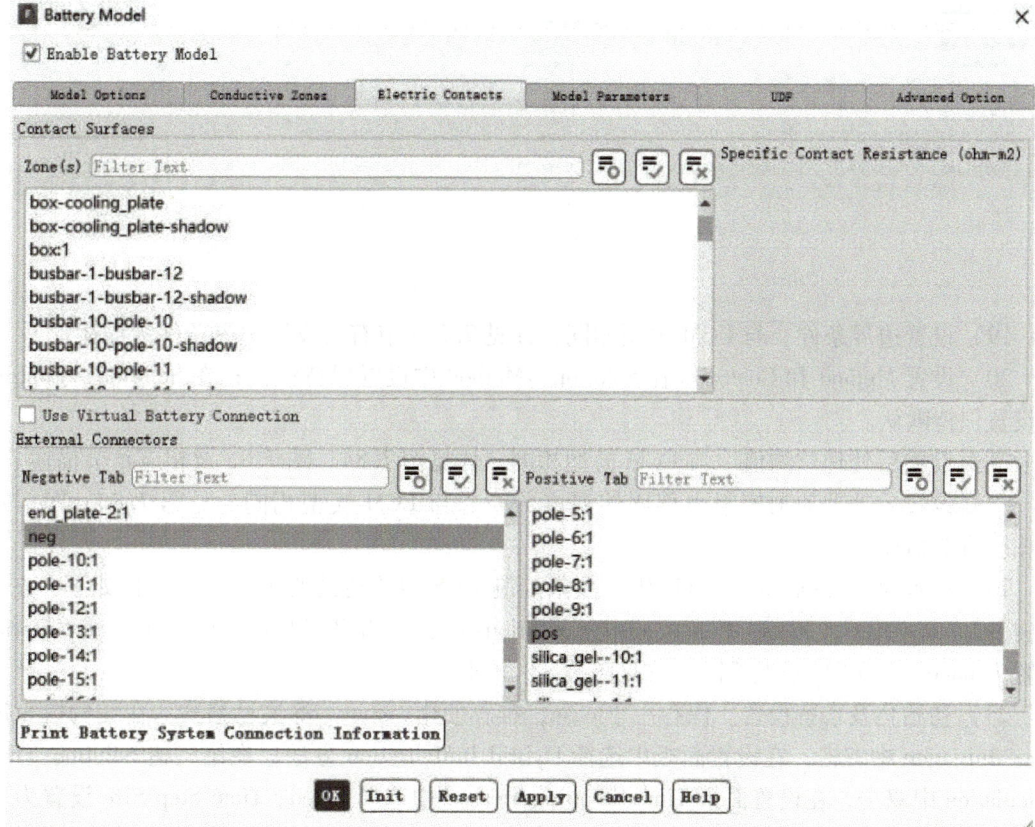

图 7.108　MSMD 模块 Electrics Contacts

16）使用液态水作为冷却媒质，在结构树 Materials 中进行设置，详见图 7.23 及相应章节描述。

17）设置流体域 Cell Zone Condition。在结构树 Cell Zone Conditions→Fluid 中进行设置，详见图 7.24 及相应章节描述。

18）设置硅胶部分。与 ECM 模型相同，详见图 7.83 及相应章节描述。

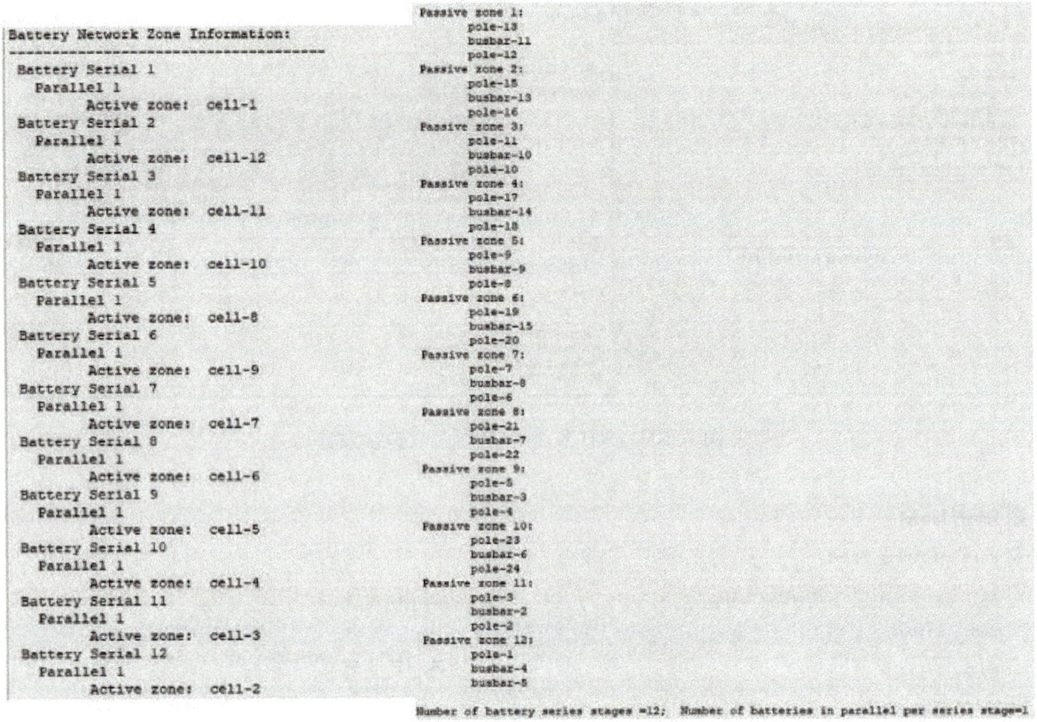

```
Battery Network Zone Information:
--------------------------------
Battery Serial 1
    Parallel 1
        Active zone: cell-1
Battery Serial 2
    Parallel 1
        Active zone: cell-12
Battery Serial 3
    Parallel 1
        Active zone: cell-11
Battery Serial 4
    Parallel 1
        Active zone: cell-10
Battery Serial 5
    Parallel 1
        Active zone: cell-8
Battery Serial 6
    Parallel 1
        Active zone: cell-9
Battery Serial 7
    Parallel 1
        Active zone: cell-7
Battery Serial 8
    Parallel 1
        Active zone: cell-6
Battery Serial 9
    Parallel 1
        Active zone: cell-5
Battery Serial 10
    Parallel 1
        Active zone: cell-4
Battery Serial 11
    Parallel 1
        Active zone: cell-3
Battery Serial 12
    Parallel 1
        Active zone: cell-2

Passive zone 1:
    pole-13
    busbar-11
    pole-12
Passive zone 2:
    pole-15
    busbar-13
    pole-16
Passive zone 3:
    pole-11
    busbar-10
    pole-10
Passive zone 4:
    pole-17
    busbar-14
    pole-18
Passive zone 5:
    pole-9
    busbar-9
    pole-8
Passive zone 6:
    pole-19
    busbar-15
    pole-20
Passive zone 7:
    pole-7
    busbar-8
    pole-6
Passive zone 8:
    pole-21
    busbar-7
    pole-22
Passive zone 9:
    pole-5
    busbar-3
    pole-4
Passive zone 10:
    pole-23
    busbar-6
    pole-24
Passive zone 11:
    pole-3
    busbar-2
    pole-2
Passive zone 12:
    pole-1
    busbar-4
    busbar-5

Number of battery series stages =12; Number of batteries in parallel per series stage=1
```

图 7.109　电池系统连接信息

19）设置边界条件。与 ECM 模型相同，详见 7.2.3 节有关设置边界条件的描述。

20）设置 Method 和 Control。在 Solution→Method 中设置保持默认；在 Solution→Controls 中设置保持默认。

21）设置后处理监测值。与 ECM 模型相同，详见图 7.84、图 7.85 及相应章节描述。

22）设置后处理动画模组内部固体温度分布。与 ECM 模型相同，见图 7.86、图 7.87 及相应章节描述。

23）设置收敛准则。通过内迭代步数来控制 UDS 残差达到要求，实现过程如下：在结构树 Solution→Report Plots→Convergence Conditions 中，单击 Residuals，Convergence Criterion 设置为 none，与 ECM 模型相同，详见图 7.88 和图 7.89。

24）初始化及求解设置。保存一下 case，推荐使用 .gz or .h5 文档格式。在结构树 Solution→Initiation 中双击，在设置面板中选择 Hybrid Initialization 方法；在结构树 Solution→Run Calculation 中双击，在设置面板 Time Stepping Method 中选择 Fixed，Time Step Size 设置为 2，Number of Time Steps 设置为 1500，其余保持默认设置，单击"calculate"按钮，进行仿真求解。

3. 后处理

1）模组内部温度场分布后处理方法同 ECM，设置方法详见图 7.90 及相应的章节描述。模组内部温度分布如图 7.110 所示。

2）模组温度分布动画设置方式同 ECM，详见图 7.92 及相应的章节描述。

3）模组内部电流矢量分布图后处理方法同 ECM，设置方法详见图 7.93～图 7.96 及相

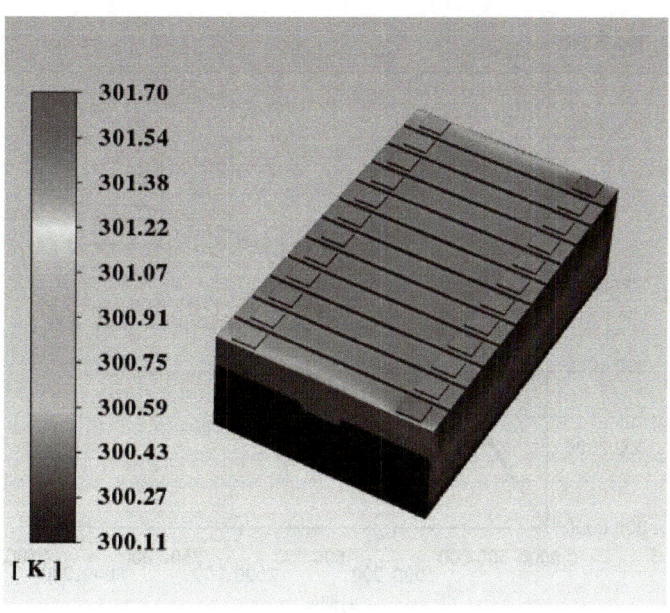

图 7.110　电池温度云图

应的章节描述。

4）模组冷却通道流线图后处理方法，与 CHT 模型相同，详见图 7.45 和图 7.46 及相应的章节描述。

图 7.111 为计算过程中监测的电压随时间变化曲线；图 7.112 为电池平均温度随时间变化曲线；图 7.113 为仿真计算残差图；图 7.114 为计算过程中荷电状态 SOC 随时间变化的曲线。读者可选用组合式的边界条件负载进行相关测试。

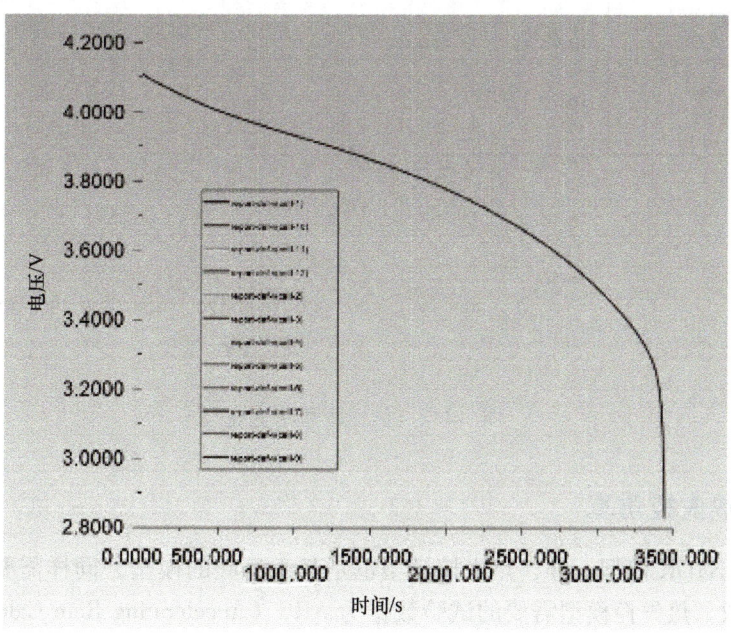

图 7.111　电池电压随时间变化曲线

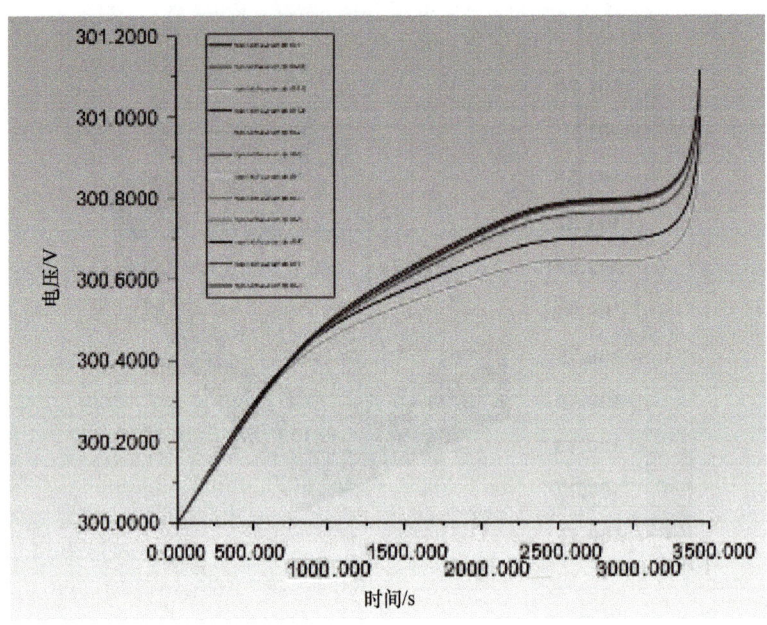

图 7.112　电池平均温度随时间变化曲线

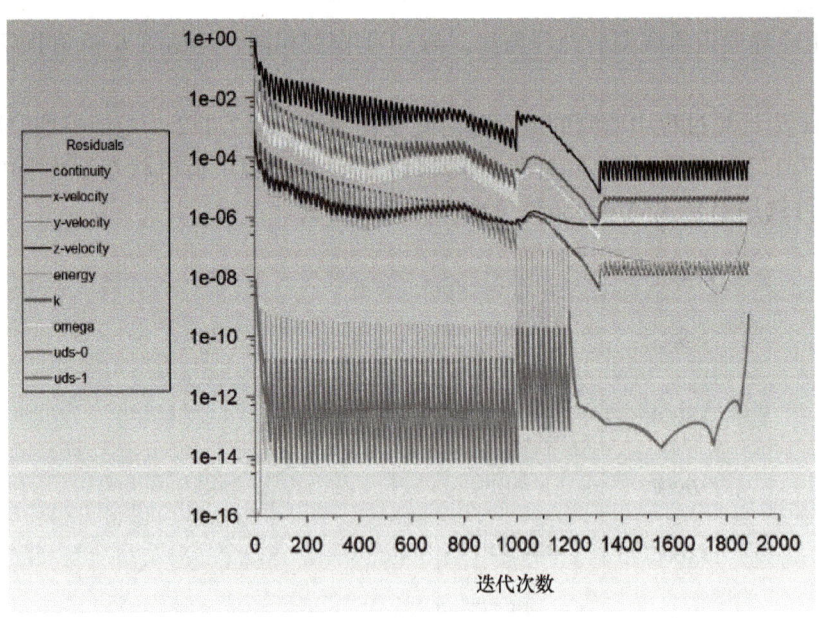

图 7.113　仿真计算残差图

7.2.5　电池热失控仿真

与 ECM 和 NTGK 模型一样,热失控模型也是基于经验的模型,同样需要试验数据来标定模型中的参数。热失控模型需要的试验数据为 ARC（Accelerating Rate Calorimetry）数据。对 ARC 数据的要求包括：保证电池材料的自加热；样本点覆盖从热引发至热失控反应完全

第7章 动力电池流体传热仿真分析

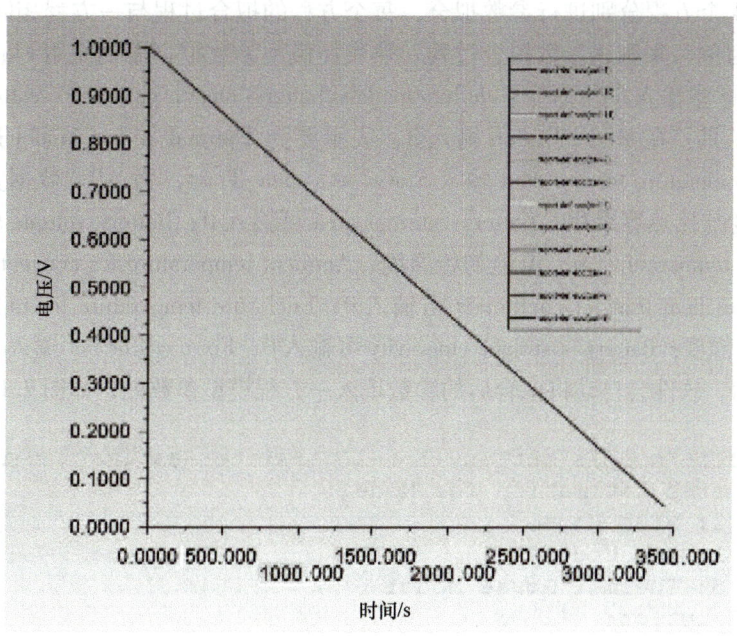

图7.114 电池荷电状态 SOC 随时间变化曲线

结束；在热失控阶段取样点要密。

在 Fluent 中计算热失控有两种模式：一种是单独热失控模式（勾选 Run Thermal Abuse Model Only，不解子电化学模型）；另一种是耦合的模式（热失控模型和电化学模型同时求解）。这两种模式有不同的应用场景。单独热失控模式计算量小，会损失一定准确度，但在热失控过程中，电化学生热量占整体热量比重较小，因此在设计初期的误差也是可以接受的。耦合模式的缺点是计算量略大，优点是更准确，可以较好地将热失控的3个阶段模拟出来。可根据自己的仿真阶段、计算资源多方面条件进行模型选择。在本案例中，选择了较复杂的耦合模式，设置可分为两大部分：一部分是设置子电化学 NTGK 模型（这里仅以 NTGK 为例，热失控模型可以和 CHT、NTGK 以及 ECM 模型耦合）；另一部分是设置热失控模型。

1. 热失控仿真流程

1）启动 Fluent。启动过程详见 7.2.2 节。

2）在菜单 File→Read Mesh 中，选中 Geom-1P12S-CHT2.msh.gz，完成网格导入。

3）Fluent 网格检查及通用设置。电池模组内流动速度较低，故选择压力基求解器；本算例选择瞬态求解，其余保持默认。设置方法与 NTGK 模型相同，详见图 7.16、图 7.17 及相应章节。

4）打开能量方程；湍流模型选择 Realizable k-e 模型及标准壁面函数。

5）激活 MSMD 模块。在 Fluent 中进行电池电化学仿真之前，必须提前激活相对应的模块。激活方式与 ECM 仿真相同，详见图 7.60、图 7.61 及相应章节。

6）设置 MSMD 模型选项。设置 Model Parameters、参数拟合、NTGK 模型、导电区域，设置正负极及检查电池连接性的方法与 NTGK 模型相同。

7）在 MSMD Battery Model 面板 Advanced Option 标签下，勾选 Thermal Abuse Model，系统默认采用一方程模型。一方程与四方程的原理是类似的，参数拟合过程也是类似的，四方程模型需要对 4 个方程分别进行参数拟合，每个方程的拟合过程与一方程相同，因此我们仅以一方程拟合为例，来阐述参数拟合过程。热失控模型参数拟合需要使用 Fluent 内置的拟合工具，在 console 中输入 TUI 命令：define/models/battery-model/parameter-estimation-tool，以激活参数拟合工具；在 Model Option 输入 3，表示要为 Thermal Abuse Model 进行参数拟合；File name for temperature testing data 输入 Stove_test_data_T.txt，为 ARC 数据文件名；Density*Cp 输入密度与比热容乘积；Battery vxternal area 可输入 0；Battery volume 输入电池体积；Battery's initial temperature 输入电池初始温度；Ambient temperature for convection 输入测试环境温度；External heat transfer coefficient 可输入 0；Enclosure temperature for radiation 输入用于计算辐射的环境温度；Battery's surface emissivity 可输入 0；Fix n =0 or not 输入 no，如图 7.115 和图 7.116 所示。软件会自动将拟合后的参数填入一方程模型参数处，如图 7.117 所示。

```
> define/models/battery-model/parameter-estimation-tool
Parameter Estimation for Model:
     1: NTGK Model
     2: ECM Model
     3: Thermal Abuse Model
Model option:    [1] 3
```

图 7.115　激活参数拟合工具

```
File name for temperature testing data: [] Stove_test_data_T.txt
Could not find file "Stove_test_data_T.txt". Please specify the file again!
File name for temperature testing data: [] Stove_test_data_T.txt
Density*Cp (J/m3K) [1] 236800
Battery external area (m^2) [0]
Battery volume (m^3) [1] 0.000843
Battery's initial temperature (K) [300] 300
Ambient temperature for convection (K) [300] 300
External heat transfer coefficient (W/m^2K) [0] 0
Enclosure temperature for radiation (K) [300] 300
Battery's surface emissivity [0]
Fix n=0 or not? [no]
Parameter Estimation Results:
     HW=5.858699e+07 A=3.972702e-03 E=-1.524988e+04 m= 0.9403 n= 0.4251
```

图 7.116　对热失控一方程模型进行参数拟合

完成上述操作后，Fluent 会将拟合结果打印在 console 中。拟合之后在工作目录下会生成一个 "abuse-model-fitting-result.txt" 文件，如图 7.118 所示，文件前两列分别为拟合后的时间（s）和温度（K）。

8）设置电池材料物性。在 Materials-Solid 中右键，选择 New，在弹出的面板中进行设置，详见图 7.80 和图 7.81 及所在章节描述。

9）设置母排、极柱、箱体和端板材料物性。选择 New，在弹出的面板中进行设置，详见图 7.82 及所在章节描述。

10）电池之间的隔热材料为硅胶。在结构树 Materials→Solid 中右键，选择 New，详见图 7.83 及所在章节描述。

第7章 动力电池流体传热仿真分析

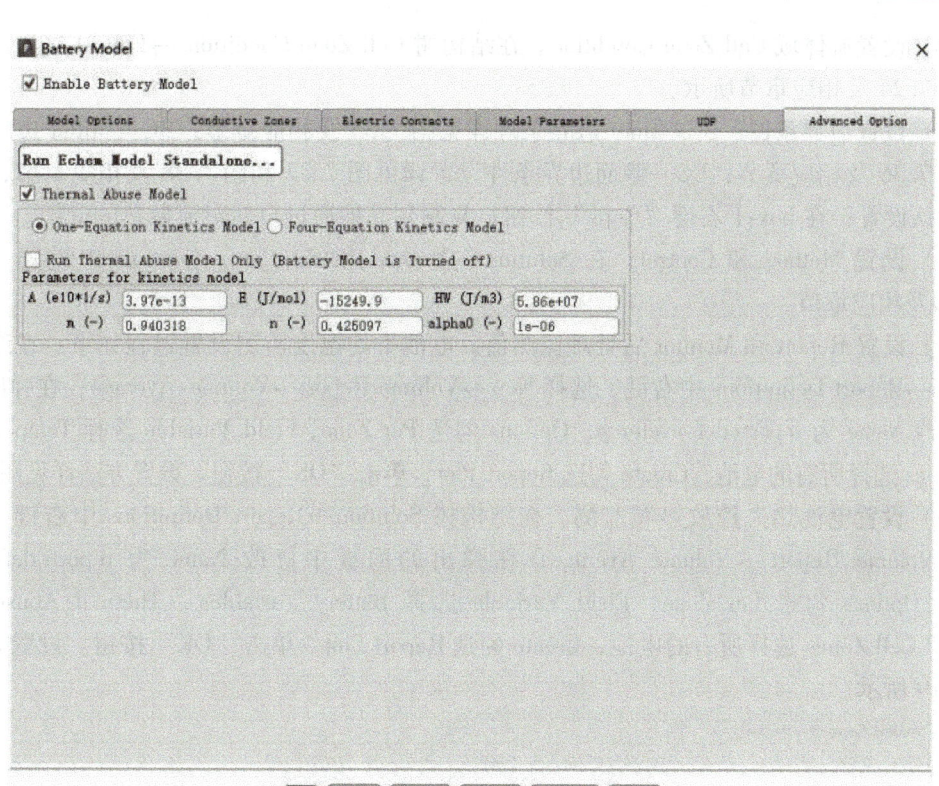

图 7.117 热失控参数设置检查

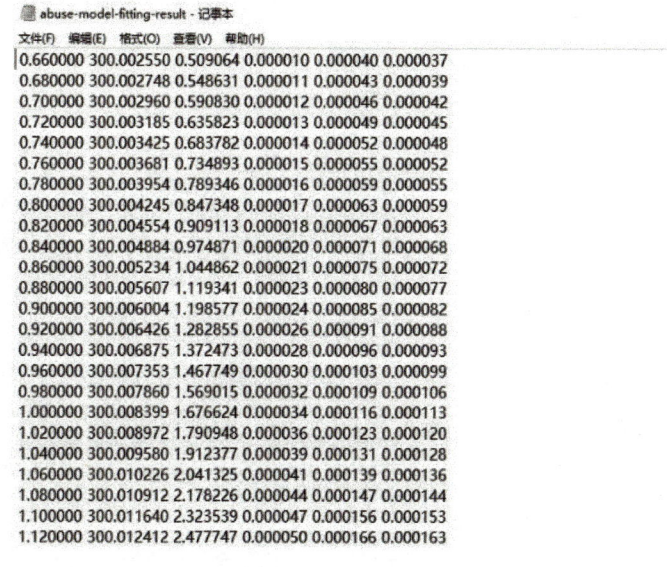

图 7.118 Fluent 自动生成的拟合参数文档

11）使用液态水作为冷却媒质，在结构树 Materials 中进行设置，详见图 7.23 及相应章节描述。

12）设置流体域 Cell Zone Condition。在结构树 Cell Zone Conditions→Fluid 中进行设置，详见图 7.24 及相应章节所示。

13）设置边界条件。BC—Inlet 边界条件详见图 7.35 及相应章节；BC—Outlet 边界条件详见图 7.36 及相应章节；BC—壁面边界条件设置详见图 7.37 和图 7.38 及相应章节，其余保持默认设置；在 box:1 右键"Copy"按钮，复制到其他通过自然对流散热的壁面。

14）设置 Method 和 Control。在 Solution→Method 和 Solution→Controls 中设置，详见图 7.39 及相应章节。

15）设置 Report 和 Monitor 后处理监测值。电池平均温度监测设置过程如下：在结构树 Solution→Report Definitions 中右键，选择 New→Volume Report→Volume-Average；在弹出的面板中修改 Name 为 report-def-avetemp，Options 勾选 Per Zone，Field Variable 选择 Temperature，Cell Zones 选择所有的电池，Create 勾选 Report Plot，单击"OK"按钮。设置方法详见图 7.40。

16）设置电池热失控放热源监测。在结构树 Solution→Report Definitions 中右键，选择 New→Volume Report→Volume-Average；在弹出的面板中修改 Name 为 report-def-abuse source，Options 勾选 Per Zone，Field Variable 选择 Battery Variables→Thermal-Abuse Heat Source，Cell Zones 选择所有的电池，Create 勾选 Report Plot，单击"OK"按钮。设置方法如图 7.119 所示。

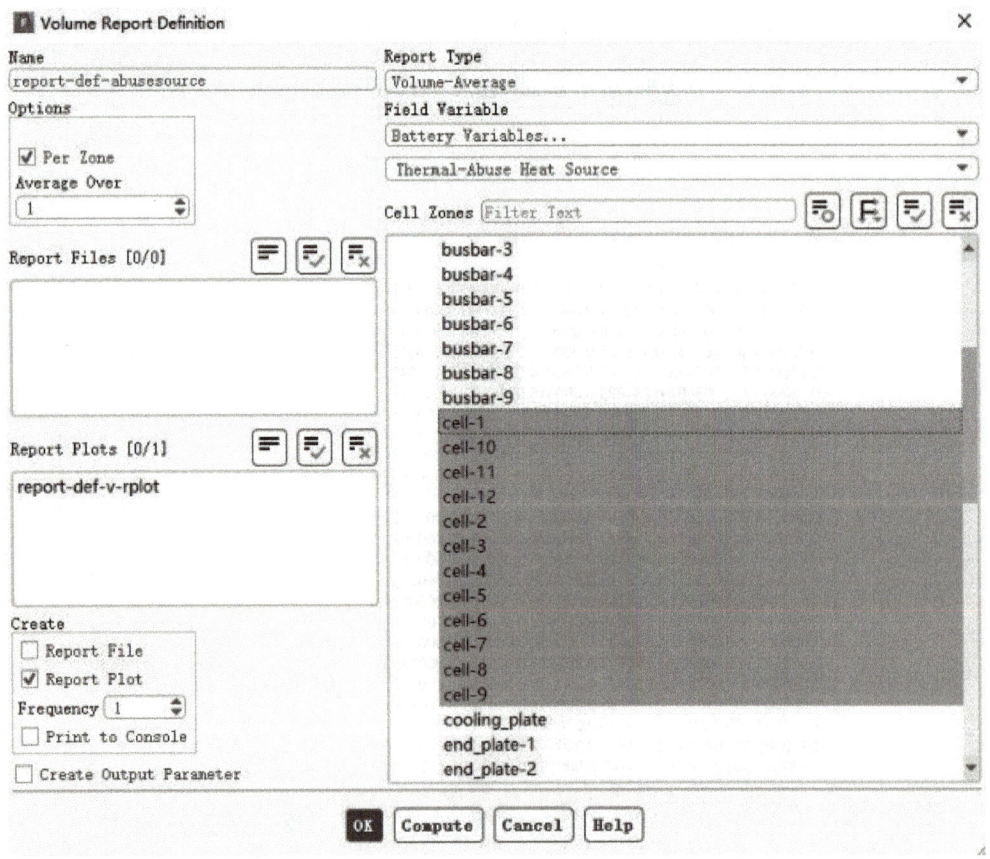

图 7.119　电池热失控源项监测设置

17)设置后处理动画模组内部固体温度分布。以电池温度云图为例演示制作动画全过程。制作动画步骤详见图 7.87 及相应章节描述。

18)设置后处理输出文件。在结构树 Solution→Monitors→Report Files 上右键,选择 New,修改 Name 为 report-file-abuse;在 Selected Report Definitions 中,选中 flow-time/report-def-alpha/report-def-abusesource/report-def-avetemp,单击"Add >>"按钮;修改 File Name 为 CHT/report-file-abuse.out,其余保持默认,单击"OK"按钮,如图 7.120 所示。

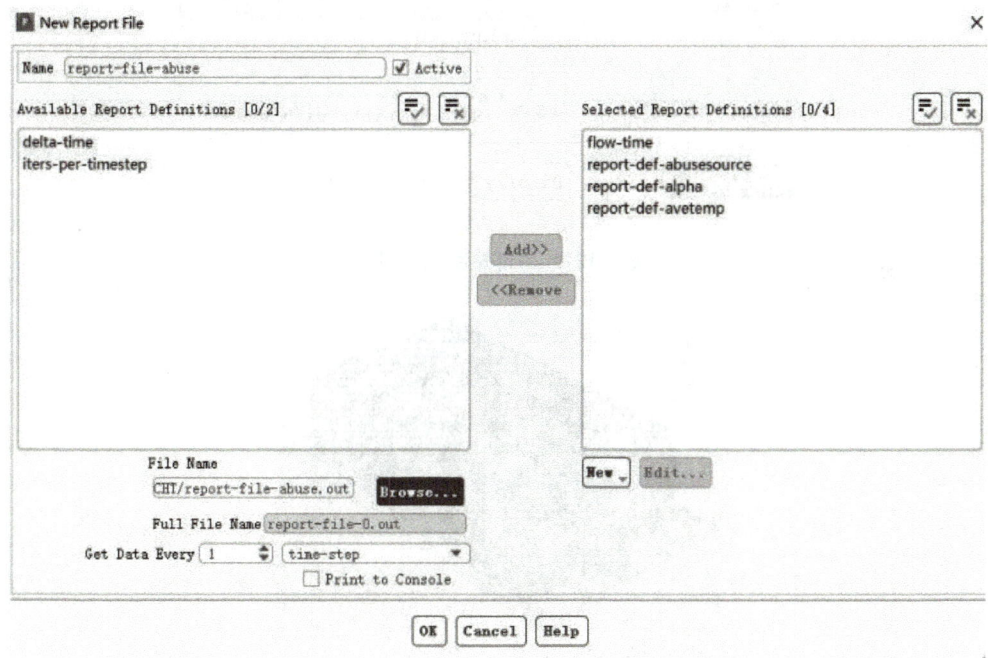

图 7.120　后处理文档输出设置

19)设置收敛准则。通过内迭代步数来控制 UDS 残差达到要求实现过程,在结构树 Solution→Report Plots→Convergence Conditions 中,单击"Residuals"按钮,Convergence Criterion 设置为 none,详见图 7.88 和图 7.89。

20)初始化及求解设置。保存一下 case;在结构树 Solution→Initiation 中双击,在设置面板中选择 Hybrid Initialization 方法,完成初始化。初始化设置内部短路区域 Patch:对于机械滥用造成内短路导致的热失控,在计算之前还需要使用 Patch 工具对短路区域进行标记和初始化。这个过程分两步来操作:一是标记出发生内短路的区域;二是对标记出的区域进行 Patch。

标记的步骤如下:在结构树 Solutions→Cell Registers 中右键,选择 New→Region,在弹出的面板 Shapes-Sphere 中,单击"Select Points with Mouse"按钮,在网格内部短路处选择两点(也可输入相应坐标值及半径值),单击"Save/Display"按钮,如图 7.121 和图 7.122 所示。

Patch 的步骤如下:在结构树 Solution→Initialization→Patch 中,Variable→Bettery Short Resistance,Value 设置为 5e-08,Registers to Patch 选中 region_1,单击"Patch"按钮,如图 7.123 所示。

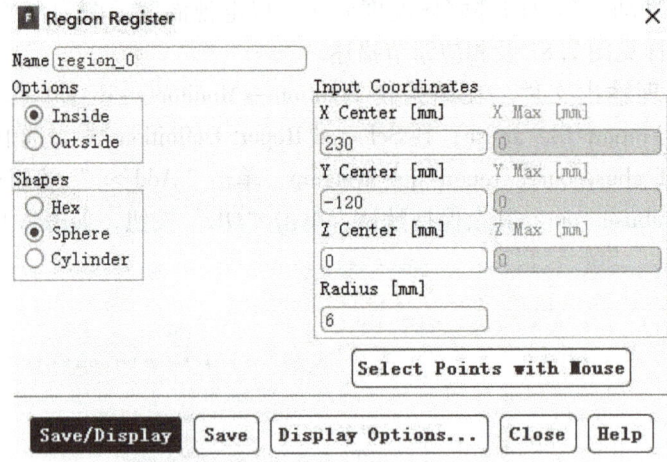

图 7.121　内部短路区域设置

图 7.122　内部短路区域检查

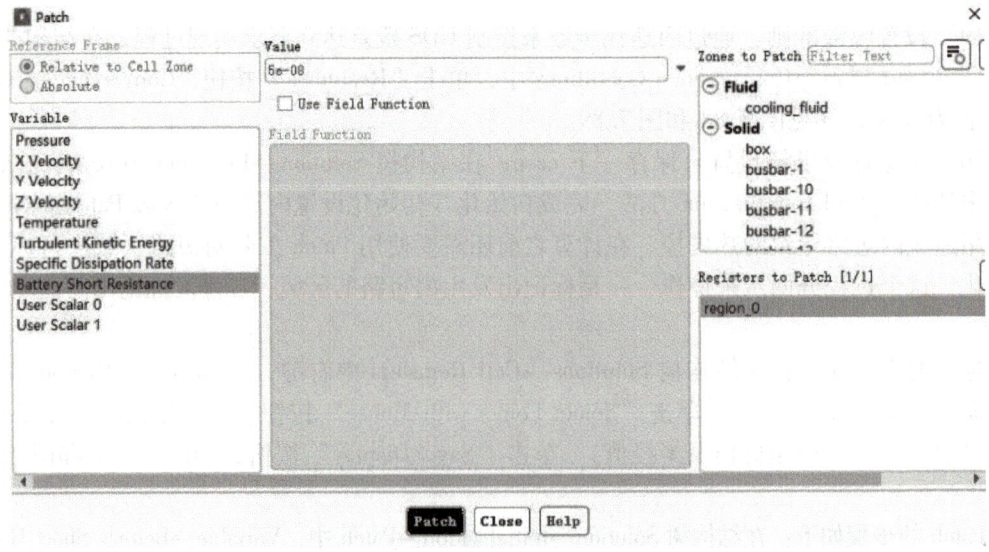

图 7.123　内部短路区域 Patch 设置

第7章 动力电池流体传热仿真分析

21) 求解设置。在结构树 Calculation→Run Calculation 中，设置 Time Step Size 为 1s，Number of Time Steps 为 200，Max Iterations/Time Step 为 20，保持其余默认选项，单击"Calculate"按钮，如图 7.124 所示。

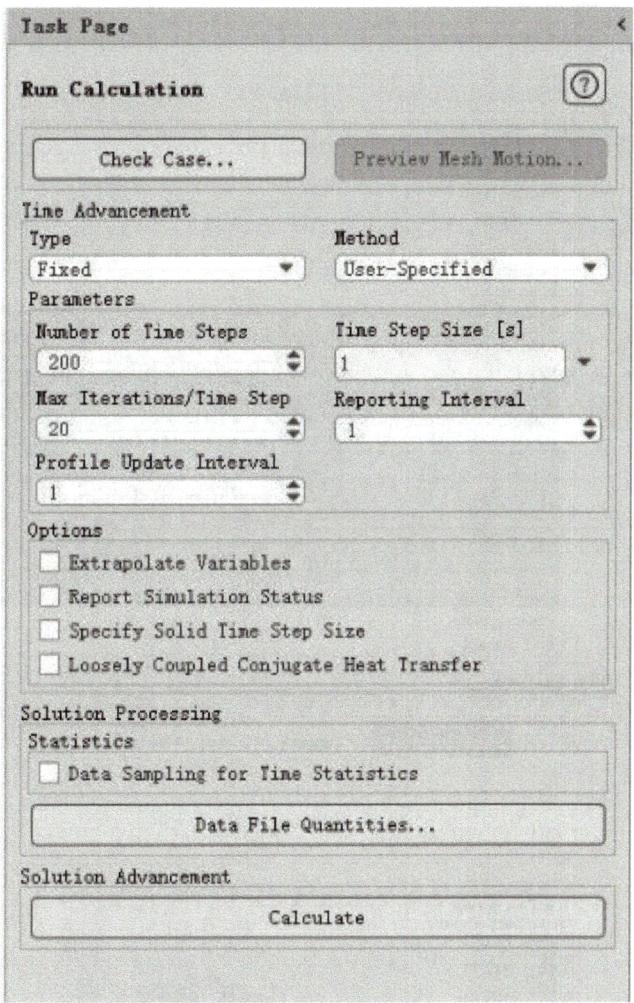

图 7.124　求解设置

2. 后处理

1) 模组内部温度场分布后处理方法如下：在结构树 Result→Graphics Contours 中，右键选择 New，设置方法如图 7.125 所示，修改名称为 contour-celltemp，Contours of 选择 Temperature，选择所有的 cell，单击"Save/Display"按钮，得到模组内部温度分布。模组内部温度分布如图 7.126 所示。

2) 模组内部温度分布动画处理方法如下：在结构树 Result→Animations 中，双击 Solution Animation Playback→Animation Sequences，选择 animation-1，单击播放按钮查看动画，通过调整 Replay Speed 来调整播放速度，通过 Write/Record Format-MPEG Write 将动画输出，如图 7.127 所示。

图 7.128 为监测点温度随时间变化曲线，从图中可以清楚地看出各个电池不同时刻的状

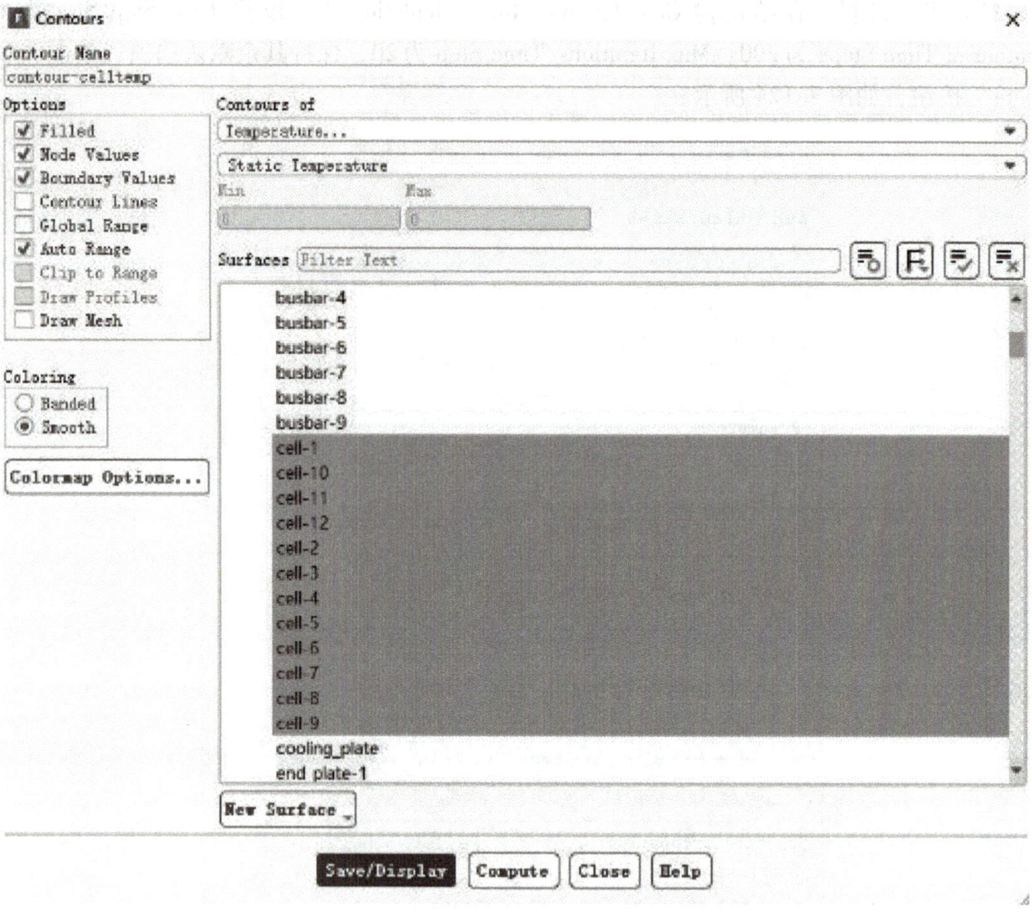

图 7.125 电池模组温度云图设置

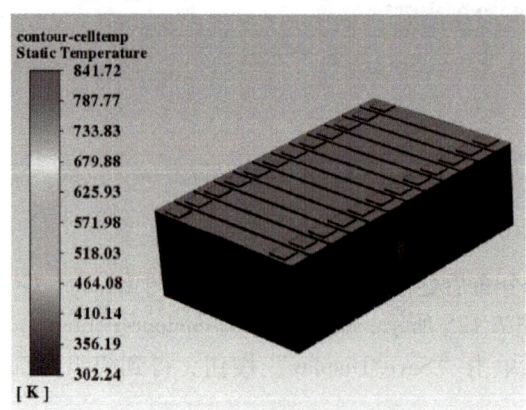

图 7.126 电池模组温度云图

态,温度一开始就上升的是 cell-7,也即设置了局部短路的电池,在内短路效应下,它的温度逐渐上升并向邻近电池传热,导致 cell-7 电池最先开始热失控,并通过热蔓延最终引起其余两电池的热失控连锁反应,在反应物消耗尽后,电池温度逐渐下降。图 7.129 则可以更清晰地反映出之前的论述，cell02 的热失控热源一开始有个小高峰，但并未持续，也并未引发热失控，cell01 最先开始热失控，然后 cell02 热失控，最后 cell03 热失控。无量纲浓度随时间变化图如 7.130 所示，同样可以得到与之前相同的结论。

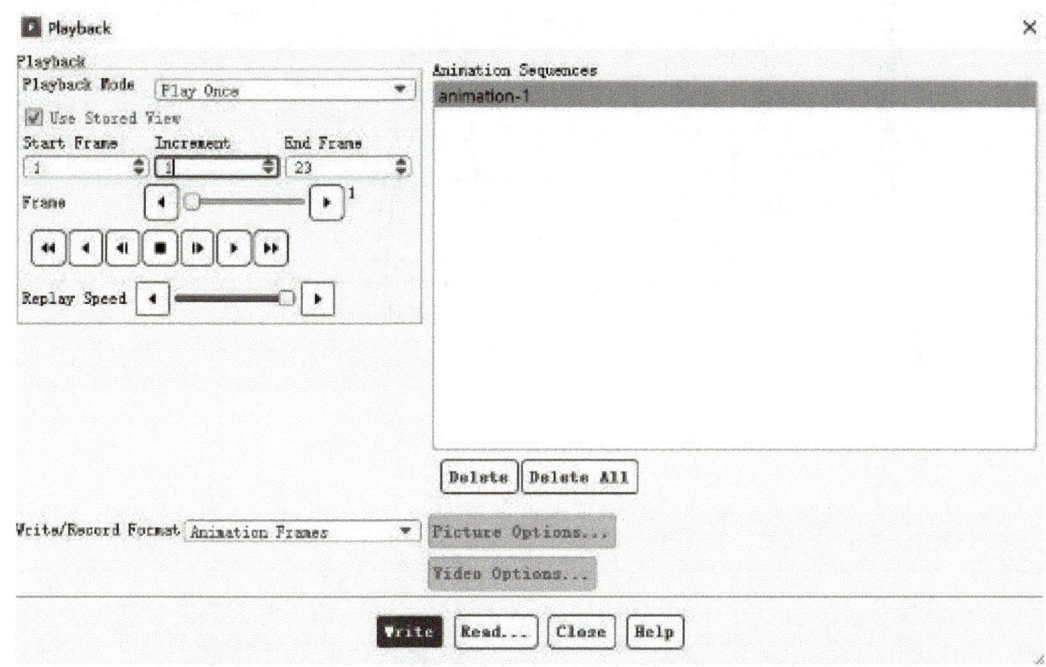

图 7.127　热失控过程动画输出设置

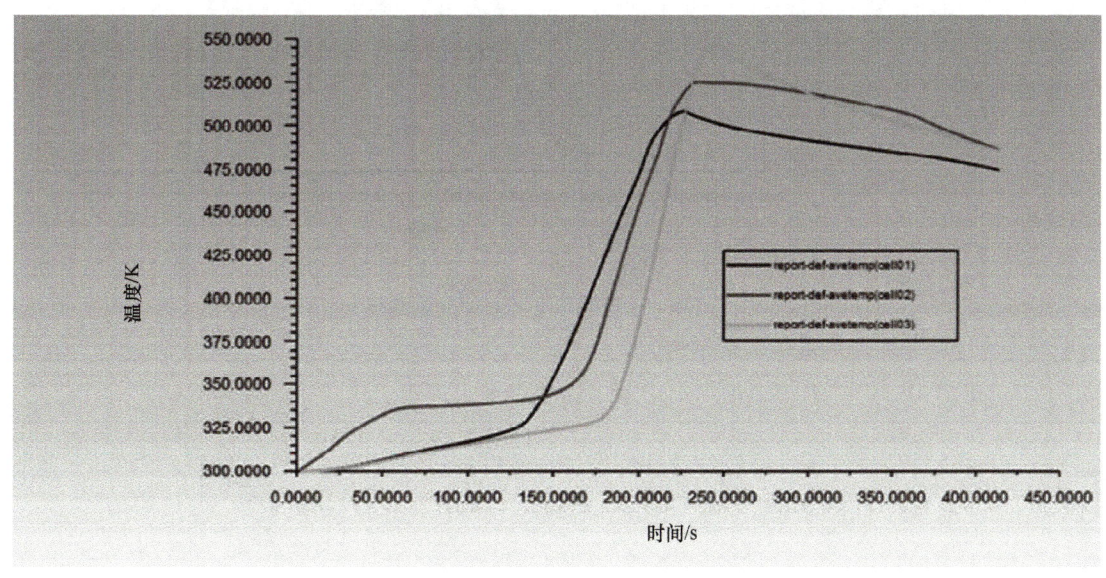

图 7.128　电池温度随时间变化曲线

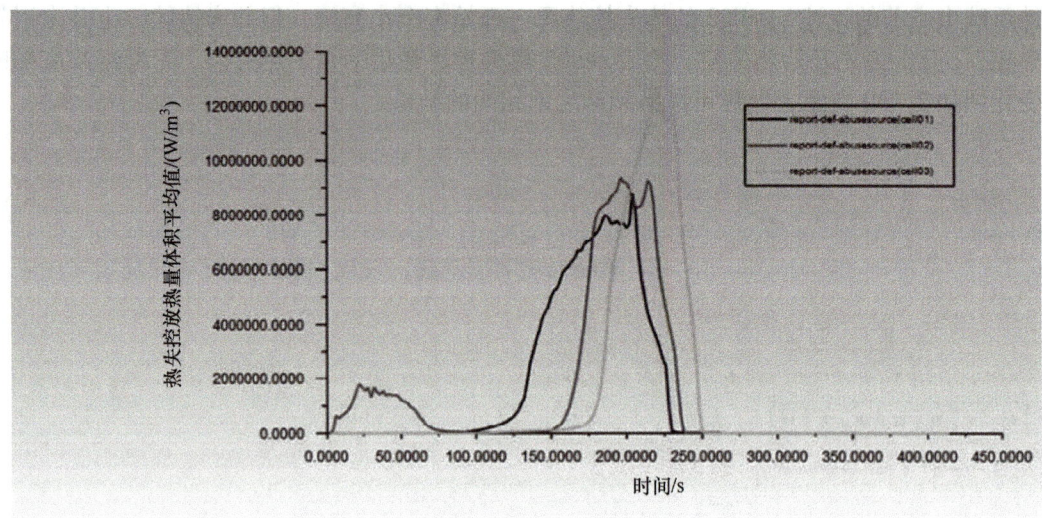

图 7.129　电池热失控放热量随时间变化曲线

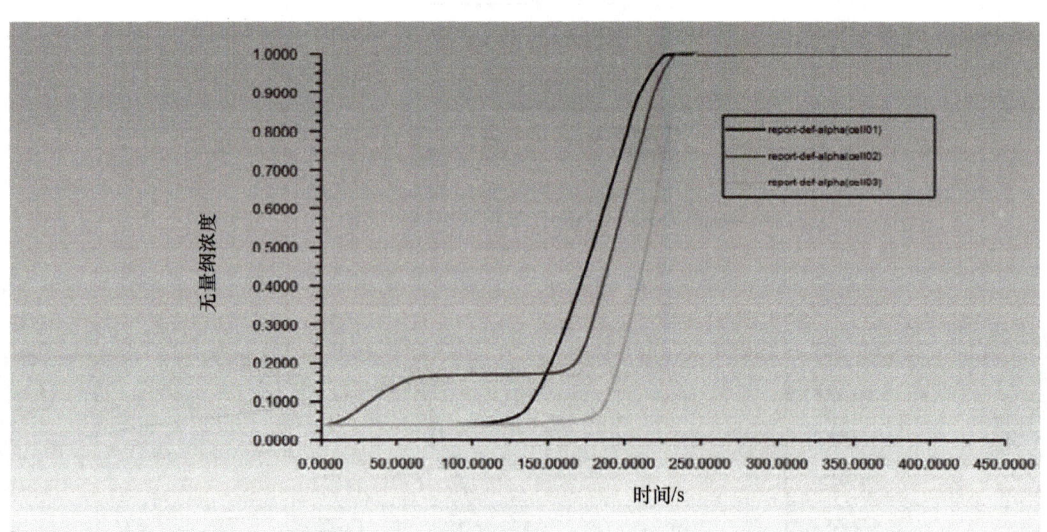

图 7.130　无量纲浓度随时间变化曲线